Der Schutz des Dritten in der europäischen Mobiliarzwangsvollstreckung

Studien zum vergleichenden und internationalen Recht -
Comparative and International Law Studies

Herausgeber: Bernd von Hoffmann, Erik Jayme
und Heinz-Peter Mansel

Band 141

PETER LANG
Frankfurt am Main · Berlin · Bern · Bruxelles · New York · Oxford · Wien

Bastian Rotmann

Der Schutz des Dritten in der europäischen Mobiliarzwangsvollstreckung

Eine rechtsvergleichende Untersuchung
vor dem Hintergrund
der Verordnung (EG) Nr. 805/2004
zur Einführung
eines Europäischen Vollstreckungstitels
für unbestrittene Forderungen

PETER LANG
Internationaler Verlag der Wissenschaften

Bibliografische Information der Deutschen Nationalbibliothek
Die Deutsche Nationalbibliothek verzeichnet diese Publikation in der Deutschen Nationalbibliografie; detaillierte bibliografische Daten sind im Internet über <http://www.d-nb.de> abrufbar.

Zugl.: Heidelberg, Univ., Diss., 2006

D 16
ISSN 0930-4746
ISBN 978-3-631-56859-0

www.peterlang.de

Meinen Eltern

und meiner Frau Katrin

Vorwort

Die vorliegende Arbeit hat der Juristischen Fakultät der Ruprecht-Karls-Universität Heidelberg im Sommersemester 2006 zur Begutachtung vorgelegen.

Das Thema der Dissertation geht zurück auf eine Anregung durch Herrn Professor Dr. Burkhard Hess. Ihm gilt mein ganz herzlicher Dank für die Betreuung der Arbeit, die vielfältigen und förderlichen Ratschläge und die Anfertigung des Erstgutachtens.

Zu Dank verbunden bin ich auch Herrn Priv.-Doz. Dr. Martin Gebauer für die Erstellung des Zweitgutachtens und den Herausgebern der Schriftenreihe „Studien zum vergleichenden und internationalen Recht" für die freundliche Aufnahme der Dissertation. Ich danke auch Herrn Rechtsanwalt Oliver Peters für die kritische Durchsicht des Manuskripts.

Innig danken möchte ich schließlich meinen Eltern und meiner Frau Katrin, ohne deren stete Hilfe und liebevolle Unterstützung das Gelingen dieser Arbeit nicht möglich gewesen wäre.

Heidelberg, im April 2007 Bastian Rotmann

Inhaltsverzeichnis

Zweites Kapitel: Der Schutz des Dritten in grenzüberschreitenden europäischen Vollstreckungsverfahren 119

Abkürzungsverzeichnis

a.A. .... anderer Auffassung
aaO .... am angegebenen Ort
ABGB .... Allgemeines bürgerliches Gesetzbuch vom 1.6.1811
ABl. EG .... Amtsblatt der Europäischen Gemeinschaften
Abs. .... Absatz
AcP .... Archiv für die civilistische Praxis
a.E. .... am Ende
All ER .... All England Law Review
Art. .... Artikel
AWD .... Außenwirtschaftsdienst des Betriebs-Beraters
BGB .... Bürgerliches Gesetzbuch in der Fassung der Bekanntmachung vom 2.1.2002, BGBl. 2002 I, S. 42 ff.
BGBl. .... Bundesgesetzblatt
BGH .... Bundesgerichtshof
BGHZ .... Amtliche Sammlung der Entscheidungen des Bundesgerichtshofs in Zivilsachen
BR-Drucks. .... Drucksachen des Deutschen Bundesrates
BVerfGE .... Amtliche Sammlung der Entscheidungen des Bundesverfassungsgerichts
bzw. .... beziehungsweise
CA .... Court of Appeal
Cass. .... Corte suprema di Cassazione (Italienischer Oberster Gerichtshof)
c.c. .... Codice civile, Königliches Dekret vom 16.03.1942, Nr. 262, Gazzetta Ufficiale, Nr. 79 und 79*bis*.
CCR .... County Court Rules
ChD .... The Law Reports, Chancery Division
CJQ .... Civil Justice Quaterly
Co. .... Company
Cost. .... Costituzione della Repubblica Italiana vom 27.12. 1947, Gazzetta Ufficiale, Nr. 298
c.p.c. .... Codice di procedura civile, Königliches Dekret vom 28.10.1940, Nr. 1443, Gazetta Ufficiale, Nr. 253
CPR .... Civil Procedure Rules vom 26.4.1999, http://www.dca.gov.uk/civil/procrules_fin/menus/rules.htm
DB .... Der Betrieb
ders. .... derselbe
d.h. .... das heißt
dies. .... dieselbe(n)
Doc. Giust. .... Documenti Giustizia
Dowl .... Dowling: King's Bench Reports

ebd. .... ebenda
ecolex .... Fachzeitschrift für Wirtschaftsrecht
EG .... Vertrag zur Gründung der Europäischen Gemeinschaft in der Fassung durch den Amsterdamer Vertrag vom 2.10.1997, BGBl. 1998 II, 387 ff.; Europäische Gemeinschaft(en)
EGMR .... Europäischer Gerichtshof für Menschenrechte
Einf. .... Einführung
Einl. .... Einleitung
EO .... Exekutionsordnung vom 01.06.1914, öRGBl. Nr. 719, , zuletzt geändert durch Gesetz v. 11.7.2000, öBGBl. I Nr. 59
EMRK .... Konvention zum Schutze der Menschenrechte und Grundfreiheiten vom 4.11.1950, BGBl. 1952 II, 685 ff.
ER .... English Reports, Full Reprint
ERLP .... European Review of Private Law
EU .... Europäische Union
EuGH .... Gerichtshof der Europäischen Gemeinschaften
EuGVÜ .... Brüsseler EWG-Übereinkommen über die gerichtliche Zuständigkeit und die Vollstreckung gerichtlicher Entscheidungen in Zivil- und Handelssachen vom 27. September 1968 (BGBl. 1972 II, S. 774 ff.)
EuGVO .... Verordnung (EG) Nr. 44/2001 des Rates vom 22. Dezember 2000 über die gerichtliche Zusändigkeit und die Anerkennung und Vollstreckung von Entscheidungen in Zivil- und Handelsachen (ABl. EG 2001, Nr. L 12/1 ff.)
EuVTO .... Verordnung(EG) Nr. 805/2004 des Europäischen Parlaments und des Rates vom 21. April 2004 zur Einführung eines europäischen Vollstreckungstitels für unbestrittene Forderungen (ABl. EG 2004, Nr. L 143/15 ff)
EuZW .... Europäische Zeitschrift für Wirtschaftsrecht
EvBl. .... Evidenzblatt
EWS .... Europäisches Wirtschaft- und Steuerrecht
Exch .... Exchequer Reports (Welsby, Hurlstone & Gordon)
EZPR .... Europäisches Zivilprozessrecht
EZVR .... Europäisches Zivilverfahrensrecht
f./ff. .... folgend(e)
F. it. .... Foro italiano
Fn. .... Fußnote
FS .... Festschrift
GG .... Grundgesetz für die Bundesrepublik Deutschland vom 23.5.1949, BGBl. 1949, S. 1 ff.
ggf. .... gegebenenfalls

Giur. cost. .... Giurisprudenza costituzionale
Giur. it. .... Giurisprudenza italiana
Giust. civ. .... Giustizia civile
GPR.................................. Zeitschrift für das Gemeinschaftsprivatrecht
GVG .... Gerichtsverfassungsgesetz in der Fassung der Bekanntmachung vom 9.5.1975, BGBl. 1975 I, S. 1077 ff.
HdbIZ .... Handbuch der internationalen Zwangsvollstreckung
h.M. .... herrschende Meinung
Hrsg. .... Herausgeber
Hs. .... Halbsatz
ICLQ .... International and Comparative Law Quarterly
IECL .... International Encyclopedia of Comparative Law
InsO .... Insolvenzordnung vom 5.10.1994, BGBl. 1994 I, S. 2866 ff.
IPR .... Internationales Privatrecht
IPRax .... Praxis des Internationalen Privat- und Verfahrensrechts
IPR-G .... Gesetz v. 31.05.1995, Nr. 218, Gazetta ufficiale Nr. 128 vom 03.06.1995, Riforma del sistema italiano di diritto internazionale privato
JA .... Juristische Arbeitsblätter
JBl. .... Juristische Blätter
JBL .... Journal of Business Law
Jenard-Bericht .... Bericht zu dem Übereinkommen über die gerichtliche Zuständigkeit und die Vollstreckung gerichtlicher Entscheidungen in Zivil- und Handelssachen vom 27. September 1968 von P. *Jenard* (ABl. EG 1979, Nr. C 59/1 ff.)
Jura .... Juristische Ausbildung
JuS .... Juristische Schulung
JZ .... Juristenzeitung
Kap. .... Kapitel
KB .... The Law Reports, King's Bench Division
lit. .... litera (Buchstabe)
LCD .... Lord Chancellor's Department
LT .... Law Times
Ltd. .... Limited
LugÜ .... Luganer Übereinkommen über die gerichtliche Zuständigkeit und die Vollstreckung gerichtlicher Entscheidungen in Zivil- und Handelssachen vom 16. September 1988 (ABl. EG 1988, Nr. L 319/9 ff.)
MDR .... Monatsschrift für Deutsches Recht
NJW .... Neue Juristische Wochenschrift
NJW-RR .... Neue Juristische Wochenschrift Rechtsprechungsreport Zivilrecht

Nr.	Nummer
NZ	Österreichische Notariatszeitung
o.	oben
öBGBl.	österreichisches Bundesgesetzblatt
OGH	österreichischer Oberster Gerichtshof
ÖJZ	Österreichische Juristenzeitung
öKO	Konkursordnung, öRGBl. 1914, Nr. 337
OLG	Oberlandesgericht
OLGZ	Entscheidungen der Oberlandesgerichte in Zivilsachen einschließlich der freiwilligen Gerichtsbarkeit
öRGBl.	österreichisches Reichsgesetzblatt
öZPO	Gesetz über das gerichtliche Verfahren in bürgerlichen Rechtsstreitigkeiten (Zivilprozessordnung, öRGBl. 1895, Nr. 113
PD	Practice Directions
Pt.	Part
ProzRB	Prozessrechtsberater
QB, QBD	The Law Reports, Queen's Bench Division
RdC	Recueil des Cours
Rep. F. it.	Repertorio del Foro Italiano
Rev. crit.	Revue critique de droit international privé
RGZ	Amtliche Sammlung der Entscheidungen des Reichsgerichts in Zivilsachen
Ritsumeikan LR	Ritsumeikan Law Review
Riv. dir. civ.	Rivista del diritto civile
Riv. dir. comm.	Rivista del diritto commerciale
Riv. dir. int.	Rivista di diritto internazionale
Riv. dir. int. priv. proc.	Rivista di diritto internazionale privato e processuale
Riv. dir. proc.	Rivista del diritto processuale
Riv. trim. dir. proc. civ.	Rivista trimestrale di diritto e procedura civile
RIW	Recht der Internationalen Wirtschaft
Rn.	Randnummer
Rpfleger	Rechtspfleger
RSC	Rules of the Supreme Court
s.	siehe
S.	Satz, Seite
Schlosser-Bericht	Bericht zu dem Übereinkommen des Königreichs Dänemark, Irland und des Vereinigten Königsreichs Großbritannien und Nordirland über den Beitritt zum Übereinkommen über die gerichtliche Zuständigkeit und die Vollstreckung gerichtlicher Entscheidungen in Zivil- und Handelssachen sowie zum Protokoll betreffend die Auslegung dieses Übereinkommens durch den

Gerichtshof vom 9. Oktober 1978 von P. Schlosser (ABl. EG 1979, Nr. C 59/71 ff.)

sec. .... section

Slg. .... Amtliche Sammlung der Rechtsprechung des Europäischen Gerichtshofs

sog. .... sogenannt

Sp. .... Spalte

SZ .... Sammlung der Entscheidungen des österreichischen Obersten Gerichtshofes

u. .... unten

u.a. .... und andere, unter anderem

UNCITRAL .... United Nations Commission on International Trade Law

Unidroit .... Institut international pour l'unification du droit privé

u.U. .... unter Umständen

v. .... von

vgl. .... vergleiche

Vol. .... Volume

Vorb. .... Vorbemerkung

WiRO .... Wirtschaft und Recht in Osteuropa

WLR .... Weekly Law Review

WR .... Weekly Reporter

z.B. .... zum Beispiel

ZEuP .... Zeitschrift für Europäisches Privatrecht

ZIP .... Zeitschrift für Wirtschaftsrecht und Insolvenzpraxis

zit. .... zitiert

ZPO .... Zivilprozessordnung in der Fassung vom 12.9.1950, BGBl. 1950, S. 533 ff.

ZVglRWiss .... Zeitschrift für vergleichende Rechtswissenschaft

ZZP .... Zeitschrift für Zivilprozess

ZZPInt .... Zeitschrift für Zivilprozess International, Jahrbuch des Internationalen Zivilprozessrechts

Einführung

I. Einführung und Fragestellung

Ein Gläubiger, der eine titulierte Forderung gegen seinen nicht zahlungsbereiten oder –fähigen Schuldner beitreiben will, ist aufgrund des staatlichen Gewaltmonopols[1] für die zwangsweise Durchsetzung auf staatliche Vollstreckungsorgane angewiesen. Um diese Aufgabe möglichst effizient und zügig erfüllen zu können, werden die Vollstreckungsorgane in einem Rahmen formaler Vorgaben tätig: So hat der Gerichtsvollzieher in der Zwangsvollstreckung wegen Geldforderungen in bewegliche Sachen gemäß § 808 Abs. 1 ZPO nur den Gewahrsam des Schuldners, nicht aber etwa dessen Eigentum zu prüfen. Da allerdings Gewahrsams- und Eigentumslage auseinanderfallen können, besteht die nicht unwahrscheinliche Möglichkeit, dass mit der Pfändung nicht Sachen des Schuldners, sondern nicht haftender Dritter in Beschlag genommen werden, die der Schuldner bloß in Gewahrsam hatte.

Das Vollstreckungsorgan greift bei einer solchen abgeirrten Vollstreckung[2] in die Rechtssphäre eines Unbeteiligten ein. Charakter und Bestimmung des Zwangsvollstreckungsrechts bieten aber keine Grundlage dafür, eine außerhalb der Exekution stehende Person zu zwingen, einen solchen zufälligen Eingriff wehrlos hinzunehmen, sie also „unter Ausnahmerecht zu stellen“.[3] Das Recht muss ihr vielmehr die Gelegenheit einer Abwehr, einer Intervention ebenso gewährleisten wie für den Fall einer Rechtsbeeinträchtigung von privater Seite.[4] Bereits *Hellwig/Oertmann* haben einen für diese Konstellation geschaffenen Rechtsbehelf als „unentbehrlich“ und als "eines der wichtigsten Rechtsmittel des gesamten Prozessrechts" bezeichnet, das „in keiner entwickelten Rechtsordnung fehlen darf“.[5]

So kannte schon das römische Recht mit der *„controversia pignoris capti“* ein entsprechendes Instrument.[6] Im heutigen deutschen Recht regelt die Drittwiderspruchsklage gemäß § 771 ZPO diese Konstellation; entsprechende Rechtsbehelfe sind aber auch sonst „nahezu weltweit“ anerkannt.[7]

---

1 BVerfGE 61, 126 (136); *Baur/Stürner*, Zwangsvollstreckung, Rn. 1.1; *Rosenberg/Gaul/Schilken*, § 1 II 1, 2.

2 *Holzhammer*, 162; *Rechberger/Oberhammer*, Rn. 221. *Petschek*, 85, beschreibt diese Konstellation treffend als *„excessus executionis“*.

3 *Gaul*, ZZP 85 (1972), 251 (298); *ders.*, in: *Schmidt*, 523 unter Bezugnahme auf die Motive zur Konkursordnung.

4 *Gaul*, in: *Schmidt*, 523.

5 *Hellwig/Oertmann*, § 308, 1. *Picker*, 2, sieht hierin eine „elementare Rechtsschutzfigur“.

6 Corpus Iuris Civilis, Digeste 42, I, 15, 4. Umfassend hierzu und zur weiteren historischen Entwicklung *Frommhold*, 7 ff.; *Punzi*, 89 f.; *Picker*, 63 ff.

7 So *Gaul*, in: *Schmidt*, 523. Ausführlich *Kerameus*, in: IECL, 10-74 ff. Zum italienischen,

Die Vielfalt nationaler Regelungen gibt Anlass zu einer rechtsvergleichenden Analyse: Zum Einen aus rein informatorischen Gesichtspunkten, um dem Rechtsanwender Unterschiede und Gemeinsamkeiten gegenüber dem Rechtsbehelf seines eigenen Rechts aufzuzeigen; zum Anderen aber auch aus dem Bestreben heraus, eine möglichst optimale Form des Rechtsschutzes zu finden. Denn der Vergleich mit anderen, möglicherweise überlegenen Regelungsmodellen derselben Materie gibt die Chance, das eigene Recht durch gezielte Reformvorschläge zu verbessern.

Vor dem Hintergrund zunehmender Globalisierung der wirtschaftlichen Beziehungen und dem durch den elektronischen Fortschritt begünstigten, exponentiell an Bedeutung gewinnenden internationalen Handels- und Rechtsverkehr drängt sich allerdings auch eine andere Frage auf: Wie stellen sich die Rechtsschutzmöglichkeiten für einen unbeteiligten, aber beeinträchtigten Dritten in einem grenzüberschreitenden Vollstreckungsfall dar? Ein wachsender internationaler Handel, gepaart mit unzureichender Zahlungsmoral, bedingt nämlich, dass auch die Anzahl und die Bedeutung transnationaler Vollstreckungsverfahren zunimmt; mit der Folge, dass gleichförmig das Risiko für Dritte ansteigt, durch solch eine Vollstreckung unberechtigt beeinträchtigt zu werden.

Im Hinblick auf den europäischen Binnenmarkt bedingt das Funktionieren und die Verwirklichung des Gemeinsamen Marktes zudem, dass allen EU-Bürgern ein gleichmäßiger Schutz in der Zwangsvollstreckung zuteil werden muss.[8] Folglich erscheint es am dringlichsten, zum Einen repräsentative europäische Rechtsordnungen darauf hin zu untersuchen, ob sie einen solchen gleichmäßigen Schutz auch im Hinblick auf einen unbeteiligten Dritten bieten,[9] und zum Anderen die entsprechenden Zusammenhänge bei grenzüberschreitenden, aber intrakommunitären Vollstreckungsverfahren aufzuzeigen.

Besondere Aktualität gewinnt die Frage des Drittschutzes in europäischen Vollstreckungsrechten zudem durch die derzeitige Aktivität des europäischen Gesetzgebers auf dem Gebiet des internationalen Zivilprozessrechts.[10]

Die am 21. April 2004 verabschiedete Verordnung (EG) Nr. 805/2004 des Europäischen Parlaments und des Rates zur Einführung eines Europäischen Vollstreckungstitels für unbestrittene Forderungen (EuVTO)[11] schafft hier durch die sektorielle Abschaffung des Vollstreckbarerklärungsverfahrens die völlig

---

österreichischen und englischen Recht s.u. 1. Kapitel. Hinweise zu Interventionsklagen in weiteren europäischen Staaten finden sich bei *Gaul*, ZZP 85 (1972), 251 (279 ff.); *Baur/Stürner*, Zwangsvollstreckung, § 59. Für das japanische Recht vgl. die Untersuchung von *Endo*, *passim*.

8 *Schilken*, ZZP 109 (1996), 315 (330).

9 *Schilken*, ZZP 109 (1996), 315 (330), fordert diese Untersuchung für das gesamte Vollstreckungsrecht.

10 Vgl. dazu *Wagner*, in: *Gottwald*, 249 ff.; *Stadler*, IPRax 2004, 1 f.

11 ABl. EG 2004, L 143/15 ff.

neuartige Situation, dass ein Gläubiger mittels eines erststaatlichen Titels unmittelbar auch in anderen Mitgliedstaaten der EU vollstrecken kann. Ungeklärt ist aber bis dato, ob und ggf. in welchem Ausmaß sich diese Neuerung auch auf das innerstaatliche Vollstreckungsverfahren der Mitgliedstaaten und insbesondere auf die Rechtsbehelfe gegen die Vollstreckung direkt oder indirekt auswirkt.[12]

Ebenso ist offen, ob die Einführung des Europäischen Vollstreckungstitels Anlass dazu gibt oder sogar als notwendige Konsequenz beinhaltet, Harmonisierungsschritte für den Bereich des Zwangsvollstreckungsrechts in Angriff zu nehmen.[13] Die Notwendigkeit von Harmonisierung kann allerdings erst dann abschließend beurteilt werden, wenn zunächst tiefgreifende Kenntnisse über die Unterschiede der jeweiligen Vollstreckungsrechte gewonnen werden.[14]

Die vorliegende Arbeit will anhand einer rechtsvergleichenden Analyse und einer Untersuchung der Auswirkungen des Europäischen Vollstreckungstitels für den Teilbereich der drittbezogenen Rechtsbehelfe in der Zwangsvollstreckung einen Beitrag zur Beantwortung dieser Fragen leisten.

II. Gang der Darstellung

Zunächst sollen dazu anhand eines Rechtsvergleichs Verfahrensweisen und Voraussetzungen des vollstreckungsrechtlichen Drittschutzes in europäischen Vollstreckungsordnungen analysiert werden.

Dabei soll die Auswahl der zu untersuchenden Rechtsordnungen ein möglichst vielfältiges und repräsentatives Spektrum aufzeigen.

Neben den Regelungen des deutschen Zivilprozess- und Zwangsvollstreckungsrechts, die jeweils als Ausgangspunkt des Vergleichs dienen sollen, erscheint die Untersuchung der Lösung im italienischen Recht vom historischen Standpunkt her unumgänglich. Der mittelalterlichen italienischen Doktrin ist es nämlich zu verdanken, dass sich aus dem römischen Kontroversienverfahren als bloß administrativem Beschwerdeverfahren eine eigenständige Interventionsklage entwickeln konnte.[15] Besonders interessant ist daher, ob auch in der Gegenwart das italienische Modell als Vorreiter herangezogen werden kann.

Daneben ist das italienische Recht aber auch typischer Vertreter des romanischen Rechtskreises[16] und eignet sich daher zur Gegenüberstellung mit Regelungen des deutschen, vor allem aber auch des anglo-amerikanischen Rechts-

---

12 *Yessiou-Faltsi*, 240.

13 Ähnlich *Hess*, IPRax 2001, 389 (392, Fn. 48).

14 So *Hess*, NJW 2000, 23 (31); *ders.*, JZ 2001, 573 (583); *Stoppenbrink*, ERLP 2002, 641 (673); *Yessiou-Faltsi*, 227.

15 Im Einzelnen vgl. *Picker*, 113 ff., 137 ff. Anders noch *Frommhold*, 62.

16 *Zweigert/Kötz*, 102.

kreises,[17] der in der vorliegenden Arbeit durch das englische Recht repräsentiert wird.

Darüber hinaus werden zusätzlich die Bestimmungen des österreichischen Rechts hinzugezogen. Zwar liegt hier eine Ähnlichkeit zum deutschen Recht nahe und bewahrheitet sich auch darin, dass die gegenständlichen österreichischen Vorschriften auf denen des deutschen Rechts beruhen.[18] Doch macht dies gerade den Reiz des Vergleichs aus, da durch ihn unterschiedliche Handhabungen und Sichtweisen aus einer gemeinsamen Ausgangssituation heraus aufgezeigt werden können, die wiederum der jeweils anderen Rechtsordnung zur Verbesserung und Weiterentwicklung dienen können.

Die verschiedenen Lösungsansätze der genannten Rechtsordnungen werden anhand eines funktionellen, d.h. von konkreten Sachproblemen ausgehenden Vergleichs untersucht.[19] Dabei ist zum einen zu beachten, dass ein unbeteiligter Dritter nicht lediglich durch Maßnahmen der ordentlichen Zwangsvollstreckung betroffen werden kann, sondern auch durch einstweilige Maßnahmen in seinen Rechten betroffen wird. Um den Schutz des Dritten umfassend vergleichen zu können, wird daher auch der Bereich des einstweiligen Rechtsschutzes und dessen Einfluss auf Rechte Dritter in die Betrachtungen mit einbezogen. Zum anderen müssen sich die Ausführungen der vorliegenden Arbeit aus Gründen der Übersichtlichkeit, der Komplexität und des Umfangs auf den bedeutenden[20] Bereich der Zwangsvollstreckung wegen Geldforderungen in bewegliche Sachen beschränken.

Zeigt die Analyse der Rechtsbehelfsmodelle entscheidende Unterschiede oder signifikante Abweichungen im Schutzumfang für den betroffenen Dritten, so soll versucht werden, Gründe für diese Phänomene zu finden,[21] bevor abschließend eine Bewertung der Lösungsansätze stattfinden kann und sich möglicherweise Reformvorschläge ergeben können.

In einem weiteren Schritt wird sodann die europäische Dimension des Drittschutzes in grenzüberschreitenden Vollstreckungsverfahren näher beleuchtet. Dazu bietet es sich an, zunächst in chronologisch notwendiger Reihenfolge das Verfahren der Vollstreckbarerklärung und dessen Auswirkungen auf Dritte zu untersuchen. Insbesondere ist in diesem Zusammenhang auf die Sicherungsvollstreckung gemäß Art. 47 Abs. 1 EuGVO einzugehen, die einstweilige Maßnahmen im Vollstreckungsstaat vor Vollstreckbarerklärung ermöglicht. Denn um ein mögliches Gefährdungspotential für Dritte durch solche Maßnahmen abschätzen zu können, bedarf es einer intensiven Auseinandersetzung mit der Um-

---

17 Zu dieser Gliederung der Rechtkreise vgl. *Zweigert/Kötz*, 62 ff.; *Kropholler*, IPR, § 11 II.
18 *Heller/Berger/Stix*, Kommentar, 448; *Holzhammer*, 162; *Gaul*, in: *Schmidt*, 527.
19 Dies empfehlen auch *Zweigert/Kötz*, 33.
20 Für das englische Recht vgl. *Jacob*, 194.
21 *Zweigert/Kötz*, 43.

setzung der europäischen Sicherungsvollstreckung in den untersuchten Rechtsordnungen, d.h. mit der Frage, welche Sicherungsmaßnahmen im Einzelnen tatsächlich zur Anwendung gelangen.

Nach Erlangung der Vollstreckbarerklärung kommen sowohl einstweilige als auch endgültige Maßnahmen im Vollstreckungsstaat in Betracht, deren Einfluss auf Drittrechte folglich ebenfalls zu begutachten ist.

Abschließend wird dann der Einfluss der Verordnung (EG) Nr. 805/2004 zur Einführung eines Europäischen Vollstreckungstitels für unbestrittene Forderungen auf das zuvor erörterte System des europäischen vollstreckungsrechtlichen Drittschutzes untersucht. Dazu bedarf es einer Darstellung der tragenden Ideen und Konzepte der Verordnung, da sich erst dann mögliche Veränderungen in ihrer gesamten Tragweite beurteilen lassen.

Die vorliegende Arbeit gliedert sich mithin in drei große Abschnitte: Das erste Kapitel umfasst den Rechtsvergleich der drittbezogenen Rechtsbehelfe. Im zweiten Kapitel wird der Schutz des Dritten in grenzüberschreitenden europäischen Vollstreckungsverfahren untersucht, bevor dann im dritten Kapitel der Einfluss des Europäischen Vollstreckungstitels thematisiert wird.

Erstes Kapitel
Der Schutz des durch Zwangsvollstreckungsmaßnahmen in seinen Rechten betroffenen Dritten in Verfahren ohne Auslandsbezug

A. Überblick über die in den untersuchten Ländern zur Verfügung stehenden Rechtsbehelfe

Einführend sind zunächst die entsprechenden Regelungen des deutschen Rechts zu vergegenwärtigen: Im deutschen Rechtsbehelfssystem der Zwangsvollstreckung kommt der Drittwiderspruchsklage gemäß § 771 ZPO die Aufgabe des Drittschutzes in der Zwangsvollstreckung zu.

Aufgrund der in § 808 Abs. 1 ZPO zum Ausdruck kommenden Formalisierung des Vollstreckungszugriffs[1] besteht eine erhöhte Wahrscheinlichkeit dafür, dass Maßnahmen der Zwangsvollstreckung nicht nur das haftende Schuldnervermögen ergreifen,[2] sondern auch oder ausschließlich das Vermögen eines nicht haftenden, an der Zwangsvollstreckung unbeteiligten Dritten beeinträchtigen. Auch wenn in diesem Fall die materielle Haftungslage nicht beachtet wird, wird ein solcher Übergriff zur Erhaltung des Formalisierungsprinzips grundsätzlich in Kauf genommen;[3] die Vollstreckungsmaßnahme ist weder unzulässig noch unwirksam.[4] Dies bedeutet allerdings nicht, dass der Dritte schutzlos dem Zugriff des Vollstreckungsorgans ausgesetzt ist; ihm steht vielmehr das besondere Instrument der Drittwiderspruchsklage gemäß § 771 ZPO zur Verfügung, mit dem er sich zur Wehr setzen kann.[5]

I. Die italienische *Opposizione di terzo*

Im italienischen Recht wird das Zwangsvollstreckungsrecht im dritten Buch des *Codice di procedura civile* (c.p.c.)[6] geregelt. Die Zwangsvollstreckung in

---

1 Der Gerichtsvollzieher prüft bei der Vollstreckung in körperliche Sachen lediglich den Gewahrsam, *Baur/Stürner*, Zwangsvollstreckung, Rn. 6.53; *Brox/Walker*, Rn. 234.

2 BGHZ 11, 37 (41); BGHZ 55, 20 (26); *Henckel*, ZZP 84 (1971), 447 (455); *Gaul*, AcP 173 (1973), 323 (336); *Baur/Stürner*, Zwangsvollstreckung, Rn. 22.1, 46.1; *Rosenberg/Gaul/Schilken*, § 41 I 1; *Gaul*, in: *Schmidt*, 521.

3 *Baur/Stürner*, Zwangsvollstreckung, Rn. 46.1; *Brox/Walker*, Rn. 1397; *Rosenberg/Gaul/Schilken*, § 41 I 1; *Geißler*, NJW 1985, 1865 (1866).

4 BGHZ 100, 95 (103 f.); *Baur/Stürner*, Zwangsvollstreckung, § 46.1; *Rosenberg/Gaul/Schilken*, § 41 I 1, II 2.

5 *Baur/Stürner*, Zwangsvollstreckung, Rn. 46.1. Dagegen sind weder die für verfahrensrechtlichen Fehler des Gerichtsvollziehers geschaffene Erinnerung gemäß § 766 ZPO noch die für materielle Einwendungen des Schuldners konzipierte Vollstreckungsabwehrklage gemäß § 767 ZPO einschlägig.

6 Art. 474 bis 632 des Königlichen Dekrets vom 28.10.1940, Nr. 1443, Gazetta Ufficiale, Nr. 253. Vgl. umfassend zum italienischen Vollstreckungsrecht *Wastl*, 73 ff.

das bewegliche Vermögen beginnt grundsätzlich mit der Pfändung; der *Ufficiale giudiziario* (Gerichtsvollzieher) nimmt dazu die zu pfändenden Sachen bis zur Verwertung im Wege des Verkaufs oder der Zuweisung in Verwahrung.

Art. 513 Abs. 1 c.p.c. berechtigt den Gerichtsvollzieher, zur Pfändung beim Schuldner nach pfändbaren Sachen zu suchen. Gemäß Art. 2740 Abs. 1 *Codice civile* (c.c.).[7] haftet der Schuldner mit seinem gesamten gegenwärtigen und zukünftigen Vermögen für die Erfüllung seiner Verbindlichkeiten. Legitime Zugriffsobjekte jeglicher Zwangsvollstreckung gegen einen Schuldner bilden daher ausschließlich dessen Vermögensgegenstände, Art. 2910 Abs. 1 c.c., oder diejenigen eines für die Verbindlichkeiten des Schuldners haftenden Dritten, Art. 2910 Abs. 2 c.c.[8] Diejenigen beweglichen Sachen, welche der Haftung und damit der Zwangsvollstreckung unterliegen, muss der Gerichtsvollzieher anhand äußerer Elemente, insbesondere des Gewahrsams,[9] und allgemeiner Erfahrungsgrundsätze identifizieren,[10] wobei er allerdings kein eigentliches Feststellungsverfahren durchführen kann.[11]

Aufgrund dieser formalen, rein äußerlichen Prüfung besteht die Möglichkeit, dass es bei der Auswahl des zu pfändenden Objekts zu Fehlern kommt, die dazu führen, dass nicht die haftenden Gegenstände des Schuldners, sondern solche eines nicht haftenden Dritten gepfändet oder in sonstiger Weise betroffen werden. In diesen Fällen greift der Vollstreckungsakt somit unberechtigterweise in die Vermögenssphäre eines Dritten ein.[12]

Dessen ungeachtet ist diese Vollstreckungsmaßnahme jedoch nicht nichtig.[13] Der Dritte muss vielmehr sein vorrangiges Recht an der Sache nachweisen. Als Instrument stellt die italienische Rechtsordnung dem Dritten hierzu die *Opposizione di terzo* (Drittwiderspruch) gemäß Art. 619 c.p.c. zur Seite:

> „*Il terzo che pretende avere la proprietà o altro diritto reale sui beni pignorati può proporre opposizione con ricorso al giudice dell'esecuzione prima che sia disposta la vendita o l'assegnazione dei beni.*
> *Il giudice fissa con decreto l'udienza di comparizione delle parti davanti a sé e il termine perentorio per la notificazione del ricorso e del decreto.*
> *Se all'udienza le parti non raggiungono un accordo, il giudice, quando è competente l'ufficio giudiziario al quale appartiene, provvede all'istruzione della causa a norma degli articoli 175 e seguenti; altrimenti fissa all'opponente un termine perentorio per la riassunzione della causa davanti all'ufficio giudiziario competente per valore.*“ [14]

---

7 Königliches Dekret vom 16.03.1942, Nr. 262, Gazetta Ufficiale, Nr. 79 und 79*bis*.

8 *Satta/Punzi*, 720; *Cabrini*, in: *Carpi/Taruffo*, Art. 619, I, Rn. 1.

9 *Redenti/Vellani*, 425.

10 *Punzi*, 44.

11 *Punzi*, 43.

12 *Cabrini*, in: *Carpi/Taruffo*, Art. 619, I, Rn. 1.

13 *Satta/Punzi*, 720.

14 In der Übersetzung von *Bauer* u.a. lautet Art. 619 c.p.c.: „Der Dritte, der das Eigentum

Behauptet somit ein Dritter, Eigentümer oder Inhaber eines sonstigen dinglichen Rechts an der gepfändeten Sache zu sein, kann er der Zwangsvollstreckung in diese Sache mit der *Opposizione di terzo* widersprechen.[15]

II. Die österreichische Exszindierungsklage

In Österreich ist das Zwangsvollstreckungsrecht in der Exekutionsordnung (EO)[16] geregelt. Die Vollstreckung wegen einer Geldforderung in bewegliche Sachen setzt die Pfändung voraus, die gemäß § 253 Abs. 1 S. 1 EO dadurch bewirkt wird, dass das Vollstreckungsorgan die Gegenstände in einem Protokoll verzeichnet und beschreibt. Auf Antrag des Gläubigers bzw. bei Gegenständen, die sich zum gerichtlichen Erlag eignen, von Amts wegen werden die gepfändeten Sachen bis zur Verwertung gerichtlich verwahrt.

Um den Vollstreckungsvollzug schlagkräftig und effizient zu gestalten,[17] hat der österreichische Gesetzgeber die Prüfung der Vermögensverhältnisse durch den Gerichtsvollzieher bewusst auf die Frage des Gewahrsams des Verpflichteten beschränkt, § 253 Abs. 1 S.1 EO.[18] Damit nimmt er in Kauf, dass die Vollstreckung über das schuldnerische Vermögen, das der Vollstreckung grundsätz-

---

oder ein anderes dingliches Recht an den gepfändeten Sachen beansprucht, kann vor der Anordnung des Verkaufes oder der Zuweisung der Sachen mit einem beim Vollstreckungsrichter einzubringenden Rekurs Widerspruch erheben.
Der Richter beraumt mit Dekret die Verhandlung für das Erscheinen der Parteien an und setzt eine Ausschlussfrist für die Zustellung des Rekurses und des Dekrets.
Erzielen die Parteien während der Verhandlung untereinander keine Einigung, nimmt der Richter, sofern das Gericht, dem er angehört, zuständig ist, im Sinne der Artikel 175 und folgende die Instruktion der Streitsache vor; anderenfalls setzt er dem Widerspruchskläger eine Ausschlussfrist für die Aufnahme des Verfahrens vor dem wertmäßig zuständigen Gericht."

15 Daneben bietet das italienische Zivilprozessrecht in Art. 404 c.p.c. eine weitere *Opposizione di terzo*. Diese ist allerdings nicht im hier relevanten Fall anwendbar, sondern ermöglicht einem Dritten, gegen ein rechtskräftiges Urteil vorzugehen, an dessen zugrunde liegendem Verfahren er nicht beteiligt war. Er kann damit eine Aufhebung des Urteils *inter partes*, also zwischen den Beteiligten des Rechtsstreits erwirken, während Art. 619 c.p.c. die Wirksamkeit des Titels selbst nicht in Frage stellt, *Punzi*, 165; *Cabrini*, in: *Carpi/Taruffo*, Art. 619, II, Rn. 3 f.; *Satta/Punzi*, 538.

16 Exekutionsordnung vom 01.06.1914, öRGBl. Nr. 719, zuletzt geändert durch Gesetz v. 11.7.2000, öBGBl. I Nr. 59.

17 *Heller/Berger/Stix*, Kommentar, 449; *Feil*, Rn. 1, 8; *Holzhammer*, 162; *Rechberger/Oberhammer*, Rn. 221.

18 Die EO lehnt sich damit an die Vermutung des § 372 ABGB an, dass der Gewahrsamsinhaber im Zweifel Eigentümer ist, und nimmt zum Zweck der Exekutionsvornahme an, dass die im Gewahrsam des Verpflichteten befindlichen Gegenstände auch zu dessen Vermögen gehören; *Heller/Berger/Stix*, Kommentar, 449.

lich ausschließlich unterworfen ist,[19] hinaus gehen kann. Ergibt die Gewahrsamsprüfung des Gerichtsvollziehers nämlich, dass der Verpflichtete die tatsächliche Verfügungsgewalt über die Sache innehat,[20] so ist die Verwahrung voll wirksam, selbst wenn die beschlagnahmte Sache nicht dem Verpflichteten gehört[21] und sie somit nicht der Zwangsvollstreckung unterworfen ist.[22] Es ist also möglich, dass eine wirksame Zwangsvollstreckungsmaßnahme über den Kreis der Rechte der Verpflichteten hinaus in fremde Rechtssphären eingreift.[23]

In diesem Falle bleibt es ganz dem betroffenen unbeteiligten Dritten überlassen, seine Rechte zu verteidigen, indem er Widerspruch erhebt.[24] Dazu steht ihm die eigens auf diese Konstellation zugeschnittene Klage nach § 37 EO, die sog. Exszindierungklage, zur Verfügung:

> „(1) Gegen die Exekution kann auch von einer dritten Person Widerspruch erhoben werden, wenn dieselbe an einem durch die Exekution betroffenen Gegenstande, an einem Teile eines solchen oder an einzelnen Gegenständen des Zubehörs einer in Exekution gezogenen Liegenschaft ein Recht behauptet, welches die Vornahme der Exekution unzulässig machen würde.
> (2) Ein solcher Widerspruch ist mittels Klage geltend zu machen; die Klage kann zugleich gegen den betreibenden Gläubiger und gegen den Verpflichteten gerichtet werden, welche in diesem Falle als Streitgenossen zu behandeln sind.
> (3) Für diese Klage ist, je nachdem sie vor oder nach Beginn des Exekutionsvollzugs angebracht wird, das Gericht, bei dem die Bewilligung der Exekution in erster Instanz beantragt wurde, oder das Exekutionsgericht zuständig.
> (4) Wenn der Klage rechtskräftig stattgegeben wird, ist die Exekution einzustellen."

III. Das englische *Interpleader*-Verfahren

Das englische Zivilprozess- und teilweise bereits auch das Zwangsvollstreckungsrecht[25] sind mit Wirkung vom 26. April 1999 in den *Civil Procedure Ru-*

---

19 *Holzhammer*, 162.

20 *Seiser*, 55.

21 *Heller/Berger/Stix*, Kommentar, 448; *Holzhammer*, 162; *Rechberger/Oberhammer*, Rn. 221.

22 Spricht dagegen der äußere Schein des Gewahrsams gegen die Rechtsinhaberschaft des Verpflichteten, kann der Dritte gemäß § 262 EO die Herausgabe der Sache verweigern. Wird gleichwohl gepfändet, kann der Dritte diese Verletzung mit der Aufsichtsbeschwerde nach § 68 EO geltend machen, *Petschek*, 85; *Heller/Berger/Stix*, Kommentar, 448; *Holzhammer*, 162.

23 *Feil*, Rn. 1.

24 *Feil*, Rn. 2; *Holzhammer*, 162; *Rechberger/Oberhammer*, Rn. 221.

25 Das Zwangsvollstreckungsrecht wurde bis jetzt nur teilweise umgesetzt, da zeitliche Vorgaben aufgrund des gewaltigen Umfangs neu zu schreibender Regelungen nicht einzuhalten waren und ohnehin das gesamte Zwangsvollstreckungsrecht zur Zeit Gegenstand einer generellen Überprüfung ist; *Osborne*, 173, 435.

les (CPR)[26] sowohl für den *High Court* als auch für die *County Courts* und den *Court of Appeal* vereinheitlicht worden.[27] Diese verordnungsähnlichen *Statutory instruments* haben die *Rules of the Supreme Court* (RSC) und die *County Court Rules* (CCR) größtenteils abgelöst;[28] die nicht bzw. noch nicht umgesetzten Vorschriften sind als Anhänge in die CPR integriert.[29] Die hier aufzufindenden Strukturen und Prinzipien sind – anders als in den bisher dargestellten kontinentalen Rechtsordnungen – weniger von dogmatischer Durchdringung und Hinterfragung geprägt, sondern folgen vielmehr praxisorientiert konzipiert den Errungenschaften des *case law*.[30] So umschreiben die CPR einen verfahrensrechtlichen Rahmen; ergänzend gilt aber weiterhin das englische Fallrecht (*Common law* und *Equity*).[31]

Für den Fall, dass bei der Durchführung der Zwangsvollstreckung gegen die *Common law*-Regel, dass Gegenstände Dritter nicht gepfändet werden können,[32] verstoßen wird und Gegenstände eines nicht haftenden Dritten betroffen werden, besteht im englischen Recht die Möglichkeit, ein sog. *Interpleader*-Verfahren durchzuführen.

Unter dieser Bezeichnung werden zwei Tatbestände zusammengefasst, die durch die Einführung des CPR weitgehend unangetastet weiterhin in RSC 17 für den *High Court*-Prozess bzw. in CCR 33 für das *County Court*-Verfahren geregelt sind.[33]

Mit dem Ziel, die Effektivität des Vollstreckungsverfahren zu verbessern, setzte nämlich das *Lord Chancellor's Department* (LCD) im Jahre 1998 einen Konsultationsprozess in Gang, der die Überarbeitung und Überprüfung des Zwangsvollstreckungsrechts zum Gegenstand hatte. Als Teil dieses Verfahrens publizierte *Beatson* im Juni 2000 einen Report, in dem er die Ergebnisse der von ihm durchgeführten Untersuchungen zusammenfasste und umfassende Reformvorschläge für eine Neugestaltung des Zwangsvollstreckungsverfahrens machte. Vgl. hierzu *Kennett*, CJQ 20 (2001), 36 ff. Auf Grundlage des *Beatson*-Reports veröffentlichte das LCD im Juli 2001 ein *Green Paper* als weitere Diskussionsgrundlage. Die Ergebnisse des *Enforcement Reviews* trägt das *White Paper* des LCD vom März 2003 zusammen.

26 Zu finden unter http://www.dca.gov.uk/civil/procrules_fin/menus/rules.htm. Die dazugehörigen *Practice Directions* (PD), dienen der Auslegung und Interpretation der CPR, *Sobich*, JZ 1999, 775 (776); *Stürner*, ZVglRWiss 99 (2000) 311 (313). Zur Entwicklungsgeschichte und Motivation zur Reform der prozessrechtlichen Vorschriften vgl. *Andrews*, ZZPInt 4 (1999), 3 ff.; *Sobich*, JZ 1999, 775 f.; *Andrews*, in: *Birks*, 19.09 ff.; *Osborne*, 167.

27 *Sobich*, JZ 1999, 775; *Stürner*, ZVglRWiss 99 (2000) 311 (312); *Andrews*, in: *Birks*, 19.03.

28 *Stürner*, ZVglRWiss 99 (2000) 311 (312); *Andrews*, in: *Birks*, 19.03; *Nelle*, 93.

29 *Osborne*, 173. In *Schedule* 1 die RSC, in *Schedule* 2 die CCR.

30 Ähnlich *Hess*-Studie, 9.

31 *Bunge*, 26; *Lyall*, 27 f.; *Nelle*, 93; *Burnton*, in: *Halsbury's*, Vol. 17 (1), § 3.

32 *Eyre*, in: *Atkin's*, §§ 11, 24; *Beatson*-Report, 49 (*Recommendation* 18 a).

33 *Andrews*, in: *Birks*, 19.388, Fn. 670. Bis auf einige terminologische Anpassungen an die

Beim sog. *Stakeholder's interpleader* bzw. *Interpleader otherwise than under execution* schuldet jemand Geld oder die Herausgabe von Sachen und wird von zwei oder mehr Personen verklagt, die denselben Anspruch zu haben behaupten, RSC 17.1.1.a bzw. CCR 33.6.1.[34] Der sog. *Sheriff's interpleader* bzw. *Interpleader under execution* dagegen behandelt den Fall, dass ein Vollstreckungsbeamter Sachen als Objekte der Pfändung an sich genommen hat oder an sich nehmen will, die ein Dritter, der nicht Vollstreckungsschuldner ist, jedoch für sich beansprucht, RSC 17.1.1.b bzw. CCR 33.1.A1. Nur das Verfahren der zweiten Alternative behandelt somit den in Rede stehenden Sachverhalt der abgeirrten Zwangsvollstreckung und ist als vollstreckungsrechtlicher Rechtsbehelf anzusehen.[35]

RSC 17.1.1.b lautet: "*Where claim is made to any money, goods or chattels taken or intended to be taken by a sheriff in execution under any process, or to the proceeds or value of any such goods or chattels, by a person other than the person against whom the process is issued, (...) the sheriff may apply to the court for relief by way of interpleader.*"

CCR 33.1.A1 lautet: "*In this part of this order 'the interpleader claimant' means any person making a claim to or in respect of goods seized in execution or the proceeds or value thereof and 'the interpleader claim' means that claim.*"

Das *Interpleader*-Verfahren zielt auf den Schutz des die Zwangsvollstreckung durchführenden Vollstreckungsbeamten vor Ansprüchen Dritter ab.[36] Sowohl der *Sheriff's interpleader* als auch der *Interpleader under execution* sind spezifisch entworfen, um dem *Sheriff* bzw. dem *District Judge* beizustehen, wenn diese selbst oder die ihnen unterstellten *Bailiffs* legal in bewegliche Sachen vollstrecken wollen oder vollstreckt haben und aufgrund dessen dem Anspruch einer dritten Partei an dieser beweglichen Sache oder deren Erlös ausgesetzt sind.[37] Der Vollstreckungsbeamte soll sich mit anderen Worten vor der "Unannehm-

---

neu gefassten Regelungen der CPR entsprechen die *Orders* der zuvor geltenden Fassung. Mit einer mit dem *Enforcement Review* (o. Fn. 25) einhergehenden grundlegenden Veränderung der Prinzipien des *Interpleaders* ist nach den Vorschlägen des *Beatson*-Reports nicht zu rechnen. Der Report spricht sich nämlich grundsätzlich für eine Erhaltung dieses Rechtsinstituts aus und verlangt lediglich eine genauere Untersuchung, ob die Veränderungen durch die CPR eine Modifikation des *Interpleader*-Verfahrens bedingen, *Beatson*-Report, 100 (*Recommendation* 42). Es wird jedoch vorgeschlagen, ein einheitliches *Interpleader*-Verfahren für *High Court* und *County Court* zu schaffen, *First Phase*-Report, sec. 7, *specific proposal* 32.

34 So zusammengefasst von *Bunge*, 205.

35 *Bunge*, 205.

36 *Eyre*, in: *Atkin's*, § 10.

37 *Eyre*, in: *Atkin's*, § 1.

lichkeit",[38] von einem Dritten verklagt zu werden, schützen können, indem er *Interpleader relief*, also die gerichtliche Entlastung, beantragt.

Effekt eines solchen Verfahrens ist jedoch, dass das Gericht eine solche Entlastung der Vollstreckungsperson nicht verfügen kann, ohne über den Anspruch des Dritten zu entscheiden. Der Vollstreckungsbeamte beantragt mithin letztlich mit seinem *Interpleader relief* eine Entscheidung über die Forderung des Dritten an der in Streit stehenden Sache.[39]

Durch das *Interpleader*-Verfahren aber nicht von vornherein ausgeschlossen sind die Möglichkeiten des Dritten, entweder unabhängig vom *Interpleader*, auf dessen Fortgang ein Dritter keinen Einfluss hat, bei Gericht eine Verfügung zu erwirken, die das Vollstreckungsorgan anweist, nicht der Vollstreckung unterliegende Gegenstände freizugeben,[40] oder bei seiner Untätigkeit Klage gegen dieses selbst – und nicht etwa gegen den Vollstreckungsgläubiger – auf Herausgabe der Gegenstände oder ggf. Schadensersatz zu erheben.[41] Dabei muss der Dritte allerdings dem Vollstreckungsbeamten zunächst die Gelegenheit geben, das *Interpleader*-Verfahren durchzuführen, bevor er gegen ihn vorgeht.[42]

Nach der Durchführung des *Interpleader*-Verfahrens und einer Entscheidung des Gerichts ist der Dritte jedoch mit einer diesbezüglichen Klage ausgeschlossen.[43] Das *Interpleader*-Verfahren ist somit der vorrangige Rechtsbehelf, so dass auf dessen Voraussetzungen und Wirkungen das Hauptaugenmerk zu richten sein wird.

---

38 *Eastern Holdings Establishment of Vaduz v. Singer & Friedlander, Ltd.* [1967] 2 All ER 1192 (1195) spricht von „*embarrassment of being sued*"; *Bourne* u.a., in: *Halsbury's*, Vol. 37, § 1417.

39 *Car and Universal Finance Co. Ltd. v. Caldwell* [1965] 1 QB 525; *Black/Sandbrook*, 73.

40 *Bunge*, 205.

41 *Green v. Brown* (1835) 3 Dowl 337, zit. nach: *The Digest*, 5944; *Eastern Holdings Establishment of Vaduz v. Singer & Friedlander, Ltd.* [1967] 2 All ER 1192 (1195); *Bourne* u.a., in: *Halsbury's*, Vol. 37, § 1432.

42 *Bourne* u.a., in: *Halsbury's*, Vol. 37, § 1432.

43 S.u. S. 32.

B. Verfahrensrechtlicher Rahmen

In jeder der untersuchten Rechtsordnungen findet sich mithin ein vollstreckungsrechtliches Instrument, das die Situation, dass ein nicht am Zwangsvollstreckungsverfahren beteiligter Dritter durch Maßnahmen der Vollstreckung in seinen Rechten betroffen wird, behandelt. Bevor allerdings ein eingehender Vergleich und eine kritische Wertung dieser Instrumente möglich sind, bedarf es zunächst einer näheren Betrachtung der jeweiligen verfahrensrechtlichen Konstruktionen und Abläufe.

Zur leichteren Einordnung und besseren Verständlichkeit des nachfolgenden Vergleichs der verfahrensrechtlichen Vorschriften sollen einleitend kurz die Grundzüge des Drittwiderspruchsverfahrens nach deutschem Recht vergegenwärtigt werden.

I. Vorbereitender Kurzüberblick über die entsprechenden Regelungen des deutschen Rechts

Um dem Dritten die Möglichkeit zu geben, den Streit in einem ordentlichen Erkenntisverfahren führen zu können,[44] leitet die Drittwiderspruchsklage einen neuen Rechtsstreit ein, in dem grundsätzlich die allgemeinen Regeln des Klageverfahrens gelten.[45] Sie wird dementsprechend gemäß § 253 ZPO durch Zustellung der Klageschrift erhoben. Dabei ist der Klageantrag dahingehend zu stellen, dass eine bestimmte Vollstreckungsmaßnahme in einen genau bezeichneten Gegenstand für unzulässig zu erklären ist.[46]

Die Klage ist gegen den die Zwangsvollstreckung betreibenden Vollstreckungsgläubiger zu richten, in keinem Fall hingegen gegen den Vollstreckungsschuldner.[47] Der missverständliche Wortlaut des § 771 Abs. 2 ZPO widerspricht dem nicht, sondern stellt bloß klar, dass eine Klage gegen den Schuldner auf Feststellung oder Herausgabe verbunden werden kann und Gläubiger und Schuldner in diesem Fall einfache Streitgenossen sind.[48]

Ausschließlich örtlich zuständig ist gemäß §§ 771 Abs. 1, 802 ZPO dasjenige Gericht, in dessen Bezirk die angegriffene Zwangsvollstreckung erfolgt. Die sachliche Zuständigkeit richtet sich nach den allgemeinen Vorschriften, d.h. der

---

44 *Baur/Stürner*, Zwangsvollstreckung, Rn. 46.21; *Rosenberg/Gaul/Schilken*, § 41 I 1; *Brox/Walker*, Rn. 1443.

45 *Rosenberg/Gaul/Schilken*, § 41 I 1, VIII 3; *Putzo*, in: *Thomas/Putzo*, § 771, Rn. 1.

46 *Brox/Walker*, JA 1986, 113 (115); *Prütting/Weth*, JuS 1988, 505 (508); *Putzo*, in: *Thomas/Putzo*, § 771, Rn. 7; *Münzberg*, in: *Stein/Jonas*, § 771, Rn. 52.

47 *Baur/Stürner*, Zwangsvollstreckung, Rn. 46.17; *Rosenberg/Gaul/Schilken*, § 41 VIII 1 b); *Münzberg*, in: *Stein/Jonas*, § 771, Rn. 49.

48 *Baur/Stürner*, Zwangsvollstreckung, Rn. 46.17; *Rosenberg/Gaul/Schilken*, § 41 VIII 1 b); *Putzo*, in: *Thomas/Putzo*, § 771, Rn. 3.

Wert des Streitgegenstandes gemäß § 6 ZPO bestimmt das anzugehende Gericht gemäß §§ 23 Nr. 1, 71 Abs. 1 GVG.[49]

Vor dem zuständigen Gericht wird nunmehr ein ordentliches Erkenntnisverfahren durchgeführt, in dem auch die Verteilung der Beweislast den allgemeinen Regeln folgt: Der Kläger muss darlegen und ggf. beweisen, dass ihm ein die Veräußerung hinderndes Recht zusteht; der Beklagte hat die Behauptungs- und Beweislast dafür, dass das Recht erloschen ist oder ihm eine Einrede entgegensteht.

Wird die Drittwiderspruchsklage erhoben, führt dies nicht automatisch zur Einstellung oder Hemmung der Vollstreckung. Gemäß §§ 771 Abs. 3, 769 Abs. 1 ZPO kann das Prozessgericht aber auf Antrag die konkret angegriffene Maßnahme einstellen oder ihre Fortsetzung von einer Sicherheitsleistung abhängig machen.

Das der Drittwiderspruchsklage stattgebende, gemäß § 705 S. 1 ZPO formell rechtskräftige Urteil hat eine *ex nunc* wirkende Veränderung der materielle Rechtslage zur Folge: Die bisher zulässige angegriffene Zwangsvollstreckungsmaßnahme wird nun unzulässig.[50] Aufgrund dieser Gestaltungswirkung des Urteils sieht die heute ganz herrschende Auffassung in der Drittwiderspruchsklage eine prozessuale Gestaltungsklage.[51] Es ergeht keinerlei rechtskraftfähige Entscheidung über das zugrunde liegende materielle Recht des Dritten.[52] Der Kläger kann die vollstreckbare Urteilsausfertigung dem Vollstreckungsorgan vorlegen,

---

49 *Rosenberg/Gaul/Schilken*, § 41 VIII 2; *Putzo*, in: *Thomas/Putzo*, § 771, Rn. 8.

50 *Geißler*, NJW 1985, 1865 (1869); *Brox/Walker*, JA 1986, 113 (113 f., 121); *Prütting/Weth*, JuS 1988, 505 (506 f.); *Rosenberg/Gaul/Schilken*, § 41 II 1 f., X 2; *Putzo*, in: *Thomas/Putzo*, § 771, Rn. 1.

51 BGHZ 58, 207 (214); BGH, MDR 1972, 684; BGH, NJW 1985, 3066 (3067); *Geißler*, NJW 1985, 1865 (1869); *Brox/Walker*, JA 1986, 113; *Rosenberg/Gaul/Schilken*, § 41 II 2; *Gaul*, in: *Schmidt*, 524 ff.; *Hartmann*, in: *Baumbach/Lauterbach/Albers/Hartmann*, Einf. vor §§ 771-774, Rn. 1; *Schuschke*, in: *Schuschke/Walker*, § 771, Rn. 3; *Brox/Walker*, Rn. 1398; *Münzberg*, in: *Stein/Jonas*, § 771, Rn. 4 f.; *Putzo*, in: *Thomas/Putzo*, § 771, Rn. 1; *Herget*, in: *Zöller*, § 771, Rn. 4.
Nach a.A. wird in der Drittwiderspruchsklage eine abgewandelte Beseitigung- oder Unterlassungsklage entsprechend § 1004 BGB gesehen, *Blomeyer*, § 35 II 3; *ders*., AcP 165 (1965), 481 (486 ff.); *Bettermann*, 87 ff.; *Picker*, 469 ff. Die Vertreter der herrschenden Auffassung sehen das Hauptproblem dieser Theorie darin, dass sich eine Interventionsbefugnis des nur obligatorisch Berechtigten nicht schlüssig begründen lasse, vgl. nur *Rosenberg/Gaul/Schilken*, § 41 II 2.
Einen eigenständigen Klagetypus im Sinne eines gemischt materiell-prozessrechtlichen Ansatzes sehen dagegen *Prütting/Weth*, JuS 1988, 505 (506 f.); *Baur/Stürner*, Zwangsvollstreckung, Rn. 46.2. *K. Schmidt*, in: Münchener Kommentar, § 771, Rn. 3, geht demgegenüber von einer materiellen Gestaltungsklage aus, die darauf gerichtet sei mit Rechtskraft des Urteils das Befriedigungsrecht des Gläubigers zu beseitigen.

52 *Brox/Walker*, JA 1986, 113 (121); *Prütting/Weth*, JuS 1988, 505 (506 f.); *Baur/Stüner*, Rn. 46.2.

das dann die Zwangsvollstreckung einzustellen oder zu beschränken, § 775 Nr. 1 ZPO, und die getroffenen Vollstreckungsmaßnahmen aufzuheben hat, § 776 S.1 ZPO.

Ein Rechtsschutzbedürfnis zur Erhebung der Klage besteht jedoch nur, soweit die Zwangsvollstreckung bereits begonnen und noch nicht beendet wurde. Denn erst ab der Durchführung der ersten Vollstreckungsmaßnahme wird der Dritte gefährdet; erst dann steht fest, auf welchen konkreten Gegenstand der Vollstreckungszugriff erfolgt.[53] Mit vollständiger Durchführung bzw. Beendigung der konkreten Vollstreckungsmaßnahme entfällt demgegenüber die Gefährdung durch die Zwangsvollstreckung, der Dritte kann sein Begehren, die Vollstreckung für unzulässig erklären zu lassen, nicht mehr erreichen, so dass es am Rechtsschutzbedürfnis mangelt und die Klage als unzulässig abzuweisen ist.[54]

Nach Beendigung der Zwangsvollstreckung bzw. der konkreten Vollstreckungsmaßnahme bleiben dem Dritten lediglich Ausgleichsansprüche gegen den Gläubiger. Persönliche oder dingliche Ansprüche gegen den Ersteher sind wegen dessen originären Eigentumserwerbs kraft staatlichen Hoheitsakts ausgeschlossen.[55] Da aber das formalisierte Vollstreckungsverfahren keine ausreichende Grundlage für eine endgültige Güterverteilung bietet,[56] kann der Dritte im Rahmen einer sog. „verlängerten Drittwiderspruchsklage" gegen den Gläubiger einen Bereicherungsanspruch auf Herausgabe des empfangenen Erlöses gemäß § 812 Abs. 1 S. 1, 2. Alt. BGB geltend machen, der dann begründet ist, wenn vor Beendigung der Zwangsvollstreckung die Drittwiderspruchsklage erfolgreich gewesen wäre; daneben tritt ggf. ein Schadensersatzanspruch aus §§ 823 ff. BGB.[57]

---

53 *Brox/Walker*, JA 1986, 113 (115); *Prütting/Weth*, JuS 1988, 505 (508); *Rosenberg/Gaul/Schilken*, § 41 VII; *Brox/Walker*, Rn. 1405; *Putzo*, in *Thomas/Putzo*, § 771, Rn. 10. Teilweise wird als ausreichend erachtet, dass die Zwangsvollstreckung in einen bestimmten Gegenstand unmittelbar bevorsteht oder mit hoher Wahrscheinlichkeit droht, *Baur/Stürner*, Zwangsvollstreckung, Rn. 46.1; *Rosenberg/Gaul/Schilken*, § 41 VII; *Münzberg*, in: *Stein/Jonas*, § 771, Rn. 12.

54 *Baur/Stürner*, Zwangsvollstreckung, Rn. 46.26; *Rosenberg/Gaul/Schilken*, § 41 VII; *Brox/Walker*, Rn. 1405.

55 *Rosenberg/Gaul/Schilken*, § 41 XII 5.

56 *Gaul*, AcP 173 (1973) 323 (326); *ders.*, in: *Schmidt*, 522.

57 RGZ 156, 395 (399 f.); BGHZ 58, 207 (210); BGH, NJW 1979, 42; BGHZ 100, 95 (99, 107); *Prütting/Weth*, JuS 1988, 505 (507); *Brox/Walker*, JA 1986, 113 (114); *Baur/Stürner*, Zwangsvollstreckung, Rn. 46.26; *Rosenberg/Gaul/Schilken*, § 41 XII 5; *Brox/Walker*, Rn. 1405; *Gaul*, in: *Schmidt*, 522. Daneben kommt bei rechtswidrigem und schuldhaftem Verhalten des Vollstreckungsorgans auch Staatshaftung in Betracht, *Baur/Stürner*, Zwangsvollstreckung, Rn. 46.26; *Rosenberg/Gaul/Schilken*, § 41 XII 6.

II. Verfahren und Zuständigkeit

1. Das Oppositionsverfahren

Die *Opposizione di terzo* wird gemäß Art. 619 Abs. 1, 486, 125 Abs. 1 c.p.c mit *Ricorso* (Beschwerde) beim Vollstreckungsrichter beantragt.[58] Nach der Abschaffung des *Ufficio del pretore* (Amtsgericht, Art. 8 c.p.c.) mit Wirkung vom 2. Juni 1999[59] und der daraus folgenden Konzentration der Kompetenz im Bereich der Zwangsvollstreckung beim *Tribunale* ist dieses gemäß Art. 9 Abs. 2 c.p.c. das sachlich zuständige Vollstreckungsgericht.[60] Örtlich zuständig ist das *Tribunale* des Ortes der Vollstreckung, Art. 27 c.p.c.[61]

Die Beschwerde des Dritten bewirkt nicht automatisch die Aussetzung des Vollstreckungsverfahrens;[62] vielmehr entscheidet der Vollstreckungsrichter auf Antrag einer Partei über die Aussetzung der Zwangsvollstreckung, Art. 624 Abs.1 c.p.c.[63]

Im Anschluss an den *Ricorso* vollzieht sich das Verfahren in zwei Phasen.[64] In einem ersten Schritt setzt der Vollstreckungsrichter per Beschluss eine Anhörung in Anwesenheit der Parteien fest und bestimmt eine Ausschlussfrist für die Zustellung der Beschwerde des Dritten und des Anhörungsbeschlusses, Art. 619 Abs. 2 c.p.c.

Erzielen die Parteien in dieser Anhörung keine Einigung,[65] erfordert das Rechtsschutzinteresse der Parteien die Durchführung eines Hauptverfahrens vor

---

58 *Zanzucchi*, 338; *La Marca*, in: *Picardi*, Art. 619, § 6; *Consolo/Luiso*, Art. 619, Rn. 9; *Redenti/Vellani*, 430; *Andrioli*, III, 346, 371; *Punzi*, 333; *Mandrioli*, 473. Unter Hinweis auf Art. 486 c.p.c. wird angenommen, dass die *Opposizione* auch mündlich erhoben werden kann, so *Punzi*, 334; *Mandrioli*, aaO; *Zanzucchi*, aaO. A.A. *La Marca*, in: *Picardi*, aaO; *Andrioli*, III, 371, die eine restriktive Auslegung der Art. 530 und 569 c.p.c. zur Begründung ihrer Ansicht heranziehen.

59 Art. 247 Abs. 1, *decreto legislativo* 19.2.1998, Nr. 51, *Gazetta Ufficiale*, Nr. 66. Zuvor war gem. Art. 16 Abs. 1 c.p.c. a.F. der *Pretore* erstinstanzlich zuständig.

60 *Cabrini*, in: *Carpi/Taruffo*, Art. 619, IV, Rn. 7.

61 *Cabrini*, in: *Carpi/Taruffo*, Art. 619, IV, Rn. 7; *La Marca*, in: *Picardi*, Art. 619, § 7; *Redenti/Vellani*, 429; *Mandrioli*, 473; *Punzi*, 345. Der konkret zuständige Vollstreckungsrichter wird vom Präsidenten des *Tribunale*s innerhalb von zwei Tagen nach Bildung der Akte durch die Geschäftsstelle benannt, Art. 484 Abs. 2, 488 Abs. 1 c.p.c.

62 Dies lässt sich als Umkehrschluss aus Art. 628 c.p.c. begründen, der bestimmt, dass bei einem Widerspruch gegen einzelne Vollstreckungsakte im Sinne des Art. 617 c.p.c. die Wirksamkeit der Pfändung ausgesetzt wird, *La Marca*, in: *Picardi*, Art. 619, § 8; *Mandrioli*, 474.

63 *Redenti/Vellani*, 430; *Mandrioli*, 474.

64 *Corsaro/Bozzi*, 496.

65 Auf einen erreichten Vergleich ist Art. 185 c.p.c. anwendbar; jedes weitere Bestreiten wird dann präkludiert, *Punzi*, 343.

dem wertmäßig zuständigen Gericht.[66] So hat das *Tribunale* bei einem Streitwert über 5 Mio. Lire, also 2.582,28 €, selbst das Verfahren einzuleiten, Art. 9 I, 7 I c.p.c.[67] Es entscheidet die Sache dann als Einzelrichtersache gem. Art. 50-*ter*, 281-*quater* c.p.c.[68]

Ist das *Tribunale* nach dem Wert der Streitsache gemäß Art. 17 Abs. 2, 7 Abs. 1, 9 Abs. 1 c.p.c. nicht zuständig, hat es wiederum eine Ausschlussfrist für die Aufnahme des Verfahrens durch den Opponenten vor dem wertmäßig zuständigen Gericht festzusetzen, Art. 619 Abs. 3 c.p.c. Die Sache fällt dann in die Zuständigkeit des *Giudice di pace* (Friedensrichter) gemäß Art. 7 c.p.c.[69] Erfüllt der opponierende Dritte die gesetzte Frist nicht, erlischt der Oppositionsprozess im Sinne des Art. 307 c.p.c.[70]

Auf das weitere Verfahren – sowohl vor dem *Tribunale* als auch vor dem Friedensrichter – in der so eingeleiteten zweiten Phase des Oppositionsprozesses finden gemäß Art. 619 Abs. 3 c.p.c. die Vorschriften über das Verfahren und die Entscheidung im ordentlichen Erkenntnisverfahren gemäß Art. 175 ff. c.p.c. Anwendung.[71] Der opponierende Dritte hat somit ein autonom neben dem Exekutionsprozess stehendes[72] ordentliches Erkenntnisverfahren zur Verfügung,[73] das in jeden Fall durch Urteil entschieden wird.[74] Er trägt in diesem Prozess die Beweislast.[75]

2. Das Exszindierungsverfahren

Die Exszindierungsklage ist gemäß § 37 Abs. 3 EO vor Beginn des Exekutionsvollzugs bei dem Gericht einzubringen, bei dem die Bewilligung der Exekution in erster Instanz beantragt wurde, danach ausschließlich[76] beim Exekutions-

---

66 *Punzi*, 343.

67 *Punzi*, 343; *La Marca*, in: *Picardi*, Art. 619, § 7; *Cabrini*, in: *Carpi/Taruffo*, Art. 619, IV, Rn. 7.

68 *Redenti/Vellani*, 430; *Cabrini*, in: *Carpi/Taruffo*, Art. 619, IV, Rn. 10.

69 *Cabrini*, in: *Carpi/Taruffo*, Art. 619, IV, Rn. 8.

70 *Cabrini*, in: *Carpi/Taruffo*, Art. 619, IV, Rn. 8; *Punzi*, 343; *Castoro*, 715. Dagegen bewirkt die Untätigkeit des Dritten kein Erlöschen des Exekutionsprozesses selbst im Sinne des Art. 630 c.p.c.

71 *Cass.*, Nr. 1627/1998, Rep. F. it. 1998, 969; *Cass.*, Nr. 15278/2003, Rep. F. it. 2003, 1064 (Nr. 79); *Cabrini*, in: *Carpi/Taruffo*, Art. 619, IV, Rn. 10; *La Marca*, in: *Picardi*, Art. 619, § 9; *Castoro*, 716. Für das Verfahren vor dem Friedensrichter finden die Normen des Verfahrens vor dem *Tribunale* über Art. 311 c.p.c. entsprechende Anwendung.

72 *Cabrini*, in: *Carpi/Taruffo*, Art. 619, I, Rn. 3; *Redenti/Vellani*, 426; *Mandrioli*, 466.

73 *Consolo/Luiso*, Art. 619, 2; *Mandrioli*, 466.

74 *Cabrini*, in: *Carpi/Taruffo*, Art. 619, IV, Rn. 10; *Castoro*, 716.

75 *Cass.*, Nr. 15278/2003, Rep. F. it. 2003, 1064 (Nr. 79); *Redenti/Vellani*, 427; *Satta/Punzi*, 724.

76 § 51 EO. *Heller/Berger/Stix*, EO, § 37, G, 3.

gericht, also gemäß § 18 Nr. 4 EO demjenigen Bezirksgericht, in dessen Sprengel sich bei Beginn des Exekutionsvollzugs diejenigen Sachen befinden, auf welche die Exekution geführt wird.

Mit dem durch die EO-Novelle 1995[77] geänderten § 4 EO ist jedoch auch die Bewilligung der Exekution dem Exekutionsgericht übertragen worden, so dass sich für das Verfahren der Exszindierungsklage ein Gleichlauf in der Zuständigkeit unabhängig vom Zeitpunkt des Vollzugsbeginns ergibt und gemäß § 17 Abs. 1 EO in jedem Fall das Bezirksgericht als Exekutionsgericht sachlich zuständig ist. Einzig durch eine lokale Verlagerung der streitbefangenen Sache nach Vollzugsbeginn[78] können sich Veränderungen in der örtlichen Zuständigkeit zwischen Bewilligungs- und Exekutionsgericht im Sinne des § 37 Abs. 3 EO ergeben.[79]

Weil der widersprechende Dritte materielle Rechte am Exekutionsobjekt behauptet, kann er den Streit nicht im Exekutionsverfahren geltend machen, sondern es wird ein gewöhnliches Erkenntnisverfahren nach den Vorschriften der öZPO ausgetragen.[80] Den Dritten trifft dabei die Behauptungs- und Beweislast für das die Exekution unzulässig machende Recht,[81] wobei zur Verhinderung eines etwaigen Missbrauchs der Klage durch Helfer des Schuldners als vermeintliche Dritte an die Schlüssigkeit des Klagebegehrens ein strenger Maßstab zu legen ist.[82]

Für die Dauer des Exszindierungsprozesses kann die Exekution auf Antrag gemäß § 42 Abs. 1 Nr. 5 EO aufgeschoben werden.[83]

---

77 ÖBGBl. 1995, 519.

78 Der Beginn des Exekutionsvollzugs richtet sich nach § 33 EO, so dass der Exekutionsvollzug als begonnen anzusehen ist, sobald das Ersuchen um den Exekutionsvollzug beim Exekutionsgericht angelangt ist. Grundsätzlich ist die Exekution demnach als begonnen anzusehen, wenn die Exekutionsbewilligung beim Exekutionsgericht als Vollstreckungsorgan, vgl. dazu u. S. 43, angelangt ist. Falls das zur Bewilligung der Exekution zuständige Gericht zugleich Vollzugsgericht ist, beginnt der Vollzug aber erst, wenn der Auftrag zur Vornahme der ersten Exekutionshandlung an das zu dessen Ausführung bestimmte Organ gelangt ist.

79 Durch die Neufassung des § 4 EO entsteht allerdings eine Ungereimtheit dahingehend, dass in § 18 Abs. 4 EO das Exekutionsgericht nach dem Belegenheitsort bei Beginn des Vollzugs bestimmt wird. Wenn nun auch das Bewilligungsgericht nach dieser Vorschrift zu finden sein soll, so stellt die Vorschrift auf den Beginn des Vollzugs ab, obwohl die Exekution noch nicht einmal bewilligt worden ist. Als Lösungsmöglichkeit bietet sich hier an, den zur Bestimmung des Gerichts maßgeblichen Zeitpunkt dahin gehend auszulegen, dass nicht der Beginn des Vollzugs, sondern die Antragstellung auf Bewilligung entscheidend ist, so dass letztlich auch eine einheitliche örtliche Zuständigkeit des so gefundenen Exekutionsgerichts besteht.

80 *Holzhammer*, 162, 169; *Rechberger/Oberhammer*, Rn. 228; *Seiser*, 39.

81 *Feil*, Rn. 2; *Holzhammer*, 162; *Seiser*, 38.

82 *Heller/Berger/Stix*, Kommentar, 448; *Holzhammer*, 162; *Seiser*, 38.

83 *Heller/Berger/Stix*, Kommentar, 482; *Feil*, Rn. 35; *Rechberger/Oberhammer*, Rn. 229.

3. Das *Interpleader*-Verfahren

Da sowohl vor den *County Courts* als auch in allen Bereichen des *High Courts* *Interpleader*-Verfahren möglich sind,[84] ist zunächst zu klären, in welchen Fällen das jeweilige Verfahren Anwendung findet.

Die Wahl der richtigen Verfahrensart ist dabei grundsätzlich abhängig von der sachlichen Zuständigkeit der Gerichte für das zugrunde liegende Zwangsvollstreckungsverfahren.[85] Diese Zuständigkeit ist im englischen Recht von dem Grundsatz geprägt, dass jedes Gericht seine eigenen Urteile und Verfügungen vollstreckt.[86] Jedoch sind die Vollstreckungsbeamten des *County Courts* nur zuständig für die Vollstreckung, sofern die zu vollstreckende Summe kleiner ist als 5000 £.[87] Übersteigt die Summe diesen Betrag jedoch, muss die Zwangsvollstreckung vom *High Court*, also vom Büro des *Sheriffs* vorgenommen werden.[88] Liegt die Summe dagegen unterhalb von 600 £ kann die Zwangsvollstreckung nur vom *County Court Bailiff* vorgenommen werden.[89]

a) Verfahren vor dem *High Court*

aa) Vorverfahren

Erste Voraussetzung für die Einleitung eines *Interpleader*-Verfahrens ist, dass ein Dritter Ansprüche auf Sachen oder Vermögensbestandteile, in die vollstreckt wurde oder vollstreckt werden soll, oder auf den Erlös einer solchen Vollstreckung zu haben behauptet und diese Ansprüche dem mit der Vollstreckung befassten *Sheriff* schriftlich anzeigt, RSC 17.2.1.[90]

Der *Sheriff* muss daraufhin umgehend den Vollstreckungsgläubiger persönlich[91] von der Forderung des sog. *Interpleader claimants* in Kenntnis setzen; der Vollstreckungsgläubiger seinerseits muss dann innerhalb von sieben Tagen nach

---

84 *Bourne* u.a., in: *Halsbury's*, Vol. 37, § 1418.

85 *Eyre*, in: *Atkin's*, § 23.

86 *Baur/Stürner*, Zwangsvollstreckung, Rn. 59.35; *Stürner*, in: FS *Nakamura*, 612; *Bunge*, 178; *Nelle*, 218, 225 Fn. 12.

87 Es kommt nicht auf die im Urteil genannte, sondern auf die tatsächliche Summe an, die vollstreckt werden soll; *Eyre*, in: *Atkin's*, § 23.

88 *Eyre*, in: *Atkin's*, § 23; *Osborne*, 441. Zur Organisation der Vollstreckungsbeamten vgl. u. S. 43 f.

89 *Eyre*, in: *Atkin's*, § 23; *Osborne*, 441. Es besteht grundsätzlich auch die Möglichkeit, ein bereits anhängiges Verfahren an das jeweils andere Gericht abzugeben. Den Transfer vom *County Court* an den *High Court* regelt CCR 16.7, vgl. dazu *Bourne* u.a., in: *Halsbury's*, Vol. 37, § 1476; *Eyre*, in: *Atkin's*, § 28. Für den umgekehrten Fall gilt *County Courts Act* 1984, Law Reports Statutes, 1984, I, 673 ff., sec. 40.

90 *Eyre*, in: *Atkin's*, § 3; *Black/Sandbrook*, 73 f.

91 *Eyre*, in: *Atkin's*. § 3.

dem Zugang der Nachricht den *Sheriff* informieren, ob er die Ansprüche zulässt oder bestreitet, RSC 17.2.2.

Lässt der Gläubiger die Ansprüche zu, d.h. erkennt er damit die Rechte des Dritten an, soll sich der *Sheriff* vom Besitz der gepfändeten Sachen zurückziehen und kann Rechtsschutz bei Gericht dahin gehend beantragen, dass eine Klage gegen ihn wegen der Beschlagnahme der Sache verhindert wird, RSC 17.2.4.[92]

bb) Antrag auf *Interpleader relief* durch den *Sheriff* und das weitere Verfahren

Bestreitet der Vollstreckungsgläubiger die Rechte des Dritten hingegen[93] oder übermittelt er dem *Sheriff* nicht innerhalb der sieben Tage die geforderte Nachricht, so ist der *Sheriff*[94] befugt, mittels Klageformulars[95] *Interpleader relief* bei einem *Master* (Unterrichter) des *High Court* zu beantragen, RSC 17.2.3, 17.4.[96] Erst mit diesem Antrag des *Sheriffs* beginnt das eigentliche *Interpleader*-Verfahren vor dem *High Court*.

Zwar überlässt die gesetzliche Regelung grundsätzlich dem *Sheriff* die Entscheidung, ob er das Verfahren einleiten will, doch sollte er sein Antragsrecht innerhalb einer vernünftigen und angemessenen Zeitspanne so schnell wie möglich ausüben,[97] da sich anderenfalls die Kosten für die Unterbringung der in der

---

92 *Black/Sandbrook*, 74; *Bourne* u.a., in: *Halsbury's*, Vol. 37, § 1430. Im Sinne der Entscheidung *Cave v. Capel* [1954] 1 All ER 428 (433), CA, soll dieser Beschluss nur gefasst werden, wenn dem Dritten kein beträchtlicher Schaden entstanden ist. Nach *Neumann v. Bakeaway Ltd and another* [1983] All ER 935 (942), CA, hat das Gericht bei der Entscheidung, ob ein beträchtlicher Schaden entstanden ist, alle relevanten Fakten der Vollstreckung sowie den Wert der gepfändeten Sachen und das Verhalten des Klägers zu beachten.

93 Nach Ansicht des *First Phase Report* muss der Gläubiger hierzu Beweise finden, die die Forderung des Dritten entkräften, aaO, Nr. 244. Da ein Dritter den Gläubiger mit unsubstantiierten und unrichtigen Forderungen somit belästigen könne, empfiehlt der *Report* eine Änderung des Verfahrens dahingehend, dass der Dritte bereits in diesem Stadium Beweise für sein Eigentum anzubieten habe. Dem Gläubiger soll so in einer ersten Phase ohne Einschaltung des Gerichts die Möglichkeit gegeben werden, anhand der Beweise zu entscheiden, ob er die Forderung des Dritten nicht doch akzeptiert, *First Phase Report*, Nr. 246.

94 Neben dem *Sheriff* ist auch jeder mit dem Exekutionsprozess befasste Beamter antragsbefugt, RSC 17.1 (2), *Bourne* u.a., in: *Halsbury's*, Vol. 37, § 1421.

95 *Claim form* im Sinne des CPR Pt. 8, RSC 17.3 (1).

96 *Bunge*, 205; *Eyre*, in: *Atkin's*, § 2.

97 *Cook v. Allen* (1883) 2 Dowl 11, zit. nach: *The Digest*, 5940. RSC 17.1.1.b formuliert diese Befugnis anhand des Hilfsverbs „*may*". Im Sprachgebrauch des englischen Rechts ist dies jedoch nicht etwa nur als bloße Möglichkeit des *Sheriffs* zu verstehen, sondern vielmehr im Sinne einer gebundenen Entscheidung, vgl. *Saunders*, 116. Ebenso auch

Regel im Gewahrsam des *Sheriffs* befindlichen Gegenstände sowie für die Bezahlung der Vollstreckungsbeamten erhöhen.[98] Wartet der *Sheriff* zu lange, so muss er mit der Abweisung seines Schutzantrags und der Übernahme der Verfahrenskosten rechnen.[99] Er kann den *relief* auch dann beantragen, wenn die Forderung des Dritten offensichtlich unbegründet ist.[100]

Gemäß RSC 17.3.6 muss der *Interpleader claimant* innerhalb von 14 Tagen nach Zustellung des Klageformulars dem Vollstreckungsgläubiger und dem *Sheriff* eine Zeugenaussage oder eine eidesstattliche Versicherung zustellen, die die beanspruchten Sachen spezifizieren und die Tatsachen, auf die sich eine solche Forderung gründet, darlegen.[101]

Der *Master* kann die Sache daraufhin im summarischen Verfahren entscheiden und Beschlüsse erlassen, die nach seinem eigenen Ermessen[102] gerecht erscheinen, RSC 17.5.2.a.[103] Summarisch bedeutet dabei allerdings nicht etwa, dass der *Master* die Sache *ad hoc* feststellen muss, sondern lediglich, dass er sie selbst, ohne sie an einen *Judge* weiterzuleiten, festzustellen hat: Die gebräuchliche Praxis ist, dass der *Master* einen speziellen Termin festsetzt, an dem mündliche Beweise vorgebracht werden, die Zeugen ins Kreuzverhör kommen und die relevanten Dokumente eingebracht werden;[104] der *Master* kann daraufhin zur Entscheidung die Anhörung vertagen, aber auch sofort entscheiden.[105]

Die Beweislast obliegt dem *Interpleader claimant.*[106] Im Übrigen finden die herkömmlichen Beweis-, Vermutungs-, Einwendungs- und Rechtskraftregeln Anwendung.[107]

Mauch, 168.

98 *Bourne* u.a., in: *Halsbury's*, Vol. 37, § 1441. Der *Sheriff* sollte insbesondere nicht warten, bis ein Verfahren gegen ihn selbst eingeleitet wird, *Green v. Brown* (1835) 3 Dowl 337, zit. nach: *The Digest*, 5944; *Bourne* u.a., aaO, § 1432.

99 *Devereaux v. John* (1833) 1 Dowl 548, zit. nach: *The Digest*, 5939; *Ridgway v. Fisher* (1835) 3 Dowl 567, zit. nach: *The Digest*, 5941; *Beale v. Overton* (1837) 5 Dowl 599, zit. nach: *The Digest*, 5942; *Bourne* u.a., in: *Halsbury's*, Vol. 37, § 1441.

100 *Bourne* u.a., in: *Halsbury's*, Vol. 37, § 1429.

101 *Eyre*, in: *Atkin's*, § 2; *Bourne* u.a., in: *Halsbury's*, Vol. 37, § 1442. Dem Dritten müssen diese Anforderungen im *Claim form* mitgeteilt werden, RSC 17.3 (7).

102 *Bourne* u.a., in: *Halsbury's*, Vol. 37, § 1422; *Gerhard v. Montagu & Co* (1889) 61 LT 564, zit. nach: *The Digest*, 5796; *Ex parte Mersey Dock & Harbour Board* [1899] 1 QB 546, zit. nach: *The Digest*, 5795.

103 *Eyre*, in: *Atkin's*, § 9. RSC 17.5 (2) (a) formuliert: "*where* (a) *the applicant under this order is a sheriff* (...) *the court may summarily determine the question at issue* (...) *and make an order accordingly on such terms as may be just.*"

104 *P.B.J. Davis Manufacturing Co., Ltd. v. Fahn* [1967] 2 All ER 1274 (1276), CA; *Eyre*, in: *Atkin's*, § 9; *Bourne* u.a., in: *Halsbury's*, Vol. 25, § 1041.

105 *Eyre*, in: *Atkin's*, § 13.

106 *Richards v. Jenkins* (1887) 18 QBD 451, CA, zit. nach: *The Digest*, 6172. War der Dritte zum Zeitpunkt der Pfändung ausnahmsweise im Besitz der Sache, obliegt dem Vollstreckungsgläubiger ausnahmsweise auch die Beweislast; *Gerhard v. Montagu & Co.*

Ein summarisches Verfahren ist hingegen unangemessen und sollte auch mit Zustimmung der Parteien nicht durchgeführt werden, wenn der Wert der in Streit stehenden Sache sehr hoch ist oder der Streit schwierige rechtliche Fragen aufwerfen kann.[108] In solchen Fällen sollte das Verfahren an einen *Judge* abgegeben[109] und ein ordentliches Verfahren durchgeführt werden.[110] Mit Zustimmung der Parteien kann jedoch auch der *Master* zur Zeit- und Kostenersparnis das Verfahren nach den ordentlichen Regeln eines *Trials* durchführen.[111]

Der Antrag auf Erlass eines *Interpleader reliefs* hat nicht von sich aus die Wirkung einer einstweiligen Einstellung weiterer Vollstreckungsschritte.[112] Jedoch hat das Gericht die Befugnis, eine Einstellung aller weiteren Verfahrensschritte zu verfügen, RSC 17.7,[113] so dass der Sheriff nicht gesichert mit der Vollstreckung fortfahren kann.[114]

b) Verfahren vor dem *County Court*

Gemäß CCR 33 besteht die Möglichkeit eines *Interpleader*-Verfahrens auch, sofern eine Person von Vollstreckungsbeamten des *County Courts* gepfändete Sachen oder deren Erlös beansprucht. Das vor einem *County Court* durchgeführte Verfahren unterscheidet sich sowohl in Grundstruktur als auch im Detail erheblich vom Verfahren vor dem *High Court*, wenn auch ergänzend die für Letzteres aufgestellten Prinzipien, mithin also die Bestimmungen des RSC 17, gelten.[115]

Für die Vollstreckung von *County Court*-Entscheidungen ist der *District Judge* verantwortlich;[116] sie wird von ihm unterstellten *Bailiffs* ausgeführt. Aus dieser vom Vollstreckungsverfahren des *High Courts* erheblich abweichenden Organisation der Vollstreckung, die dort in Händen des nicht in die Gerichtshierarchie eingegliederten *Sheriffs* liegt, erklären sich die wesentlichen Verfahrens- und Kompetenzunterschiede.[117]

(1889) 61 LT 564, zit. nach: *The Digest*, 5796; *Bourne* u.a., in: *Halsbury's*, Vol. 25, § 1047.

107 *Bourne* u.a., in: *Halsbury's*, Vol. 37, § 1458.

108 *Eyre*, in: *Atkin's*, § 9; *Bourne* u.a., in: *Halsbury's*, Vol. 37, § 1452; *Black/Sandbrook*, 74; *Fredericks and Pelhams Timber Buildings v. Wilkins* [1971] 3 All ER 545, CA.

109 *Eyre*, in: *Atkin's*. § 9; *Bunge*, 205.

110 *Bourne* u.a., in: *Halsbury's*, Vol. 25, § 1046.

111 CPR PD 2B.4.1. *Eyre*, in: *Atkin's*, § 20.

112 *Bourne* u.a., in: *Halsbury's*, Vol. 37, § 1443, 1447.

113 *Eyre*, in: *Atkin's*, § 11; *Bourne* u.a., in: *Halsbury's*, Vol. 37, § 1443.

114 *Bourne* u.a., in: *Halsbury's*, Vol. 37, § 1443.

115 *Eyre*, in: *Atkin's*, § 23; vgl. auch *County Courts Act* 1984 (o. Fn. 89), sec. 76.

116 Zur Gerichtsorganisation an den *County Courts* vgl. *County Courts Act* 1984 (o. Fn. 89), sec. 5; *Bunge*, 28.

117 Im Einzelnen dazu s.u. 41 f.

Der bedeutsamste Unterschied zwischen dem *High Court*- und *County Court*-Verfahren in Sachen *Interpleader* besteht bereits in der Einleitung des Verfahrens. Während der *Interpleader*-Prozess nach RSC 17 durch den *Sheriff* eingeleitet wird,[118] ist es vor dem *County Court* der Dritte selbst, also der *Interpleader claimant*, der durch Einreichung einer Mitteilung seiner Forderung bei dem vollstreckenden *Bailiff* oder bei Gericht das Verfahren einleitet, CCR 33.1.1.[119]

Bereits in diesem Stadium ist somit die Forderung des Dritten bei Gericht anhängig, das nunmehr den Vollstreckungsgläubiger in das Verfahren einbeziehen muss. Dies vollzieht sich in Anlehnung an das Verfahren vor dem *High Court*, indem das Gericht nach Erhalt der Mitteilung des Dritten den Vollstreckungsgläubiger zu benachrichtigen hat. Der Vollstreckungsgläubiger muss daraufhin innerhalb von vier Tagen das Gericht darüber in Kenntnis setzen, ob er die Forderung zulässt, bestreitet oder den *District Judge* auffordert, sich vom Besitz zurückzuziehen, CCR 33.2.1.[120]

Bestreitet der Vollstreckungsgläubiger die Forderung des Dritten oder hält er die Frist nicht ein, hat der *District Judge* eine *Interpleader notice* an den Vollstreckungsgläubiger und den Dritten zu erlassen, CCR 33.4.1.[121] Der Gerichtsbeamte legt einen Termin für die Anhörung fest, CCR 33.4.2.

Durch die *Interpleader notice* werden alle Maßnahmen der Gerichte hinsichtlich der in Streit stehenden Forderung und die diesbezügliche Vollstreckung einstweilig eingestellt.[122] Dabei beschränkt sich allerdings die Einstellung auf diejenigen Personen, die an dem *Interpleader*-Verfahren beteiligt sein würden.[123]

Die Entscheidungsbefugnis in der mündlichen Verhandlung des *Interpleader*-Verfahrens obliegt dem *Circuit Judge*, nicht hingegen dem hier als Vollstreckungsorgan fungierenden *District Judge*.[124] Was die Art und Weise der Entscheidungsfindung des Richters angeht, finden die Regelungen des RSC 17 entsprechende Anwendung.[125]

---

118 Vgl. o. S. 20.

119 Im Gegensatz zum *High Court* Prozess muss der Dritte hier keine *Claim form* im Sinne des CPR Pt. 8 dafür benutzen, sondern es reicht nach CCR 33.1.1.a eine einfache *Notice*, in der er die Gründe für seine Forderung sowie seinen Namen und Adresse mitteilt, *Eyre*, in: *Atkin's*, § 23.

120 Vor dem *High Court* hat der Vollstreckungsgläubiger dagegen mehr Zeit, um sich zu äußern, vgl. RSC 17.2.2, o. S. 19 f. Zu den Folgen bei Zulassen oder Auffordern vgl. RSC. 33.2.2.

121 *Bourne* u.a., in: *Halsbury's*, Vol. 37, § 1468; *Eyre*, in: *Atkin's*, § 24.

122 *County Courts Act* 1984 (o. Fn. 89), sec. 101 (2); *Eyre*, in: *Atkin's*, § 24; *Bourne* u.a., in: *Halsbury's*, Vol. 37, § 1468.

123 *Bourne* u.a., in: *Halsbury's*, Vol. 37, § 1468.

124 *Eyre*, in: *Atkin's*, § 23, 24; *Bourne* u.a., in: *Halsbury's*, Vol. 37, § 1474. Zur geplanten Verlagerung der Entscheidungsbefugnis auf den *District Judge* vgl. u. S. 45.

125 *Eyre*, in: *Atkin's*, § 23. Im Einzelnen dazu s.o. S. 19 ff.

Zusammenfassend ist festzustellen, dass im hier dargelegten Verfahren die im *High Court* Prozess vom *Sheriff* besetzte Rolle vom *District Judge* übernommen wird. Dieser sucht als Verantwortlicher für die ihm untergeordneten *Bailiffs*[126] Rechtsschutz vor Herausgabe- oder Schadensersatzforderungen Dritter und muss demgemäß das Verfahren in Gang setzen. Die Tatsache, dass das Gericht hier früher in das Verfahren eingebunden wird, man also schon früher als vor dem *High Court* von einem gerichtlichen Verfahren sprechen kann, liegt in der Natur der Sache, nämlich daran, dass der in die Gerichtsorganisation integrierte *District Judge* und nicht der *Sheriff* das zuständige Vollstreckungsorgan ist. Zur Vermeidung von Befangenheit und unangebrachter Befugniskonzentration beim *District Judge* kann er selbst als Unterrichter nicht auch für die gerichtliche Entscheidung zuständig sein, sondern diese ist dem Richter des *County Courts*, also dem *Circuit Judge* übertragen.[127]

III. Die auf den Rechtsbehelf ergehende Entscheidung

1. Die Entscheidung bei der *Opposizione di terzo*

Mit der *Opposizione di terzo* bestreitet der Dritte weder die Zulässigkeit oder die Art und Weise der Zwangsvollstreckung des Gläubigers gegen den Schuldner, noch den zugrunde liegenden Titel oder die Pfändbarkeit der Sache,[128] sondern er strebt nach der Feststellung der Unzulässigkeit der Vollstreckung in Bezug auf ihr Objekt,[129] *in concreto* also der Pfändung der Sache.[130]

Ziel und Wirkung einer positiv beschiedenen *Opposizione* ist demnach, dass bereits vorgenommenen Vollstreckungsmaßnahmen die Wirksamkeit entzogen

---

126 *County Courts Act* 1984 (o. Fn. 89), sec. 123. Vgl. dazu u. S. 44.

127 *Eyre*, in: *Atkin's*, § 23. Zu den diesbezüglichen Reformbestrebungen s.u. S. 45.

128 *Cass.*, Nr. 9452/1992, Giur. it. 1993, I, 1, 966 (968); *Cass.*, Nr. 1627/1998, Rep. F. it. 969; *Mandrioli*, 465; *Cabrini*, in: *Carpi/Taruffo*, Art. 619, I, Rn. 2; *Consolo/Luiso*, Art. 619, 3; *Andrioli*, III, 370; *Punzi*, 180. Für diese Fälle bietet das italienische Zwangsvollstreckungsrecht eigenständige Rechtsbehelfe: Zum Einen die *Opposizione agli atti esecutivi* gemäß Art. 617 c.p.c. und zum Anderen die *Opposizione all'esecuzione* gemäß Art. 615 c.p.c.

129 *Cass.*, Nr. 443/1967, Rep. F. it. 1967, 761 (Nr. 136); *Cass.*, Nr. 1710/1970, Rep. F. it. 1970, 749 (Nr. 74); *Cass.*, Nr. 1571/1974, Giur. it. 1975, I, 1, 692 (698); *Zanzucchi*, 343; *Garbagnati*, 1075; *Mandrioli*, 465; *Cabrini*, in: *Carpi/Taruffo*, Art. 619, I, Rn. 2; *Consolo/Luiso*, Art. 619, 3; *Redenti/Vellani*, 426; *Corsaro/Bozzi*, 497.

130 *Mandrioli*, 465; *La Marca*, in: *Picardi*, Art. 619, § 1.

wird und weitere Akte hinsichtlich des Objekts verhindert werden.[131] Die Sache soll somit legal der Zwangsvollstreckung entzogen werden.[132]

a) Streitgegenstand und Wirkung des auf die *Opposizione* ergehenden Urteils

Das Verständnis der *Opposizione*, dessen Auswirkung sich praktisch relevant in der Reichweite der Wirkung des auf sie ergehenden Urteils zeigt, ist geprägt von einem fundamentalen Meinungsstreit, der sich auf eine gegensätzliche Interpretation des zugrunde liegenden Streitgegenstandes zurückführen lässt.

Einigkeit besteht zunächst jedenfalls darüber, dass über die Unzulässigkeit der Zwangsvollstreckung hinsichtlich der konkreten Sache entschieden wird.[133]

Während die herrschende Auffassung im neueren Schrifttum dies aber als abschließenden Inhalt der *Opposizione* anerkennt,[134] geht vor allem die ältere Auffassung in der Literatur darüber hinaus und bezieht die materielle Entscheidung über das Bestehen des Rechts bei einer der Parteien, also über die Zugehörigkeit des Rechts in den Rahmen der *Opposizione* mit ein.[135]

aa) Einbeziehung der Entscheidung über das materielle Recht

Die Vertreter der letzteren Auffassung machen geltend, dass nicht bloß über die Legitimität der Zwangsvollstreckung befunden werde und somit die durch die Pfändung erwirkte Bindungswirkung eliminiert werde,[136] sondern dass darüber hinaus auch definitiv über die Zugehörigkeit der Sache, also über das Recht an derselben entschieden werde.[137]

Begründet wird diese These mit dem Zusammenhang des Art. 619 c.p.c. mit Art. 17 Abs. 2 c.p.c., der hinsichtlich der sachlichen Zuständigkeit des Drittwiderspruchs auf den Wert der in Streit stehenden Sachen verweist. Dies mache es erforderlich, in präjudizieller Form auch über das Rechtsverhältnis bezüglich der

---

131 *Cass.*, Nr. 1571/1974, Giur. it. 1975, I, 1, 692 (698); *Andrioli*, III, 372; *Garbagnati*, 1077; *Punzi*, 327; *La Marca*, in: *Picardi*, Art. 619, § 9; *Mandrioli*, 465; *Cabrini*, in: *Carpi/Taruffo*, Art. 619, IV, Rn. 12, Art. 620 Rn. 5.

132 *Andrioli*, III, 370; *Redenti/Vellani*, 424, 426; *Satta/Punzi*, 727; *Cabrini*, in: *Carpi/Taruffo*, Art. 619, I, Rn. 1 f.

133 S.o. S. 24.

134 Dazu sogleich u. bb.

135 Dazu sogleich u. aa.

136 *Andrioli*, III, 372.

137 *Cass.*, Nr. 68/1994, Rep. F. it. 1994, 880 (Nr. 77); *Cass.*, Nr. 7413/1997, Rep. F. it. 1997, 957 (Nr. 30); *Andrioli*, III, 372; *Castoro*, 706; *Garbagnati*, 1075, 1077; *Bucolo*, Giur. it. 1975, I, 1, 693 (698).

gepfändeten Sache, also dessen Zugehörigkeit zum Vermögen einer der Parteien zu entscheiden.[138]

Des weiteren wird argumentiert, es sei nicht kohärent, wenn das im Oppositionsprozess ermittelte Recht oder Nichtrecht des Dritten in einem folgenden Prozess nochmalig zur Diskussion gestellt werde;[139] folgerichtig müsse auch bezüglich des Rechtes eine Entscheidung ergehen.

Als konsequente Folge der Einbeziehung der Frage der Zugehörigkeit in den Streitgegenstand der *Opposizione* messen die Vertreter dieser Auffassung dem auf die Klage hin ergehenden Urteil auch Rechtskraft außerhalb des Exekutionsprozesses zu,[140] vor allem auch im Verhältnis zwischen dem Dritten und dem Schuldner.[141]

bb) Zulässigkeit der Zwangsvollstreckung bezüglich des konkreten Objekts

Nach der entgegenstehenden, beschränkenden Ansicht erschöpft sich der Streitgegenstand der *Opposizione* in der Frage, ob die konkrete Sache dem Exekutionsprozess unterworfen ist und damit die Pfändung derselben zulässig ist.[142]

Die *Opposizione* werde nämlich durch den Konflikt zwischen den sich gegenüberstehenden Ansprüchen des Dritten und des Gläubigers an der Sache hervorgerufen, so dass der Prozess einzig die Aufgabe habe, diesen Interessenkonflikt zu lösen.[143] Dazu sei es aber ausreichend, darüber zu entscheiden, ob die Sache der Zwangsvollstreckung unterliegt. Eine darüber hinausgehende rechtskräftige Feststellung des durch den Dritten beanspruchten Rechts ginge dagegen über das Rechtsschutzbedürfnis des Beantragenden hinaus.

Zwar habe sich der Richter davon zu überzeugen, ob die Sache Teil des haftenden Schuldnervermögens ist, um zu ermitteln, ob in die Sache vollstreckt werden kann oder nicht;[144] die Entscheidung über die Zugehörigkeit der Sache zum Schuldnervermögen sei aber nur ein Nebeneffekt und als solcher nicht rechtskraftfähig.[145] Soweit die Klage also darauf gerichtet ist, das Eigentum oder

---

138 *Andrioli*, III, 372; *Bucolo*, Giur. it. 1975, I, 1, 693 (695). *Punzi*, 324, 326, weist dagegen darauf hin, dass hier eher auf die Ratio von Art. 17 c.p.c., als allein auf die bloße Kausalität abzustellen sei. Die Tatsache allein, dass die Entscheidung über die Zugehörigkeit ergehen könnte, weil der dafür zuständige Richter entscheidet, könne nicht den Streitgegenstand verändern.

139 *Bucolo*, Giur. it. 1975, I, 1, 693 (697 f., Fn. 8); *Corsaro/Bozzi*, 498.

140 *Cass.*, Nr. 7413/1997, Rep. F. it. 1997, 957; *Andrioli*, III, 372; *Garbagnati*, 1077; *Bucolo*, Giur. it. 1975, I, 1, 693 (698).

141 *Andrioli*, III, 372.

142 *Zanzucchi*, 343; *Punzi*, 298; *Satta*, Commentario, 490; *Cabrini*, in: *Carpi/Taruffo*, Art. 619, I, Rn. 4.

143 *Punzi*, 298.

144 *Punzi*, 298, 325.

145 *Cass.*, Nr. 6497/1980, Rep. F. it. 1980, 895 (Nr. 78); *Mandrioli*, 465 f., 477.

ein sonstiges dingliches Recht des Opponierenden an den gepfändeten Sachen festzustellen, habe sie nur den Charakter einer instrumentellen und beiläufigen Ermittlung ohne eine weitergehende Wirkung über den Exekutionsprozess hinaus.[146] Dagegen sei die Feststellung der Unterwerfbarkeit der Sache unter die Zwangsvollstreckung eigentlicher Gegenstand der *Opposizione*.[147]

Zur Begründung stellen die Vertreter dieser Ansicht vor allem auf die Beweisbegrenzung des Art. 621 c.p.c. ab.[148] Dieser schließt den Beweis des vom Dritten geltend gemachten Rechts durch Zeugen in der Regel aus, um einem möglichen Betrug und kollusivem Verhalten von Schuldner und Drittem entgegenzuwirken.[149] Eine solche Regelung sei nur verständlich, wenn sie als Hilfsfunktion zur Ermittlung der Legitimität der Zwangsvollstreckung dient.[150] In einem vollumfänglichen Verfahren zur endgültigen Klärung der Zugehörigkeit der Sache stehe diese Norm jedoch ungerechtigfertigt im Kontrast zu den von Art. 24 Cost. garantierten Verteidigungsinteressen des Dritten,[151] der dann trotz unbeschränkter Rechtskraft der Entscheidung bloß beschränkt Beweis zu erbringen befugt wäre.[152]

Darüber hinaus wird geltend gemacht, dass nach der erstgenannten Auffassung dem Dritten in dem Falle, dass der Exekutionsprozess erloschen ist und ihm gegenüber eine ablehnende Entscheidung ergangen ist, die Möglichkeit genommen würde, hinsichtlich der Rechte am Exekutionsgegenstand eine Klage gegen den Schuldner einzulegen.[153]

Die Begrenzung des Streitgegenstandes auf die Frage der Unterwerfbarkeit schließt es mithin aus, eine rechtskräftige Feststellung des Rechts an der Sache

---

146 *Mandrioli*, 466; *Corsaro/Bozzi*, 488.

147 *Cass.*, Nr. 1571/1974, Giur. it. 1975, I, 692 (698); *Zanzucchi*, 343; *Punzi*, 298, 300; *Corsaro/Bozzi*, 488; *Satta*, Commentario, 490.

148 Auch der Ausschluss des Drittwiderspruchs durch die Ehefrau des Schuldners gemäß Art. 622 c.p.c. ist zur Begründung herangezogen worden. Allerdings wurde die Norm wegen Verstoßes gegen das Gleichheitsgebot gemäß Art. 3 der italienischen Verfassung, *Costituzione della Repubblica Italiana* vom 27.12.1947 (Cost.), Gazetta Ufficiale, Nr. 298, für verfassungswidrig erklärt, *Corte Costituzionale*, Nr. 143/1967, F. it. 1968, 7.

149 *Cabrini*, in: *Carpi/Taruffo*, Art. 621, Rn. 1. Diese Norm wird in ständiger Rechtsprechung für verfassungsgemäß gehalten und verstößt weder gegen das Gleichheitsgebot, die Rechtsschutzgarantie des Art. 24 Abs. 1 Cost. noch gegen die Eigentumsfreiheit gemäß Art. 42 Cost., *Corte Costituzionale*, Nr. 112/1970, F. it. 1970 I, 2307; bestätigt durch *Corte Costituzionale*, Nr. 184/1970, F. it. 70, I, 3212 f.

150 *Mandrioli*, 477; *Punzi*, 324.

151 *Mandrioli*, 477; *Punzi*, 322 f.

152 *Punzi*, 323, weist daraufhin, dass der Ansicht zu (a) zu Gute zu halten sei, dass sie sich unter dem c.p.c. von 1865 gebildet habe, der eine Beweisbeschränkung in diesem Sinne noch nicht gekannt habe.

153 *Punzi*, 323; *Cabrini*, in: *Carpi/Taruffo*, Art. 619, IV, Rn. 12.

anzunehmen.[154] Das Urteil erschöpft sich vielmehr in der Feststellung der Unzulässigkeit der Vollstreckung bezüglich der konkreten Sache;[155] eine rechtskräftige Entscheidung dem Schuldner gegenüber entsteht nur hinsichtlich der Unterwerfbarkeit der Sache unter die Zwangsvollstreckung.[156]

b) Passivlegitimation

Auch die Frage, gegen wen die *Opposizione* zu richten, wer also passivlegitimiert ist, hängt mit der Reichweite der Urteilswirkungen und damit mit der Auffassung des Streitgegenstandes zusammen.[157]

Anders als bei der Frage des Streitgegenstandes sind sich die Anhänger der konträren Ansichten hier jedoch einig in der Annahme, dass sowohl der betreibende Gläubiger als auch der Vollstreckungsschuldner passivlegitimiert und damit notwendige Streitgenossen im Sinne von Art. 102 c.p.c. sind.[158] Die Begründung der Einbeziehung des Schuldners differiert allerdings infolge der unterschiedlichen Ansatzpunkte.

Bezieht man auch die Entscheidung über das materielle Recht in den Streitgegenstand mit ein,[159] muss der Vollstreckungsschuldner schon allein deshalb passivlegitimiert sein, weil seine Rechtsposition ggf. verändert bzw. belastet wird;[160] der Schuldner ist sachlich und prozessual Partei und muss daher am Oppositionsprozess teilnehmen.[161]

---

154 *Zanzucchi*, 343; *Punzi*, 322, 326; *Satta*, Commentario, 490.

155 *Cass.*, Nr. 6497/1980, Rep. F. it. 1980, 895 (Nr. 78); *Mandrioli*, 466; *Punzi*, 324.

156 *Punzi*, 326. Eine über den Exekutionsprozess hinausgehende Rechtskraftwirkung entfaltet sich nur ausnahmsweise in dem Fall, dass der Dritte beantragt, auch über das Recht selbst zu entscheiden; hier unterbleibt dann ein Erlöschen des Oppositionsprozesses trotz beendeter Zwangsvollstreckung und der Richter kann rechtskräftig über die Zugehörigkeit der Sache entscheiden; *Cass.*, Nr. 443/1967, Rep. F. it. 1967, 761 (Nr. 136); *Cass.*, Nr. 1771/1981, Rep. F. it. 1981, 924 (Nr. 81); *Corsaro/Bozzi*, 498. Diese Fortsetzung des Prozesses impliziert dann jedoch auch die Transformation des Streitgegenstandes; es wird nun über das zugrunde liegende materielle Recht selbst entschieden; die Beweisbeschränkung des Art. 621 c.p.c. findet keine Anwendung mehr; *Mandrioli*, 477.

157 *Punzi*, 297; *Tarzia*, Giur. it. 1965, I, 1, 529.

158 *Cass.*, Nr. 68/1994, Rep. F. it. 1994, 880 (Nr. 77); *Cass.*, Nr. 7413/1997, Rep. F. it. 1997, 957; *Cass.*, Nr. 9645/2000, Rep. F. it. 2000, 1033 (Nr. 42); *Andrioli*, III, 366; *Satta*, Commentario, 489; *Garbagnati*, 1076; *Tarzia*, Giur. it. 1965, I, 1, 529; *Punzi*, 300; *Consolo/Luiso*, Art. 619, 8; *Mandrioli*, 471; *Vaccarella*, 262; *La Marca*, in: *Picardi*, Art. 619, § 5; *Cabrini*, in: *Carpi/Taruffo*, Art. 619, I, Rn. 13; *Corsaro/Bozzi*, 497.

159 Vgl. o. S. 24 f., mit der Folge, dass sich die Rechtskraft der Entscheidung auch auf das materielle Recht bezieht.

160 *Cass.*, Nr. 7413/1997, Rep. F. it. 1997, 957; *Punzi*, 298; *Cabrini*, in: *Carpi/Taruffo*, Art. 619, I, Rn. 12.

161 *Cass.*, Nr. 7413/1997, Rep. F. it. 1997, 957.

Nach der gegenteiligen Auffassung findet zwar keine rechtskräftige Feststellung über das materielle Recht statt,[162] aber der Schuldner hat trotzdem ein Interesse daran, sich im Prozess zu äußern.[163] Dies rechtfertigt sich durch die Effekte, die sich an eine erfolgreiche *Opposizione* anschließen und die Situation des Schuldners beeinflussen. Wird der *Opposizione* nämlich abgeholfen, führe der Entzug der streitigen Sache aus dem Zugriffsbereich des Gläubigers dazu, dass der Schuldner erneut und vermehrt Vollstreckungsversuchen des noch immer unbefriedigten Gläubigers ausgesetzt wäre.[164] Letztlich könne dies sogar dazu führen, dass die fruchtlose Zwangsvollstreckung beim Schuldner als Symptom für dessen drohende Insolvenz angesehen werden könnte.[165] Um auf diese folgenden Schritte vorbereitet zu sein und sie ggf. schon im Oppositionsprozess abwehren zu können, sei die *Opposizione* auch gegen den Vollstreckungsschuldner zu richten.

c) Rechtsmittel gegen die Entscheidung des Gerichts

Das Urteil, mit dem der Richter die *Opposizione* entscheidet, ist den ordentlichen Rechtsmitteln gemäß Art. 323 ff. c.p.c. unterworfen.[166]

2. Wirkung der stattgebenden Entscheidung im Exszindierungsverfahren

Mit seiner Klage begehrt der Dritte, dass die Exekution hinsichtlich bestimmter Vermögensstücke für unzulässig erklärt wird,[167] um die Aufhebung der Exekution zu erreichen.[168] Sie ist dabei stets gegen den das Exekutionsverfahren betreibenden Gläubiger zu richten,[169] weil die Exekution auf dessen Antrag ausgeführt wurde und dessen privatrechtliches Interesse in Frage steht.[170]

Wird der Klage des Dritten rechtskräftig stattgegeben, ist die Exekution von Amts wegen einzustellen, § 37 Abs. 4 EO.[171] Das Urteil im Exszindierungsstreit

---

162 Vgl o. S. 26 f.

163 *Punzi*, 299.

164 *Punzi*, 300. Daneben nennt *Punzi* die Möglichkeit des Dritten, den Besitz an der Sache wieder herauszuverlangen, da die Exekution hinsichtlich der Sache erloschen ist, aaO, 299.

165 *Punzi*, 300.

166 *Redenti/Vellani*, 430; *La Marca*, in: *Picardi*, Art. 619, § 9; *Consolo/Luiso*, Art. 619, Rn. 20; *Mandrioli*, 477; *Cabrini*, in: *Carpi/Taruffo*, Art. 619, IV, Rn. 10.

167 OGH, SZ 14/95; *Petschek*, 85; *Heller/Berger/Stix*, Kommentar, 479; *dies*., EO, § 37, L, 1; *Feil*, Rn. 1, 33; *Holzhammer*, 162 f.; *Jakusch*, in: *Angst/Jakusch/Pimmer*, 77; *Seiser*, 38.

168 *Heller/Berger/Stix*, Kommentar, 479.

169 *Petschek*, 86; *Heller/Berger/Stix*, Kommentar, 477; *Feil*, Rn. 32; *Holzhammer*, 167; *Seiser*, 38.

170 *Heller/Berger/Stix*, Kommentar, 477.

171 *Petschek*, 86; *Heller/Berger/Stix*, Kommentar, 479, 483; *Feil*, Rn. 33, 35; *Holzhammer*,

bezieht sich entsprechend dem Klagebegehren aber immer nur auf eine bestimmte Exekution.[172] Nur der diesbezügliche, bislang wirksame Vollstreckungsübergriff wird mit dem Urteil beseitigt.[173] Nach allgemeiner Auffassung ist die Exszindierungsklage daher prozessuale Gestaltungsklage[174] und nicht auf Feststellung des Rechts des Dritten gerichtet.[175] Es ergeht keine rechtskräftige Entscheidung über das vom Dritten behauptete Recht; die Rechtskraft bezieht sich vielmehr lediglich und ausschließlich auf die Unzulässigkeit der konkreten Exekution.[176]

Gemäß § 37 Abs. 2 EO kann „die Klage" aber zugleich auch gegen den Verpflichteten gerichtet werden. Aus dieser Formulierung wird allerdings nicht gefolgert, dass die Klage gegen den Verpflichteten ihrerseits ebenfalls eine Exszindierungsklage ist, sondern sie wird vielmehr von der ganz herrschenden Ansicht als gewöhnliche Feststellungs- oder Herausgabeklage angesehen.[177] § 37 Abs. 2 EO erklärt die Verbindung beider Klagen für zulässig; zugleich ermöglicht er aber damit auch, dass der Verpflichtete beim Gericht der Exszindierungsklage mitverklagt werden kann.[178] Obwohl die Voraussetzungen einer Streitgenossenschaft nach § 11 öZPO[179] nicht vorliegen, bewirkt die Sonderbestimmung des § 37 Abs. 2 EO dann, dass der Verpflichtete einfacher Streitgenosse des betreibenden Gläubigers wird.[180]

Über das materielle Recht des Dritten kann folglich nur dann rechtskräftig entschieden werden, wenn der Dritte einen Zwischenfeststellungsantrag nach §§ 236, 259 öZPO stellt.[181]

169; *Rechberger/Oberhammer*, Rn. 229.

172 *Heller/Berger/Stix*, Kommentar, 480; *Feil*, Rn. 33; *Holzhammer*, 163.

173 *Feil*, Rn. 1; *Holzhammer*, 162. Ein ggf. schon gefasster Verteilungsbeschluss, selbst wenn er bereits in Rechtskraft erwachsen sein sollte, verliert seine Wirksamkeit, OGH, NZ 1997, 328; *Jakusch*, in: *Angst/Jakusch/Pimmer*, 76.

174 OGH, EvBl. 169, ÖJZ 1972, 323; *Petschek*, 85; *Heller/Berger/Stix*, Kommentar, 448; *Feil*, Rn. 1; *Holzhammer*, 162; *Rechberger/Oberhammer*, Rn. 222; *Seiser*, 38.

175 *Petschek*, 85; *Heller/Berger/Stix*, Kommentar, 448; *dies.*, EO, § 37, L, 1.

176 *Petschek*, 85; *Heller/Berger/Stix*, EO, § 37, L, 1.

177 *Heller/Berger/Stix, Kommentar*, 448; *Holzhammer*, 163; *Rechberger/Oberhammer*, Rn. 223.

178 *Holzhammer*, 163, 168; *Heller/Berger/Stix*, Kommentar, 480, und ihnen folgend *Feil*, Rn. 32.1, verstehen § 37 Abs. 2 EO dagegen dahin gehend, dass die Klage auf Feststellung des Drittrechts nur dann mit der Exszindierungsklage verbunden werden kann, wenn das nach § 37 EO zuständige Gericht auch zur Entscheidung betreffend das Eigentumsrecht des Klägers berufen ist.

179 Gesetz über das gerichtliche Verfahren in bürgerlichen Rechtsstreitigkeiten (Zivilprozessordnung, öZPO), öRGBl. 1895, Nr. 113.

180 *Petschek*, 86; *Heller/Berger/Stix*, Kommentar, 477; *Holzhammer*, 163, 168.

181 *Petschek*, 85; *Holzhammer*, 162.

Das Urteil im Exszindierungsstreit ist mit den allgemeinen zivilprozessualen Rechtsmitteln der Berufung und der Revision angreifbar; das exekutionsrechtliche Mittel des Rekurses gemäß § 65 Abs. 1 EO ist hingegen nicht anwendbar, da es sich bei dem Urteil im Exszindierungsstreit gerade nicht um einen im Exekutionsverfahren ergehenden gerichtlichen Beschluss handelt.[182]

3. Entscheidungsbefugnis des Richters im *Interpleader*-Verfahren und Wirkung der Entscheidung

a) Im *High Court*-Prozess

Die Entscheidung über den Erlass eines *Interpleader relief* steht im Ermessen des Gerichts; der *Sheriff* hat kein Recht oder Rechtsanspruch darauf.[183] Das Ermessen des Gerichts ist allerdings beschränkt durch das Erfordernis, dass nach den Umständen des konkreten Falles die Entscheidung gerecht und angemessen sein muss.[184]

Zunächst bestimmt der *Master* in der mündlichen Verhandlung durch Beschluss die Parteien des Prätendentenstreits, wobei der *Interpleader claimant* in der Regel Kläger, der Vollstreckungsgläubiger Beklagter des kontradiktorischen Verfahrens ist.[185] Diese müssen sich dann über die Streitfrage auseinandersetzen und für ihre Rechte die erforderlichen Beweise liefern.[186]

Die abschließende Entscheidung hat dann gewöhnlich eine der beiden folgenden Formen: Kann der *Interpleader claimant* seine Forderung an den in Streit stehenden Sachen nicht über jeden Zweifel hinaus beweisen, beschließt das Gericht in der Regel, dass er mit seiner Forderung künftig ausgeschlossen ist. Weist der *Interpleader claimant* hingegen nach, dass er seine Forderung zu Recht erhoben hat, wird der *Sheriff* angewiesen, sich vom Besitz an der Sache zurückzuziehen.[187] Der Anspruch des Dritten an der Sache wird mithin inzident positiv beschieden und anerkannt. Der Erlass des *Reliefs* bedeutet aber jedenfalls, dass weitere Klagen gegen den *Sheriff* wegen der Inbesitznahme der Sache ausgeschlossen sind.

---

182 *Feil*, Rn. 37 ff.

183 *Gerhard v. Montagu & Co.* (1889) 61 LT 564, zit. nach: *The Digest*, 5796; *Bourne* u.a., in: *Halsbury's*, Vol. 37, § 1422; *Eyre*, in: *Atkin's*, § 1.

184 *Ex parte Mersey Dock & Harbour Board* [1899] 1 QB 546, zit. nach: *The Digest*, 5795; *Cave v. Capel* [1954] 1 All ER 428 (433), CA; *Eyre*, in: *Atkin's*, § 1.

185 *Bunge*, 205; *Bourne* u.a., in: *Halsbury's*, Vol. 25, § 1047; *Eyre*, in: *Atkin's*, § 15. War der Dritte zum Zeitpunkt der Pfändung im Besitz der Sache, ist ausnahmsweise der Vollstreckungsgläubiger als Kläger anzusehen, *Gerhard v. Montagu & Co.* (1889) 61 LT 564, zit. nach: *The Digest*, 5796; *Bourne* u.a., aaO.

186 *Curti*, 120.

187 *Black/Sandbrook*, 75.

Erscheint der *Interpleader claimant* nicht zur mündlichen Verhandlung oder befolgt er Anordnungen des Gerichts nicht, kann das Gericht ihn ebenfalls per Beschluss von einer weiteren Verfolgung des Anspruchs ausschließen, RSC 17.5.3.[188] In dieser Weise kann jedoch nur der *Interpleader claimant* ausgeschlossen werden; nicht hingegen der Vollstreckungsgläubiger.[189] Erscheint Letzterer nicht vor Gericht, wird normalerweise angeordnet, dass der *Sheriff* sich vom Besitz zurückzieht, keine Klage gegen den *Sheriff* vorgebracht werden kann und der Gläubiger die Kosten zu tragen hat. Erscheinen beide nicht, wird angeordnet, dass der *Sheriff* so viel von den gepfändeten Sachen verkauft, wie er zur Deckung seiner Kosten braucht, er sich vom restlichen Besitz zurückzieht und Klagen gegen ihn von beiden Seiten ausgeschlossen sind.[190]

Darüber hinaus steht es im Ermessen des Gerichts, jedweden Beschluss zu erlassen, der nach seiner Ansicht im *Interpleader*-Prozess angemessen und gerecht erscheint, um die angestrebten Zwecke zu erreichen, RSC 17.8.1, und es hat insbesondere die Befugnis, einen Verkauf der gepfändeten Sachen anzuordnen, wann immer es ihm gerecht und vernünftig erscheint.[191]

b) Im *County Court*-Prozess

Hinsichtlich der Befugnisse des Richters im *Interpleader*-Verfahren vor dem *County Court* finden die Regelungen des RSC 17 entsprechende Anwendung.[192] Er entscheidet somit insbesondere über die Forderung des Dritten sowie sowohl zwischen den Parteien als auch zwischen einer der Parteien und dem *District Judge* über eventuelle Schadensersatzansprüche.[193] Dazu kann der *Circuit Judge* all diejenigen Beschlüsse erlassen, die er für geeignet hält, *County Courts Act* 1984, sec. 101 (3).[194]

c) Rechtsmittel gegen die Entscheidungen englischer Gerichte im *Interpleader*-Verfahren

Appeals (Rechtsmittel) gegen Entscheidungen oder Beschlüsse des *High Court* sind nur zulässig, soweit das Gericht sie zugelassen hat.[195] Dies geschieht dann, wenn das Gericht glaubt, dass ein *Appeal* eine wirkliche Erfolgschance

---

188 *Bourne* u.a., in: *Halsbury's*, Vol. 37, § 1444; *Eyre, in: Atkin's*, § 10. Über diesen Fall hinaus kommt dem *Master* eine solche Befugnis nicht zu, *Eyre*, in: *Atkin's*, § 10.

189 *Eyre*, in: *Atkin's*, § 10.

190 *Eyre*, in: *Atkin's*, § 10.

191 *Bourne* u.a., in: *Halsbury's*, Vol. 37, § 1448; *Eyre*, in: *Atkin's*, § 12.

192 *Eyre*, in: *Atkin's*, § 23. Im Einzelnen dazu s. S. 29 f.

193 *Eyre*, in: *Atkin's*, § 23 f.; *Bourne* u.a., in: *Halsbury's*, Vol. 37, § 1474.

194 *Eyre*, in: *Atkin's*, § 24; *Bourne* u.a., in: *Halsbury's*, Vol. 37, § 1474.

195 *Eyre*, in: *Atkin's*, § 21.

hätte oder ein anderer drängender Grund dafür besteht, dass der *Appeal* gehört werden sollte, CPR Pt. 52.3.6.[196] Hat der *Master* des *High Court* im summarischen Verfahren entschieden, ist für das Rechtsmittel der *High Court Judge* zuständig, CPR PD 52.2A.1;[197] wurde dagegen ein ordentliches Verfahren durchgeführt, so entscheidet der *Court of Appeal* über das Rechtsmittel, CPR PD 52.2A.2-6.[198]

Ist eine der Parteien im *County Court*-Prozess mit den Entscheidungen des *Judges* nicht einverstanden, so stehen ihr unter den Voraussetzungen des *County Courts Act* 1984, sec. 77 (1) Rechtsmittel zum *Court of Appeal* offen.[199] Gemäß CPR PD 52.2A.1 ist der *High Court Judge* ebenfalls für Rechtsmittel gegen im summarischen Verfahren durch den *Circuit Judge* entschiedene Fälle zuständig.

IV. Zeitlich-funktionelle Begrenzung des Anwendungsbereichs

1. Frühestmöglicher Zeitpunkt zur Einlegung des Rechtsbehelfs

Im italienischen Recht bezeichnet Art. 619 Abs. 1 c.p.c. den Zeitpunkt, ab dem die *Opposizione di terzo* erhoben werden kann, inzident, indem er das Substrat des Widerspruchs mit „*beni pignorati*" benennt. Der partizipiale Gebrauch des Verbs *pignorare* (pfänden) bedingt, dass eine Pfändung gemäß Art. 491 ff. c.p.c. vorgenommen worden sein muss, damit der Anwendungsbereich der Vorschrift eröffnet ist.[200] Über die pure Analyse des Wortlauts hinaus ergibt sich der früheste Termin aber vor allem aus der Funktion und der Ratio des Drittwiderspruchs: Sobald eine Divergenz zwischen tatsächlichem Vollstreckungsobjekt und der im Titel bezeichneten Vermögensmasse entsteht, also erst sobald sich der Vollstreckungswille auf eine konkrete Sache verdichtet hat,[201] hat der Dritte ein Widerspruchsinteresse,[202] da sich erst in diesem Zeitpunkt der Nachteil für den Dritten verifiziert.[203] Nach herrschender Auffassung ist diese Verdichtung gerade in der Pfändung zu sehen.[204]

---

196 *Eyre*, in: *Atkin's*, § 21.

197 *Eyre*, in: *Atkin's*, § 21; *Black/Sandbrook*, 75. Zur Form eines solchen Appeal s. *The Observer v Gordon* [1983] 2 All ER 945 (946 f.).

198 *Eyre*, in: *Atkin's*, § 21; *Black/Sandbrook*, 75; *Bourne* u.a., in: *Halsbury's*, Vol. 25, § 1067.

199 *Eyre*, in: *Atkin's*, § 29; *Bourne* u.a., in: *Halsbury's*, Vol. 37, § 1478.

200 *Andrioli*, III, 371; *Cabrini*, in: *Carpi/Taruffo*, Art. 619, III, Rn. 3; *La Marca*, in: *Picardi*, Art. 619, § 8; *Mandrioli*, 472; *Consolo/Luiso*, Art. 619, Rn. 18.

201 *Zanzucchi*, 301 f.; *Satta/Punzi*, 724.

202 *Punzi*, 350.

203 *Cabrini*, in: *Carpi/Taruffo*, Art. 619, III, Rn. 3.

204 *Satta*, Commentario, 488; *Punzi*, 350; *Castoro*, 707, 712; *Vaccarella*, 262; *Cabrini*, in: *Carpi/Taruffo*, Art. 619, III, Rn. 3. Dafür spricht auch, dass das zuständige Vollstreckungsgericht erst anhand der Pfändung bestimmt werden kann, *Andrioli*, III, 371; *Satta*, Commentario, 488; *Cabrini*, in: *Carpi/Taruffo*, Art. 619, III, Rn. 3; *Mandrioli*, 472.

Weitgehend anerkannt ist allerdings auch, dass eine solche Verdichtung auch bereits vor der Pfändung,[205] insbesondere in Form des *Precetto* entstehen kann.[206] Nach überwiegender Auffassung hat der Dritte aber trotz dieser Individualisierung erst ein bloß faktisches Interesse am Widerspruch, das nicht in der Lage ist, das Schutzinstrument des Art. 619 c.p.c. zu begründen.[207] Nach Ansicht *Zanzucchis* beabsichtigt das Gesetz dagegen nicht, einen festen Anfangstermin für die *Opposizione* festzusetzen, sondern die Nennung der *„beni pignorati"* habe lediglich die Funktion, ein Kriterium anzubieten, um in einem konkreten Fall einen solchen Termin bestimmen zu können.[208] Dieses Kriterium sieht er – ebenso wie auch die herrschende Auffassung – in der Individualisierung des Vollstreckungsobjekts, die auch in der spezifischen Drohung der Zwangsvollstreckung, also dem *Precetto* bestehen könne.[209] Anders als die herrschende Auffassung zieht *Zanzucchi* jedoch daraus den Schluss, dass die *Opposizione* bereits ab dem Moment der Zustellung des *Precetto* zulässig sei, wenn es die spezifische Bezeichnung des Vollstreckungsobjekts enthalte.[210] Bereits dann sei das Recht des Dritten hinreichend gefährdet, so dass ihm die Möglichkeit des Drittwiderspruchs nicht verwehrt werden könne.[211]

Im österreichischen Exszindierungsrechtsstreit begehrt der Kläger die Unzulässigerklärung der ihn betreffenden Exekution.[212] Diese Exekution kann ihn jedoch nur dann betreffen und die Exszindierungsklage ist folglich auch nur dann zulässig, wenn ein laufendes Exekutionsverfahren vorliegt.[213] Da das Exekutionsverfahren mit Gerichtsanhängigkeit des Exekutionsantrags, also mit Ein-

---

205 *Zanzucchi*, 294; *Mandrioli*, 472.

206 *Zanzucchi*, 294 f.; *Punzi*, 350; *Mandrioli*, 472; *La Marca*, in: *Picardi*, Art. 619, § 8. Bei dem *Precetto* handelt es sich gemäß Art. 479 f. c.p.c. um eine dem Schuldner zuzustellende Leistungsaufforderung, die neben dem Vollstreckungstitel Voraussetzung der Zwangsvollstreckung ist. Die Vollstreckung darf gemäß Art. 482 c.p.c. nicht begonnen werden, bevor nicht die im *Precetto* festgesetzte Frist von weniger als zehn Tagen ab Zustellung abgelaufen ist, vgl. dazu *Wastl*, 79 ff.

207 *Mandrioli*, 472; *La Marca*, in: *Picardi*, Art. 619, § 8.

208 *Zanzucchi*, 294. Ebenso *Mandrioli*, 472.

209 *Zanzucchi*, 294 f.

210 *Zanzucchi*, 295 f.

211 Ablehnend demgegenüber *Cabrini*, in: *Carpi/Taruffo*, Art. 619, III, Rn. 3; *Punzi*, 350, die geltend machen, dass im Fall der Zustellung des *Precetto* an den Dritten dieser im Exekutionsverfahren passivlegitimiert und mithin nur ein Vollstreckungswiderspruch gemäß Art. 615 c.p.c. zulässig sei; ein Drittwiderspruch nach Art. 619 c.p.c. scheide dann aus. Dabei übergehen sie jedoch den Fall, dass das *Precetto* – wie im Normalfall – dem *Schuldner* zugestellt wurde. Auch dann individualisiert das *Precetto* ggf. das Vollstreckungsobjekt, der Dritte ist hinreichend gefährdet und das *Telos* der Vorschrift gebietet es, dem Dritten ein Widerspruchsrecht zu geben.

212 S.o. S. 30.

213 *Petschek*, 86; *Feil*, Rn. 29; *Holzhammer*, 168; *Jakusch*, in: *Angst/Jakusch/Pimmer*, 76; *Seiser*, 39.

gang des Antrags auf Bewilligung der Exekution im Sinne der §§ 3, 54 EO beim Bewilligungsgericht,[214] beginnt, stellt dies den ersten Zeitpunkt dar, ab dem die Exszindierungsklage zeitlich zulässig sein kann.[215] Allerdings betrachtet diese Argumentation lediglich die notwendige Grundlage für die Zulässigkeit der Klage; darüber hinaus ist jedoch zusätzliche und dann auch hinreichende Bedingung, dass auch das Exekutionsobjekt feststeht.[216] Erst zu diesem Zeitpunkt realisiert sich nämlich für den Kläger die Gefahr, von der anhängigen Exekution betroffen zu werden; steht das Exekutionsobjekt dagegen noch nicht fest, fehlt es dem Kläger noch am Rechtsschutzbedürfnis. Bei der Fahrnisexekution im Besonderen realisiert sich diese Gefahr gewöhnlich mit der Beschlagnahme, also der Pfändung der Sache.[217] Ergibt sich jedoch aus der Besonderheit des Falles, dass das Exekutionsobjekt schon vor der Pfändung feststeht,[218] ist die Klage entsprechend auch schon vor der Pfändung zulässig. Somit ist im Einzelfall auch die nur drohende Exekution hinreichend, um die Zulässigkeit der Exszindierungsklage zu begründen.[219]

Für das englische *Interpleader*-Verfahren gibt der Wortlaut des RSC 17.1.1.b Aufschluss über den frühestmöglichen Erhebungszeitpunkt: Die Formulierung „*taken or intended to be taken* (...) *in execution*" macht deutlich, dass Voraussetzung für die Durchführung des *Interpleader*-Verfahrens zumindest die drohende Pfändung der in Rede stehenden Sache ist.[220] Die tatsächliche Pfändung ist hingegen nicht notwendige Bedingung,[221] sondern kann im Gegenteil sogar unerwünscht sein in dem Fall, dass die Gegenstände, die gepfändet werden sollen, offensichtlich nicht im Vermögen des Vollstreckungsschuldners stehen.[222] Ausreichend konkretisiert hat sich die drohende Pfändung jedoch frühestens mit dem Erlass des *Writ*s bzw. *Warrant*s *of execution* gem. RSC 46.8.1 bzw. CCR 26.6.1 durch den zuständigen *Court Officer*. Demgemäß kann ein Antrag auf

214 *Seiser*, 27.

215 So die heute allgemeine Auffassung: *Feil*, Rn. 29; *Holzhammer*, 168. Nach älterer a.A. soll die Widerspruchsklage dagegen erst erhoben werden können, wenn die Exekution (rechtskräftig) bewilligt worden ist, *Heller/Berger/Stix*, Kommentar, 472. *Rechberger/Oberhammer*, Rn. 227, lehnen diesen Ansatz mit dem Hinweis ab, es sei nicht prozessökonomisch, das Exszindierungsverfahren unnötig zu hemmen, wenn Fehler im Exekutionsverfahrens schon früher behoben werden könnten.

216 *Holzhammer*, 168; *Rechberger/Oberhammer*, Rn. 227.

217 *Holzhammer*, 168.

218 Z.B. wenn sich die Exekutionsbewilligung ausdrücklich auf bestimmte Sachen bezieht, *Heller/Berger/Stix*, EO, § 37, K, 2.

219 *Heller/Berger/Stix*, EO, § 37, K, 4.

220 *Bourne* u.a., in: *Halsbury's*, Vol. 37, § 1428.

221 *Day v. Carr* (1852) 7 Exch 883, zit. nach: *The Digest*, 5916; *Lea v. Rossi* (1855) 11 Exch 13, zit. nach: *The Digest*, 5917.

222 *Bourne* u.a., in: *Halsbury's*, Vol. 37, § 1428, 1433.

Interpleader relief nur im Geltungszeitraum des *Writs* bzw. *Warrants* geltend gemacht werden.[223]

2. Frist zur Einlegung des Rechtsbehelfs und Möglichkeiten des Dritten nach Ablauf der Frist

a) Einlegungsfrist für den italienischen Drittwiderspruch und *Opposizione tardiva* gemäß Art. 620 c.p.c.

Die Formulierung des Art. 619 Abs. 1 c.p.c. („*prima che sia disposta la vendita o l'assegnazione dei beni*") legt nahe, dass der Drittwiderspruch nur bis zur Anordnung des Zwangsverkaufs erhoben werden kann, also bis zur Verwertung der gepfändeten Sachen.[224] Nach allgemeiner Auffassung kann die *Opposizione* jedoch solange erhoben werden, bis der Verkauf tatsächlich vollzogen,[225] also der Preis bezahlt wurde (Art. 540 c.p.c.).[226]

Dies ergibt sich nicht zuletzt aus dem Zusammenhang der *Opposizione di terzo* mit demjenigen Instrument, das dem Dritten im Verteilungsverfahren zur Geltendmachung seiner Rechte zur Verfügung steht, dem sog. verspäteten Drittwiderspruch (*Opposizione tardiva*) gemäß Art. 620 c.p.c.:

> *„Se in seguito all'opposizione il giudice non sospende la vendita dei beni mobili o se l'opposizione è proposta dopo la vendita stessa, i diritti del terzo si fanno valere sulla somma ricavata."*[227]

Entsprechend dem Wortlaut ist dieser erst ab dem Zeitpunkt des Verkaufs zulässig. Das antinomische Verhältnis der Vorschriften wird übereinstimmend dahingehend gelöst, dass der Wortlaut des Art. 620 c.p.c. als entscheidend anzusehen ist:[228] Die *Opposizione di terzo* ist also zulässig und „rechtzeitig" beantragt,

---

223 *Eyre*, in: *Atkin's*, § 3.

224 Das italienische Zwangsvollstreckungsrecht sieht als Verwertungsmöglichkeiten der gepfändeten Sache zum Einen den Zwangsverkauf (*Vendita*) und zum Anderen die zwangsweise Zuwendung der Sache an den Gläubiger (*Assegnazione*) vor, Art. 501 ff., 529 ff. c.p.c.

225 *Cass.*, Nr. 1031/1955, Rep. F. it. 1955, 771 (Nr. 82); *Zanzucchi*, 297; *Andrioli*, III, 371; *Castoro*, 712; *Garbagnati*, 1076; *Vaccarella*, 262, 264; *Satta/Punzi*, 724; *Satta*, Commentario, 488; *Corsaro/Bozzi*, 500; *Mandrioli*, 472; *La Marca*, in: *Picardi*, Art. 619, § 8, Art. 620, § 1; *Cabrini*, in: *Carpi/Taruffo*, Art. 619, III, Rn. 5.

226 *Zanzucchi*, 297; *Punzi*, 351; *Vaccarella*, 262.

227 Übersetzung nach *Bauer* u.a.: „Setzt der Richter nach Einbringung des Widerspruchs den Verkauf der beweglichen Sachen nicht aus oder wird der Widerspruch erst nach dem Verkauf erhoben, sind die Ansprüche des Dritten an dem erzielten Erlös geltend zu machen".

228 *Zanzucchi*, 297 f.; *Andrioli*, III, 371; *Castoro*, 713; *Mandrioli*, 472; *Satta/Punzi*, 724;

d.h. sie ist auf die gepfändete Sache *in natura* gerichtet, bis die angegriffene Maßnahme, hier also der Zwangsverkauf, tatsächlich vollzogen ist; danach hingegen ist sie „verspätet“.[229]

Ist der Widerspruch verspätet, bedeutet dies allerdings nicht, dass der Dritte präkludiert ist bzw. sein Anspruch verfallen ist,[230] sondern lediglich, dass er seinen Widerspruch auf den aus dem Verkauf erlangten Erlös richten muss.[231] Dies ist im Zusammenhang mit der zivilrechtlichen Systematik der Art. 2919 f. c.c. zu sehen,[232] die den Rechtsschutz für den Erwerber beim Zwangsverkauf behandeln und dabei unterschiedliche Rechtsfolgen für den Fall vorsehen, dass der Erwerber der verkauften Sache gutgläubig bzw. bösgläubig ist.[233]

Ist der Erwerber nämlich gutgläubig, erwirbt er die Sache originär;[234] der Dritte verliert unausweichlich seine Rechte an der Sache.[235] Letzterem bleibt nur die Möglichkeit mittels der *Opposizione tardiva* seine Rechte am Erlös geltend zu machen.[236] Art. 620 c.p.c. gibt dem Dritten also einen Ausgleich für einen eventuell durch den Zwangsverkauf erlittenen Rechtsverlust.[237] Der Erlös steht dem Dritten proportional anstelle der verkauften Sache selbst zu.[238]

Die Bösgläubigkeit hingegen verhindert den originären Erwerb.[239] Die Rechte des Dritten bleiben dadurch gewahrt, indem er weiterhin seine Rechte an der Sache *in natura* mit der Vindikationsklage des Art. 948 Abs. 1 c.c. geltend machen kann,[240] ohne auf den Erlös verwiesen zu sein.[241] In diesem Fall kann man

---

Corsaro/Bozzi, 500; *Punzi*, 349; *Cabrini*, in: *Carpi/Taruffo*, Art. 619, III, Rn. 5.

229 *Zanzucchi*, 297; *Cabrini*, in: *Carpi/Taruffo*, Art. 619, III, 5, Art. 620, Rn. 5.

230 *Consolo/Luiso*, Art. 619, Rn. 19; *Mandrioli*, 472; *Punzi*, 349; *Satta*, Commentario, 488; *La Marca*, in: *Picardi*, Art 619, § 8; *Cabrini*, in: *Carpi/Taruffo*, Art. 620, Rn. 6.

231 *Consolo/Luiso*, Art. 619, Rn. 19; *Corsaro/Bozzi*, 500; *Satta/Punzi*, 724; *Mandrioli*, 472; *La Marca*, in: *Picardi*, Art. 620, § 1; *Cabrini*, in: *Carpi/Taruffo*, Art. 620, Rn. 1. Ein bereits erhobener Drittwiderspruch konvertiert in einen verspäteten Drittwiderspruch gemäß Art. 620 c.p.c., wenn der Verkauf vollzogen ist, *Punzi*, 349 f; *Satta*, Commentario, 488 f.; *Consolo/Luiso*, Art. 620, Rn. 1.

232 *Consolo/Luiso*, Art. 619, Rn. 19; *Mandrioli*, 473; *Punzi*, 354; *La Marca*, in: *Picardi*, Art. 620, § 2; *Cabrini*, in: *Carpi/Taruffo*, Art. 620, Rn. 2.

233 *Mandrioli*, 473; *La Marca*, in: *Picardi*, Art. 620, § 2.

234 *Punzi*, 356; *Marini*, in: *Cian/Trabucchi*, Art. 2919, II, 3.

235 *Zanzucchi*, 299; *Punzi*, 354; *Satta/Punzi*, 724.

236 *Zanzucchi*, 299; *Consolo/Luiso*, Art. 620, Rn. 1; *Mandrioli*, 473; *La Marca*, in: *Picardi*, Art. 620, § 2; *Cabrini*, in: *Carpi/Taruffo*, Art. 620, Rn. 3.

237 *Satta*, Commentario, 491; *Satta/Punzi*, 724; *Cabrini*, in: *Carpi/Taruffo*, Art. 620, Rn. 3.

238 Ob dies im Wege dinglicher Surrogation geschieht, so *Corsaro/Bozzi*, 500 (*pretium succedit in locum rei*); *Satta/Punzi*, 724; *Punzi*, 354, oder dem Dritten lediglich ein Forderungsrecht am Erlös zugestanden wird, so *Cabrini*, in; *Carpi/Taruffo*, Art. 620, Rn. 1, ist dabei umstritten.

239 *Punzi*, 357; *Marini*, in: *Cian/Trabucchi*, Art. 2919, II, 3.

240 *Zanzucchi*, 299 f.; *Consolo/Luiso*, Art. 620, Rn. 1; *Mandrioli*, 473; *Vaccarella*, 262; *La Marca*, in: *Picardi*, Art. 620, § 2; *Cabrini*, in: *Carpi/Taruffo*, Art. 620, Rn. 3.

allerdings das Begehr des Dritten nicht mehr als Drittwiderspruch gemäß Art. 619 c.p.c. auffassen,[242] da dieser ja nur bis zum Vollzug des Verkaufs zulässig ist, und auch nicht als *Opposizione tardiva*, da diese auf den Erlös gerichtet ist. Vielmehr muss der Dritte seine Rechte nun außerhalb des Exekutionsprozesses mit einer autonomen Klage verfolgen.[243]

In jedem Fall ist jedoch eine *Opposizione* – sei es eine rechtzeitige oder eine verspätete – nicht mehr zulässig, wenn und soweit die Verteilung des Erlöses abgeschlossen ist.[244] Die Verteilung soll unangreifbar für etwaige Ansprüche sein.[245]

Nach Abschluss des Verteilungsverfahrens bleiben dem Dritten im Rahmen des Exekutionsprozesses somit keine Möglichkeiten mehr;[246] er kann lediglich Schadensersatzansprüche gemäß Art. 2920 S. 2 c.c. gegen den bösgläubigen betreibenden Gläubiger geltend machen.[247]

Zusammenfassend lässt sich sagen, dass der letztmögliche Zeitpunkt für einen Drittwiderspruch, der auf die Sache selbst gerichtet ist, der Vollzug des Zwangsverkaufs ist. Im Falle eines gutgläubigen Erwerbers besteht danach bis zur Verteilung des Erlöses nur noch die Möglichkeit des verspäteten Widerspruchs, der auf den Erlös gerichtet ist. Bei einem bösgläubigen Erwerber kann der Dritte alternativ auch die Sache vom Erwerber außerhalb der Systematik der *Opposizione* vindizieren. Nach dem Verteilungsverfahren bleibt dem Dritten dagegen nur ein Schadensersatzanspruch für den Fall, dass der betreibende Gläubiger bösgläubig war.

---

241 Der Dritte kann alternativ allerdings auch genauso gut seine Rechte am Erlös mittels der *Opposizione tardiva* geltend machen, da diese Möglichkeit unabhängig von der Gutgläubigkeit des Erwerbers besteht, *Zanzucchi*, 299; *Consolo/Luiso*, Art. 620, Rn. 1; *La Marca*, in: *Picardi*, Art. 620, § 2; *Cabrini*, in: *Carpi/Taruffo*, Art. 620, Rn. 3.

242 *Zanzucchi*, 299.

243 *Zanzucchi*, 299; *Andrioli*, III, 371; *Consolo/Luiso*, Art. 620, Rn. 1; *Corsaro/Bozzi*, 500; *Mandrioli*, 473; *La Marca*, in: *Picardi*, Art. 620, § 2.

244 *Zanzucchi*, 298 f.; *Consolo/Luiso*, Art. 619, Rn. 19, Art. 620, Rn. 1; *Corsaro/Bozzi*, 500; *Mandrioli*, 473; *Punzi*, 345; *La Marca*, in: *Picardi*, Art. 620, § 1, § 2; *Cabrini*, in: *Carpi/Taruffo*, Art. 620, Rn. 6. Falls der Erwerber bösgläubig ist, besteht weiterhin die Möglichkeit des Dritten außerhalb des Exekutionsprozesses die Sache herauszuverlangen, s. o. Fn. 243.

245 *Punzi*, 356.

246 *Zanzucchi*, 299.

247 *Consolo/Luiso*, 428; *Mandrioli*, 473; *Vaccarella*, 262; *La Marca*, in: *Picardi*, Art. 620, § 2; *Cabrini*, in: *Carpi/Taruffo*, Art. 620, Rn. 3, 6; *Marini*, in: *Cian/Trabucchi*, Art. 2920, II.

b) Im Exszindierungsverfahren

Grundsätzlich wird die Exszindierungsklage unzulässig, wenn der in die Rechtssphäre übergreifende Vollstreckungsakt vollständig durchgeführt[248] oder das Exekutionsverfahren in sonstiger Weise beendet oder eingestellt ist.[249] Zu begründen ist dieses Ergebnis mit dem mangelnden Rechtsschutzbedürfnis des Klägers:[250] Ist das Zwangsvollstreckungsverfahren bereits beendet oder eingestellt, kann der Zweck der Exszindierungsklage, also die Unzulässigerklärung der Exekution mit dem Ziel der Einstellung derselben gemäß § 37 Abs. 4 EO, nicht mehr erreicht werden; eine Klage mit diesem Ziel scheitert mithin an der Zulässigkeit.[251]

Die Verwertung des Exekutionsgegenstandes tangiert dagegen die Zulässigkeit der Exszindierungsklage nicht. Zwar bezieht sich die Klage bis zur Verwertung auf das Exekutionsobjekt selbst,[252] doch tritt mit der Verwertung im Wege dinglicher Surrogation der gewonnene Erlös an die Stelle des ursprünglichen Exekutionsgegenstandes;[253] die Rechte an diesem setzen sich an jenem fort.[254] Bei Unzulässigerklärung durch das Exszindierungsurteil ist der Erlös dem früheren Inhaber der Sache von Amts wegen herauszugeben.[255] Solange also der Erlös nicht tatsächlich ausgekehrt bzw. der ggf. vorliegende Verteilungsbeschluss ausgeführt ist, ist die Widerspruchsklage gleichwohl zulässig.[256]

Ist der Erlös allerdings ausgekehrt und damit die Exekution beendet, ist die Exszindierungsklage mangels Rechtsschutzbedürfnis als unzulässig abzuweisen.[257] Der Dritte bleibt jedoch nicht ungeschützt, sondern hat die Möglichkeit, mit der Verwendungsklage nach § 1041 ABGB bei dem Empfänger des Erlöses, also im Regelfall dem oder den betreibenden Gläubigern, den Erlös zu kondizie-

---

248 *Holzhammer*, 168 f.

249 *Heller/Berger/Stix*, Kommentar, 472; *Feil*, Rn. 29; *Holzhammer*, 169; *Jakusch*, in: *Angst/Jakusch/Pimmer*, 76; *Seiser*, 39.

250 *Feil*, Rn. 29; *Holzhammer*, 169; *Seiser*, 39.

251 *Heller/Berger/Stix*, Kommentar, 47; *Feil*, Rn. 29; *Holzhammer*, 169.

252 Die Verwertung vollzieht sich entweder im freihändigen Verkauf, § 268 EO, in allen anderen Fällen im Wege öffentlicher Versteigerung, §§ 270 ff. EO.

253 *Holzhammer*, 163.

254 *Heller/Berger/Stix*, EO, § 37, B, 1; *Seiser*, 39.

255 *Feil*, Rn. 33.2; *Holzhammer*, 163.

256 OGH, NZ 1997, 328; *Heller/Berger/Stix*, Kommentar, 472 f; *Feil*, Rn. 29; *Jakusch*, in: *Angst/Jakusch/Pimmer*, 76; *Seiser*, 39.
Nach ganz h.M. ist die Klage aufgrund des Surrogationsprinzips nicht auf den Erlös umzustellen, sondern der Erlös tritt selbsttätig an die Stelle der Pfandsache, OGH, NZ 1997, 328; *Feil*, Rn. 33.2; *Holzhammer*, 163; *Jakusch*, in: *Angst/Jakusch/Pimmer*, 76; a.A. noch *Petschek*, 85; *Heller/Berger/Stix*, Kommentar, 479.

257 *Heller/Berger/Stix*, Kommentar, 479; *Feil*, Rn. 33.2; *Holzhammer*, 163.

ren.[258] Trifft den Empfänger des Erlöses ein Verschulden, so kann der Dritte einen Schadensersatzanspruch gemäß §§ 1295 ff. ABGB geltend machen.[259] Einen Anspruch gegen den Erwerber der Sache scheidet dagegen aus, da dieser die Sache gemäß § 367 ABGB durch den Zuschlag im Rahmen der öffentlichen Versteigerung originär erwirbt.[260]

Für diese Ansprüche steht allerdings nicht mehr die Widerspruchsklage zur Verfügung, deren Zweck sich mit der Einstellung der Exekution erfüllt hat; vielmehr muss der Dritte derartige Ansprüche neu einklagen.[261]

c) Im *Interpleader*-Verfahren

Eine zeitliche Beschränkung für den Antrag auf *Interpleader relief* geben die einschlägigen Vorschriften zunächst nicht. Ein im Rahmen der Vollstreckung vorgenommener Verkauf der in Streit stehenden Sache stellt jedenfalls keinen Hinderungsgrund für die Beantragung dar, denn sowohl RSC 17.1.1.b als auch CCR 33.1.A1 stellen klar, dass auch die Forderung eines Dritten hinsichtlich des Erlöses bzw. sogar des Wertes der Gegenstände das *Interpleader*-Verfahren auszulösen vermag. Der Verkauf wirkt sich mithin in keiner Weise auf die Zulässigkeit des Verfahrens aus, was vor allem dadurch deutlich wird, dass dem Gericht in bestimmten Fällen sogar ausdrücklich die Befugnis erteilt wird, den Verkauf der Gegenstände zu verfügen, um mit der Verteilung des Erlöses eine gerechte Lösung des Streits finden zu können, vgl. RSC 17.6.

Der Antrag auf *Interpleader relief* ist vielmehr erst dann als verspätet anzusehen, wenn der Geltungszeitraum des zugrunde liegenden *Writ*s bzw. *Warrant*s im Sinne des RSC 46.8.1 bzw. CCR 26.6.1 abgelaufen ist, also wenn zwölf Monate seit der Ausgabe des *Writ*s bzw. *Warrant*s vergangen sind.[262] Zudem kann der Vollstreckungsbeamte auch dann keinen *Relief* mehr beantragen, wenn ein Urteil hinsichtlich des Streitgegenstandes gegen ihn ergangen ist, selbst wenn es sich dabei nur um ein Versäumnisurteil handelt.[263]

---

258 OGH, SZ 16/114; OGH, SZ 46/8; OGH, SZ 57/192; OGH, JBl. 1988, 327; *Petschek*, 86; *Heller/Berger/Stix*, Kommentar, 479; *dies*., EO, § 37, B, 2; *Feil*, Rn. 33.2; *Rummel*, in: *Rummel*, § 1041, Rn. 8; *Holzhammer*, 163; *Seiser*, 39.

259 *Feil*, Rn. 33.2; *Holzhammer*, 163.

260 *Spielbüchler*, in: *Rummel*, § 367, Rn. 7.

261 *Heller/Berger/Stix*, Kommentar, 479; *Feil*, Rn. 33.2.

262 *Eyre*, in: *Atkin's*, § 3. Wird der Antrag auf *Interpleader relief* gestellt, so verlängert sich die Wirksamkeit des *writ of execution* auf zwölf Monate nach Beendigung des *Interpleader*-Verfahrens, RSC 46.8.6.

263 *Cornish v. Tanner* (1827) 148 ER 699, zit. nach: *The Digest*, 6032; *Larabrie v. Brown* (1857) 44 ER 702, zit. nach: *The Digest*, 6036; *H. Stevenson & Son Ltd. v. Brownell* [1912] 106 LT 994, CA, zit. nach: *The Digest*, 6037; *Bourne* u.a., in: *Halsbury's*, Vol. 37, § 1441.

Da mit Ablauf des *Writs* bzw. *Warrants* die Möglichkeit des *Interpleader*-Verfahrens nicht mehr gegeben ist, steht eventuellen Freigabe- oder Schadensersatzansprüchen des Dritten nunmehr dessen Vorrangigkeit nicht mehr entgegen. Er kann somit direkt das Vollstreckungsorgan verklagen.[264]

V. Vergleichende Zusammenschau der verfahrensrechtlichen Vorschriften

1. Verfahren

Die vorstehende Umschau in den untersuchten Rechtsordnungen zeigt auf den ersten Blick, dass jeweils besondere verfahrensrechtliche Rechtsinstitute existieren, die auf die Situation zugeschnitten sind, dass ein Dritter durch Maßnahmen der Zwangsvollstreckung in seinen Rechten betroffen wird, obwohl sein Vermögen nicht für die durchzusetzende Schuld haftet.

a) Vergleich der Verfahrensregelungen

Schon in der Schutzrichtung der Institute zeigen sich fundamentale Struktur- und Konzeptions-unterschiede. Während die kontinentalen Rechtsordnungen übereinstimmend davon ausgehen, dass der Vollstreckungszugriff unabhängig von der Überschreitung des haftenden Vermögens grundsätzlich wirksam ist und der jeweilige Rechtsbehelf eine notwendige Korrektur zum Schutz und zur Wahrung der Rechte des unbeteiligten Dritten darstellt, steht im englischen Recht der Schutz des Vollstreckungsorgans vor der Klage des Dritten wegen des unberechtigten Zugriffs im Vordergrund; der Schutz des beeinträchtigten Dritten erscheint hier nur als Nebeneffekt.

Die entgegengesetzte Schutzrichtung bewirkt eine entsprechend gegensätzliche Schwerpunktsetzung und Ausgestaltung der prozeduralen Gegebenheiten.

Die kontinentaleuropäischen Rechtsordnungen weisen vom Grundsatz her ein großes Maß an Ähnlichkeit auf, im Detail zeigen sich aber dennoch teilweise erhebliche Unterschiede.

Sowohl in Italien als auch in Österreich ist das Rechtsschutzgesuch an das Vollstreckungsgericht zu richten; nach deutschem Recht ist hingegen direkt das wertmäßig zuständige Gericht anzugehen. Der Zusammenhang mit der Zwangsvollstreckung äußert sich hier einzig in der Bestimmung der örtlichen Zuständigkeit. Während aber in Österreich und Deutschland damit auch das zur Entscheidung berufene Gericht feststeht, muss in Italien das angegangene Vollstreckungsgericht vor Beginn des eigentlichen Prozesses nach erfolglosem Einigungsversuch der Parteien entscheiden, ob es auch wertmäßig zur Entscheidung der Sache berufen ist oder ob an die zuständige Instanz zu verweisen ist. Hier

---

[264] Vgl. o. S. 12.

wird also ein dem deutschsprachigen Raum fremder zusätzlicher Verfahrensschritt zwischengeschaltet.

Übereinstimmend wird daraufhin in allen kontinentalen Systemen ein gewöhnliches Erkenntnisverfahren nach den jeweiligen allgemeinen Vorschriften durchgeführt, bei dem der Dritte die Beweislast für das Bestehen seines behaupteten Rechts trägt.

Passivlegitimiert ist dabei immer der betreibende Gläubiger. Die Rolle des Schuldners wird dagegen unterschiedlich bewertet: In Italien wird in jedem Fall ein Interesse des Schuldners am Oppositionsrechtsstreit anerkannt, so dass er als notwendiger Streitgenosse am Verfahren teilnimmt. In Deutschland und Österreich dagegen kann zwar eine Klage gegen den Schuldner auf Herausgabe oder Feststellung mit der drittschützende Klage verbunden werden, so dass Schuldner und Gläubiger einfache Streitgenossen sind, eine Notwendigkeit wird hierin jedoch nicht gesehen.

Das nun zu erkennende, übergreifend kontinentaleuropäische Gesamtkonzept zeichnet sich somit dadurch aus, dass der beeinträchtigte Dritte den Rechtsbehelf gegen den Vollstreckungsgläubiger bei Gericht einlegt, woraufhin ein ordentliches Erkenntnisverfahren durchgeführt wird, bei dem er selbst die Beweislast für seine Beeinträchtigung trägt.

Demgegenüber bewirkt die schriftliche Anzeige des Dritten an den *Sheriff*, Ansprüche auf die im *High Court*-Vollstreckungsverfahren in Beschlag genommenen Sachen zu haben, gerade noch keine Eröffnung des *Interpleader*-Prozesses. Vielmehr liegt es allein in der Hand des *Sheriffs*, nach Anhörung des Gläubigers das gerichtliche Verfahren auf *Interpleader relief* einzuleiten. Tut er dies, so entscheidet der *Master* grundsätzlich im summarischen Verfahren, d.h. ohne die Sache an einen *Judge* abzugeben. Nur bei hohem Streitwert oder rechtlichen Schwierigkeiten hat der *Master* das Verfahren abzugeben und ein *Judge* es nach den Regeln eines ordentlichen *trial*s durchzuführen.

In den Fragen der Einleitung sowie der Durchführung des Prozesses hebt sich somit die verfahrensrechtliche Ausgestaltung des *High Court-Interpleader* deutlich von derjenigen des kontinentaleuropäischen Raums ab. Größere Gemeinsamkeiten zeigen sich allerdings mit dem *Interpleader*-Verfahren bei der Vollstreckung von *County Court*-Entscheidungen: Hier leitet der Dritte mit seiner Anzeige an den *Bailiff* oder das Gericht selbst das Verfahren ein, ohne auf eine Entscheidung des Vollstreckungsorgans über die Einleitung angewiesen zu sein. Zudem entscheidet nicht der *District Judge*, sondern das Verfahren wird zwingend an den *Circuit Judge* abgegeben, der dann die Sache ebenfalls nach den Regeln des ordentlichen *trials* durchzuführen hat.

Im Gegensatz zu den aufgezeigten erheblichen Unterschieden ergeben sich allerdings auch rechtsordnungsübergreifende Parallelen und Gemeinsamkeiten: So wird einerseits einmütig dem Dritten die Beweislast für die von ihm behauptete Position an der in Beschlag genommenen Sache aufgebürdet. Zum anderen sehen alle vorgestellten Verfahrenstypen die Aussetzung des weiteren Vollstreckungsverfahrens vor. Während allerdings in den kontinentaleuropäischen Ländern das Gericht auf Antrag das Verfahren aussetzt, liegt dies im *High Court*-Verfahren gänzlich im Ermessen des Gerichts; im *County Court*-Verfahren erfolgt die Aussetzung dagegen automatisch.

b) Organisations- und Haftungsstruktur der Vollstreckungsorgane

Die grundlegende Differenz der verfahrensrechtlichen Ordnung der vorgestellten Rechtsinstitute sowohl zwischen der kontinentaleuropäischen und der englischen Regelung als auch zwischen den verschiedenen instanziellen Regelungen in England findet seine Erklärung in den unterschiedlichen strukturellen Gegebenheiten der Vollstreckungsorgane.[265]

Wenn man zunächst den kontinentaleuropäischen Bereich betrachtet, so resultiert die grundsätzliche konzeptionelle Ähnlichkeit der Verfahrensformen aus der übereinstimmenden Haftungsverfassung der Vollstreckungsorgane. Zwar unterscheiden sich das österreichische und das italienische Recht dahingehend vom deutschen Recht, dass hier die Exekutions- bzw. Vollstreckungsgerichte für die Fahrnisvollstreckung zuständig sind,[266] doch handelt ebenso wie in Deutschland der Gerichtsvollzieher als tatsächlich ausführendes Organ.[267] Entscheidend ist hierbei jedoch nicht, dass jeweils der Gerichtsvollzieher effektiv handelndes Organ ist, sondern dass der Gerichtsvollzieher jeweils als staatliches Organ hoheitlich handelt, seine Maßnahmen mithin als solche des Staates erscheinen.[268]

Das englische Recht beschreitet diesbezüglich dagegen einen anderen Weg. Grundsätzlich liegt nämlich hier die Vollstreckung in der Hand des Prozessgerichts.[269] In *High Court*-Prozessen gibt das Gericht die Sache zur Vollstreckung an den *Sheriff* derjenigen Grafschaft ab, in der die Vollstreckung durchgeführt werden soll. Dieser ist nun zuständiger Vollstreckungsbeamter;[270] ihm unterstehen die ausführenden *Under-Sheriffs* und *Bailiffs*.[271] Im Gegensatz zu den konti-

---

265 Zu den Hintergründen vgl. *Hess*, in: *Adenas/Hess/Oberhammer*, 33.

266 Für Österreich: *Rechberger/Oberhammer*, Rn. 23; *Rosenberg/Gaul/Schilken*, § 25 I 3; *Gaul*, ZZP 85 (1972), 251 (279); *Burghardt*, 88; *Hess*-Studie, 8. Für Italien vgl. Art. 484 c.p.c., *Gaul*, aaO, 283.

267 Für Österreich vgl. § 24 Abs. 1 S.1 EO; *Rechberger/Oberhammer*, Rn. 23; *Rosenberg/Gaul/Schilken*, § 25 I 3; *Burghardt*, 88. Für Italien vgl. Art. 59, 492 c.p.c. *Zucconi-Galli-Fonseca*, in: *Carpi/Taruffo*, Art. 59 I, Rn. 3; *Asprella*, in: *Picardi*, Art. 59, § 1.

268 Für Deutschland: *Rosenberg/Gaul/Schilken*, § 25 II 1 a, IV; *Baur/Stürner*, Zwangsvollstreckung, Rn. 8.3. Für Italien: *Zucconi-Galli-Fonseca*, in: *Carpi/Taruffo*, Art. 59 I, Rn. 3; *Asprella*, in: *Picardi*, Art. 59, § 1; *Picardi*, Giust. civ. 1993, II, 537 (539). Für Österreich: *Rechberger/Oberhammer*, Rn. 23; *Burghardt*, 88.

269 *Schlosser*-Bericht, ABl. EG 1979, Nr. C 59/71 (131, Nr. 208); *Schlosser*, RdC 284 (2000) 9 (157); *Hess*-Studie, 8; *Kerameus*, IECL, 10-16.

270 *Kerameus*, IECL, 10-16; *Kennett*, in: *Storme*, 97.

271 *Bunge*, 180 f.; *Black/Sandbrook*, in: *Halsbury's*, Vol. 42, § 1132.

nentalen Regelungen handelt der *Sheriff* nicht als *Civil servant*: Er ist nicht am Gericht angestellt, sondern vollstreckt gegen streitwertabhängige Gebühren als eine Art privater Unternehmer.[272] Da er hiermit öffentliche Aufgaben wahrnimmt, ist er aber gehalten, eine neutrale Position einzunehmen und auch auf die Belange des Vollstreckungsschuldners Rücksicht zu nehmen als wäre er ein Beamter des Gerichts.[273] Der *Sheriff* selbst haftet dabei allerdings den Parteien und auch gegenüber Dritten für alle seine Handlungen und die seiner Untergebenen.[274]

Betreibt nunmehr der *Sheriff* oder ein ihm untergebener *Bailiff* die Zwangsvollstreckung in nicht der Haftung unterliegende Sachen, so sieht er sich selbst als natürliche Person Regressansprüchen beeinträchtigter Dritter ausgesetzt. Da er im Zweifel allerdings im Rahmen seiner Befugnisse gehandelt hat und Sachen des Dritten beispielsweise nur deshalb beschlagnahmt hat, weil sie sich im Gewahrsam des Schuldners befanden, ist ihm die Möglichkeit zuzugestehen, sich einer Haftung zu entziehen, die allein aus den Bedingungen der Vollstreckung folgt. Bevor somit der Dritte Ansprüche gegen den *Sheriff* selbst geltend machen kann, muss er diesem die Möglichkeit geben zu entscheiden, ob er ein *Interpleader*-Verfahren mit dem Ziel durchführen wird, über die Zulässigkeit der Vollstreckungsmaßnahme, aber vor allem auch darüber entscheiden zu lassen, ob alle Ansprüche gegen den *Sheriff* seitens des Dritten auszuschließen sind.[275]

Erst durch eine solche Ausschlussentscheidung des Gerichts wird letztlich der Zustand hergestellt, der in den kontinentaleuropäischen Rechtsordnungen bereits durch die hoheitliche Organisationsform besteht, dass nämlich der Vollstreckungsbeamte nicht persönlich zu belangen ist, soweit er zulässige Zwangsvollstreckungsmaßnahmen herbeiführt.

Im *County Court*-Prozess dagegen stellt sich die Organisation wiederum völlig anders dar. Auch hier ist das Gericht zwar selbst zur Vollstreckung seiner Urteile berufen,[276] doch wird die Vollstreckung nicht an externe Personen abgegeben, sondern von *County Court Bailiffs* durchgeführt.[277] Diese sind im Gegensatz zu den dem *Sheriff* untergeordneten *Bailiffs* am Gericht angestellt[278] und unterstehen dem *District Judge*, der als oberster Vollstreckungsbeamter selbst

---

272 *Stürner*, in: FS *Nakamura*, 612; *Baur/Stürner*, Zwangsvollstreckung, § 59.35; *Osborne*, 167; *Kennett*, in: *Storme*, 97.

273 *Fredericks and Pelhams Timber Building v. Wilkins* [1971] 3 All ER 545 (551); *Bunge*, 181; *Bourne* u.a., in: *Halsbury's*, Vol. 37, § 1434; *Black/Sandbrook*, in: *Halsbury's*, Vol. 42, § 1132, Fn. 5.

274 *Bunge*, 181; *Black/Sandbrook*, in: *Halsbury's*, Vol. 42, § 1146. Im Innenverhältnis sind die *Bailiffs* dem *Sheriff* aus dem Anstellungsvertrag regreßpflichtig, *Bunge*, 181.

275 Vgl. dazu o. S. 11 f.

276 *Kennett*, in: *Storme*, 97; *Kerameus*, IECL, 10-16.

277 *Kennett*, in: *Storme*, 97.

278 *Osborne*, 167, 441.

die Funktion eines *Bailiffs* innehat.[279] Obwohl die Vollstreckung damit als eine Art "*public service*" verläuft,[280] ist der *District Judge* allerdings für seine Handlungen und die der ihm unterstellten *Bailiffs* genauso persönlich verantwortlich, wie ein *Sheriff*.[281]

Aus dieser Ambivalenz erklären sich die verfahrensrechtlichen Besonderheiten: Einerseits ist das Rechtsschutzgesuch des beeinträchtigten Dritten direkt an das Gericht zu richten und eine Ermessensentscheidung des *District Judge*s über die Einleitung des Verfahrens entfällt. Würde dem Unterrichter eine solche Entscheidung zugebilligt, so dass bei Ablehnung des *Interpleader*-Verfahrens schon eine gerichtliche Entscheidung in diesem Verfahren erginge, so kumulierten in seiner Person exekutive Befugnisse als Vollstreckungsorgan und rechtsprechende Gewalt. Um einen solchen Verstoß gegen Art. 6 Abs. 1 EMRK zu vermeiden,[282] entscheidet zwingend der *Circuit Judge* als übergeordnete Instanz.

Andererseits aber würde der *District Judge* wie der *Sheriff* dem beeinträchtigten Dritten selbst haften, so dass auch er ein Interesse an der im *Interpleader*-Verfahren begehrten Ausschlussentscheidung hat.

Vor dem Hintergrund der letztgenannten Unterschiede zwischen *County Court*- und *High Court*-Prozess wurde im laufenden Überprüfungsprozess der englischen Vollstreckungsregelungen vorgeschlagen,[283] ein einheitliches *Interpleader*-Verfahren für den *High Court* und die *County Courts* zu schaffen.[284] Um den potentiellen Konflikt des District Judge zwischen exekutiver und jurisdiktionaler Gewalt zu umgehen, soll nun die Verantwortlichkeit des *District Judge*s als *Bailiff* auf einen *Court Manager* übertragen werden; dem *District Judge* soll damit ermöglicht werden, das *Interpleader*-Verfahren zu entscheiden.[285]

Insgesamt zeigt sich somit, dass sich die unterschiedliche Haftungsstruktur der Vollstreckungsorgane ganz entscheidend und ausschlaggebend auf die jeweiligen vorgeschriebenen Verfahrensweisen auswirkt.[286]

2. Auf den Rechtsbehelf ergehende Entscheidung

Im Hinblick auf die Wirkung der auf den Rechtsbehelf ergehenden, stattgebenden Entscheidung zeigt sich wiederum eine weitgehende Übereinstimmung

---

279 *County Courts Act* 1984, (o. Fn. 89), sec. 147 (1).

280 *Stürner*, in: FS *Nakamura*, 612; *Baur/Stürner*, Zwangsvollstreckung, Rn. 59.35; *Kennett*, in: *Storme*, 97.

281 *County Courts Act* 1984, (o. Fn. 89), sec. 123; *Adams*, in: *Halsbury's*, Vol. 10, § 731.

282 Vgl. *Beatson*-Report, 14.

283 Vgl. dazu o. S. 11.

284 *First Phase Report*, *Proposal* 32 mit Nr. 244 ff.

285 *White Paper* des LCD, 16.

286 *Kennett*, in: *Storme*, 100; *Hess*-Studie, 8.

mit Ausnahme des englischen Rechts. Sowohl in Italien als auch in Deutschland und Österreich wird nämlich über die Zulässigkeit der konkreten Zwangsvollstreckungsmaßnahme, mit anderen Worten darüber entschieden, ob die Vollstreckung den konkreten Vollstreckungsgegenstand ergreifen durfte. Während es allerdings im deutschsprachigen Raum der allgemeinen Auffassung entspricht, dass sich die Wirkung der Entscheidung darin erschöpft und darüber hinaus keinerlei Rechtskraftwirkung hinsichtlich des vom Dritten behaupteten Rechts entfaltet, wird diese Ansicht zwar von Teilen der italienischen Doktrin bestritten. Überwiegend wird jedoch auch hier davon ausgegangen, dass eine Entscheidung über das Recht des Dritten nicht ergeht.[287]

Im Gegensatz zu dieser streng umgrenzten Entscheidungsbefugnis verfügen die englischen Gerichte über mehr Spielraum. Die Entscheidung im *Interpleader*-Verfahren steht grundsätzlich im Ermessen des Gerichts, wobei es ausschließlich an die Maßstäbe der Gerechtigkeit und Angemessenheit gebunden ist. Indem dem *Sheriff* bei Obsiegen des *Interpleader claimant* regelmäßig auferlegt wird, sich vom Besitz der gepfändeten Sache zurückzuziehen, umfasst die Entscheidung des Gerichts ebenfalls einen Ausspruch über die Unzulässigkeit der Zwangsvollstreckung; dies setzt hier allerdings voraus, dass auch über das behauptete Recht präjudiziell entschieden wird. Im Vordergrund der Entscheidung steht aber entsprechend dem Interesse des antragenden *Sheriffs* die Entscheidung darüber, ob weitere Ansprüche gegen ihn ausgeschlossen sind, also der eigentliche *Interpleader relief*.[288]

Unabhängig vom Wirkungsumfang der Entscheidungen sind diese unterschiedslos mit den jeweiligen ordentlichen Rechtsmitteln angreifbar.

Insgesamt kann festgehalten werden, dass in der Regel in allen Rechtsordnungen jedenfalls eine Entscheidung über die Zulässigkeit der konkreten Vollstreckungsmaßnahme ergeht, während ein Judiz über das zugrunde liegende Recht nur bei entsprechender Ermessensausübung im englischen Recht und nach teilweise vertretener Auffassung im italienischen Recht gefasst wird.

Dass die Entscheidung über die Zulässigkeit der konkreten Zwangsvollstreckungsmaßnahme in allen Fällen eine prominente Rolle spielt, ergibt sich bereits aus dem Ansatzpunkt der vorliegenden Untersuchung: Der Dritte, der eine Beeinträchtigung seiner Rechte behauptet, begehrt in allen Rechtsordnungen, dass die angegriffene Maßnahme beseitigt wird. Es wird somit lediglich seinem Rechtsschutzbedürfnis und dem eigentlichen Regelungszweck eines drittbezogenen Rechtsbehelfs Genüge getan, wenn dieser auch die begehrte Rechtsfolge vorsieht.

Soweit jedoch gleichzeitig über mit der Zulässigkeit der Maßnahme Zusammenhängendes entschieden werden soll, so dass der befriedigte Minimalauftrag

---

[287] Vgl. o. S. 25 ff.

[288] Vgl. zu den dahinter stehenden Motiven o. S. 43 ff.

der Rechtsbehelfe ausgeweitet wird, scheiden sich die Akzentuierungen der Entscheidungsumfänge.

Zunächst resultiert der von den kontinentaleuropäischen Regelungen abweichende Entscheidungskanon im englischen Recht aus der zuvor bereits angesprochenen unterschiedlichen Konzeption des Rechts der Vollstreckungsorgane.[289] Da in England sowohl im *High Court*- als auch *County Court*-Prozess der *Sheriff* bzw. *District Judge* erreichen möchte, dass er für die Durchführung der Vollstreckungsmaßnahme aus der Haftung gegenüber dem Dritten entlassen wird, ist die Frage seiner Entlastung im Gegensatz zu den anderen Rechtsordnungen, in denen diese Folge schon allein aufgrund der hoheitlichen Eingliederung eintritt, Teil der gerichtlichen Entscheidung.

Die unterschiedliche Bewertung der Frage, ob mit dem Drittwiderspruch allein auch eine Entscheidung über das vom Dritten behauptete materielle Recht erreicht wird, wird dagegen durch die Einordnung in einen grundsätzlicheren Kontext greifbar:

Sowohl die deutsche, die österreichische als auch die italienische Privatrechtsordnung basieren auf einer juristischen Denkweise, die von einem Hang zur Abstraktion der rechtlichen Norm und zur systematischen Kodifikation geprägt ist.[290] Diese Denkweise zeigt hier deutliche Auswirkungen dahingehend, dass dem jeweiligen drittbezogenen Rechtsbehelf als abstrakter Institution von den Privatrechtswissenschaften ausschließlich die Aufgabe zuerkannt wird, denjenigen Konflikt abzudecken, zu dessen Bewältigung der Behelf gerade institutionalisiert wurde, d.h. also dem Schutzbedürfnis gegen eine konkrete Vollstreckungsmaßnahme nachzukommen.

Sowohl die Versuche von Teilen der deutschen Literatur, die Drittwiderspruchsklage als zivile Negatoria aufzufassen,[291] als auch von Seiten der italienischen Rechtswissenschaft, die Wirkung der *Opposizione di terzo* auszudehnen, werden von den jeweiligen ganz überwiegenden Auffassungen kategorisch unter Heranziehung systematischer, aber auch funktionaler Argumente abgewehrt.[292] Dies lässt den Schluss zu, dass hinter der Beschränkung des Entscheidungsumfangs der Drittwidersprüche auf die Frage der Zulässigkeit der beeinträchtigenden Maßnahme als leitendes Motiv der kategoriale Erhalt der Institution Drittwiderspruch steht. Denn vor allem im deutschen und österreichischen Recht wird an der Zulassung einer Verbindung der Widerspruchsklage mit einem Feststellungsantrag hinsichtlich des zugrunde liegenden materiellen Rechts deutlich, dass einer Zusammenfassung der rechtlichen Fragen in einem Prozess keine

---

[289] Vgl. dazu o. S. 43 ff.
[290] *Zweigert/Kötz*, 68 f.
[291] Vgl. o. Fn. 51.
[292] Vgl. im Einzelnen dazu vor allem *Rosenberg/Gaul/Schilken*, § 41 II 2, sowie o. S. 26 f.

sachlichen Gründe entgegenstehen, sondern lediglich eine Wahrung der primären Rechtsbehelfsfunktion das Ergebnis dominiert.[293]

Eine solche Denkweise ist dem englischen Recht dagegen vom Grundsatz her völlig fremd. Hier ist die Rechtsfindung vielmehr durch die Prinzipien des *Common Law* bestimmt, so dass ein *„reasoning from case to case"*, also eine Lösung des konkreten Falles durch Auswertung und Anwendung von aus Präzedenzfällen gefassten Grundsätzen und einer anschließenden Überprüfung auf ihre Sachgerechtigkeit stattfindet.[294] Dieser induktiven, problemorientierten Technik[295] stünde es entgegen, wenn das Gericht in seiner Entscheidungsbefugnis auf ausschnitthafte Regelungsbereiche beschränkt wäre und lediglich im *Interpleader*-Verfahren über die Zulässigkeit der Zwangsvollstreckungsmaßnahme entscheiden dürfte. Das *Interpleader*-Verfahren, das den Richter in seiner Entscheidung letztlich nur an die ohnehin geltenden Grundsätze der Gerechtigkeit und der Angemessenheit bindet, bietet ihm vielmehr eine Plattform, auf der er eine fallorientierte umfassende Lösung des Rechtsstreits finden kann.

3. Zeitlich-funktionelle Begrenzung des Anwendungsbereichs

Eine grundsätzliche Gleichförmigkeit aller untersuchten Rechtsbehelfe zeigt sich in der Frage, mit welchem Ereignis der Zeitpunkt zu bestimmen ist, ab dem die Erhebung des Rechtsbehelfs als zulässig zu erachten ist: Vorausgesetzt wird generell, dass es bereits zu einer Konkretisierung des Vollstreckungsobjekts gekommen sein muss, der Gegenstand, in den vollstreckt werden soll, demnach bereits feststehen muss. Dass eine solche Konkretisierung jedenfalls mit der Pfändung eintritt, ist allgemein anerkannt. Inwieweit allerdings vor der Pfändung bereits von der Zulässigkeit der Rechtsbehelfe ausgegangen werden kann, wird von unterschiedlichen Nuancen abhängig gemacht und ist im Einzelnen zudem umstritten. So wird in der italienischen Literatur vertreten, eine Zulässigkeit sei schon mit Zustellung des *Precetto* gegeben, wenn bereits damit das Vollstreckungsobjekt feststehe. Teile der deutschen Literatur wollen eine unmittelbar drohende oder höchstwahrscheinlich bevorstehende Pfändung ausreichen lassen. Sofern der konkrete Fall dies erfordert, lässt auch das österreichische Recht den Widerspruch des Dritten bei nur drohender Pfändung zu. Das englische Recht sieht die bloß drohende Pfändung demgegenüber sogar als Idealfall an; die Ausgabe des *Writs* ist jedoch unabdingbare Voraussetzung. Insgesamt

[293] Auf der anderen Seite ist aber für das deutsche Recht zu beachten, dass auch das Prinzip der Parteiautonomie und die Dispositionsmaxime als tragende Grundsätze des Zivilprozesses bewahrt werden müssen, was eine umfassende Behandlung des Streits von vornherein ausschließt und bedingt, dass der Rechtsstreit nur insoweit durch das Gericht entschieden werden darf, als dies von den Parteien beantragt wird, § 308 Abs. 1 S. 1 ZPO.

[294] *Zweigert/Kötz*, 257.

[295] *Zweigert/Kötz*, 263.

ändert dies jedoch nichts an dem übergreifenden Grundsatz, dass die Behelfe überhaupt erst dann eingelegt werden können, wenn das Objekt auch feststeht, so dass letztlich vor allem ausgeschlossen wird, dass durch präventive Erhebung die Effektivität der Zwangsvollstreckung völlig unterlaufen wird.

Ebenfalls übereinstimmend entfällt die Zulässigkeit aller Rechtsbehelfe mit der Beendigung der konkreten Vollstreckungsmaßnahme, nicht hingegen bereits mit der Verwertung der in Beschlag genommenen Sache. Das englische Recht macht hier schon terminologisch deutlich, dass der Rechtsbehelf sowohl auf die Sache *in natura* als auch auf den Erlös gerichtet werden kann, wohingegen sich im deutschen und österreichischen Recht aufgrund des Grundsatzes der dinglichen Surrogation die Rechte des Dritten am Erlös fortsetzen und damit kein Zweifel an der weiteren Zulässigkeit der Klage besteht.[296] Das italienische Recht führt für den Zeitraum nach Durchführung der Verwertung zwar einen gesonderten Rechtsbehelf ein, der sich aber effektiv als bloße Fortsetzung des ursprünglichen Rechtsbehelfs entpuppt.

Mit Beendigung der Vollstreckungsmaßnahme sind die Rechtsbehelfe nicht mehr zulässig. Dies bedeutet dann aber nicht, dass dem Dritten keinerlei Möglichkeiten mehr zur Verfügung stehen, mit denen er sich zu seinem Recht verhelfen kann. Es finden sich vielmehr unterschiedliche Ansätze, die teilweise erheblich voneinander abweichen. Während das deutsche und das österreichische Recht dem Dritten gestatten, den Erlös zu kondizieren (mit der Eingriffskondiktion bzw. der Verwendungsklage) und ggf. einen Schadensersatzanspruch gegen den Gläubiger geltend zu machen, ist der Dritte in Italien auf Letzteres beschränkt. Dagegen hat er hier – im Gegensatz zur Regelung im deutschsprachigen Raum aufgrund des originären Erwerbs bei der Verwertung – die Möglichkeit bei Bösgläubigkeit des Erwerbers, die Sache selbst von diesem zu vindizieren. Mangels Anwendbarkeit des *Interpleader*-Verfahrens nach Ablauf des *writ* bleibt dem Dritten in England dagegen nur, den *Sheriff* selbst wegen der Inbeschlagnahme der Sache zu verklagen und in dieser Weise Schadensersatz zu erlangen.

Insgesamt wird deutlich, dass die Frage des Drittschutzes nach Beendigung der Maßnahme vollkommen von der zugrunde liegenden materiellen Rechtsordnung und deren Verständnis von der Wirkung der Veräußerung im Vollstreckungsverfahren und der Erlösauskehr abhängt.

Entsprechend sind all diese postexekutiven Ansprüche nicht mehr Gegenstand des Widerspruchsverfahrens, sondern grundsätzlich außerhalb dessen angesiedelt.

---

[296] Für das deutsche Recht vgl. *Putzo*, in: *Thomas/Putzo*, § 819, Rn. 1; *Stöber*, in: *Zöller*, § 819, Rn. 3.

C. Die Berechtigung des Dritten

I. Grundlagen

Nachdem nunmehr die verfahrensrechtlichen Anforderungen und Abläufe der jeweiligen Rechtsbehelfe erläutert worden sind, bleibt zu erörtern, wer überhaupt berechtigt ist, den Rechtsbehelf geltend zu machen. Dafür bedarf es neben der Beantwortung der Frage, wer überhaupt als unbeteiligter „Dritter" im Sinne des Rechtsbehelfs anzusehen ist, insbesondere der Untersuchung der einwendbaren Rechte, also der Frage, ob es möglich ist, ein von einem solchen Dritten behauptetes Recht der durchzuführenden Zwangsvollstreckung entgegenzuhalten.

Ausgangspunkt dieses Problemkreises für das deutsche Recht ist der Wortlaut des § 771 Abs. 1 ZPO. Dieser setzt voraus, dass ein Dritter an dem Gegenstand der Zwangsvollstreckung „ein die Veräußerung hinderndes Recht" behauptet.

Dabei kann dem Zweck der Klage, unberechtigte Eingriffe in der Zwangsvollstreckung nicht unterworfene Rechte abzuwehren, folgend Dritter nur derjenige sein, gegen den aus dem Vollstreckungstitel nicht vollstreckt werden darf, nicht also der im Titel bezeichnete Vollstreckungsschuldner.[297]

Für das darüber hinaus notwendige Vorliegen eines „die Veräußerung hindernden Rechts"[298] bzw. zunächst dessen Behauptung reicht ein bloßes rechtliches Interesse des Dritten nicht aus.[299] Vielmehr ist darunter ein Recht zu verstehen, das einer Zwangsvollstreckung des Gläubigers in den Gegenstand entgegensteht.[300] Dies ist nach einhelliger Auffassung der Fall, wenn die Veräußerung des Vollstreckungsgegenstands durch den Schuldner widerrechtlich in den Rechtskreis des berechtigten Dritten eingreifen würde.[301]

---

297 *Geißler*, NJW 1985, 1865 (1870); *Brox/Walker*, JA 1986, 113 (115); *Baur/Stürner*, Zwangsvollstreckung, Rn. 46.16; *Brox/Walker*, Rn. 1409. Ausnahmsweise kann auch der Vollstreckungsschuldner aktivlegitimiert sein, wenn er nur mit einer bestimmten Vermögensmasse haftet und sich gegen die Vollstreckung in einen nicht haftenden Vermögensbereich wendet, *Brox/Walker*, aaO; *Baur/Stürner*, aaO.

298 Zu dieser unglücklichen Formulierung, nach der nicht einmal das Eigentum als stärkstes und vollkommenstes Recht zur Drittwiderspruchsklage berechtigen würde, da wegen der Möglichkeit des gutgläubigen Erwerbs auch das Eigentum nicht die Veräußerung verhindert, *Rosenberg/Gaul/Schilken*, § 41 IV; *Gaul*, in: *Schmidt*, 536 f.; *Schuschke*, in: *Schuschke/Walker*, § 771 Rn. 13; *Brox/Walker*, Rn. 1410; *Hartmann*, in: *Baumbach/Lauterbach/Albers/Hartmann*, § 771, Rn. 1.

299 *Rosenberg/Gaul/Schilken*, § 41 V.

300 OLG Saarbrücken, OLGZ 84, 126 (127); *Hartmann*, in: *Baumbach/Lauterbach/Albers/Hartmann*, § 771, Rn. 1.

301 RGZ 116, 363 (365); BGHZ 55, 20 (26); *Geißler*, NJW 1985, 1865 (1870); *Baur/Stürner*, Zwangsvollstreckung, Rn. 46.4; *Rosenberg/Gaul/Schilken*, § 41 IV. Kritisch aber *Gaul*, in: *Schmidt*, 537 ff., der deutlich macht, dass es einzig darauf ankomme, ob die Rechtsposition des Dritten auf die Nichtzugehörigkeit des Vollstreckungsgegenstandes zum haf-

Grundfall und auch wichtigster Anwendungsfall in der Praxis ist das Eigentum:[302] Steht die durch die Vollstreckung in Beschlag genommene Sache im Alleineigentum, im Miteigentum oder im Gesamthandseigentum eines Dritten, der nicht für die Befriedigung des Gläubigers haftet, überschreitet die Vollstreckung die Vermögenssphäre des Haftenden und dringt damit rechtswidrig in diejenige des Dritten ein. Der Dritte ist in diesem Fall für die Klage aus § 771 ZPO aktivlegitimiert.[303]

1. Die Berechtigung des Dritten bei der *Opposizione di terzo*

Art. 619 Abs. 1 c.p.c. beschreibt den Kreis derjenigen, die eine *Opposizione* erheben können, mit "Dritter, der das Eigentum oder ein anderes dingliches Recht an den gepfändeten Sachen beansprucht", so dass sich auch hier zum Einen die Frage stellt, wer als Dritter im Sinne dieser Vorschrift anzusehen ist, und zum Anderen, welche Rechte als zur Klage legitimierend anerkannt sind.[304]

a) Dritter im Sinne des Art. 619 c.p.c.

Wer „Dritter“ ist, ergibt sich zunächst in systematischer Hinsicht aus den Überschriften der Abschnitte des fünften Titels des dritten Buches des c.p.c. Während der erste Abschnitt (Art. 615 bis 618-*bis* c.p.c.) die Widersprüche des Schuldners und des der Zwangsvollstreckung unterworfenen Dritten behandelt, nimmt der zweite Abschnitt (Art. 619 bis 622 c.p.c.) lediglich auf den Dritten Bezug. Dritter ist im Rückschluss derjenige, der eine Benachteiligung durch die Zwangsvollstreckung erleidet, ohne Schuldner oder ein dem Schuldner gleichgestellter Dritter zu sein und damit ohne Legitimation, das Recht des betreibenden Gläubigers durch Vollstreckungswiderspruch gem. Art. 615 c.p.c. (*Opposizione all'esecuzione*) zu bestreiten.[305] Der Dritte darf mithin nicht das durch den Vollstreckungstitel individualisierte passive Subjekt des Exekutionsprozesses sein.[306]

Da in der Zwangsvollstreckung in Sachen (*Espropriazione forzata*) das Vollstreckungsobjekt allerdings nicht bereits durch den Titel konkretisiert wird, sondern erst durch die konkreten Vollstreckungsmaßnahmen, wird teilweise geltend

---

tenden Schuldnervermögen hinweist.

302 *Geißler*, NJW 1985, 1865 (1870); *Prütting/Weth*, JuS 1988, 505 (509); *Rosenberg/Gaul/Schilken*, § 41 VI 1.

303 RGZ 144, 236 (240 f.); BGH, NJW 1993, 935 (937); *Prütting/Weth*, JuS 1988, 505 (509); *Brox/Walker*, Rn. 1411.

304 *Mandrioli*, 466.

305 *Mandrioli*, 466 f.

306 *Mandrioli*, 467; *La Marca*, in: *Picardi*, Art. 619, §§ 3, 4; *Cabrini*, in: *Carpi/Taruffo*, Art. 619, I, Rn. 2.

gemacht, dass die hier letztlich entscheidende Abgrenzung zwischen Art. 615 und 619 c.p.c., ob also der Widersprechende einen Dritt- oder einen Vollstreckungswiderspruch geltend machen muss, danach zu lösen sei, ob das der Vollstreckung vorausgehende *Precetto* dem widersprechenden Dritten zugestellt worden ist oder nicht.[307] Ist es ihm zugestellt worden und er folglich Adressat der Maßnahmen, müsse sich der Dritte gemäß Art. 615 c.p.c. wehren; anderenfalls, für den Fall also, dass die Vollstreckung *inter alios* abgewickelt werden soll, sei der Dritte bei einer Beeinträchtigung zur Erhebung der *Opposizione di terzo* berechtigt.[308]

Dagegen wird die Fixierung auf die Zustellung des *Precetto* als exzessive Begrenzung des Vollstreckungswiderspruchs gesehen.[309] Zwar seien alle Subjekte, die durch *Precetto* aufgefordert wurden, jedenfalls legitimiert, die *Opposizione* gemäß Art. 615 c.p.c. zu erheben.[310] Dies sei aber eben nicht notwendige, sondern nur hinreichende Bedingung für diese Legitimation,[311] was allein schon die Konstellation zeige, dass ein Schuldner sogar dann zum Vollstreckungswiderspruch legitimiert ist, wenn ihm weder Titel noch *Precetto* zugestellt wurden.[312]

Legitimiert ist im Umkehrschluss damit derjenige, der weder im Vollstreckungstitel genannt, noch als Adressat des *Precetto* bezeichnet ist und trotzdem faktisch die Pfändung erlitten hat.[313]

b) Geschützte Rechte des Dritten

Die zweite Seite der Aktivlegitimation behandelt die Frage, welche Rechte der Dritte mit der *Opposizione* geltend machen kann.[314] Art. 619 Abs.1 c.p.c. beantwortet dies mit bemerkenswerter Einfachheit:[315] "Eigentum oder anderes dingliches Recht an den gepfändeten Sachen", so dass nach dieser Formulierung nur dem Inhaber dieser Rechte die Befugnis zustehen soll, den Drittwiderspruch zu erheben.[316]

---

307 *Satta/Punzi*, 723. Zum *Precetto* vgl. o. Fn. 206.

308 *Satta/Punzi*, 723; *Punzi*, 180 f.

309 *Mandrioli*, 471.

310 *Punzi*, 169.

311 *Mandrioli*, 467. So auch *Punzi*, 169, 176, der im Gegensatz zur Auffassung *Mandriolis*, 471, eben nicht davon ausgeht, dass die Zustellung des *Precetto* notwendig ist. Auch *Satta/Punzi*, 723, sehen dies als Ausgangspunkt, ziehen jedoch im Folgenden den im vorhergehenden Absatz darlegten Schluss.

312 *Punzi*, 176.

313 *Mandrioli*, 467; *La Marca*, in: *Picardi*, Art. 619, § 3; *Cabrini*, in: *Carpi/Taruffo*, Art. 619, I, Rn. 5.

314 *Mandrioli*, 467 f.

315 *Satta*, Commentario, 485; *Cabrini*, in: *Carpi/Taruffo*, Art. 619, III, Rn. 2.

316 *Cabrini*, in: *Carpi/Taruffo*, Art. 619, I, Rn. 7. Zur erweiterten Auslegung der Vorschrift vgl. u. S. 70 f.

Explitizermaßen fällt darunter zunächst sowohl das Eigentum gemäß Art. 832 c.c. als auch das Miteigentum und die Gemeinschaft im Sinne des Art. 1100 c.c.[317] Hier können die nicht verpflichteten Miteigentümer bzw. Teilhaber Widerspruch erheben, um geltend zu machen, dass sich die Bindungswirkung der Pfändung nicht auf ihre Quote bezieht.[318]

2. Die Berechtigung des Dritten bei der Exszindierungsklage

Als „dritte Person“ zur Klage gemäß § 37 Abs. 1 EO legitimiert ist, wer am Exekutionsobjekt "ein Recht behauptet, welches die Vornahme der Exekution unzulässig machen würde", ohne als betreibender Gläubiger oder Verpflichteter am betreffenden Exekutionsverfahren beteiligt zu sein.[319]

Das behauptete Recht begründet die Unzulässigkeit der Exekution und führt so zum Erfolg des Klägers, wenn es die Zugehörigkeit des Exekutionsobjekts zum haftenden Schuldnervermögen ausschließt oder beschränkt.[320] Ausschlaggebend ist für diese Frage allein das materielle Recht.[321] Eine bloß formell gesetzwidrig vorgenommene Vollstreckung dagegen, die materiell gerechtfertigt ist, berechtigt nicht zur Widerspruchsklage.[322]

Als Rechte, die die Exekution unzulässig machen, kommen sowohl dingliche wie auch obligatorische Rechte in Betracht.[323] Häufigstes gegen Fremdexekutionen eingewandtes Recht ist das Eigentum eines nicht haftenden Dritten,[324] das als die Befugnis, jeden anderen von der Sache auszuschließen (§ 354 ABGB),

---

317 Art. 1100 c.c. regelt den Fall, dass das Eigentum oder ein anderes Recht mehreren Personen gemeinsam gehört. *Punzi*, 234 ff.; *La Marca*, in: *Picardi*, Art. 619, § 4; *Cabrini*, in: *Carpi/Taruffo*, Art. 619, III, Rn. 2 a).

318 *Cass.*, Nr. 3648/1985, Giur. it. 1986, I, 1, 1213; *Cabrini*, in: *Carpi/Taruffo*, Art. 619, III, Rn. 2 a); *La Marca*, in: *Picardi*, Art. 619, § 4.

319 *Petschek*, 86; *Heller/Berger/Stix*, Kommentar, 450; 476; *dies.*, EO, § 37, I, 1; *Feil*, Rn. 31. Dem Verpflichteten stehen eigenständige Rechtsbehelfe zur Verfügung: Materielle Einwendungen gegen den der Vollstreckung zugrunde liegenden Anspruch kann er mit der Oppositionsklage gemäß § 35 EO geltend machen. Daneben hat er die Möglichkeit der Impugnationsklage gemäß § 36 EO, die sich gegen die Bewilligung der Exekution richtet, vgl. *Seiser*, 33 ff.

320 *Petschek*, 85; *Holzhammer*, 163 unter Bezugnahme auf die Gegebenheiten im deutschen Recht, namentlich auf *Henckel*, JuS 1985, 836. Das Recht muss zur Zeit des Exekutionsvollzug bestanden haben und zur Zeit des Schlusses der mündlichen Verhandlung über die Klage in erster Instanz noch bestehen, *Heller/Berger/Stix*, Kommentar, 479; *dies.*, EO, § 37, I, 2, K, 1; *Feil*, Rn. 4, 31; *Holzhammer*, 164.

321 *Heller/Berger/Stix*, Kommentar, 450; *Feil*, Rn. 2; *Holzhammer*, 163; *Rechberger/Oberhammer*, Rn. 224.

322 *Heller/Berger/Stix*, Kommentar, 448. In diesem Fall kann der Dritte anhand der Vollzugsbeschwerde gemäß § 68 EO Abhilfe verlangen.

323 *Jakusch*, in: *Angst/Jakusch/Pimmer*, 73; *Seiser*, 38.

324 *Holzhammer*, 164.

die Vollstreckung unzulässig macht.[325] Um der Möglichkeit eines kollusiven Missbrauchs entgegenzuwirken,[326] stellt das österreichische Recht hier hohe Anforderungen an die Schlüssigkeit der Klage: Sowohl der Erwerbstitel als auch die Erwerbsart des Eigentums muss der Kläger darlegen; seine bloße Behauptung, Eigentümer zu sein, genügt dagegen nicht.[327]

Auch das Miteigentum an einer Sache begründet die Exszindierungsklage:[328] Der Miteigentümer kann der Exekution zur Gänze widersprechen, wenn durch die Vollstreckung nicht nur der ideelle Anteil des verpflichteten Schuldners gepfändet wird[329] und seine Klage das Ziel verfolgt, im Interesse auch aller anderen Miteigentümer den Vollstreckungszugriff auf die gemeinsame Sache abzuwehren.[330]

3. Die Berechtigung des Dritten beim *Interpleader*-Verfahren

Im englischen *Interpleader*-Verfahren kann gemäß RSC 17.1.1.b nur durch „*a person other than the person against whom the process is issued*" die verfahrensanstoßende Forderung gestellt werden. Derjenige, gegen den die Vollstreckung angestrengt wird, also der Vollstreckungsschuldner, ist somit nicht befugt, mit Hilfe des *Interpleader* die Wahrung seiner Rechte zu beanspruchen. Er kann sich gegen eine unberechtigte gegen ihn gerichtete Zwangsvollstreckung nur wehren, indem er ein *Stay of execution* gemäß RSC 45.11, 47.1.1 beantragt.[331] Notwendige Bedingung für die Berechtigung zur Anspruchstellung im *Interpleader*-Verfahren ist mithin, dass die fordernde Person vom Vollstreckungsschuldner verschieden ist.

Bezüglich welcher Rechte ein solcher Dritter eine Forderung erheben kann, um ein *Interpleader*-Verfahren in Gang zu setzen, kann zunächst anhand des Wortlauts des RSC 17 und des CCR 33 ermittelt werden.

RSC 17.1.1.b spricht von einer "*claim to any money, goods or chattels*" bzw. "*to the proceeds or value of any such goods or chattels*", während CCR 33.1.A1 den Anspruch des Dritten als "*claim to or in respect of goods seized in execution or the proceeds or value thereof*" bezeichnet.

---

325 *Petschek*, 85; *Heller/Berger/Stix*, Kommentar, 450; *Feil*, Rn. 8.1; *Holzhammer*, 164; *Rechberger/Oberhammer*, Rn. 224; *Seiser*, 38.

326 S.o. S. 18. *Heller/Berger/Stix*, Kommentar, 451; *Holzhammer*, 164.

327 OGH, SZ 67/61; *Heller/Berger/Stix*, Kommentar, 450; *Feil*, Rn. 8.2; *Holzhammer*, 164; *Jakusch*, in: *Angst/Jakusch/Pimmer*, 77.

328 OGH, JBl. 1998, 590; *Petschek*, 86; *Heller/Berger/Stix*, Kommentar, 456; *Jakusch*, in: *Angst/Jakusch/Pimmer*, 74.

329 *Feil*, Rn. 9; *Holzhammer*, 164.

330 OGH, SZ 67/61; *Jakusch*, in: *Angst/Jakusch/Pimmer*, 74.

331 *Bunge*, 204; *Kerameus*, IECL, 10-80.

Aus diesen Formulierungen lässt sich entnehmen, dass der geltend zu machende Anspruch real sein muss,[332] d.h. also die Sache selbst oder deren Erlös bzw. Wert beansprucht werden muss.

Um einen das *Interpleader*-Verfahren auslösenden Anspruch zu stellen, muss der Dritte daher abstrakt gesehen in einer Position gewesen sein, gegen das Vollstreckungsorgan klageweise aus dem Grunde vorgehen zu können,[333] dass der gepfändete Gegenstand zur Zeit der Pfändung nicht im Vermögen (*Property*) des Vollstreckungsschuldners, sondern in seinem eigenen stand.[334] Er muss also darlegen, dass er ein besseres Recht (*a better title*) an dem in Streit stehenden Gegenstand hat als der Vollstreckungsschuldner.[335]

Die Behauptung des Dritten, der eigentliche Inhaber der im Exekutionsprozess verfolgten Geldforderung zu sein,[336] ist dagegen ebensowenig ausreichend wie die Klärung von Prioritätsfragen mehrerer Vollstreckungsgläubiger.[337]

Zunächst berechtigt neben dem vollen Eigentum[338] auch das Miteigentum zur *Interpleader claim.*[339] Darüber hinaus können sich die berechtigenden Positionen aber auch sowohl aus dem *Common law* als aus *Equity* ergeben.[340]

---

332 *Bourne* u.a., in: *Halsbury's*, Vol. 37, § 1429: "*the claim made by the third party must be a real one*".

333 *Bourne* u.a., in: *Halsbury's*, Vol. 37, § 1438, 1458.

334 *Eyre*, in: *Atkin's*, § 11; *Black/Sandbrook*, 74 f.

335 *Bourne* u.a., in: *Halsbury's*, Vol. 37, § 1458.

336 *Plant v. Collins* [1913] 1 KB 242, CA, zit. nach: *The Digest*, 6317; *Bourne* u.a., in: *Halsbury's*, Vol. 37, § 1429.

337 *Salmon v. James* (1832) 1 Dowl 369, zit. nach: *The Digest*, 5911; *Day v. Waldock, Lawrence v. Waldock* (1833) 1 Dowl 523, zit. nach: *The Digest*, 5912; *Bourne* u.a., in: *Halsbury's*, Vol. 37, § 1429.

338 *Discount Banking Co of England & Wales v. Lambarde* [1893] 2 QB 329, zit. nach: *The Digest*, 5786; *Bourne* u.a., in: *Halsbury's*, Vol. 37, § 1458.

339 *Eyre*, in: *Atkin's*, § 12; *Bourne* u.a., in: *Halsbury's*, Vol. 37, § 1429; *Whitebook*, sc17.1.14.
Im Zuge der Reformdiskussion des englischen Zwangsvollstreckungsrechts,vgl. o. Fn. 25, wird vorgeschlagen, das *Interpleader*-Verfahren auf Ansprüche hinsichtlich des vollen Eigentums zu begrenzen, da einem Miteigentümer genügend Möglichkeiten offen stünden, um den Gegenstand herauszuerhalten, *White Paper* des LCD, 43. Der *Beatson*-Report hatte diesbezüglich nämlich vorgeschlagen, dem Miteigentümer das Recht zu geben, innerhalb von sieben Tagen nach der Pfändung die Befreiung des Gegenstandes zu beantragen, um dessen Verkauf zu verhindern, aaO, 49 f. (*Recommendation* 18 c mit Anmerkung 7.17).

340 *Duncan v. Cashin* (1875) 32 LT 497, zit. nach: *The Digest*, 5808; *Engelback v. Nixon* (1875) 32 LT 831, zit. nach: *The Digest*, 5809; *Usher v. Martin* (1889) 24 QBD 272, zit. nach: *The Digest*, 5811; *Jennings v. Mather* [1901] 1 KB 108, zit. nach: *The Digest*, 5812; *Bourne* u.a., in: *Halsbury's*, Vol. 37, §§ 1422, 1458.

II. Drittwiderspruch bei anderen Rechten als dem Eigentum

Als typischer und unproblematischer Grundfall erscheint somit in allen Rechtsordnungen das Eigentum an der Sache. Zu untersuchen bleibt, ob daneben weitere Rechte den Dritten zu berechtigen vermögen.

1. Drittwiderspruch bei Eigentumsvorbehalt

Behält sich der Verkäufer im deutschen Recht das Eigentum an einer Sache gemäß § 449 BGB vor, steht die Übereignung der Sache regelmäßig unter der aufschiebenden Bedingung der vollständigen Kaufpreiszahlung. Das Eigentum verbleibt somit bis zum Bedingungseintritt im Vermögen des Vorbehaltsverkäufers, der sich gegen einen Zugriff durch Gläubiger des Vorbehaltskäufers erfolgreich anhand der Drittwiderspruchsklage wehren kann.[341] Nach allgemeiner Ansicht erwirbt der Vorbehaltskäufer jedoch ein Anwartschaftsrecht an der Sache, kraft dessen auch er sich gegen den Zugriff durch Gläubiger des Vorbehaltsverkäufers mit der Klage aus § 771 ZPO schützen kann, wenn sich die Sache – ausnahmsweise – beim Verkäufer befindet.[342]

a) *Riserva di proprietà*

Auch das italienische Recht kennt die Figur des Eigentumsvorbehalts (*Riserva di proprietà*), die in den Art. 1523 ff. c.c. eine gesetzliche Regelung erfahren hat. Das Eigentum an der Sache geht beim Ratenkauf und nach herrschender Meinung auch bei sonstiger Verabredung eines Eigentumsvorbehalts[343] erst mit vollständiger Zahlung des Kaufpreises über, der Käufer hat allerdings die Gefahr des Untergangs oder der Verschlechterung ab dem Zeitpunkt der Übergabe zu tragen, Art. 1523 c.c.[344] Da sich die Eigentumsübertragung damit nicht schon im Konsens der Parteien vollzieht, handelt es sich um eine Ausnahme vom Konsensprinzip des Art. 1376 c.c.[345]

Die Behandlung des Eigentumsvorbehalts in der Zwangsvollstreckung regelt Art. 1524 Abs.1 c.c. Für den Fall, dass Gläubiger des Vorbehaltskäufers auf die Sache zugreifen, bestimmt dieser, dass der Vorbehaltsverkäufer nur dann sein

---

341 BGHZ 54, 214 (218); *Grunsky*, JuS 1984, 497 (503); *Baur/Stürner*, Zwangsvollstreckung, Rn. 46.6; *Brox/Walker*, Rn. 1412; *Rosenberg/Gaul/Schilken*, § 41 VI 2 a.

342 BGHZ 55, 20 (26 f.); *Baur/Stürner*, Zwangsvollstreckung, Rn. 46.6; *Brox/Walker*, Rn. 1412, *Rosenberg/Gaul/Schilken*, § 41 VI 2 b. Anderenfalls bietet § 809 ZPO dem Dritten i.V.m. § 766 ZPO ausreichenden Rechtsschutz.

343 *Cass.*, Nr. 2016/1975, Rep. F. it. 1975, 1040 (Nr. 38); *Gravenhorst*, 59; *Mühl*, 108; *Rubino*, 433.

344 *Mühl*, 108.

345 *Gravenhorst*, 59; *Jayme*, in: FS *Mühl*, 343; *Mühl*, 108

Eigentum der Zwangsvollstreckung entgegenhalten kann – dann aber auch im Wege der *Opposizione di terzo* –, wenn die Verabredung des Eigentumsvorbehalts aus einer Urkunde mit sicherem Datum vor der Pfändung resultiert.[346]

Dagegen trifft das Gesetz keine Regelung für den Fall, dass Gläubiger des Vorbehaltsverkäufers auf die Sache zugreifen und der Vorbehaltskäufer seine Rechtsposition entgegenhalten will. Eine positivrechtliche Regelung dieser Situation findet sich in Art. 73 Abs. 2 *Legge fallimentare*.[347] Dieser bestimmt, dass der Kauf unter Eigentumsvorbehalt in der Insolvenz des Verkäufers nicht aufgelöst wird. In dieser Weise wird die unter Eigentumsvorbehalt verkaufte Sache der Gesamtvollstreckung entzogen; die Gläubiger des Vorbehaltsverkäufers können nicht auf die Sache zugreifen, sondern nur auf die gezahlten Raten.[348] *A fortiori* bedeutet dies für das Einzelvollstreckungsverfahren eines Gläubigers des Verkäufers, dass die Sache nicht Objekt der Zwangsvollstreckung sein kann.[349]

Inwieweit sich der Käufer allerdings mit dem Drittwiderspruch wehren kann, hängt davon ab, welche Rechtsposition er an der Sache erlangt hat. Die Lösung nach deutschem Recht erfolgt – wie dargestellt – über das dem Vorbehaltskäufer zustehende Anwartschaftsrecht.[350] Ob dem Vorbehaltskäufer im italienischen Recht ebenfalls ein Anwartschaftsrecht zusteht,[351] ob sein Recht als quasidingliches Recht angesehen[352] oder ob er als Quasi-Eigentümer[353] bzw. sogar als vorbehaltlicher Eigentümer betrachtet wird,[354] kann jedoch dahin stehen, da jedenfalls Einigkeit darin besteht, dass der Vorbehaltskäufer eine stärkere Position als der Verkäufer inne hat, die als dinglich verfestigt bezeichnet werden kann.[355]

---

346 *Andrioli*, III, 365; *Cattaneo*, Riv. trim. dir. proc. civ. 1965, 945 (991); *Gravenhorst*, 60; *Rubino*, 434; *Punzi*, 203; *Bonomi*, 48; *Neumann*, 96, 100; *La Marca*, in: *Picardi*, Art. 619, § 4. Mangelt es an einem solchen *atto scritto avente data certa*, entfaltet der Eigentumsvorbehalt lediglich Wirkungen *inter partes*, so dass der Vorbehaltsverkäufer den Gläubigern des Käufers sein Eigentum nicht entgegenhalten kann. In diesem Sinne auch der BGHZ 45, 95 (97) in seinem sog. Strickmaschinenfall. Vgl. dazu *Kegel*, JuS 1968, 162 f.; *Siehr*, AWD 1971, 10 (12); *Kropholler*, IPR, § 54 III 2 b); *v. Hoffmann*, § 12, Rn. 33.

347 *Legge fallimentare* v. 16.3.1942, Nr. 267; *Gazetta Ufficiale* Nr. 81.

348 *M. Lipari*, 545; *Neumann*, 111.

349 *M. Lipari*, 545; *Bocchino*, 319. Im Ergebnis ähnlich *Rescigno*, Art. 1524, § 2; *Rubino*, 437, die allerdings aufgrund einer anderen Konzeption des Eigentumsvorbehalts davon ausgehen, dass die Sache durch den Abschluss des Eigentumsvorbehalts der Verfügbarkeit des Verkäufers und damit auch dessen Gläubigern entzogen ist.

350 Vgl. o. S. 56.

351 So *Mühl*, 124; *Cattaneo*, Riv. trim. dir. proc. civ. 1965, 945 (993); *M. Lipari*, 535.

352 *Gatti*, Riv. dir. comm. 1965 I, 467 (479).

353 *Rubino*, 446; *Mignoli*, Riv. dir. civ. 1962, 328 (331).

354 *Comporti*, 374 f., der den Vorbehaltskäufer als Eigentümer vorbehaltlich der Zahlung und den Vorbehaltsverkäufer als Inhaber eines reduzierten Eigentums zur Garantie der Zahlung bezeichnet. Ebenso *Bianca*, 593 ff.

355 *Cattaneo*, Riv. trim. dir. proc. civ. 1965, 945 (1003); *Gatti*, Riv. dir. comm. 1965 I, 467

Er kann folglich als Inhaber eines solchen eigentumsähnlichen, dinglichen Rechts auch Drittwiderspruch erheben.[356]

Mithin ist der Eigentumsvorbehalt sowohl bei der Vollstreckung durch Gläubiger des Vorbehaltskäufers als auch durch solche des Vorbehaltsverkäufers zu beachten; die Position des jeweiligen Dritten kann der Vollstreckung im Wege der *Opposizione* entgegengehalten werden.

b) Der österreichische Eigentumsvorbehalt

Sowohl der Verkäufer als auch der Käufer beim Kauf unter Eigentumsvorbehalt könnten bei der Einzelzwangsvollstreckung durch Gläubiger des jeweils anderen in die unter Eigentumsvorbehalt verkaufte Sache in ihren Rechten betroffen und damit zur Exszindierungsklage legitimiert sein.

Der Kauf unter Eigentumsvorbehalt ist im österreichischen Recht nicht gesetzlich geregelt, aber doch allgemein anerkannt.[357] Zwar geht nach § 1063 ABGB bei Übergabe das Eigentum an der Sache sofort auf den Käufer über, wenn ihm der Kaufpreis gestundet wird; nach allgemeiner Auffassung ist § 1063 ABGB jedoch eine Norm des dispositiven Rechts und schließt die Vereinbarung eines Eigentumsvorbehalts nicht aus.[358] Vereinbaren die Parteien einen Eigentumsvorbehalt, steht das Verfügungsgeschäft der Eigentumsübertragung unter der aufschiebenden Bedingung der vollständigen Kaufpreiszahlung;[359] der Vorbehaltsverkäufer bleibt mithin bis zur Erfüllung der Bedingung Eigentümer.[360] Greifen nun Gläubiger des Vorbehaltskäufers auf die im Gewahrsam des Käufers befindliche Sache zu, steht dem Vorbehaltsverkäufers kraft seines Eigentums ein Exszindierungsrecht gemäß § 37 EO zu.[361]

Nach im Ergebnis einhelliger Meinung kann auch der Vorbehaltskäufer die Exszindierungsklage gemäß § 37 EO erheben.[362] Aufgrund unterschiedlicher

---

(479); *Bocchino*, 319; *Mühl*, 116; *Neumann*, 115. Zu den Einzelheiten des Meinungsstreits vgl. *Neumann*, 113 ff.

356 Im Ergebnis ebenso *Rescigno*, Art. 1523, § 4; *M. Lipari*, 535, 541; *Neumann*, 123.

357 *Bydlinski*, in: *Klang*, 452; *Zimmermann*, in: *Stumpf*, 351 f.; *Spielbüchler*, JBl. 1981, 505; *Spielbüchler*, in: *Rummel*, §§ 357-360, Rn. 5.

358 *Bydlinski*, in: *Klang*, 453; *Zimmermann*, in: *Stumpf*, 352.

359 *Bydlinski*, in: *Klang*, 555; *Spielbüchler*, JBl. 1981, 505; *Bonomi*, 51, 60; *Spielbüchler*, in: *Rummel*, §§ 357-360, Rn. 5; *Koziol/Welser*, 366.

360 *Bydlinski*, in: *Klang*, 555; *Spielbüchler*, in: *Rummel*, §§ 357-360, Rn. 8; *Iro*, Rn. 8/7.

361 OGH, EvBl. 100, ÖJZ 1959, 162; OGH, JBl. 1967, 571 f.; OGH, SZ 35/76; *Heller/Berger/Stix*, Kommentar, 460; *Bydlinski*, in: *Klang*, 555, 557; *Holzhammer*, 164; *Zimmermann*, in: *Stumpf*, 357; *Spielbüchler*, in: *Rummel*, §§ 357-360, Rn. 8; *Bonomi*, 48; *Binder*, in: *Schwimann*, § 1063, Rn. 28.

362 OGH, EvBl. 100, ÖJZ 1959, 162; OGH JBl. 1967, 571 (572); *Heller/Berger/Stix*, Kommentar, 460; *Bydlinski*, in: *Klang*, 577 ff.; *Binder*, in: *Schwimann*, § 1063, Rn. 26; *Spiel-*

Auffassungen über das Wesen und den Inhalt des Rechts des Vorbehaltskäufers differieren allerdings die Begründungen für die Legitimation zur Klage.

Unbestritten ergibt sich aus der Tatsache, dass der Käufer durch seine Kaufpreiszahlung die aufschiebende Bedingung unabhängig vom Verkäufer herbeiführen kann und damit Eigentümer werden kann, eine rechtlich gesicherte Erwerbsposition, ein Anwartschaftsrecht.[363]

Nach Ansicht *Spielbüchlers* „knüpfen sich an dieses Etikett keine eindeutigen Rechtsfolgen".[364] Allerdings sieht er in dem durch den Kauf erworbenen Gebrauchsrecht des Vorbehaltskäufers, das nach seiner Ansicht dinglicher Natur sei, eine ausreichende Grundlage für die Erhebung der Exszindierungsklage.[365] Die Position des Gebrauchsinhabers beschränke in jedem Fall das Zugriffsrecht der Gläubiger und mache die Verwertung praktisch unmöglich.[366]

Die herrschende Auffassung differenziert zur Begründung der Klage dagegen nach der Gewahrsamslage der Sache. Befindet sich die Sache im Gewahrsam des Vorbehaltskäufers, so kann sich dieser zunächst dadurch wehren, dass er die Herausgabe der Sache verweigert, so dass einer Pfändung § 262 EO entgegensteht.[367] Pfändet der Gläubiger ohne Rücksicht auf dieses Verweigerungsrecht, steht dem Käufer die Beschwerde gemäß § 68 EO zu. Daneben könne er aufgrund seines schuldrechtlichen Rechts zum Besitz, das aus dem Kauf folge, auch gemäß § 37 EO widersprechen.[368] Dieses Recht zum Besitz genieße den Schutz des materiellen Rechts und schließe die Vollstreckung in die Sache aus, so dass es dem Käufer nicht verwehrt werden könne, aufgrund des Besitzrechts die Exszindierungsklage zu erheben.[369]

Für den nichtbesitzenden Käufer kommt diese Argumentation nicht in Betracht, was nach herrschender Auffassung zu dem Schluss führt, dass das Recht aus § 37 EO nur mit dem Anwartschaftsrecht zu begründen sei.[370] Der Vorbehaltskäufer befinde sich in einer besonders schutzwürdigen Erwerbsposition, die

---

büchler, in: *Rummel*, §§ 357-360, Rn. 9; *Aicher*, in: *Rummel*, § 1063, Rn. 71; *Holzhammer*, 164; *Bonomi*, 119, 155; *Koziol/Welser*, 369; *Iro*, Rn. 8/8.

363 *Bydlinski*, in: *Klang*, 562 f.; *Binder*, in: *Schwimann*, § 1063, Rn. 26; *Spielbüchler*, in: *Rummel*, §§ 357-360, Rn. 9; *Aicher*, in: *Rummel*, § 1063, Rn. 68; *Koziol/Welser*, 368; *Iro*, Rn. 8/8. Umstritten ist allerdings die Frage, ob dem Anwartschaftsrecht ein dinglicher Rechtscharakter zuzuschreiben ist; in diesem Sinne *Binder*, in: *Schwimann*, § 1063, Rn. 26; *Spielbüchler*, in: *Rummel*, §§ 357-360, Rn. 9; *Aicher*, in: *Rummel*, § 1063, Rn. 68; dagegen OGH, SZ 39/65; OGH, SZ 45/18; *Bydlinski*, in: *Klang*, 566; *Bonomi*, 167 f.; *Koziol/Welser*, 368; *Iro*, 8/8.

364 *Spielbüchler*, in: *Rummel*, §§ 357-360, Rn. 9.

365 *Spielbüchler*, in: *Rummel*, §§ 357-360, Rn. 9.

366 *Spielbüchler*, in: *Rummel*, §§ 357-360, Rn. 9.

367 *Bydlinski*, in: *Klang*, 577. Vgl. zu § 262 EO o. Fn. 22.

368 *Bydlinski*, in: *Klang*, 580; *Aicher*, in: *Rummel*, § 1063, Rn. 71; *Koziol/Welser*, 369.

369 *Bydlinski*, in: *Klang*, 580 f.

370 *Bydlinski*, in: *Klang*, 581; *Aicher*, in: *Rummel*, § 1063, Rn. 71; *Koziol/Welser*, 369.

es rechtfertige, ihm schon vor vollständiger Kaufpreiszahlung eine Abwehrmöglichkeit nach § 37 EO zuzuweisen.[371]

Insgesamt kann also festgehalten werden, dass sowohl der Vorbehaltsverkäufer als auch der Vorbehaltskäufer ihre Rechtspositionen im Rahmen der Exszindierungsklage geltend machen können.

c) *Retention of title*

Im englischen Recht findet sich ebenfalls die Figur des Eigentumsvorbehalts (*Retention of title*). Mangels Geltung des Abstraktionsprinzips bestimmen hier grundsätzlich die Parteien, wann das Eigentum auf den Käufer übergehen soll.[372] Demgemäß lässt *Sec.* 19 des *Sale of Goods Act* 1979 ausdrücklich zu, dass sich der Verkäufer das Verfügungsrecht über die Sachen vorbehalten kann, bis bestimmte Bedingungen erfüllt sind. Bei solch einem *Conditional sale* geht das Eigentum erst auf den Käufer über, wenn diese Bedingungen eingetreten sind.[373]

Wenn er die Vermutung des Eigentums des Besitzers[374] eindeutig ausräumen kann, kann der Verkäufer einer Zwangsvollstreckung Dritter in die Ware aufgrund seines Eigentums widersprechen.[375] Für einen solchen Widerspruch ist das *Interpleader*-Verfahren das entsprechende Mittel.

Fraglich bleibt allerdings, ob auch der Vorbehaltskäufer imstande ist, sich gegen die Zwangsvollstreckung von Gläubigern des Vorbehaltseigentümers in die Sache zu wehren. Dies hängt davon ab, ob ihm bereits eine gesicherte Rechtsposition an der Sache zukommt. Da der Vorbehaltskäufer durch die Vereinbarung eines *Conditional sale* bis zur vollständigen Zahlung des Kaufpreises allerdings noch keinerlei Rechte an der Sache erwirbt,[376] ist ihm auch kein Widerspruch gegen die Vollstreckung durch Gläubiger des Verkäufers möglich.

---

371 *Aicher*, in: *Rummel*, § 1063, Rn. 71. *Bydlinski*, in: *Klang*, 583 f., stützt dieses Ergebnis vor allem auf Gerechtigkeitserwägungen: Den Gläubiger des Verkäufers dürften nicht gleichzeitig die Kaufpreisforderung, der bereits angezahlte Preis und die Vorbehaltssache selbst, also Leistung und Gegenleistung als Haftungsobjekt zur Verfügung stehen.
Ohne nähere Begründung wird die Legitimation zu § 37 EO auf das Anwartschaftsrecht des Käufers gestützt von OGH, EvBl. 100, ÖJZ 1959, 162; OGH, JBl. 1967, 572; *Heller/Berger/Stix*, Kommentar, 460; *Holzhammer*, 165; *Binder*, in: *Schwimann*, § 1063, Rn. 26; *Bonomi*, 155.

372 *Sale of Goods Act* 1979, Law Reports Statutes, 1979, II, 1315 ff., sec. 17. Vgl. *Hicks*, JBL 1992, 398 ff.

373 *Baumgarte*, RIW 1981, 733 (734); *Brink/Habel*, Rn. 508; *Bonomi*, 173.

374 *Lyall*, 216.

375 *Baumgarte*, RIW 1981, 733 (735); *v. Bernstorff*, 127; *Triebel/Hodgson/Kellenter/Müller*, Rn. 359; *Bonomi*, 174.

376 *Goode*, Rn. 1-29; *Fichna*, in: *Stumpf*, 167; *Brinkhaus*, 130.

2. Drittwiderspruch bei sonstigen dinglichen Rechten

Im deutschen Recht berechtigt auch das Bestehen eines beschränkten dinglichen Rechts eines Dritten am Vollstreckungsobjekt zur Erhebung der Drittwiderspruchsklage, sofern das Recht durch die Vollstreckung beeinträchtigt werden kann.[377] Für den Bereich der Fahrnisvollstreckung kommt hier insbesondere ein Pfandrecht an beweglichen Sachen in Betracht. Soweit allerdings der Dritte ein besitzloses Pfandrecht geltend machen will,[378] ist zu beachten, dass die Vollstreckung dieses Pfandrecht nicht beeinträchtigt. Dem Pfandgläubiger steht nämlich gemäß § 1232 S.2 i.V.m. § 1257 BGB kein Recht zu, der Pfandverwertung zu widersprechen. Diese Regelung setzt § 805 Abs. 1, 1. Hs. ZPO prozessual fort, indem der „Dritte, der sich nicht im Besitz der Sache befindet", der Pfändung der Pfandsache nicht widersprechen kann, sondern vielmehr auf die Klage auf vorzugsweise Befriedigung gemäß § 805 ZPO verwiesen ist. Daher ist in diesem Falle die Drittwiderspruchsklage nicht statthaft.[379]

Davon zu unterscheiden ist allerdings der Fall, dass der Pfandgläubiger im Besitz der Pfandsache ist. Dem besitzenden Pfandgläubiger steht nämlich im Gegensatz zum nichtbesitzenden das Initiativ- und Bestimmungsrecht hinsichtlich der Verwertung gemäß § 1232 S. 1 BGB zu,[380] welches bei einer Pfändung der Pfandsache obsolet wird. Das Pfandrecht des besitzenden Pfandgläubigers wird demgemäß durch die Vollstreckung beeinträchtigt, so dass auch die Drittwiderspruchsklage gemäß § 771 ZPO zulässig ist.[381]

a) Im italienischen Recht

Sowohl der Nießbrauch (*Usufrutto*) gemäß Art. 978 c.c. als auch das Nutzungsrecht (*Uso*) gemäß Art. 1021 c.c. an der beweglichen Sache[382] als klassi-

---

377 *Baur/Stürner*, Zwangsvollstreckung, Rn. 46.10; *Rosenberg/Gaul/Schilken*, § 41 VI 5.

378 Hierunter sind diejenigen gesetzlichen Pfandrechte zu verstehen, bei denen das Recht nicht abhängig vom Besitz des Gläubigers ist, sondern z.B. von der Einbringung abhängt, vgl. § 562, 592, 704 BGB, *Wolf*, Rn. 584; *Baur/Stürner*, Sachenrecht, § 55, Rn. 6.

379 *Rosenberg/Gaul/Schilken*, § 41 VI 5; *Münzberg*, in: *Stein/Jonas*, § 771, Rn. 33, § 805, Rn. 4.

380 *Rosenberg/Gaul/Schilken*, § 41 VI 5.

381 *Brox/Walker*, JA 1986, 113 (117); *Baur/Stürner*, Zwangsvollstreckung, Rn. 46.10; *Rosenberg/Gaul/Schilken*, § 41 VI 5; *Münzberg*, in: *Stein/Jonas*, § 771, Rn. 23, § 805, Rn. 1 f.; *K. Schmidt*, in: Münchener Kommentar, § 771, Rn. 34; *Brox/Walker*, Rn. 1418. Da § 805 ZPO als Minus zur Drittwiderspruchsklage angesehen wird, bleibt es dem Pfandgläubiger aber unbenommen, anstelle der Drittwiderspruchsklage die Klage auf vorzugsweise Befriedigung geltend machen, *Baur/Stürner*, Zwangsvollstreckung, Rn. 46.31; *Rosenberg/Gaul/Schilken*, § 41 VI 5; *Münzberg*, in: *Stein/Jonas*, § 805, Rn. 16; *Stöber*, in: *Zöller*, § 805, Rn. 5.

382 Der Unterschied zwischen dem Nießbrauch und dem Gebrauch der Sache besteht darin,

sche beschränkte dingliche Rechte berechtigen den Inhaber ebenfalls zur *Opposizione di terzo.*[383]

Dagegen berechtigt das zur Sicherung einer Forderung dienende Pfandrecht (*Pegno*) gemäß Art. 2784 c.c. nicht zur *Opposizione di terzo*, obwohl es ein dingliches Recht ist.[384] Da die Pfandrechtsbindung nämlich nichts an der Unterwerfbarkeit der Sache unter die Zwangsvollstreckung ändert, muss das Interesse des Pfandrechtsinhabers an der Verhinderung des Zwangsverkaufs dem Interesse der betreibenden Gläubiger weichen.[385] Als Ausgleich erhält der Pfandrechtsinhaber, wenn er sich am Vollstreckungsverfahren als weiterer Gläubiger gemäß Art. 499 f. c.p.c. beteiligt,[386] die bevorzugte Befriedigung aus Art. 2787 Abs. 1 c.c, durch die er getrennt und wirksam geschützt ist, indem er bei der Verteilung des Erlöses bevorzugt behandelt wird.[387]

Hier ist zu beachten, dass eine Situation des Drittwiderspruchs überhaupt nur entstehen kann, wenn die Pfandsache sich nicht im Gewahrsam des Pfandrechtsinhabers befindet,[388] da er anderenfalls über die Zustimmungsbefugnis nach Art. 513 Abs. 4 c.p.c. geschützt ist.[389]

Unter Hinweis auf Art. 2789 c.c., der dem Pfandgläubiger bei Verlust der Sache einen Herausgabeanspruch zubilligt, soweit der Verpfänder einen solchen hätte, wird teilweise geltend gemacht, dass auch dem Pfandrechtsinhaber die *Opposizione di terzo* zustünde.[390] Wenn schon ein Herausgabeanspruch gegeben sei, so doch *a maiori ad minus* der Drittwiderspruch.[391] Effekt des Widerspruchs sei dann aber nur, dass die Exekution sich „im Respekt" auf das Pfandrecht vollziehe.[392]

---

dass bei Letzterem dem Inhaber des Rechts nur diejenigen Früchte zustehen, die er und seine Familie zum direkten Konsum benötigen. Die darüber hinausgehenden Früchte sowie Früchte in Form von Geld stehen dem Gebrauchsgeber zu, *Ghedini*, in: *Cian/Trabucchi*, Art. 1021, Rn.1.

383 *Corsaro/Bozzi*, 489; *Punzi*, 231 ff.; *Zanzucchi*, 315.

384 *Corsaro/Bozzi*, 489; *Castoro*, 706.

385 *Punzi*, 263.

386 *Wastl*, 182.

387 *Gravenhorst*, 51; *Corsaro/Bozzi*, 489; *Castoro*, 706.

388 Zwar setzt die Bestellung des Pfandrechts gemäß Art. 2786 Abs. 1 c.c. grundsätzlich die Übergabe der Pfandsache voraus, gemäß Art. 2786 Abs. 2 c.c. kann die Pfandsache aber auch einem Dritten zur Verwahrung übergeben werden; vgl. *Dangel*, 71 ff.

389 *Punzi*, 281. Art. 513 Abs. 4 c.p.c. lautet in der Übersetzung von *Bauer* u.a.: "Auf jeden Fall kann der Gerichtsvollzieher nach Maßgabe der Bestimmungen dieses Teils jene Sachen des Schuldners pfänden, die ein Drittbesitzer ihm freiwillig herausgibt".

390 *Zanzucchi*, 316; *Cabrini*, in: *Carpi/Taruffo*, Art. 619, III, Rn. 2 d); *La Marca*, in: *Picardi*, Art. 619, § 4.

391 *Zanzucchi*, 316.

392 *Zanzucchi*, 316; *Punzi*, 270.

Diese Respektierung des Pfandrechts bei der Zwangsvollstreckung ergibt sich aber bereits aus dem Gesetz, nämlich aus der ausdrücklich geregelten bevorzugten Behandlung des Pfandrechtsinhabers in Art. 2787 Abs. 1 c.c. Die Statthaftigkeit des Drittwiderspruchs des Pfandrechtsinhabers muss folglich verneint werden.[393]

b) Im österreichischen Recht

Dem Inhaber eines Fruchtgenussrechts gemäß § 509 ABGB an einer in Exekution gezogenen Sache, das eine auch an beweglichen Sachen mögliche, persönliche Dienstbarkeit im Sinne des § 478 ABGB darstellt und dem Fruchtnießer das dingliche Recht auf volle Nutzung einer fremden Sache unter Schonung der Substanz gibt,[394] steht die Exszindierungsklage zu, wenn ihm der Besitz entzogen und die Sache vollstreckungsweise veräußert werden soll.[395]

Für den Inhaber eines Pfandrechts ist zu differenzieren: Gemäß § 258 Abs. 1 S. 1 EO kann ein Dritter, der sich nicht im Besitz der Sache befindet, der Pfändung wegen ihm zustehender Pfand- oder Vorzugsrechte nicht widersprechen,[396] ist somit auch nicht berechtigt, die Exszindierungsklage zu erheben. Ihm steht nur die Klage auf vorzugsweise Befriedigung aus dem Erlös gemäß § 258 Abs. 1 S. 2 EO zu.

Anders ist die Rechtslage hingegen für den Fall, dass der Pfandrechtsgläubiger im Besitz der Sache ist, wie z.B. der Faustpfandgläubiger. Unabhängig davon, dass er die Herausgabe der Sache gemäß § 262 EO verweigern kann,[397] kann der Pfandgläubiger bei gleichwohl durchgeführter Exekution die Exszindierungsklage erheben.[398]

Dies ergibt sich einerseits als Rückschluss aus dem Wortlaut des § 258 Abs. 1 S. 1 EO, der die Pfandvorrangsklage auf solche Pfandgläubiger beschränkt, die nicht im Besitz der Pfandsache sind.[399] Auf der anderen Seite erlangt der Pfandgläubiger aber auch das Recht, das Pfand bis zur Zahlung der gesicherten Forderung zu behalten und den Zeitpunkt der Pfandverwertung zu bestimmen.[400]

---

393 Die gleiche Meinungsverschiedenheit entzündet sich im italienischen Recht hinsichtlich der Behandlung des Zurückbehaltungsrechts (*Ritenzione*) und der gesetzlichen Pfandrechte (*Privilegi*), vgl. *Zanzucchi*, 317 f.; *Corsaro/Bozzi*, 490; *Cabrini*, in: *Carpi/Taruffo*, Art. 619, III, Rn. 2 h); *Punzi*, 275 ff.

394 *Petrasch*, in: *Rummel*, § 504, Rn. 1, § 509, Rn. 1.

395 *Petschek*, 85; *Heller/Berger/Stix*, Kommentar, 456; *Feil*, Rn. 15; *Rechberger/Oberhammer*, Rn. 224.

396 *Heller/Berger/Stix*, Kommentar, 465; *Feil*, Rn. 25; *Burgstaller*, 39, 122 f.

397 *Heller/Berger/Stix*, Kommentar, 465 f.; *Feil*, Rn. 25.

398 *Holzhammer*, 165; *Rechberger/Oberhammer*, Rn. 224.

399 *Holzhammer*, 165.

400 *Holzhammer*, 165.

Durch eine Exekution in die Pfandsache würde der Pfandgläubiger dieser aus dem Pfand folgenden Berechtigungen beraubt. Um sich gegen diesen Rechtsverlust wehren zu können – wofür ihm eben nicht die Pfandvorrechtsklage zusteht – ist dem innehabenden Pfandgläubiger mithin zuzubilligen, die Widerspruchsklage gemäß § 37 EO zu erheben.[401]

c) Im englischen Recht

Zunächst kommt das *Pledge* als weiteres Recht in Frage, das ein Dritter der Zwangsvollstreckung in eine bestimmte Sache im Wege des *Interpleader*-Verfahrens entgegenhalten könnte. Zur Sicherung einer Forderung wird dabei der unmittelbare Besitz an einem Gegenstand auf den Sicherungsnehmer (*Pledgee*) übertragen.[402] Eine Vereinbarung dieser Art hat zur Folge, dass der *Pledgee* sog. "*special property*" erhält, was jedoch nichts an der Eigentümerstellung des Sicherungsgebers ändert; der *Pledgee* erhält vielmehr nur ein beschränktes Recht an der Sache:[403] Er darf die Sache im Rahmen des Sicherungszwecks benutzen und auch sein Sicherungsrecht weiterübertragen. Verwerten darf er die Sache zur Tilgung seiner Forderung jedoch nur, wenn ein zur Rückzahlung der Forderung vereinbarter Zeitpunkt verstrichen ist oder die Rückzahlung nach Fristsetzung nicht erfolgt ist.[404]

Betreiben nun Gläubiger die Zwangsvollstreckung in das Vermögen des Sicherungsgebers, können sie nur dann auf die Pfandsache zugreifen, wenn sie zuvor die gesicherte Verbindlichkeit abgelöst haben.[405] Solange keine Ablösung erfolgt ist, kann der *Pledgee* sein Recht den Gläubigern entgegenhalten, was dann im Wege des *Interpleader*s zu erfolgen hat.

Wird dagegen die Zwangsvollstreckung in das Vermögen des *Pledgee* geführt, ist diese im Hinblick auf die verpfändete Sache auf die Rechtsstellung des Sicherungsnehmers beschränkt, d.h. der Gerichtsvollzieher erhält keine Verwertungsbefugnis, sondern lediglich die Pfandsache als Sicherung für die zugrunde liegende Forderung.[406] Verwertet der Gerichtsvollzieher gleichwohl ohne Rücksicht auf diese Tatsache, kann der Sicherungsgeber in seiner Eigenschaft als Eigentümer das *Interpleader*-Verfahren auslösen.[407]

---

401 *Burgstaller*, 69; *Holzhammer*, 165.
402 *Brink/Habel*, Rn. 389; *Goode*, Rn. 1-43; *Triebel/Hodgson/Kellenter/Müller*, Rn. 317.
403 *Brink/Habel*, Rn. 398; *Goode*, Rn. 1-43; *Triebel/Hodgson/Kellenter/Müller*, Rn. 321.
404 *Brink/Habel*, Rn. 401; *Goode*, Rn. 1-43; *Triebel/Hodgson/Kellenter/Müller*, Rn. 321.
405 *Brink/Habel*, Rn. 407.
406 *Brink/Habel*, Rn. 408.
407 Entsprechendes gilt auch für den Fall, dass der Dritte Inhaber eines *Contractual lien* ist, das sich dadurch vom *Pledge* unterscheidet, dass die Gegenstände nicht zur Sicherheit einer Forderung übergeben werden, sondern zur Sicherung von Forderungen zurückbehalten werden, *Ford v. Baynton* (1832) 1 Dowl 357, zit. nach: *The Digest*, 5999; *Rogers v.*

3. Drittwiderspruch bei sicherungsweiser Übertragung von Eigentum

Zur Sicherung einer Forderung kann das Eigentum an einer beweglichen Sache in Deutschland im Wege einer Sicherungsübereignung auf den Gläubiger übertragen werden. In der Regel geschieht dies durch Vereinbarung eines Besitzkonstituts im Sinne des § 930 BGB, um dem Schuldner den Gebrauch und die Nutzung der Sache zu erhalten.[408] Der Sicherungsnehmer, in der überwiegenden Zahl der Fälle also die Bank, ist bei dieser Form der eigennützigen Treuhand[409] in der Weise gebunden, dass sie zum Einen mit der Sache nur im Rahmen des Sicherungszwecks umgehen darf[410] und zum Anderen die Verpflichtung eingeht, mit Beendigung des Sicherungszwecks die Sache an den Schuldner zurückzuübereignen.[411]

Betreiben nunmehr Gläubiger des Sicherungsgebers die Zwangsvollstreckung in die zur Sicherung übereignete Sache, ist umstritten, mittels welchen Rechtsbehelfs der Sicherungsnehmer die Vollstreckung abwenden kann. Einerseits wird geltend gemacht, bei der Sicherungsübereignung handele es sich faktisch um ein besitzloses Pfandrecht, so dass der Sicherungsnehmer auch nur eine dem Pfandgläubiger entsprechende Position innehabe, die ihn zur Klage auf vorzugsweise Befriedigung gemäß § 805 ZPO berechtige.[412] Unterstrichen werde dieses Ergebnis durch die übereinstimmende Handhabung im Insolvenzverfahren, in welchem dem Sicherungseigentümer gemäß § 51 Nr. 1 InsO lediglich ein Absonderungsrecht zusteht.[413] Demgegenüber wird vorgebracht, dass beim Verweis des Sicherungseigentümers auf die Klage nach § 805 ZPO sowohl die Initiativbefugnis zur Verwertung als auch die Auswahl der Verwertungsart auf

---

Kennay (1846) 9 QB 592, zit. nach: *The Digest*, 6000; *Jennings v. Mather* [1901] 1 KB 108, zit. nach: The Digest, 5812; *Brink/Habel*, Rn. 412; *Goode*, Rn. 1-49; *Triebel/Hodgson/Kellenter/Müller*, Rn. 324. *Bourne* u.a., in: *Halsbury's*, Vol. 37, § 1438, 1458.

408 *Bassenge*, in: *Palandt*, § 930, Rn. 20.

409 *Medicus*, Rn. 488, 491; *Bassenge*, in: *Palandt*, § 930, Rn. 13.

410 *Baur/Stürner*, Sachenrecht, § 57, Rn. 38.

411 Möglich ist auch, die Übereignung unter der auflösenden Bedingung des Erlöschens der gesicherten Forderung zu vereinbaren. Nach der Rechtsprechung des BGH, NJW 1984, 1184, kann dies jedoch nicht ohne Weiteres angenommen werden, sondern ist unter Berücksichtigung auf die Parteiinteressen auszulegen.

412 *Hartmann*, in: *Baumbach/Lauterbach/Albers/Hartmann*, § 771, Rn. 26; *K. Schmidt*, in: Münchener Kommentar, § 771, Rn. 29. Zum Pfandrecht s.o. S. 58 f.

413 *Hartmann*, in: *Baumbach/Lauterbach/Albers/Hartmann*, § 771, Rn. 26; *K. Schmidt*, in: Münchener Kommentar, § 771, Rn. 29. Dies versuchen *Rosenberg/Gaul/ Schilken*, § 41 VI 4 b) aa), mit der Argumentation auszuräumen, dass es der Liquidationszweck erfordere, dass im Insolvenzverfahren alle Werte einzubeziehen seien, wohingegen im Falle der Einzelvollstreckung auch das Erhaltungsinteresse des Sicherungsnehmers und des Schuldners an der Erhaltung werden müsse.

den Vollstreckungsgläubiger übergingen, so dass der Sicherungseigentümer dieser ihm aus der Sicherungsabrede zustehenden Rechte beraubt werde. Er sei aufgrund dessen vielmehr als Volleigentümer zu behandeln und müsse demnach auch die Drittwiderspruchsklage geltend machen können.[414]

Vollstrecken dagegen Gläubiger des Sicherungsnehmers in die übereignete Sache, so kommt es für die Berechtigung des Sicherungsgebers zur Drittwiderspruchsklage nach § 771 ZPO auf den Entwicklungsstand des Sicherungsverhältnisses an.[415] Grundsätzlich kann der Sicherungsgeber intervenieren, da das Sicherungsgut haftungsrechtlich seinen Gläubigern gebührt. Zwar ist der Sicherungsnehmer Vollrechtsinhaber, doch ist diese Rechtsposition durch den Sicherungscharakter beschränkt. Fällt der Sicherungsgeber mit der gesicherten Forderung aus, so dass für den Sicherungsnehmer Verwertungsreife eintritt, gebührt das Eigentum haftungsrechtlich dem Sicherungsnehmer, so dass dessen Gläubiger Zugriff auf das Sicherungsgut nehmen dürfen.[416]

a) Die Sicherungsübereignung im italienischen Recht

Im italienischen Recht sind sowohl die Existenz als auch die dogmatische Fundierung einer Sicherungsübereignung höchst umstritten. Die Rechtsprechung und die herrschende Meinung in der Literatur gingen bis Mitte der Achtziger Jahre mit unterschiedlichen Konzeptionen und Konstruktionen davon aus, dass eine Übereignung zur Sicherheit der italienischen Rechtsordnung nicht fremd war.[417]

---

414 RGZ 124, 73 ff.; BGHZ 12, 232 (234); BGZ 80, 296 (299); BGHZ 100, 95 (103 f.); *Serick*, 206 ff., 258; *Henckel*, ZZP 84 (1971), 447 (456); *Renkl*, JuS 1981, 666 (669); *Arens/Lüke*, JuS 1984, 263 (264 f.); *Grunsky*, JuS 1984, 497 (498 f.); *Geißler*, NJW 1985, 1865 (1870); *Prütting/Weth*, JuS 1988, 505 (510); *Reinicke/Tiedtke*, DB 1994, 2601 (2603); *Baur/Stürner*, Zwangsvollstreckung, Rn. 46.8; *dies.*, Sachenrecht, § 57, Rn. 32; *Rosenberg/Gaul/Schilken*, § 41 VI 4 b) aa); *Gaul*, in: *Schmidt*, 547 ff.; *Münzberg*, in: *Stein/Jonas*, § 771, Rn. 30; *Brox/Walker*, Rn. 1417.

415 *Rosenberg/Gaul/Schilken*, § 41 VI 4 b) bb).

416 BGHZ 72, 141 (146); *Serick*, 213 f., 259; *Baur/Stürner*, Zwangsvollstreckung, Rn. 46.8; *dies.*, Sachenrecht, § 57, Rn. 40; *Rosenberg/Gaul/Schilken*, § 41 VI 4 b) bb); *K. Schmidt*, in: Münchener Kommentar, § 771, Rn. 28; *Münzberg*, in: *Stein/Jonas*, § 771, Rn. 31; *Gaul*, in: *Schmidt*, 558 f.; *Brox/Walker*, Rn. 1416; *Bassenge*, in: *Palandt*, § 930, Rn. 34.

417 Die Streitigkeit findet ihren Grund zum Einen in der Schwierigkeit, der Sicherungsübereignung eine geeignete Causa zuzuordnen und zum anderen darin, dass eine Möglichkeit gefunden werden muss, die Konzeption mit dem Konsensprinzip des Art. 1376 c.c. in Einklang zu bringen, *Mühl*, 41.
Eine Ansicht wollte eine Sicherungsübereignung nur in Form einer *vendita a scopo di garanzia* (Kauf zum Zweck der Garantie) zulassen, *N. Lipari*, 343 ff., während nach anderer Auffassung die Sicherungsübereignung als fiduziarisches Rechtsgeschäft (*Negozio fiduciario*) anerkannt wurde; *Cass.*, Nr. 3191/1955, Rep. F. it. 1955, 909 (Nr. 15); *Cass.*, Nr. 1261/1960, Rep. F. it. 1960, 1098 (Nr. 21); *Cass.*, Nr. 3819/1975, Giur. it.1977 I, 1,

Wurde eine solche vereinbart, sollte der Sicherungsnehmer das volle Eigentum an der Sache erwerben und wirksam darüber verfügen können.[418] Der Sicherungsgeber sollte dagegen seine Sache definitiv verlieren.[419] Die Sicherungsabrede (*Patto fiduciario*), in der bestimmt wurde, dass das Geschäft zur Sicherheit von Forderungen abgeschlossen wird, hatte keinerlei dingliche, sondern rein obligatorische Wirkung: Sie band nur die Parteien, konnte aber nicht Dritten entgegengehalten werden.[420]

Wollten nun Gläubiger des Sicherungsgebers in die Sache vollstrecken, konnte der Sicherungsnehmer sein Eigentum entgegenhalten.[421] Dies galt allerdings nur, wenn der Besitz an der Sache vor der Pfändung auf den Sicherungsnehmer übertragen wurde; anderenfalls hatte die Veräußerung gegenüber pfändenden Gläubigern gemäß Art. 2914 Nr. 4 c.c. keine nachteilige Wirkung.[422]

Vollstreckten hingegen Gläubiger des Sicherungsnehmers in die Sache, konnte der Sicherungsgeber nicht entgegenhalten, dass die Sache nur zur Sicherheit übertragen wurde, da die Sicherungsabrede nur *inter partes* galt und Dritten gegenüber somit irrelevant war. Der Sicherungsgeber hatte kein (dingliches) Recht inne, das er im Wege des Drittwiderspruchs den Gläubigern gegenüber geltend machen konnte.[423]

Die Rechtsprechung erachtete jedoch schon zu dieser Zeit eine solche Übereignung nur dann für wirksam, wenn das Eigentum unmittelbar übergehen sollte, nicht jedoch, wenn der Eigentumsübergang aufschiebend bedingt durch die Nichterfüllung der Darlehenstilgung erfolgen sollte.[424] Im letzteren Falle liege ein sog. simuliertes Geschäft vor, da die Parteien in Wirklichkeit ein reines Si-

---

689; *Mancini*, F. it. 1960 I, 1838 (1840); *Galgano*, 286; *Rescigno*, Manuale, 344 f. Nach wiederum anderer Ansicht wurde generell abgestritten, dass eine Sicherungsübereignung in der italienischen Rechtsordnung möglich ist, *Bianca*, 310 ff. Eingehend zum Ganzen *Mühl*, 41 ff.; *Dangel*, 136 ff.

418 *Galgano*, 286. Begrenztes Eigentum, wie z.B. *Rescigno*, Manuale, 345, es annimmt, ist nach *Galgano*, aaO, in der italienischen Rechtsordnung nicht zugelassen.

419 *Galgano*, 286. Dem Sicherungsgeber wird jedoch ein Rückkaufsrecht zugebilligt, das er nach Tilgung der Schuld geltend machen kann, *Zimmermann*, in: *Stumpf*, 226; *Siehr*, AWD 1971, 10 (11, Fn. 8); *Gravenhorst*, 52; *Mühl*, 61.

420 *Galgano*, 286; *Rescigno*, Manuale, 344.

421 *Gravenhorst*, 53; *Mühl*, 62 f.

422 Dieses Übergabeerfordernis zum Schutz des Sicherungsnehmers führte dazu, dass der entscheidende Vorteil als sog. "besitzloses Pfandrecht", der der Sicherungsübereignung in Deutschland zukommt, *in praxi* nicht besteht. Dies ist ein Grund dafür, dass die Sicherungsübereignung in Italien keine starke Verbreitung gefunden hat, *Mühl*, 66 f.

423 Ihm blieb lediglich die Möglichkeit, den Treunehmer auf Schadensersatz zu verklagen, *Galgano*, 286, was jedoch nur erfolgreich war, wenn dem Treunehmer ein Verschulden vorzuwerfen war, Art. 1218 c.c.

424 *Cass.*, Nr. 966/1953, F. it. 1953, I, 1627; *Cass.*, Nr. 465/1969, Giur. it. 1970, I, 582; *Cass.*, Nr. 282/1974, Giur. it. 1974, I, 1024; *Dangel*, 143 f.

cherungsgeschäft „unter dem Deckmantel des Kaufvertrages“ abschließen wollten.[425] Ein solches Scheingeschäft entfaltet jedoch gemäß Art. 1414 Abs. 1 c.c. keine Wirkung.[426] Das eigentliche, dissimulierte Geschäft dagegen verstoße gegen das aufgrund seiner Ratio extensiv auch auf das fiduziarische Sicherungsgeschäft auszudehnende Verbot der Verfallabrede gemäß § 2744 c.c. und sei daher nichtig.[427]

Mit einer – allerdings weiterhin nicht unumstrittenen –[428] Entscheidung aus dem Jahre 1983 des *Corte di Cassazione* wurde dann die Unterscheidung zwischen aufschiebend bedingtem und unmittelbarem Eigentumsübergang erstmals aufgegeben, da es keinen Unterschied machen könne, wann das Eigentum übergehe; jedenfalls stehe die Darlehenssicherung im Vordergrund, so dass in beiden Fällen die Argumentation über die Simulation und das Verbot der Verfallabrede greife.[429]

Nach einer Grundsatzentscheidung der Vereinigten Senate des *Corte di Cassazione* aus dem Jahre 1989[430] und der daraufhin ständigen Rechtsprechung[431] wird ein Kauf zu Sicherungszwecken nunmehr einheitlich als nichtig angesehen. Zur Begründung wird zwar nicht mehr direkt auf das Verbot der Verfallabrede abgestellt; es wird allerdings eine gemäß Art. 1344 c.c. nichtige Umgehung dieses Verbots angenommen.[432] Unabhängig von der Richtigkeit dieser Argumentation, die in der italienischen Literatur heftig angezweifelt wird,[433] besteht jedoch nun Konsens, dass eine Grundlage für das Institut der Sicherungsübereignung in Italien fehlt.[434]

b) Die Sicherungsübereignung im österreichischen Recht

Mit der Sicherungsübereignung überträgt der Sicherungsgeber im österreichischen Recht zur Sicherung einer Forderung das Eigentum an einer bestimmten Sache auf den Sicherungsnehmer; dieser wird Eigentümer, dem allerdings die Verpflichtung obliegt, von den im Eigentum liegenden Befugnissen nur im

---

425 *Dangel*, 144.

426 Vgl. dazu allgemein *Mühl*, 53 f.

427 *Dangel*, 148. Art. 2744 c.c.lautet in der Übersetzung von *Becher*: „Die Abrede, mit der vereinbart wird, dass bei ausbleibender Erfüllung der Forderung in der festgesetzten Zeit das Eigentum an der hypothekarisch belasteten oder zu Pfand gegebenen Sache auf den Gläubiger übergehen soll, ist nichtig.“ Vgl. dazu *Mühl*, 55.

428 Ablehnend etwa *Cass.*, Nr. 7385/1986, Giust. civ. 1987, I, 545.

429 *Cass.*, Nr. 3800/1983; F. it. 1984, I, 212.

430 *Cass.*, Nr. 1611/1989, F. it. 1989, I, 1427.

431 *Cass.*, Nr. 2126/1991, Giur. it. 1992, I, 135; *Cass.*, Nr. 10648/1994, Rep. F. it. 1994, 733 (Nr. 421).

432 Vgl. im Einzelnen dazu *Dangel*, 149 ff.

433 Vgl. *Anelli*, 44.

434 *Dangel*, 157.

Rahmen des Sicherungszwecks Gebrauch zu machen.[435] Die Sicherungsübereignung wird daher auch im österreichischen Recht kategorial als eigennützige Treuhand angesehen.[436]

Trotz der schuldrechtlichen Beschränkung durch den Sicherungszweck wird das Sicherungseigentum von der Rechtsprechung und der herrschenden Auffassung in der Literatur materiellrechtlich als vollwertiges Eigentum anerkannt,[437] so dass der Sicherungsnehmer die Exekution, die durch Gläubiger des Sicherungsgebers in die Sache geführt wird, mit Hilfe der Exszindierungsklage gemäß § 37 EO abwehren kann.[438] Nach anderer Auffassung soll aus der konkursrechtlichen Qualifikation des Sicherungseigentums als Absonderungsrecht gemäß § 10 Abs. 3 öKO[439] und seiner Nähe zum Pfandrecht folgen, dass der Sicherungsnehmer auf die Geltendmachung der Pfandvorrechtsklage gemäß § 258 Abs. 1 S. 2 EO angewiesen sei.[440]

Diese Kontroverse ist allerdings vor dem Hintergrund des durch den OGH aufgestellten Verbots der Umgehung des Faustpfandprinzips zu betrachten: Die Sicherungsübereignung verfolgt nach dieser Auffassung wirtschaftlich keinen anderen Zweck als eine Pfandbestellung, so dass bei der Vereinbarung einer Sicherungsübereignung auch die Vorschriften über die Pfandbestellung, insbesondere also die tatsächliche Tradierung der Sache einzuhalten ist.[441] Die Vereinbarung eines Besitzkonstituts und damit die Schaffung eines besitzlosen Quasi-Pfandrechts umgeht diesen Gedanken und wird daher nicht gebilligt.[442] Im österreichischen Regelfall befindet sich demnach bei einer Sicherungsübereignung die übertragene Sache im Gewahrsam des Sicherungsnehmers.

---

435 *Heller/Berger/Stix*, Kommentar, 462; *Habel*, Rn. 681; *Iro*, Rn. 14/10; *Koziol/Welser*, 361.

436 *Spielbüchler*, in: *Rummel*, §§ 357-360, Rn. 3; *Habel*, Rn. 681; *Iro*, Rn. 14/10; *Koziol/Welser*, 361.

437 OGH, SZ 28/72; OGH, SZ 38/190; OGH, EvBl. 37, ÖJZ 1972, 68; OGH, JBl. 1980, 435f.; OGH, SZ 41/140; *Frotz*, 122; *Heller/Berger/Stix*, Kommentar, 462; *Habel*, Rn. 680, 687; *Burgstaller*, 157; *Holzhammer*, 165; *Koziol/Welser*, 361.

438 OGH, SZ 41/140; *Frotz*, 123 f.; *Heller/Berger/Stix*, Kommentar, 462; *dies.*, EO, § 37, A e) 1; *Habel*, Rn. 685 ff.; *Feil*, Rn. 12; *Holzhammer*, 165; *Deixler-Hübner/Klicka*, Rn. 424.

439 Konkursordnung, öRGBl. 1914, Nr. 337.

440 *Frotz*, 123 ff.; *Burgstaller*, 157; *Spielbüchler*, in: *Rummel*, § 357 - 360, Rn. 3; *Koziol/Welser*, 361.

441 Ständige Rechtsprechung OGH, SZ 28/72; OGH, SZ 41/140; OGH, EvBl. 37, ÖJZ 1972, 68; OGH, SZ 56/188; *Bydlinski*, in: *Klang*, 460; *Frotz*, 109 ff.; *Spielbüchler*, in: *Rummel*, §§ 357-360, Rn. 3; *Holzhammer*, 165; *Koziol/Welser*, 360 f. Aufgrund dieser Auffassung hat die Sicherungsübereignung in Österreich nur geringe praktische Bedeutung, *Habel*, Rn. 670; *Koziol/Welser*, 361.

442 OGH, SZ 28/72; OGH, JBl. 1958, 309; OGH, SZ 38/190; *Bydlinski*, in: *Klang*, 460; *Pimmer*, in: *Schwimann*, nach § 458, Rn. 5, 11; *Zimmermann*, in: *Stumpf*, 360.

Wenn die Sache trotzdem entgegen § 262 EO gepfändet wird,[443] kann die Pfandvorrechtsklage zunächst grundsätzlich nicht das adäquate Mittel für den Sicherungsnehmer sein, da diese nach dem Wortlaut des § 258 Abs. 1 S.1 EO ausschließlich einem nichtbesitzenden Dritten zugute kommt.[444] In diesem Falle steht ihm unabhängig davon, ob man den Sicherungseigentümer nun als Pfandgläubiger oder als Eigentümer behandelt, also jedenfalls die Exszindierungsklage zur Verfügung.[445]

Befindet sich die Sache demgegenüber in Umgehung des Tradierungsprinzips doch beim Sicherungsgeber, so wird das Eigentum des Sicherungsnehmers aus österreichischer Sicht wegen der wirtschaftlichen Gleichwertigkeit mit dem Pfandrecht auch bloß als solches behandelt. Dem Sicherungsnehmer steht nur die Position eines besitzlosen Pfandgläubigers zu, so dass er der Exekution nicht widersprechen, sondern lediglich anhand der Pfandvorrangsklage gemäß § 258 Abs. 1 S. 2 EO die vorzugsweise Befriedigung aus dem Erlös verlangen kann.[446]

Zur Beantwortung der Frage, ob sich auch der Sicherungsgeber mittels § 37 EO verteidigen kann, wenn Gläubiger des Sicherungsnehmers in das Sicherungsgut vollstrecken, sind wiederum zwei Fallkonstellationen zu betrachten.

Vollzieht sich die Sicherungsübereignung den Anforderungen des OGH gemäß ohne Besitzkonstitut, so befindet sich die übertragene Sache beim Sicherungsnehmer, der wie oben ausgeführt zum Volleigentümer geworden ist.[447] Da jedoch die Übertragung des Eigentums einzig der Sicherung von Forderungen des Sicherungsnehmers, nicht hingegen dem Sicherungsnehmer zur Befriedigung eigener Verbindlichkeiten zu dienen bestimmt ist,[448] verbleibt das übertragene Sicherungsgut wirtschaftlich gesehen, selbst wenn es juristisch korrekt übertragen wurde, im Vermögen des Sicherungsgebers.[449] Aufgrund dieser wirtschaftlichen Betrachtungsweise ist es mithin angezeigt, auch dem Sicherungsgeber gegenüber einer auf das Treugut geführten Exekution das Widerspruchsrecht gemäß § 37 EO zuzugestehen.[450]

Verbleibt die Sache hingegen im Gewahrsam des Sicherungsgebers, so kann sich dieser zunächst durch Verweigerung der Herausgabe der Sache gemäß §

---

443 Vgl. dazu o. Fn. 22.

444 *Burgstaller*, 39.

445 OGH SZ 9/279; OGH, EvBl. 37, ÖJZ 1972, 68; OGH, SZ 41/140; *Burgstaller*, 157; *Spielbüchler*, in: *Rummel*, §§ 357-360, Rn. 3; *Holzhammer*, 165.

446 *Habel*, Rn. 685; *Burgstaller*, 157; *Spielbüchler*, in: *Rummel*, §§ 357-360, Rn. 3; *Holzhammer*, 165. A.A. *Deixler-Hübner/Klicka*, Rn. 424.

447 Vgl. o. S. 68.

448 Tilgt der Sicherungsgeber seine Schuld allerdings nicht, ist der Sicherungsnehmer auch in wirtschaftlicher Hinsicht als Eigentümer anzusehen, *Koziol/Welser*, 194.

449 *Spielbüchler*, in: *Rummel*, §§ 357-360, Rn. 2 f.; *Iro*, 14/16.

450 OGH, EvBl. 418, ÖJZ 1955, 679 f.; *Heller/Berger/Stix*, Kommentar, 465; *Frotz*, 123 f.; *Burgstaller*, 157; *Feil*, Rn. 16; *Spielbüchler*, in: *Rummel*, §§ 357-360, Rn. 2 f.; *Holzhammer*, 165; *Iro*, 14/16; *Jakusch*, in: *Angst/Jakusch/Pimmer*, 75.

262 EO schützen. Wenn ihm dieser Schutz nicht hilft und die Gläubiger dessen ungeachtet auf die Sache zugreifen, ist fraglich, ob der Sicherungsgeber, obwohl er sein Eigentum zur Sicherheit übertragen hat, gemäß § 37 EO widersprechen kann. Folgt man der Argumentation des OGH dahingehend, dass eine Sicherungsübereignung im Wege eines Besitzkonstituts unzulässig und der Sicherungsnehmer die Position eines besitzlosen Pfandgläubigers innehat, muss im Umkehrschluss die Position des Eigentümers beim Sicherungsgeber verbleiben. Das Eigentum ist dann bloß durch das angesprochene Pfandrecht belastet. Somit kann der Sicherungsgeber auch in diesem Fall gemäß § 37 EO der Exekution sein Eigentum entgegenhalten.

c) Die *Chattel mortgage*

Auch im englischen Recht kann ein Schuldner zur Sicherung der Erfüllung einer Verbindlichkeit sein Eigentum an beweglichen Sachen (ohne Besitzübertragung) unter dem Vorbehalt übertragen, dass die Sicherheit zurückgegeben wird, wenn die Verbindlichkeit getilgt wird.[451] Bei einer solchen *Chattel mortgage*, die in ihrer Form der deutschen Sicherungsübereignung ähnelt,[452] aber aufgrund ihres Eintragungserfordernisses nach den *Sec.* 10, 13 des *Bill of Sale Acts* 1878, 1882 im Handelsverkehr eine bloß untergeordnete Rolle spielt,[453] wird der Sicherungsnehmer (*Mortgagee*) Eigentümer, während der Sicherungsgeber lediglich ein Rückgaberecht (*Right of redemption*) behält.[454]

Werden die übereigneten Sachen im Wege der Zwangsvollstreckung auf Betreiben der Gläubiger des Sicherungsgebers in Beschlag genommen, so ist die Behauptung des *Mortgagee*, durch eine *Bill of sale* an den Gütern berechtigt zu sein, also letztlich Eigentümer der Sachen zu sein, im Wege des *Interpleader*-Verfahrens zu klären.[455] Dieses Ergebnis lässt sich nicht zuletzt aus der Bestimmung RSC 17.6 herleiten, die für den Fall, dass ein Dritter behauptet, durch ein *Bill of sale* oder anderweitig zur Sicherheit an der Sache berechtigt zu sein, anordnet, dass das Gericht die Sache verkaufen und den Erlös nach seinem Dafür-

---

451 *Brink/Habel*, Rn. 359; *Triebel/Hodgson/Kellenter/Müller*, Rn. 306; *Kessel*, RIW 1991, 812 (813); *Goode*, Rn. 1-50.

452 *Triebel/Hodgson/Kellenter/Müller*, Rn. 306; *v. Bernstorff*, 130; *Kessel*, RIW 1991, 812 (813); *Fichna*, in: *Stumpf*, 167; *Brinkhaus*, 162 ff.

453 *Brink/Habel*, Rn. 358; *Triebel/Hodgson/Kellenter/Müller*, Rn. 311; *v. Bernstorff*, 130. Bedeutender in der Sicherungspraxis sind sowohl der Eigentumsvorbehalt, vgl. o. S. 56 f., als auch das *Pledge*, vgl. o. S. 61 f.; *v. Bernstorff*, 124 f., 131.

454 *Brink/Habel*, Rn. 359; *Triebel/Hodgson/Kellenter/Müller*, Rn. 306; *Jefferies/Lamont*, in: *Halsbury's*, Vol. 32, § 307; *Goode*, Rn. 1-50.

455 *Bourne* u.a., in: *Halsbury's*, Vol. 37, § 1438

halten gerecht verteilen kann.[456] Damit wird implizit festgestellt, dass eine solche Behauptung geeignet ist, das Verfahren in Gang zu setzen.

Auch die Position des Sicherungsgebers, die zwar nur in der Inhaberschaft des *Right of redemption* besteht, reicht als sog. *equitable right* aus, um das *Interpleader*-Verfahren auszulösen.[457] Deutlicher wird dies noch, wenn die Parteien beim Abschluss der *Chattel mortgage* vereinbaren, dass durch die *Mortgage* auch ein *Trust* begründet wird.[458]

Das durch die *Equity*-Gerichtsbarkeit geformte Rechtsinstitut des *Trust*[459] ist nicht als unabhängiges Kreditsicherungsmittel anzusehen, durch das eine Sache treuhänderisch übereignet wird,[460] sondern stellt eine Form der *Mortgage* dar, bei der sich die Parteien explizit treuhänderisch binden.[461]

Der Treunehmer (*Trustee*) wird hierdurch ebenso Eigentümer, wie bei einer *Chattel mortgage* ohne *Trust*-Vereinbarung, wobei das Eigentum von seinem restlichen Vermögen getrennt bleibt und auch gegenüber Dritten *in equity* an den fiduziarischen Zweck des *Trust*s gebunden ist.[462] Dabei verbleiben die überschriebenen Güter im Gewahrsam des Treugebers (*Beneficiary*), der das Recht auf Nutzungen und Erträge behält.[463]

Beim Zugriff durch Gläubiger des *Beneficiary* ergeben sich zu den oben gemachten Ausführungen bei der *Chattel mortgage* ohne die Vereinbarung eines *Trust* keinerlei Unterschiede, so dass der *Trustee* bzw. *Mortgagee* sein Recht im Wege des *Interpleader*-Verfahrens geltend machen kann.[464]

Fraglich ist allerdings, ob auch der *Beneficiary* vor dem vollstreckenden Zugriff der Gläubiger des *Trustee*s auf die überschriebenen Güter gleichermaßen geschützt ist. Aus der Tatsache, dass das *Trust*-Vermögen in der Insolvenz des *Trustee*s nicht in die Masse fällt, sondern dem *Beneficiary* ein insolvenzfester Anspruch auf das *Trust*-Vermögen zusteht,[465] lässt sich die vom fiduziarischen Zweck des *Trust*s geprägte Position des *Beneficiary* erkennen. Aus Sicht des

---

456 *Eyre*, in: *Atkin's*, § 12; *Bourne* u.a., in: *Halsbury's*, Vol. 37, § 1448.

457 *Usher v. Martin* (1889) 24 QBD 272, zit. nach: *The Digest*, 5811. Vgl. auch o. S. 55.

458 Vgl. hierzu *Brinkhaus*, 169 ff.

459 Zur geschichtlichen Entwicklung des *Trust* vgl. *Zweigert/Kötz*, 185 f.

460 *Goode*, Rn. 1-53. In dieser Weise lassen sich jedoch die Ausführungen von *Curti*, 120, und *Galgano*, 286, verstehen.

461 Die Vereinbarung des *Chattel mortgage* allein führt noch nicht zur Begründung des *Trust*; dieser muss vielmehr ausdrücklich vereinbart werden, *Pettit*, in: *Halsbury's*, Vol. 48, § 516. Nachdem der Sicherungsgeber jedoch die gesicherte Forderung vollständig abgelöst hat, ist der Sicherungsnehmer bis zur Rückübereignung Eigentümer *on trust*, *Pettit*, aaO.

462 *Tito v. Waddell (No. 2)* [1977] 3 All ER 129 (238 ff.); *Pettit*, in: *Halsbury's*, Vol. 48, § 501; *v. Bernstorff*, 157; *Galgano*, 286.

463 *V. Bernstorff*, 157; *Curti*, 120.

464 *Curti*, 120.

465 *V. Bernstorff*, 149; *Pettit*, 446 ff.; *Henrich/Huber*, 113.

Equity-Rechts ist er noch als Eigentümer des Gutes anzusehen.[466] Ihm ist demzufolge beim Vollstreckungszugriff seitens der Gläubiger des *Trustees* die Möglichkeit einzuräumen, seine Position im Wege des *Interpleader*-Verfahrens zu wahren.[467]

4. Drittwiderspruch des obligatorisch Berechtigten

Fraglich ist nunmehr, ob neben den zuvor untersuchten dinglichen Rechten an einer Sache noch andere Rechte, insbesondere Forderungen an der Sache, zum Widerspruch gegen die Vollstreckung in die Sache berechtigen.[468]

Ausschlaggebend für die Frage, ob auch obligatorisch Berechtigte an einer Sache zur Erhebung der Drittwiderspruchsklage befugt sind,[469] ist im deutschen Recht wiederum nicht wortlautgetreu, ob ein „die Veräußerung hinderndes Recht" vorliegt, sondern ob die Veräußerung des Vollstreckungsgegenstandes durch den Schuldner widerrechtlich in den Rechtskreis des Berechtigten eingreifen würde.[470]

Obligatorische Rechte an einer Sache können der Vollstreckung in dieselbe nur dann entgegengehalten werden und somit Grundlage der Drittwiderspruchsklage sein, wenn sie auf Herausgabe, nicht aber, wenn sie auf Verschaffung gerichtet sind.[471] Bei letzteren Ansprüchen– z.B. auf Eigentumsverschaffung aus einem Kaufvertrag – ist es nämlich gerade noch nicht zu einer Übereignung gekommen, so dass offenbar wird, dass die Sache nicht zum Vermögen des Fordernden zu rechnen ist.[472] Eine Veräußerung der Sache griffe dann noch nicht widerrechtlich in den Rechtskreis des Anspruchsinhabers ein.

Demgegenüber impliziert aber ein Herausgabeanspruch in der Regel[473], dass der herauszugebende Gegenstand nicht zum Vermögen des Vollstreckungsschuldners gehört,[474] dieser also nicht zur Veräußerung der Sache befugt ist. Auf

---

466 *Beckhuis*, 2-11; *Jefferies/Lamont*, in: *Halsbury's*, Vol. 32, § 310.

467 *Schroeder v. Hanrott* (1873) 28 LT 704, zit. nach: *The Digest*, 6001; *Bourne* u.a., in: *Halsbury's*, Vol. 37, § 1438;

468 Davon zu unterscheiden, aber nicht Gegenstand dieser Arbeit, ist die Frage, ob die Inhaberschaft einer Forderung der Zwangsvollstreckung in diese Forderung entgegensteht.

469 Zur Bedeutung dieser Frage für die Rechtsnatur der Drittwiderspruchsklage vgl. o. Fn. 51.

470 Vgl. o. S. 50.

471 *Brox/Walker*, JA 1986, 113 (118); *Geißler*, NJW 1985, 1865 (1871); *Prütting/Weth*, JuS 1988, 505 (511); *Baur/Stürner*, Zwangsvollstreckung, Rn. 46.12; *Rosenberg/Gaul/Schilken*, § 41 VI 7; *Gaul*, in: *Schmidt*, 552; *Brox/Walker*, Rn. 1413.

472 RGZ 84, 214 (216); RGZ 127, 8 (9); *Geißler*, NJW 1985, 1865 (1871); *Rosenberg/Gaul/Schilken*, § 41 VI 7.

473 Es sei denn, der Vollstreckungsschuldner ist Eigentümer der Sache, *Rosenberg/Gaul/Schilken*, § 41 VI 7.

474 *Brox/Walker*, JA 1986, 113 (118); *Rosenberg/Gaul/Schilken*, § 41 VI 7.

die Eigentümerstellung des Dritten kommt es dabei daher nicht an.[475] Die Zwangsvollstreckung in den herauszugebenden Gegenstand ist mithin unzulässig.

a) Im italienischen Recht

aa) Anwendung des Art. 619 c.p.c. über den Wortlaut hinaus auf andere Rechte

Der Wortlaut des Art. 619 c.p.c. legt durch die explizite Nennung des Eigentums und anderer dinglicher Rechte nahe, dass der Kreis der zur *Opposizione di terzo* Berechtigten auf Inhaber solcher Rechte zu beschränken ist. Sowohl die weit überwiegende Auffassung in der Literatur als auch die Rechtsprechung gehen demgegenüber jedoch davon aus, dass der Wortlaut keinen zwingenden Charakter habe, so dass es vielmehr grundsätzlich möglich sei, auch denjenigen als legitimiert anzusehen, der sich auf ein anderes als ein dingliches Recht stützen will.[476]

Die Qualität des Wortlauts relativiere sich zunächst nämlich dadurch, dass er aus einer traditionellen Gewohnheit des Gesetzgebers resultiere, sich für die allgemeinen Vorschriften der Zwangsvollstreckung immer an der Terminologie der Vollstreckung in Sachen anzulehnen.[477] Die Formulierung des Art. 619 c.p.c. habe somit grundsätzlich nur beispielhaften Charakter.[478]

Als weiteres Argument zur Begründung der Ausweitung des Art. 619 c.p.c. auf andere als nur dingliche Rechte wird die Vorschrift des Art. 2915 Abs. 2 c.p.c. herangezogen.[479] Dieser bestimmt, dass einzutragende Rechtshandlungen dem pfändenden Gläubiger nicht entgegengehalten werden können, wenn die Eintragung erst nach der Pfändung erfolgt ist; umgekehrt entfaltet aber damit eine solche Handlung, die vor der Pfändung eingetragen wurde, auch ihre

---

475 RGZ 84, 214 (215 f.); RGZ 127, 8 (9); *Rosenberg/Gaul/Schilken*, § 41 VI 7;

476 *Zanzucchi*, 305.

477 *Zanzucchi*, 291; *Punzi*, 94 ff.; *Vaccarella*, 242; *Mandrioli*, 470.

478 *Cass.*, Nr. 1803/1964, Giust. civ. 1964, I, 1270; *Cass.*, Nr. 1918/1972, Rep. F. it. 1972, 1015 (Nr. 75); *Cass.*, Nr. 2626/1979, Giur. it. 1981, I, 1, 605 (608); *Cass.*, Nr. 5789/1982, Rep. F. it. 1982, 879 (Nr. 55); *Zanzucchi*, 305; *Satta*, L'esecuzione forzata, 216.

479 So *Andrioli*, III, 364 f.; *Punzi*, 198; *Mandrioli*, 468; *La Marca*, in: *Picardi*, Art. 619, § 4. Art. 2915 c.c. lautet in der Übersetzung von *Becher*: „Rechtshandlungen, die die Verfügbarkeit ausschließende Beschränkungen mit sich bringen, haben keine Wirkung zum Nachteil des pfändenden Gläubigers und der der Zwangsvollstreckung beigetretenen Gläubigern, wenn sie [...] kein der Pfändung vorausgehendes sicheres Datum haben.
Gleichfalls keine Wirkung zum Nachteil des pfändenden Gläubigers und der der Zwangsvollstreckung beigetretenen Gläubiger haben, wenn sie erst nach der Pfändung eingetragen werden, diejenigen Rechtshandlungen und Klagen, zu deren Wirksamkeit gegenüber erwerbenden Dritten das Gesetz die Eintragung verlangt.“

nachteilige Wirkung dem Gläubiger gegenüber. Daraus wird gefolgert, dass ein Dritter auch dann legitimiert ist zu opponieren, wenn seine Handlung eingetragen wurde, bevor die Pfändung erfolgt ist.[480] Art. 619 c.p.c. ist also in diesem Zusammenhang so zu lesen, dass nicht nur der Dritte, der das Eigentum oder ein sonstiges dingliches Recht beansprucht, sondern auch derjenige, der eine den Gläubiger benachteiligende Klage eingetragen hat, legitimiert ist.[481] Diese Argumentation mache deutlich, dass Art. 619 c.p.c. in Verbindung mit den zivilrechtlichen Vorschriften grundsätzlich über den Wortlaut hinaus ausgedehnt werden könne.[482]

Umstritten ist allerdings, nach welchen Kriterien zu entscheiden ist, ob ein vom Dritten vorgebrachtes Recht diesen aktiv zu legitimieren vermag.

(1) Die sog. Prävalenz als entscheidendes Kriterium

Zanzucchi leitet die Ausweitung des Wortlautes folgendermaßen her: Dem Eigentümer wird die Möglichkeit eines Drittwiderspruchs zuerkannt, weil er ein bedeutenderes Recht an der Sache hat als irgendein anderer, vor allem also auch als der Gläubiger.[483] Da es auch andere Rechte an der Sache geben kann, die bedeutender sind als das Recht des Gläubigers, muss dem Inhaber eines solchen Rechts folglich ebenfalls die *Opposizione* offenstehen.[484]

Entscheidendes Kriterium für das Rangverhältnis der in Rede stehenden Rechte sei dabei die sog. Prävalenz des geltend gemachten Rechts:[485] Es müsse demnach geklärt werden, ob durch das jeweilige Recht eine Beziehung zu der Sache vorliege, die gegenüber der Beziehung des Vollstreckungsgläubigers zu der Sache schutzwürdig sei. Das Vorliegen einer solchen prävalenten Beziehung entscheide sich dabei nach materiellem Recht.[486]

Terminologisch abweichend stellt *Punzi* heraus, dass nicht die Inhaberschaft des Eigentums oder eines sonstigen dinglichen Rechts für die Aktivlegitimation ausschlaggebend sei, sondern allein die Tatsache, ob der Dritte Inhaber eines Rechts sei, das dem Gläubiger entgegengehalten (*opponibile*) werden könne.[487]

---

480 *La Marca*, in: *Picardi*, Art. 619, § 4; *Andrioli*, III, 364.

481 *Andrioli*, III, 364.

482 *Mandrioli*, 468, sieht ebenfalls die Notwendigkeit einer Koordination des Art. 619 c.p.c. mit Art. 2915 c.c. Anstatt jedoch hiermit einer generellen Ausweitung auf geeignete Rechte zuzustimmen, will er die Ausweitung streng auf diejenigen Fälle begrenzen, die durch Art. 2915 c.c. ausdrücklich aufgeführt werden. Er kommt mithin zu dem Schluss, dass neben den dinglichen Rechten nur potestative Rechte mit dinglicher Wirkung (also die im Art. 2652 c.c. genannten) deren Inhaber zum Drittwiderspruch legitimieren.

483 *Zanzucchi*, 306.

484 *Zanzucchi*, 306 f.

485 *Zanzucchi*, 308 f.

486 *Zanzucchi*, 309; *Satta*, L'esecuzione forzata, 217.

487 *Punzi*, 197, 293.

Ebenso argumentiert *Mandrioli*, dass nur derjenige Dritter sei, dem die Pfändung aufgrund seines Rechts nicht entgegengehalten werden könne.[488] Zur Definition der Opponibilität greifen beide dann jedoch auf das von *Zanzucchi* geprägte Kriterium der Prävalenz zurück.[489]

Auch *Satta* legt dar, dass die Frage der Opponibilität nicht davon abhänge, ob es sich um ein obligatorisches oder aber um ein dingliches Recht handele, sondern davon, ob dieses Recht die Befugnis des Gläubigers begrenze.[490]

Der Ausarbeitung der Literatur folgend[491] entscheidet auch die Rechtsprechung ohne jegliche Präklusion durch die Natur des geltend gemachten Rechtes von Fall zu Fall, ob eine Prävalenz auf der Basis des materiellen Rechts vorliegt, d.h. ob ein Recht auf Kosten des anderen geschützt wird.[492] Irrelevant ist folglich, ob das Recht des Dritten ein absolutes oder ein relatives Recht ist.[493]

(2) Die sog. Inkompatibilität als weiteres Kriterium

Für andere ist hingegen entscheidend, ob das beeinträchtigte Recht des Dritten inkompatibel, also unvereinbar mit der Vollstreckung des Gläubigers ist.[494] Dies sei der Fall, wenn die gleichzeitige Existenz der beiden Rechte an derselben Sache juristisch unmöglich sei.[495]

Zanzucchi weist jedoch kritisch darauf hin, dass dieses Kriterium zwar anschaulich die Frage kläre, warum der Dritte einen Widerspruch geltend machen könne, aber nichts zur Klärung des Problems beitrage, welche Rechte den Dritten aktivlegitimieren können.[496] Zudem sei dieses Merkmal unzureichend, denn schon bei den von Art. 619 c.p.c. anerkannten beschränkten dinglichen Rechten bestehe gar keine Inkompatibilität mit der Zwangsvollstreckung;[497] diese könne vielmehr unter Berücksichtigung eines solchen Rechtes weitergeführt werden.[498]

---

488 *Mandrioli*, 467.

489 *Punzi*, 293; *Mandrioli*, 468. Ebenso *Garbagnati*, 1075.

490 *Satta*, L'esecuzione forzata, 216 f.

491 *Punzi*, 196.

492 *Cass.*, Nr. 2828/1964, Rep. F. it. 1964, 879 (Nr. 114); *Cass.*, Nr. 1803/1964, Rep. F. it. 1964, 879 (Nr. 115); *Cass.*, Nr. 3896/1968, F. it. 1969, I, 896 (899); *Cass.*, Nr. 1918/1972, Rep. F. it. 1972, 1015 (Nr. 75); *Cass.*, Nr. 7413/1997, Rep. F. it. 1997, 957 (Nr. 30).

493 *Cass.*, Nr. 1803/1964, Rep. F. it. 1964, 879 (Nr. 115); *Punzi*, 293; *Satta*, L'esecuzione forzata, 217.

494 *Corsaro/Bozzi*, 488, 491. *Consolo/Luiso*, Art. 619, Rn. 6, wenden dieses Kriterium nur neben demjenigen der Prävalenz an.

495 So die Interpretation von *Consolo/Luiso*, Art. 619, Rn. 6.

496 *Zanzucchi*, 311 f.

497 Vgl. o. S. 61 f.

498 *Zanzucchi*, 312; *Satta*, L'esecuzione forzata, 216.

bb) Forderungen

In diesem Zusammenhang ist nunmehr die Frage zu sehen, ob auch der Inhaber einer Forderung einen Drittwiderspruch einlegen kann.

Ein gewichtiger Teil der Literatur erkennt dem obligatorisch Berechtigten nicht die Möglichkeit zu, den Drittwiderspruch gemäß Art. 619 c.p.c. zu erheben.[499] Eine bloße Herausgabeforderung auf bewegliche Sachen könne den Dritten nicht zur *Opposizione* legitimieren, weil sonst der so legitimierte Dritte viel einfacher sein Recht beweisen könne als der Dritte, der Eigentümer der in Streit stehenden Sache ist.[500] Er müsse nämlich dann nicht mit der Beweisbeschränkung des Art. 621 c.p.c. das Eigentum, sondern lediglich den zugrunde liegenden Vertrag beweisen.[501]

Die Legitimation aus dem Forderungsrecht gründe darüber hinaus einzig auf der dem z.B. Miet- oder Leihvertrag anhängigen Vermutung, dass der Berechtigte auch Inhaber des Eigentums bzw. des dinglichen Rechts ist.[502] Allein eine Vermutung jedoch könne nicht die Vollstreckung bzw. die Pfändung überwiegen und somit verhindern.[503]

Dagegen billigt vor allem die Rechtsprechung dem Inhaber einer Forderung die *Opposizione* dann zu, wenn die Forderung ein direktes Verhältnis mit der Sache impliziert oder dingliche Wirkung hat,[504] der Dritte im obligatorischen Verhältnis also eine prävalente Position gegenüber dem Schuldner hat.[505]

Um diese Prävalenz zu determinieren, ist zu klären, ob der Dritte sein Recht vom Schuldner ableitet, oder es unabhängig von ihm hat bzw. umgekehrt, ob der Schuldner sein Recht vom Dritten ableitet, oder es autonom hat.[506] Im ersten und letzten Fall sei die Position des Schuldners prävalent und die *Opposizione* nicht zulässig; in den anderen Fällen überwiege dagegen die Position des Dritten, so dass die *Opposizione* zulässig sei.[507]

Abstrahiert kann gefolgert werden, dass bei Herausgabeansprüchen die Position des Gläubigers immer prävalent ist, so dass der Drittwiderspruch zulässig

---

[499] *Cabrini*, in: *Carpi/Taruffo*, Art. 619, III, Rn. 2 a).

[500] *Corsaro/Bozzi*, 492; *Cabrini*, in: *Carpi/Taruffo*, Art. 619, III, Rn. 2 h).

[501] *Cass.*, Nr. 2277/1964, Rep. F. it. 1964, 879 (Nr. 124); *Satta/Punzi*, 721; *Satta*, Commentario, 487.

[502] *Garbagnati*, 1075; *Satta*; Commentario, 486 f.

[503] *Garbagnati*, 1075; *Satta/Punzi*, 721; *Mandrioli*, 469.

[504] *Cass.*, Nr. 3896/1968, F. it. 1969, I, 896 (899).

[505] Vgl. dazu o. S. 75. *Zanzucchi*, 326.

[506] *Zanzucchi*, 326.

[507] *Zanzucchi*, 326. Bsp.: Ein Vermieter leitet sein Recht nicht ab, der Mieter jedoch schon. Bei einer Vollstreckung gegen den Vermieter kann der Mieter nicht opponieren, umgekehrt jedoch schon.

ist, wohingegen bei sonstigen obligatorischen Ansprüchen die *Opposizione* unzulässig ist.[508]

b) Im österreichischen Recht

Grundsätzlich kann auch die Tatsache, dass ein Dritter Inhaber einer Forderung an der gepfändeten Sache ist, dazu führen, dass der Vollstreckungszugriff des Gläubigers unberechtigt dessen Vermögen tangiert.[509] Besteht diese Möglichkeit, so gibt der offene Wortlaut des § 37 EO, der ja lediglich fordert, dass ein „Recht behauptet (wird), welches die Vornahme der Exekution unzulässig machen würde", keinen Anlass, an der Legitimation zur Exszindierungsklage eines solchen Forderungsinhabers zu zweifeln.

Jedoch verwirklicht sich der unberechtigte Vermögenszugriff nur in dem Fall, dass der Dritte ein obligatorisches Recht auf Herausgabe des Vollstreckungsobjekts innehat.[510] Nur dann ist das Objekt bereits dem Vermögen des Dritten zugeordnet und kann von ihm – unabhängig davon, ob er zudem auch Eigentümer ist –[511] exszindiert werden.

Demgemäß ist der Inhaber eines bloßen Verschaffungsanspruchs bezüglich der Sache, also eines Anspruchs auf Leistung einer Sache, die noch Teil des haftenden Schuldnervermögens ist, nicht zum Widerspruch im Sinne des § 37 EO berechtigt.[512]

c) Im englischen Recht

Entsprechend den erörterten Anforderungen[513] ist im englischen Recht grundsätzlich erforderlich, dass der *Interpleader claimant* ein besseres Recht an der in Streit stehenden Sache hat als der Vollstreckungsschuldner.

Übertragen auf den Bereich von Forderungen, d.h. also im hier interessierenden Zusammenhang Forderungen auf eine Sache, bedeutet dies, dass der *Claimant* auch eine im *Interpleader*-Verfahren zu beachtende Position hat, wenn er im Einzelfall eine *Chose in action*[514] inne hat, die sich gegenüber der Position des Vollstreckungsschuldners als „besser" darstellt.

---

508 *Zanzucchi*, 326; *Satta*, L'esecuzione forzata, 218 f.

509 *Heller/Berger/Stix*, Kommentar, 469.

510 OGH, SZ 6/330; *Petschek*, 85; *Heller/Berger/Stix*, Kommentar, 465; *dies.*, EO, § 37, A i) 1; D. 2; *Feil*, Rn. 20; *Holzhammer*, 167; *Seiser*, 38; *Jakusch*, in: *Angst/Jakusch/Pimmer*, 73.

511 *Heller/Berger/Stix*, Kommentar, 465.

512 *Holzhammer*, 167; *Deixler-Hübner/Klicka*, Rn. 424.

513 Vgl. o. S. 54 f.

514 Verstanden als persönliches Vermögensrecht, das nur mittels Klage durchgesetzt werden kann, vgl. hierzu *Henrich/Huber*, 98 f.; *Pettit*, in: *Halsbury's*, Vol. 6, §§ 1 ff.

5. Drittwiderspruch bei bloßem Besitz

Ob allein der Besitz als ein die Veräußerung hinderndes Recht im Sinne des § 771 ZPO angesehen werden kann, wird im deutschen Schrifttum unterschiedlich beurteilt. Während teilweise ohne Begründung davon ausgegangen wird, dass der Besitz an beweglichen Sachen zum Drittwiderspruch berechtige,[515] soll nach anderer Auffassung jedenfalls der berechtigte Besitzer die Drittwiderspruchsklage nach § 771 ZPO erheben können.[516] Dagegen wird jedoch eingewandt, aus dem Besitz lasse sich auch bei beweglichen Sachen trotz der Vermutung des § 1006 BGB kein Schluss auf die Vermögenszugehörigkeit ziehen.[517] Im Übrigen bestehe für die Anerkennung des Besitzes als Recht im Sinne des § 771 ZPO bei beweglichen Sachen gar keine Notwendigkeit, denn zum einen sei der unmittelbare Besitzer ausreichend bereits über sein Herausgabeverweigerungsrecht gemäß § 809 ZPO geschützt, dessen Verletzung mit Hilfe der Vollstreckungserinnerung gerügt werden kann.[518] Zum anderen sei der mittelbare Besitzer ebenfalls hinreichend geschützt, da er jedenfalls den aus dem Besitzmittlungsverhältnis folgenden schuldrechtlichen Herausgabeanspruch innehabe, mit dem er die Nichtzugehörigkeit der gepfändeten Sache zum Schuldnervermögen geltend machen kann.[519]

a) Im italienischen Recht

Im italienischen Recht ergibt sich zunächst aus Art. 513 c.p.c. – ebenso wie im deutschen Recht aus § 809 ZPO –, dass der Gewahrsam (*Disponibilità diretta*)[520] eines Dritten die Pfändung der Sache verhindert, wenn dieser nicht zur Herausgabe bereit ist.[521] Eine Notwendigkeit für die Anerkennung des Besitzes zur Aktivlegitimation kann sich mithin nur in dem Fall ergeben, dass der Dritte die Sache nicht im Gewahrsam hat, sie aber trotzdem besitzt.

---

515 *Herget*, in: *Zöller*, § 771, Rn. 14; *Hartmann*, in: *Baumbach/Lauterbach/Albers/Hartmann*, § 771, Rn. 15.

516 *Münzberg*, in: *Stein/Jonas*, § 771, Rn. 35; *Schuschke*, in: *Schuschke/Walker*, § 771, Rn. 24.

517 *Brox/Walker*, JA 1986, 113 (118); *Prütting/Weth*, JuS 1988, 505 (511); *Arens/Lüke*, Jura 1982, 455 (464); *Putzo*, in: *Thomas/Putzo*, § 771, Rn. 21.

518 *Brox/Walker*, JA 1986, 110 (118); *Prütting/Weth*, JuS 1988, 505 (511); *Baur/Stürner*, Zwangsvollstreckung, Rn. 46.11; *Rosenberg/Gaul/Schilken*, § 41 VI 6 b; *Putzo*, in: *Thomas/Putzo*, § 771, Rn. 21.

519 *Brox/Walker*, JA 1986, 110 (118); *Prütting/Weth*, JuS 1988, 505 (511); *Baur/Stürner*, Zwangsvollstreckung, Rn. 46.11; *Rosenberg/Gaul/Schilken*, § 41 VI 6 b. Zur Qualifikation des Herausgabeanspruchs als Recht im Sinne des § 771 ZPO vgl. o. S. 73.

520 *Punzi*, 281, benutzt diese Begriffe synonym.

521 *Punzi*, 281.

Darüber hinaus schließt die Literatur auch den Besitzdiener (*Detentore*) mangels eigener Herrschaftsmacht über die Sache aus; der Konflikt mit dem betreibenden Gläubiger kann nur mit demjenigen auftreten, für den der Besitzdiener besitzt.[522] Es bleibt somit nur der Fall des Eigenbesitzes (*Possesso in nome proprio*), da nur in diesem Fall der Anspruch des Vollstreckungsgläubigers, in die Sache zu vollstrecken, dem Anspruch des Dritten, die Sache als eigene zu besitzen, gegenübersteht.[523]

Entsprechend dem oben festgelegten Kriterium der Prävalenz stellt sich also die Frage, ob die Position des gewahrsamslosen Eigenbesitzers diejenige des betreibenden Gläubigers überwiegen kann, was nach materiellem Recht zu entscheiden ist.[524] Hat der Gläubiger selbst ein Recht an der Sache oder leitet er ein Recht an derselben vom Schuldner ab, so kann der Besitz des Dritten nicht diesem Recht entgegengehalten werden.[525] Hat er allerdings kein eigenes Recht an der Sache und kann er sich auch nicht auf einen petitorischen oder possessorischen Anspruch seines Schuldners berufen, befindet sich der besitzende Dritte in einer prävalenten Position und kann den Drittwiderspruch erheben.[526]

b) Im österreichischen Recht

Aus dem Fakt, dass ein Dritter den Besitz an einer Sache innehat, folgt auch im österreichischen Recht nicht notwendigerweise, dass die Sache auch dessen Vermögen zuzurechnen ist.[527] Somit führt die Störung des Besitzes durch den Vollstreckungszugriff eines Gläubigers nicht zur Unzulässigkeit der Exekution. Ein Dritter, der durch den Vollstreckungszugriff der Gläubiger lediglich in seinem Besitz gestört wird, kann sich mithin nicht mit der Exszindierungsklage wehren.[528]

Ihm bleibt einzig die Möglichkeit, die Herausgabe der Sache gemäß § 262 EO zunächst zu verweigern[529] und bei Zuwiderhandeln des Gerichtsvollziehers die Beschwerde gemäß § 68 EO einzulegen.

Bei der Störung des mittelbaren Besitzes gemäß § 314, 2. Hs. ABGB ist der Dritte dagegen dadurch geschützt, dass er zumindest aufgrund des Besitzkonstituts jederzeit die Rückgabe der Sache erzwingen kann. Aufgrund dieses Herausgabeanspruchs kann der Dritte mithin Exszindierungsklage erheben.[530]

---

522 *Zanzucchi*, 330 f.
523 *Zanzucchi*, 330.
524 Vgl. o. S. 75 f.
525 *Zanzucchi*, 331.
526 *Zanzucchi*, 331.
527 *Spielbüchler*, in: *Rummel*, § 353, Rn. 1 f.
528 OGH, JBl. 1970, 259; *Heller/Berger/Stix*, Kommentar, 448, 462; *dies.*, EO, § 37, A f) 1.
529 Vgl. dazu o. Fn. 22.
530 Vgl. o. S. 78.

c) Im englischen Recht

Entsprechend den allgemeinen Anforderungen an ein Recht, das von einem *Interpleader claimant* geltend gemacht werden kann,[531] fragt sich, ob der Besitz eine *„claim to any money, goods or chattels"* im Sinne des RSC 17.1.1.b begründen bzw. ob sich aus dem Besitz ein besseres Recht ergeben kann, das der Dritte der Vollstreckung in die Sache entgegenhalten kann.

Der Anerkennung des Besitzes steht nicht entgegen, dass sich aus dem Besitz nicht die Stellung als Inhaber des *„absolute property"* ergibt.[532] Vielmehr reicht die Eigenschaft des Besitzes grundsätzlich aus, um ein besseres Recht gegenüber dem Vollstreckungsschuldner begründen zu können,[533] und kann daher als *Claim* im Sinne des RSC 17.1.1.b angesehen werden.[534]

III. Vergleichende Zusammenschau der geschützten Rechte

Entsprechend dem gewählten Ansatzpunkt der vorliegenden Untersuchung, die den Schutz unbeteiligter Dritter in der Zwangsvollstreckung zum Gegenstand hat, ergibt sich hinsichtlich der ausgangs gestellten Frage, wer als unbeteiligter „Dritter" im Sinne des Rechtsbehelfs angesehen werden kann, eine grundsätzliche Kongruenz: „Dritter" kann nur diejenige Person sein, die Nachteile durch die Zwangsvollstreckung erlitten hat, obwohl sie nicht Subjekt des Vollstreckungsverfahrens und insbesondere vom Vollstreckungsschuldner verschieden ist. Letzterem stehen in den untersuchten Rechtsordnungen nämlich jeweils eigene andere Schutzinstrumente bei etwaig zu Unrecht durchgeführten Vollstreckungsmaßnahmen zu.

Wie sich entscheidet, ob einem solchen Dritten durch die Vollstreckung ein Nachteil entstanden ist, wird dagegen auf dem Boden unterschiedlicher Konzeptionen gelöst, die sich allerdings im Ergebnis ähneln. Während aufgrund der Unzulänglichkeit des Wortlauts des § 771 ZPO zur Verifikation des Nachteils in Deutschland die hypothetische Frage zu klären ist, ob eine Veräußerung der gepfändeten Sache durch den Vollstreckungsschuldner widerrechtlich in den Rechtskreis des Dritten eingreifen würde, formuliert das österreichische Recht einfacher, indem es gemäß § 37 EO fragt, ob der Dritte Inhaber eines Rechts ist, das die Exekution unzulässig machen würde. Dies ist der Fall, wenn das Recht die Zugehörigkeit der Sache zum haftenden Schuldnervermögen beschränkt oder ausschließt. Auch das italienische Recht bleibt nicht am enumerativen Wortlaut

---

531 Vgl. o. S. 54 f.

532 *Ford v. Baynton*, (1832) 1 Dowl 357, zit. nach: *The Digest*, 5999; *Green v. Stevens* (1857) 157 ER 61, zit. nach: *The Digest*, 5997; *Clements*, in: The Digest, Vol. 29 (2), 5997, 5999; *Whitebook*, sc17.1.6.

533 *Bourne* u.a., in: *Halsbury's*, Vol. 37, § 1458.

534 *Green v. Stevens* (1857) 157 ER 61, zit. nach: *The Digest*, 5997; *Whitebook*, sc17.1.6.

des Art. 619 c.p.c. haften, sondern entscheidet abstrakt, ob das Recht des Dritten das des Gläubigers überwiegt. Ein solches Überwiegen des Gläubigerrechts kommt aber nur dann in Betracht, wenn auch schon das Schuldnerrecht an der Sache höher wiegt als das Recht des Dritten, also die Sache dem haftenden Schuldnervermögen zuzurechnen ist, da nur in diesem Fall der Gläubiger mit der Vollstreckung überhaupt ein Recht an der Sache zu begründen vermag. Letztlich läuft diese Prüfung mithin ebenfalls darauf hinaus, dass nur die Beeinträchtigung eines Rechts des Dritten, das die Sache dem haftenden Schuldnervermögen entzieht, auch die Berechtigung des Dritten begründen kann. Das englische Recht dagegen geht dann von einem legitimierenden Nachteil aus, wenn der Dritte wegen der Beschlagnahme gegen das Vollstreckungsorgan vorgehen könnte. Dies ist dann der Fall, wenn er ein Recht an der Sache hatte, das „besser" war als das des Vollstreckungsschuldners.

Alle aufgezeigten Ansätze stimmen somit darin überein, dass es zur Verifikation des Nachteils für den Dritten darauf ankommt, ob dessen Recht die Zugehörigkeit der gepfändeten Sache zum haftenden Vermögen des Schuldners aufhebt. Diese Voraussetzungen liegen zunächst in allen Rechtsordnungen im Grundfall des Eigentums vor. Ist nicht der Vollstreckungsschuldner, sondern der widersprechende Dritte Eigentümer der gepfändeten Sache, ist diese nicht Teil des haftenden Schuldnervermögens und ein Vollstreckungszugriff mittels der untersuchten Rechtsbehelfe angreifbar. Dasselbe gilt sowohl für den Inhaber von Miteigentum als auch für den Vorbehaltsverkäufer, dessen Position jeweils gerade dadurch geprägt ist, dass er bis zur vollständigen Zahlung des Kaufpreises noch Eigentümer ist.

Demgegenüber zeigen sich aber für die Legitimation des Vorbehaltskäufers erste Unterschiede. Während die kontinentalen Rechtsordnungen dem Käufer bei Kauf unter Eigentumsvorbehalt jeweils schon eine verfestigte Position oder gar ein Anwartschaftsrecht zusprechen, welche der Käufer der Pfändung durch Gläubiger des Verkäufers entgegenhalten können und damit zur Geltendmachung der drittbezogenen Rechtsbehelfe berechtigt sein soll, ist das englische Recht zurückhaltender und erkennt dem Käufer noch keine Rechte an der Sache zu, die er der Pfändung entgegensetzen könnte.

An dieser Konstellation ändert auch Art. 4 der Richtlinie 2000/35/EG[535] nichts, der den Mitgliedstaaten aufgibt, die Möglichkeit eines einfachen Eigentumsvorbehalts zu schaffen, da alle untersuchten Rechtsordnungen das Institut des Eigentumsvorbehalts bereits vor Inkrafttreten der Richtlinie kannten. Mangels eigenständigen Regelungsinhalts zum Eigentumsvorbehalt in der Richtlinie ergeben sich auch keine Einflüsse auf die nationalen Regelungen.[536]

---

[535] ABl. EG 2000, Nr. L 200/35 ff.

[536] *Kindler*, RIW 2003, 241 (243); kritisch zu Art. 4 der Richtlinie auch *Kieninger*, in: *Basedow*, 164 ff.

Noch erheblichere Unterschiede ergeben sich hinsichtlich der Stellung des Pfandrechtsinhabers. Während der *Pledgee* im englischen Recht der Pfändung bis zum Erlöschen der Forderung grundsätzlich im Wege des *Interpleader* widersprechen kann, vertritt das italienische Recht die diametral entgegengesetzte Auffassung, dass nämlich der Pfandgläubiger nie zur Erhebung des Drittwiderspruchs berechtigt ist. Vielmehr ist er hier immer auf das Instrument der bevorzugten Befriedigung verwiesen. Sowohl das österreichische als auch das deutsche Recht zeichnen sich demgegenüber durch eine differenzierende, auf den Besitz der Pfandsache abstellende Lösung aus: Sofern sich die Sache im Besitz des Pfandgläubigers befindet, kann er Exszindierungs- bzw. Drittwiderspruchsklage erheben; besitzt er die Sache nicht, bleibt ihm die Pfandvorrechtsklage bzw. die Klage auf vorzugsweise Befriedigung.

Dieser Unterschied macht nun auf eine konzeptionelle Divergenz aufmerksam: Während die kontinentalen Rechtsordnungen den Rechtsschutz des Dritten durch pfandbezogene Institute ergänzen, die eine bevorzugte Befriedigung ermöglichen, übernimmt im englischen Recht das *Interpleader*-Verfahren auch diese Funktion. Der oben angedeutete weite Entscheidungsspielraum des Richters ermöglicht hier nämlich, dass eine entsprechende Regelung getroffen wird, ohne dass es eines besonderen Verfahrensinstituts bedürfte. In dieser Hinsicht erweist sich der *Interpleader* damit als umfassenderer Rechtsbehelf.

Mit den Konzeptionen bezüglich des Pfandrechts hängt dann auch die Frage zusammen, ob auch der Sicherungsnehmer bei sicherungsweiser Übertragung von Eigentum berechtigt ist, den Drittwiderspruch geltend zu machen. Während das österreichische Recht hier nämlich die Nähe dieser Konstellation zum Pfandrecht betont, die Exszindierungsklage also nur dann zulässt, wenn der Sicherungsnehmer auch im Besitz der Sache ist, und den Sicherungsnehmer sonst einem besitzlosen Pfandrecht entsprechend auf die Pfandvorrechtsklage verweist, zieht die herrschende Auffassung im deutschen Recht diesen Schluss nicht. Sie lässt den Sicherungsnehmer als Eigentümer – unabhängig von dessen Besitz – trotz der Nähe zum besitzlosen Pfandrechtsinhaber im Sinne von § 771 ZPO widersprechen. Entsprechend kann auch der Sicherungsnehmer bei der *Chattel mortgage* sein Eigentum im Wege des *Interpleader* geltend machen. In Italien dagegen ist eine rein sicherungsweise Übertragung von Eigentum nach allgemeiner Auffassung nunmehr unzulässig. Zuvor war jedoch anerkannt, dass auch der Sicherungsnehmer sein Eigentum der Pfändung entgegenhalten konnte, allerdings unter der Wirksamkeitsvoraussetzung, dass der Besitz dem Sicherungsnehmer übertragen worden sein musste.

Befindet sich mithin die übereignete Sache im Besitz des Sicherungsnehmers, so ist es übereinstimmende Lösung, dass ihm die drittbezogenen Rechtsbehelfe zustehen. Bei dieser Lösung bleibt es nach englischer und deutscher Lösung auch, soweit der Sicherungsnehmer nicht Besitzer der Sache ist, während das österreichische Recht dem Sicherungsnehmer dann nur noch die Pfandvorrechtsklage gestattet.

Die Position des Sicherungsgebers bei der sicherungsweisen Eigentumsübertragung wird dagegen dort, wo Letztere grundsätzlich als zulässig erachtet wird, parallel bewertet. In Österreich und Deutschland wird argumentiert, dass der Gegenstand aufgrund des sichernden Charakters der Übertragung wirtschaftlich – so die österreichische Auffassung – oder zumindest haftungsrechtlich zum Vermögen des Sicherungsgebers zu rechnen sei, so dass ihm auch der Widerspruch gegen die Pfändung durch fremde Gläubiger zustehen müsse. Das englische Recht verfährt ebenso, allerdings nur dann, wenn die Parteien mit ihrer Vereinbarung auch ein *Trust* verbunden haben. In diesem Fall ist der Sicherungsgeber *in equity* noch als Eigentümer anzusehen und kann sein Recht mit Hilfe des *Interpleader*-Verfahrens verwirklichen. Dagegen kam die früher geltende italienische Konstruktion zu dem Ergebnis, dass aufgrund der bloßen *inter partes*-Wirkung der Sicherungsabrede der Sicherungsgeber keinerlei Möglichkeit hatte, der Pfändung entgegenzutreten.

Während darüber hinaus im Hinblick auf die Einbeziehung der Inhaberschaft von Forderungen an der Sache große Übereinstimmung in den Rechtsordnungen dergestalt besteht, dass bloße Verschaffungsansprüche an der Sache im Gegensatz zu Herausgabeansprüchen nicht ausreichen, da mit ihnen die Vermögenszugehörigkeit gerade widerlegt wird, wird die Frage, ob auch der Besitz an der Sache im Wege des Drittwiderspruchs der Pfändung entgegengehalten werden kann, aufgrund unterschiedlicher Konzeptionen des Besitzes völlig verschieden gelöst. Zwar stimmen die deutschsprachigen und die italienische Rechtsordnung darin überein, dass derjenige, der die unmittelbare Sachherrschaft über die Sache inne hat, ausreichend über die Befugnis des besitzenden Dritten, die Herausgabe der Sache zu verweigern, geschützt ist. Bei nur mittelbarem Besitz stellt die herrschende Auffassung in Deutschland und auch das österreichische Recht dagegen auf den dem mittelbaren Besitzer zustehenden Herausgabeanspruch ab und kommt so letztlich zu dem Schluss, dass der Besitz an sich nicht zum Drittwiderspruch berechtigt. So generell schließt dies die italienische Auffassung nicht aus, sondern entscheidet von Fall zu Fall nach dem Kriterium der Prävalenz. Das englische Recht trifft demgegenüber keinerlei Unterscheidung nach der Qualität des Besitzes, entscheidet aber grundsätzlich ebenfalls fallbezogen, ob der Besitz als besseres Recht ausreicht; von vornherein ausgeschlossen ist dies jedoch nicht.

Zusammenfassend lässt sich nunmehr feststellen, dass ein weitgehender Gleichlauf der untersuchten Rechtsordnungen in der Frage besteht, die Beeinträchtigung welcher Rechte zur Erhebung des Drittwiderspruchs legitimiert. Im Detail ergeben sich jedoch – gerade in den für den Handelsverkehr bedeutenden Bereichen der dinglichen Kreditsicherung – deutliche Unterschiede. Diese resultieren aber nicht aus grundsätzlich verschiedenen Konzeptionen über die Reichweite der Rechtsbehelfe, sondern vielmehr aus verschiedenen Konzeptionen der jeweiligen materiellen Rechte und der unterschiedlichen Wertigkeit und Bewertung der Rechte untereinander.

Stärker noch als im Zusammenhang mit den verfahrensrechtlichen Gegebenheiten[537] zeigt sich im Hinblick auf die aktivlegitimierenden Rechte des Dritten somit die Abhängigkeit vom zugrunde liegenden materiellen Recht. Der Schutz des Instruments kann nur soweit reichen, wie das materielle Recht dem Dritten eine definierte und schutzwürdige Rechtsposition zuerkennt.

537 Vgl. o. S. 43 ff.

D. Drittbetroffenheit durch Maßnahmen des einstweiligen Rechtsschutzes

Betrachtet man nun den alltäglichen Fall, dass ein Gläubiger Inhaber einer noch nicht titulierten Forderung ist und befürchtet, sein Schuldner werde bei Abwarten der gerichtlichen Entscheidung im Erkenntnisprozess nicht mehr in der Lage sein, die Forderung zu befriedigen, so dass er im Wege einstweiligen Rechtsschutzes vorgeht, so erscheint es nicht abwegig, dass bei der Durchführung dieser Maßnahmen nicht nur Vermögensgegenstände des Schuldners zur Sicherung seines Anspruchs herangezogen werden, sondern auch solche unbeteiligter Dritter.

Um diese Annahme zu bestätigen, ist zunächst zu ergründen, welche Instrumente die untersuchten Rechtsordnungen dem Gläubiger eröffnen, um eine Geldforderung vor Beginn des eigentlichen Zwangsvollstreckungverfahrens einstweilig durch Zugriff auf bewegliche Sachen zu sichern. Falls derartige Möglichkeiten bestehen, ist weiterhin zu fragen, ob und in welchem Maße die Rechte Dritter betroffen werden können und ob in einem solchen Fall der Dritte bereits berechtigt ist, sich anhand des jeweiligen drittschützende Rechtsbehelfs zu wehren.

Um einen Vergleich der durch Maßnahmen des einstweiligen Rechtsschutzes veranlassten Beeinträchtigung Dritter und deren rechtlicher Behandlung in den untersuchten Rechtsordnungen zu ermöglichen, ist es auch hier angezeigt, einleitend die Situation nach deutschem Recht zu untersuchen.

I. Vorbereitender Kurzüberblick über den deutschen einstweiligen Rechtsschutz und seine Auswirkungen auf Rechte Dritter

1. Instrumente

Das deutsche Zivilprozessrecht stellt als klassische Maßnahmen des einstweiligen Rechtsschutzes zum einen den Arrest gemäß §§ 916 ff. ZPO und zum anderen die einstweilige Verfügung gemäß §§ 935 ff. ZPO zur Verfügung. Dabei dient der Arrest als Mittel zur Sicherung von Geldforderungen oder Forderungen, die in eine Geldforderung übergehen können, wohingegen die einstweilige Verfügung die entsprechende Aufgabe für nicht auf Geldleistung gerichtete Ansprüche erfüllen soll.[538] Dementsprechend erübrigt sich hier ein Eingehen auf die einstweilige Verfügung, deren Voraussetzung und Verfahren sich aufgrund der Verweisungsnorm des § 936 ZPO allerdings ohnehin stark ähneln.

Die Erlangung eines Arrestes setzt voraus, dass der Gläubiger sowohl einen Arrestanspruch in Form einer Geldforderung als auch einen Arrestgrund gemäß § 920 Abs. 2 i.V.m § 294 ZPO glaubhaft macht. Letzterer besteht beim hier ein-

---

538 *Baur/Stürner*, Zwangsvollstreckung, Rn. 50.1; *Rosenberg/Gaul/Schilken*, § 76 II 1.

zig interessierenden dinglichen Arrest in der nach dem objektiven Urteil eines verständigen Menschen bestehende Besorgnis,[539] dass ohne Verhängung des Arrests „die Vollstreckung des Urteil vereitelt oder wesentlich erschwert werden würde“, § 917 Abs. 1 ZPO, also letztlich in der drohenden nachteiligen Veränderung der Vermögensverhältnisse des Schuldners.[540]

Der Gläubiger kann sein Arrestgesuch sowohl an das Gericht der Hauptsache als auch an dasjenige Amtsgericht wenden, in dessen Bezirk der mit Arrest zu belegende Gegenstand sich befindet, § 919 ZPO. Nach eigenem Ermessen entscheidet das angegangene Gericht, ob eine mündliche Verhandlung durchgeführt wird.[541] Falls es notwendig ist, um den Zweck des Arrestes nicht zu gefährden, kann sogar auf die Anhörung des Gegners verzichtet werden.[542] Jedenfalls wird aber ein Erkenntnisverfahren durchgeführt, bei dem an die Stelle der Beweisführung die Glaubhaftmachung tritt,[543] so dass von einem summarischen Erkenntnisverfahren gesprochen werden kann.[544]

Hat das Gericht den Arrest angeordnet, so richtet sich die Vollziehung gemäß § 928 ZPO grundsätzlich nach den Vorschriften über die Zwangsvollstreckung, wobei die Vollziehung des dinglichen Arrests insbesondere gemäß § 930 Abs. 1 S. 1 ZPO durch Pfändung mit der Einschränkung bewirkt wird,[545] dass der Gläubiger nicht zur Verwertung übergehen darf.[546]

Neben dem Arrest besteht für den Gläubiger zur Sicherung seiner Ansprüche zudem die Möglichkeit der Sicherungsvollstreckung gemäß § 720 a ZPO. Dem Gläubiger soll hiermit ermöglicht werden, bei nur gegen Sicherheitsleistung vorläufig vollstreckbaren Urteilen schon vor der für den Beginn der Zwangsvollstreckung gemäß § 751 Abs. 2 ZPO erforderlichen Leistung der der Sicherheit Sicherungsmaßnahmen zu treffen, um zu verhindern, dass sich der Schuldner

---

539 RGZ 67, 365 (369); *Baur/Stürner*, Zwangsvollstreckung, Rn. 51.3; *Rosenberg/Gaul/Schilken*, § 75 II 2; *Reichold*, in: *Thomas/Putzo*, § 917, Rn.1.

540 OLG Koblenz, ZIP 1986, 1559 (1563). Sobald ein vollstreckbarer Titel über den Anspruch besteht, fehlt es am Arrestgrund, *Baur/Stürner*, Zwangsvollstreckung, Rn. 51.5; *Rosenberg/Gaul/Schilken*, § 75 II 2; *Brox/Walker*, Rn. 1502; *Grunsky*, in: *Stein/Jonas*, Vor 916, Rn. 20, § 917, Rn. 25. Nach a.A. fehlt es in diesem Falle vielmehr am Rechtsschutzbedürfnis, *Heinze*, in: Münchener Kommentar, § 917, Rn. 15 f.; *Thümmel*, in: *Wieczorek/Schütze*, § 916, Rn. 10; *Reichold*, in: *Thomas/Putzo*, § 916, Rn. 2.

541 *Baur/Stürner*, Zwangsvollstreckung, Rn. 51.15; *Rosenberg/Gaul/Schilken*, § 77 I 4; *Reichold*, in: *Thomas/Putzo*, § 922, Rn. 1 f.

542 *Baur/Stürner*, Zwangsvollstreckung, Rn. 51.16.

543 *Reichold*, in: *Thomas/Putzo*, Vor § 916, Rn. 4, § 922, Rn. 2.

544 *Walker*, in: *Schuschke/Walker*, Vor § 916, Rn. 7; *Rosenberg/Gaul/Schilken*, § 74 III 1.

545 Zu den erleichterten Voraussetzungen der Vollstreckung eines Arrestbefehls, *Baur/Stürner*, Zwangsvollstreckung, Rn. 52.2; *Brox/Walker*, Rn. 1534 ff.

546 *Baur/Stürner*, Zwangsvollstreckung, Rn. 52. 9; *Hartmann*, in: *Baumbach/Lauterbach/Albers/Hartmann*, § 930, Rn. 1; *Brox/Walker*, Rn. 1541.

durch Vermögensverschiebungen oder Vermögensverfall der Zwangsvollstreckung entziehen kann.[547]

Im Gegensatz zum Arrest setzt die Sicherungsvollstreckung somit voraus, dass der Gläubiger bereits einen Titel erstritten hat. Daneben müssen die allgemeinen Voraussetzungen der Zwangsvollstreckung gegeben sein.[548] Aus § 750 Abs. 3 ZPO ergibt sich zudem, dass die Vollstreckungsklausel zugestellt werden muss[549] und die Vollstreckung erst dann beginnen kann, wenn seit der Zustellung zwei Wochen vergangen sind. Dadurch soll dem Schuldner die Möglichkeit des § 720 a Abs. 3 ZPO garantiert werden, anhand einer Sicherheitsleistung die Vollstreckung noch abwenden zu können.[550]

Die arrestähnliche[551] Wirkung der Sicherungsvollstreckung besteht darin, dass der Gläubiger gemäß § 720 a Abs. 1 S. 1 lit. a ZPO bewegliches Vermögen pfänden darf, ohne allerdings zur Verwertung übergehen zu dürfen.[552] Der Gläubiger darf sich erst dann aus den gepfändeten Gegenständen befriedigen, wenn er die Sicherheit geleistet hat und dies nachweist, §§ 720 a Abs. 1 S. 2, 751 Abs. 2 ZPO.[553]

2. Notwendigkeit und Zulässigkeit der Drittwiderspruchsklage

Der Arrest wird, wie gesehen, unter entsprechender Anwendung der Pfändungsvorschriften vollzogen. Somit hat auch hier der Gerichtsvollzieher bei der Wahl des Pfändungsobjekts lediglich auf den Gewahrsam des Vollstreckungsschuldners Rücksicht zu nehmen. Dass mit dem Vollzug demnach Rechte eines nicht haftenden Dritten betroffen werden, ist ebenso möglich und wahrscheinlich wie bei der direkten Anwendung der Pfändungsvorschriften, so dass sich

---

547 *Rosenberg/Gaul/Schilken*, § 14 V 2 c; *Hartmann*, in: *Baumbach/Lauterbach/Albers/Hartmann*, § 720 a, Rn. 2.

548 *Hess*, in: *Wieczorek/Schütze*, § 720 a, Rn. 6; *Putzo*, in: *Thomas/Putzo*, § 720 a, Rn. 3.

549 OLG Düsseldorf, MDR 1997, 392 f.; *Rosenberg/Gaul/Schilken*, § 14 V 2 c; *Stöber*, in: *Zöller*, § 720 a, Rn. 4; *Putzo*, in: *Thomas/Putzo*, § 750, Rn. 18. Dagegen *Baur/Stürner*, Zwangsvollstreckung, Rn. 15.17; *Hess*, in: *Wieczorek/Schütze*, § 720 a, Rn. 8; *Schuschke*, in: *Schuschke/Walker*, § 720 a, Rn. 3, da die Zustellung des Titels jedenfalls eine ausreichende Warnung des Schuldners beinhalte und es der Klauselzustellung daher nicht bedürfe. § 750 Abs. 3 ZPO stelle nur eine klarstellende Verweisung auf die allgemeinen Voraussetzungen des § 750 Abs. 1 und 2 ZPO dar.

550 *Rosenberg/Gaul/Schilken*, § 14 V 2 c.

551 So *Rosenberg/Gaul/Schilken*, § 14 V 2 c; *Reichold*, in: *Thomas/Putzo*, § 720 a, Rn. 1.

552 *Hartmann*, in: *Baumbach/Lauterbach/Albers/Hartmann*, § 720 a, Rn. 4; *Stöber*, in: *Zöller*, § 720 a, Rn. 8. Eine Verwertung kommt nur ausnahmsweise gemäß §§ 720 a Abs. 2, 930 Abs. 3 ZPO in Betracht.

553 Als weiteres Sicherungsmittel des Gläubigers kommt grundsätzlich die Vorpfändung im Sinne des § 845 ZPO in Betracht. Da diese jedoch auf den Bereich der Forderungspfändung beschränkt ist, kann sie hier außer Betracht bleiben.

das Bedürfnis für die Zulassung der Drittwiderspruchsklage beim Vollzug eines dinglichen Arrests nicht von dem bei der eigentlichen Zwangsvollstreckung unterscheidet. Dementsprechend ist die Drittwiderspruchsklage auch für den Fall statthaft, dass Dritte durch die Vollziehung eines Arrestes in ihren Rechten betroffen werden.[554]

Hinsichtlich der Sicherungsvollstreckung ergeben sich gegenüber den allgemeinen Grundsätzen der Zwangsvollstreckung keine Unterschiede. Sie stellt letztlich lediglich eine zeitliche Erweiterung der ordentlichen Zwangsvollstreckung nach vorne dar, die aufgrund ihres Sicherungscharakters im Hinblick auf die Verwertung der in Beschlag genommenen Sachen beschränkt ist. Für den Bereich der Pfändung und die damit zusammenhängenden Probleme, insbesondere die Beeinträchtigung von Drittrechten kann somit auf die Zusammenhänge in der ordentlichen Zwangsvollstreckung verwiesen werden. Die Drittwiderspruchsklage ist folglich unproblematisch auch bei der Sicherungsvollstreckung grundsätzlich zulässig.

II. Instrumente des einstweiligen Rechtsschutzes

1. Das italienische System des einstweiligen Rechtsschutzes

Das italienische Recht des einstweiligen Rechtsschutzes unterscheidet zwischen *Sequestro* (Beschlagnahme) und *Provvedimento d'urgenza* (einstweilige Verfügung). Als weitere Maßnahme zur Sicherung der Vollstreckung erscheint die *Esecuzione immediata* (unmittelbare Zwangsvollstreckung) gemäß Art. 482 c.p.c.

a) *Sequestro conservativo*, Art. 671 c.p.c., und *Provvedimento d'urgenza*, Art. 700 c.p.c.

Gemäß Art. 700 c.p.c. kommt eine einstweilige Verfügung subsidiär nur in Betracht, sofern nicht einstweilige Maßnahmen im Sinne der Art. 670 ff. c.p.c., also insbesondere die Beschlagnahme, statthaft sind.

Das im vorliegenden Zusammenhang interessierende Mittel ist der in Art 2905 c.c. zum Erhalt der Vermögenshaftung des Schuldners vorgesehene *Sequestro conservativo*. Denn dieser ist gemäß Art. 671 c.p.c. auf die Sicherung der Zwangsvollstreckung wegen Geldforderungen in bewegliche Sachen gerichtet.[555]

---

554 *Baur/Stürner*, Zwangsvollstreckung, Rn. 52.1; *Hartmann*, in: *Baumbach/Lauterbach/Albers/Hartmann*, § 928, Rn. 7.

555 Im Gegensatz dazu sichert ein *Sequestro giudiziario* gemäß Art. 670 c.p.c. die Herausgabevollstreckung, *Redenti/Vellani*, 148; *Eilers*, 153.

aa) Voraussetzungen des *Sequestro conservativo*

(1) *Fumus boni iuris* und *periculum in mora*

Um einen *Sequestro conservativo* zu erreichen, muss zunächst ein *fumus boni iuris* bestehen,[556] d.h., dass derjenige berechtigt ist, die Maßnahme zu beantragen, der nachvollziehbar erscheinend vorgibt,[557] Gläubiger einer Forderung zu sein.[558] Dabei muss die Forderung nicht bereits fällig sein, sondern es reicht aus, dass sie aktuell, also nicht bloß hypothetisch oder eventuell besteht.[559] Der Antragende hat dies anhand von Fakten darzulegen.[560]

Als Maßnahmegrund muss der Gläubiger gemäß Art. 671 c.p.c. „mit gutem Grund befürchten, die Deckung für seine Forderung zu verlieren",[561] es muss also Gefahr im Verzug bestehen (*periculum in mora*).[562] Es muss mithin die Gefahr bestehen, dass sich das Vermögen des Schuldners so weit verkleinert, dass es die Garantiefunktion des Art. 2740 c.c. nicht mehr übernehmen kann.[563] Dem Gläubiger kann dabei nicht zugemutet werden, die Verarmung des Schuldners abzuwarten, sondern es reicht eine entsprechende Gefahr aus.[564] Die Gefahr kann sowohl aus subjektiven wie aus objektiven Elementen, wie z.B. die eilige Veräußerungen oder das Verbergen von Gegenständen, Symptome von Insolvenz oder Zerrüttung oder die Unproportionalität von Aktiva und Passiva,[565] gefolgert werden.[566]

Der Gläubiger hat die einstweilige Maßnahme gemäß Art. 669-*bis* c.p.c. im Wege des *Ricorso*[567] bei dem nach den allgemeinen Vorschriften zu bestimmen-

---

556 *Eilers*, 153; *Satta/Punzi*, 810; *Siracusana*, in: *Picardi*, Art. 671, § 2; *Samorì*, in: *Carpi/Taruffo*, Art. 671, I, Rn. 4.

557 *Satta/Punzi*, 810.

558 *Siracusana*, in: *Picardi*, Art. 671, § 2; *Samorì*, in: *Carpi/Taruffo*, Art 671, I, Rn. 2.

559 *Cass.*, Nr. 2445/1970, Rep. F. it. 1971, 2764 f. (Nr. 30); *Siracusana*, in: *Picardi*, Art. 671, § 2; *Samorì*, in: *Carpi/Taruffo*, Art 671, I, Rn. 2. Vgl. auch die zweite Synopse zum einstweiligen Rechtsschutz im Rahmen der *Hess*-Studie, http://europa.eu.int/comm/justi ce_home/doc_centre/civil/studies/doc/prov_measures_2_en.pdf, 13.

560 *Siracusana*, in: *Picardi*, Art. 671, § 2; *Samorì*, in: *Carpi/Taruffo*, Art 671, I, Rn. 3.

561 Übersetzung von *Bauer* u.a. Im Original lautet Art. 671 c.p.c.: „*Il giudice, su istanza del creditore che ha fondato timore di perdere la garanzia del proprio credito, può autorizzare il sequestro conservativo di beni mobili (...) nei limiti in cui la legge ne permette il pignoramento*".

562 *Eilers*, 153; *Satta/Punzi*, 810; *Siracusana*, in: *Picardi*, Art. 671, § 3; *Samorì*, in: *Carpi/Taruffo*, Art. 671, II, Rn. 1.

563 *Samorì*, in: *Carpi/Taruffo*, Art. 671, II, 1.

564 *Siracusana*, in: *Picardi*, Art. 671, 3.

565 *Redenti/Vellani*, 146.

566 *Samorì*, in: *Carpi/Taruffo*, Art. 671, II, 3.

567 Vgl. dazu o. Fn. 58.

den Gericht der Hauptsache zu beantragen, Art. 669-*ter* f. c.p.c., und dabei die zur Glaubhaftmachung des Maßnahmeanspruchs und –grundes erforderlichen Beweise vorzulegen.[568]

Der Richter hat dann nach Anhörung der Parteien[569] in einer summarischen Prüfung die Existenz der Forderung festzustellen,[570] wobei er lediglich werten muss, ob der Grad der Wahrscheinlichkeit der behaupteten Forderung ausreichend ist.[571] Er entscheidet daraufhin durch Beschluss über die Anordnung der Sicherstellungsbeschlagnahme.[572]

(2) Zeitraum

Grundsätzlich ist der *Sequestro conservativo* als Sicherungsmittel für den Zeitraum bis zur Entstehung eines Titels konzipiert. Hat der Gläubiger einen Titel erwirkt, so kann er sofort pfändungsweise vorgehen und braucht somit den *Sequestro* nicht mehr,[573] so dass dieser dann nicht mehr statthaft ist.

Fraglich erscheint jedoch, ob dies in dieser Allgemeinheit gilt. Zwar kann der Gläubiger anhand eines – zumindest gemäß Art. 282 c.p.c. vorläufig vollstreckbaren –[574] Titels im Wege der Pfändung vorgehen. Gemäß Art. 482 c.p.c. kann die Zwangsvollstreckung jedoch nicht begonnen werden, bevor nicht mindestens zehn Tage[575] seit der Zustellung des *Precetto* vergangen sind.

Einerseits wird trotzdem davon ausgegangen, dass bei Vorliegen eines Titels der *Sequestro* nicht mehr statthaft sei. Zur Sicherung des Gläubigers stehe nämlich vor Ablauf der gerade genannten Frist die *Esecuzione immediata*[576] gemäß Art. 482 c.p.c. zur Verfügung.[577]

---

568 *Mauch*, 160; Zweite Synopse zum einstweiligen Rechtsschutz im Rahmen der *Hess*-Studie (o. Fn. 559), 13.

569 Nur im Falle, dass die Benachrichtigung des Schuldners selbst die Durchführbarkeit der einstweiligen Maßnahme selbst gefährden könnte, kann der Richter diese auch ohne Anhörung des Schuldners erlassen, Art. 669-*sexies* Abs. 2 S. 1 c.p.c.. In diesem Fall hat er allerdings innerhalb von 15 Tagen eine Anhörung anzusetzen, in der die Maßnahme zu bestätigen ist, Art. 669-*sexies* Abs. 2 S. 2 c.p.c.

570 *Samorì*, in: *Carpi/Taruffo*, Art. 671, I, Rn. 4.

571 *Cass.*, Nr. 2672/1983, Rep. F. it. 1983, 2964 (Nr. 8); *Cass.*, Nr. 2523/1987, Rep. F. it. 1987, 3138 (Nr. 52); *Siracusana*, in: *Picardi*, Art. 671, § 2; *Samorì*, in: *Carpi/Taruffo*, Art. 671, I, Rn. 4.

572 *Mauch*, 143.

573 *Redenti/Vellani*, 146.

574 Dazu *Kerameus*, RdC 264 (1997), 179 (242); *Schlosser*, in: FS *Beys*, 1481 f.

575 Oder die im *Precetto* genannte Frist, die aber zehn Tage nicht unterschreiten darf. Zum *Precetto* vgl. o. Fn. 206.

576 Dazu sogleich b.

577 *Andrioli*, IV, 155.

Nach herrschender Auffassung besteht das Interesse des Gläubigers an der Autorisierung des *Sequestro conservativo* jedoch fort, solange es notwendig erscheint, die Gefahr im Verzug zu eliminieren oder der Gläubiger Gründe oder Hindernisse hat, im Wege der Exekution vorzugehen.[578] Eine solche Notwendigkeit wird auch durch die Möglichkeit einer *Esecuzione immediata* nicht völlig ausgeschlossen. Zwar ist diese bereits vor Ablauf der Zehn-Tages-Frist des Art. 482 c.p.c. zulässig, aber sie setzt wie jede andere Zwangsvollstreckung auch gemäß Art. 479 Abs.1 c.p.c. die Zustellung des Titels und des *Precetto* an den Schuldner voraus.[579] Für den Zeitraum nach Erwirkung des Titels bis zu dessen Zustellung, in dem der Schuldner durch den Titel sogar schon gewarnt sein kann und die Wahrscheinlichkeit des Verlustes der Sicherung um so größer ist, wäre der Gläubiger mithin schutzlos vor etwaigen Vermögensverlusten des Schuldners. Der *Sequestro conservativo* ist mithin bis zur Zustellung des Titels und des *Precetto* bei Vorliegen seiner Voraussetzungen statthaft.

bb) Vollziehung des *Sequestro*

Autorisiert der Richter den *Sequestro conservativo*, so wird dieser gemäß Art. 678 c.p.c. nach den Pfändungsvorschriften vollzogen; die Pfändung wird somit antizipiert.[580] Der Verweis auf die Pfändungsvorschriften umfasst jedoch nur diejenigen Vorschriften, die mit der Konzeption des einstweiligen Rechtsschutzes übereinstimmen. So ist es offensichtlich z.B. nicht notwendig, den (regelmäßig ja noch gar nicht vorliegenden) Exekutionstitel oder das *Precetto* zuvor zuzustellen.[581] Auch die Befugnis zur Einleitung des Verwertungsverfahrens tritt noch nicht ein.[582] Leistet der Schuldner eine geeignete Kaution, kann er allerdings gemäß Art. 684 c.p.c. den Widerruf des *Sequestro conservativo* verlangen.[583]

Ergeht ein vollstreckbares Urteil hinsichtlich der geltend gemachten Forderung, so wandelt sich der *Sequestro conservativo* in die Pfändung um, Art. 686 Abs. 1 c.p.c.[584]

---

578 *Cass.*, Nr. 766/1965, Rep. F. it. 1965, 2731 (Nr. 11); *Cass.*, Nr. 84/1969, Rep. F. it. 1969, 2553 (Nr. 10); *Siracusana*, in: *Picardi*, Art. 671, 5; *Samorì*, in: *Carpi/Taruffo*, Art. 671, I, 8.

579 In diesem Sinne auch *Schlosser*, RIW 2002, 809 (811).

580 *Satta/Punzi*, 810; *Siracusana*, in: *Picardi*, Art. 671, § 1; *Samorì*, in: *Carpi/Taruffo*, Art. 678, I, Rn. 1; *Mauch*, 145

581 *Redenti/Vellani*, 155; *Wastl*, 301; *Ricci*, in: *Carpi/Taruffo*, Art. 479, Rn. 1; *Mauch*, 145.

582 *Mauch*, 147.

583 *Eilers*, 155.

584 *Wastl*, 303; *Mauch*, 145.

b) Die *Esecuzione immediata*, Art. 482, S. 1, 2. Hs. c.p.c.

Als weiteres Mittel zur einstweiligen Sicherung von Geldforderungen bietet das italienische Zwangsvollstreckungsrecht die *Esecuzione immediata* gemäß Art. 482 c.p.c. Während grundsätzlich die Zwangsvollstreckung erst mindestens zehn Tage nach Zustellung des *Precetto* begonnen werden kann, besteht bei Gefahr im Verzug die Möglichkeit, die Zwangsvollstreckung unmittelbar zu beginnen. Gefahr im Verzug im Sinne der Vorschrift ist der Nachteil, der der beantragenden Partei durch den Ablauf der Zehn-Tages-Frist entstünde, falls nicht sofort mit der Zwangsvollstreckung begonnen wird.[585]

Legt der Gläubiger eine solche Gefahr dar, so kann der Präsident des für die Exekution zuständigen *Tribunale*s oder ein von ihm delegierter Richter die *Esecuzione immediata* autorisieren, so dass ohne Abwarten der Zehn-Tages-Frist die Zwangsvollstreckung begonnen werden kann.

Wie bereits dargelegt,[586] setzt die Zwangsvollstreckung aber auch hier voraus, dass zumindest Titel und *Precetto* dem Schuldner gemäß Art. 479 Abs. 1 c.p.c. bereits zugestellt wurden.

Die Durchführung der *Esecuzione immediata* unterscheidet sich aufgrund des lediglich früher möglichen Beginns dabei nicht von der ordentlichen Zwangsvollstreckung. Um dem Erhaltungsinteresse des Schuldners nachzukommen, kann der Richter jedoch die Bewilligung der unmittelbaren Exekution von der Leistung einer Kaution durch den Gläubiger abhängig machen, so dass die Vollstreckung erst beginnen kann, wenn die Kaution in der geforderten Weise tatsächlich geleistet worden ist.[587]

2. Der österreichische vorläufige Rechtsschutz

Zur Sicherung einer Geldforderung kann ein Gläubiger in Österreich eine einstweilige Verfügung gemäß § 379 Abs. 1 EO beantragen, soweit er nicht zu demselben Zwecke die Vornahme von Exekutionshandlungen erwirken kann. Als solche Exekutionshandlungen werden nicht nur diejenigen angesehen, die aufgrund des allgemeinen Exekutionsverfahrens durchgeführt werden, sondern auch und vor allem diejenigen, die im Rahmen der sog. Exekution zur Sicherstellung im Sinne der §§ 370 ff. EO getätigt werden.[588] Ist demnach eine Exekution zur Sicherstellung statthaft, scheidet gemäß § 379 Abs. 1 EO die Erwirkung einer einstweiligenVerfügung aus.[589]

---

[585] *Lombardi*, in: *Picardi*, Art. 482, § 2.
[586] Vgl. o. S. 92.
[587] *Lombardi*, in: *Picardi*, Art. 482, § 2.
[588] OGH, SZ 45/61; *Pimmer*, in: *Angst/Jakusch/Pimmer*, 469.
[589] *Schlosser*, RIW 2002, 809 (810).

a) Die Sicherstellungsexekution, §§ 370 ff. EO

Das allgemeine Exekutionsverfahren der EO ist gemäß § 7 Abs. 2 S.1 EO nur aufgrund rechtskräftiger Urteile möglich. Will der Gläubiger die Sicherung seiner Geldforderung vor Rechtskraft erreichen, bietet ihm das österreichische Recht die Möglichkeit einer Exekution zur Sicherstellung. Dazu muss der Gläubiger wahlweise an das Prozessgericht erster Instanz oder das Exekutionsgericht einen Exekutionsantrag stellen.[590]

Voraussetzung für die Bewilligung der Sicherstellungsexekution ist gemäß § 370 EO zunächst das Vorliegen eines noch nicht rechtskräftigen Titels, der eine Geldforderung zum Inhalt hat. Darüber hinaus muss der Gläubiger dem Gericht ein besonderes Vollstreckungsinteresse dergestalt glaubhaft machen, dass ohne die Exekution zur Sicherstellung die Einbringung der Geldforderung vereitelt oder erheblich erschwert werden würde oder das Urteil in Staaten zu vollstrecken wäre, die weder das EuGVÜ noch das LugÜ ratifiziert haben.[591] Eine objektive Gefährdungslage ist demgemäß ausreichend, ein gefährdendes Verhalten des Schuldners ist nicht erforderlich.[592]

Die daraufhin vom Gericht bewilligte Exekution[593] hat nicht die Befriedigung des Gläubigers zum Ziel, diese ist vielmehr von vornherein ausgeschlossen,[594] sondern bezweckt lediglich, dass der Gläubiger schon vor Rechtskraft des Titels den Rang für seine Befriedigung begründen kann.[595] Daher lässt auch § 374 Abs. 1 EO lediglich die Pfändung von Gegenständen des beweglichen Vermögens zu, spricht aber in keiner Weise von der Verwertung der in Beschlag genommenen Gegenstände. Aus diesem Grunde wird die Exekution zur Sicherstellung als „auf halbem Weg angehaltenes Vollstreckungsverfahren" bezeichnet.[596]

Mit Eintritt der Rechtskraft, also mit Vollstreckbarkeit, geht die Exekution zur Sicherstellung *ipso iure* in die Exekution zur Befriedigung nach den allgemeinen Vorschriften über.[597] Wird die Sicherstellungsexekution dagegen aufge-

---

[590] *Rechberger/Oberhammer*, Rn. 45. Allgemein zur Sicherstellungsexekution in Abgrenzung zur vorläufigen Vollstreckbarkeit vgl. *Schlosser*, in: FS *Beys*, 1473 ff.

[591] Die Bescheinigung der Gefährdung ist in den abgeschließend aufgeführten Fällen des § 371 EO nicht erforderlich und kann in den Fällen des § 371a EO durch die Leistung einer Sicherheit ersetzt werden.

[592] *Rechberger/Oberhammer*, Rn. 460; *Pimmer*, in: *Angst/Jakusch/Pimmer*, 458; *Seiser*, 75. Eine objektive Gefährdung wird z.B. anerkannt, wenn der Schuldner kurz vor der Insolvenz steht oder sein Vermögen durch zahlreiche Exekutionen verschlechtert wurde; *Pimmer*, in: *Angst/Jakusch/Pimmer*, 458; *Rechberger/Oberhammer*, Rn. 460.

[593] Vor dem Vollzug der Exekution ist allerdings auch in diesem Fall vorherige Zustellung notwendig, *Holzhammer*, 64; *Schlosser*, RIW 2002, 809 (810).

[594] *Rechberger/Oberhammer*, Rn. 450.

[595] *Seiser*, 75.

[596] *Holzhammer*, 409.

[597] *Pimmer*, in: *Angst/Jakusch/Pimmer*, 462; *Seiser*, 75. Der Gläubiger muss allerdings die

hoben, hat der betreibende Gläubiger gem. § 376 Abs. 2 EO alle Kosten, die durch die Bewilligung, den Vollzug oder die Wiederaufhebung der Exekutionshandlungen entstanden sind, zu tragen und dem Verpflichteten ggf. Schadensersatz zu leisten.[598]

b) Die einstweilige Verfügung, §§ 378 ff. EO

Kann der Gläubiger keinerlei Exekutionshandlungen, auch nicht solche zur Sicherstellung erwirken, weil er beispielsweise noch keinen Exekutionstitel erreicht hat, steht ihm zur Sicherung seiner Geldforderung die einstweilige Verfügung gemäß § 379 EO zur Verfügung. Das gemäß § 387 EO zuständige Gericht der Hauptsache entscheidet auf Antrag einer Partei über den Erlass einer einstweiligen Verfügung, §§ 378 Abs. 1, 389 EO.

Der Antragsteller muss gemäß § 379 Abs. 1 S.1 EO zunächst einen Anspruch in Form einer Geldforderung genau bezeichnen und Bescheinigungen darüber beibringen.[599] Gelingt ihm die Darlegung anhand von Bescheinigungen nicht, hat er auf Verlangen des Gerichts gemäß § 389 Abs. 1 S.2 EO seinen behaupteten Anspruch glaubhaft zu machen.[600]

Zudem muss der Antragsteller ein Verfügungsinteresse bescheinigen, das sich gemäß § 379 Abs. 2 Nr. 1 EO einerseits aus dem die Verwirklichung der Forderung gefährdenden Verhalten des Antragsgegners ergeben kann. Für die Annahme einer solchen subjektiven Gefährdung muss der Antragsteller konkrete Umstände behaupten und bescheinigen,[601] die es wahrscheinlich erscheinen lassen, dass durch Beschädigen oder Verbringen von Vermögensstücken oder Verfügungen darüber die Einbringlichkeit der Forderung vereitelt oder erheblich erschwert wird.[602] Andererseits erkennt § 379 Abs. 2 Nr. 2 EO auch eine abstrakte objektive Gefährdung der Forderung für den Fall an, dass das Urteil in Staaten vollstreckt werden müsste, die weder das EuGVÜ noch das LugÜ ratifiziert haben.[603]

---

weiteren Vollzugsmaßnahmen unter Vorlage einer vollstreckbaren Ausfertigung des Titels beantragen, *Rechberger/Oberhammer*, Rn. 468; *Seiser*, 75.

598 *Rechberger/Oberhammer*, Rn. 471.

599 *Rechberger/Oberhammer*, Rn. 478; *Eilers*, 62; *Holzhammer*, 423.

600 Gemäß § 390 Abs. 1 EO kann der Antragsteller eine nicht ausreichende Bescheinigung des Anspruchs durch eine vom Gericht nach freiem Ermessen bestimmte Sicherheitsleistung ersetzen.

601 Die subjektive Gefährdung muss in jedem Fall bescheingt werden und kann nicht durch eine Sicherheitsleistung ersetzt werden, §§ 389 Abs. 1, 390 Abs. 1 EO; *Pimmer*, in: *Angst/Jakusch/Pimmer*, 469.

602 OGH, EvBl. 363, ÖJZ 1968, 577; *Pimmer*, in: *Angst/Jakusch/Pimmer*, 470.

603 *Eilers*, 62.

Das Gericht entscheidet den Antrag grundsätzlich in einem einseitigen summarischen Erkenntnisverfahren, in dem das Beweismaß herabgesetzt ist und nur „parate“, d.h. sofort greifbare Beweismittel im Sinne des § 274 Abs. 1 öZPO berücksichtigt werden.[604] In seinem Beschluss kann das Gericht die in § 379 Abs. 3 EO abschließend aufgeführten Sicherungsmittel, insbesondere die Verwahrung und Verwaltung von beweglichen körperlichen Sachen, anordnen.

Der die einstweilige Verfügung erlassende Beschluss des Gerichts ist Exekutionstitel und Exekutionsbewilligung zugleich; die im Beschluss angeordnete Sicherungsmaßnahme wird daher von Amts wegen vollzogen.[605] Der Antragsteller erlangt aber keinerlei exekutives Befriedigungsrecht.[606]

3. Der englische einstweilige Rechtsschutz

Der einstweilige Rechtsschutz ist in England Teil der *Equity*-Gerichtsbarkeit, so dass grundsätzlich kein Anspruch auf den Erlass einstweiliger Maßnahmen besteht,[607] sondern die Gerichte diese nach ihrem Ermessen erlassen können.[608] Die verschiedenen Möglichkeiten, die dem Gericht diesbezüglich zur Verfügung stehen, werden in CPR Pt. 25.1.1 unter dem Oberbegriff *Interim remedies* in nicht abschließender Form aufgezeigt.[609]

Im Kontext einer möglichen Betroffenheit von Rechten Dritter werden im Folgenden die *Interim injunction*[610] und die *Freezing injunction*[611] untersucht.

a) Verfahren

Das Antragsverfahren richtet sich in allen Fällen einstweiligen Rechtsschutzes nach CPR Pt. 25.2 und 3 sowie den zugehörigen *Practice Directions*.[612]

---

604 OGH, EvBl. 174, ÖJZ 1957, 241 f.; *Rechberger/Oberhammer*, Rn. 474, 521; *Seiser*, 85.

605 *Rechberger/Oberhammer*, Rn. 523.

606 *Rechberger/Oberhammer*, Rn. 473.

607 *Jacob*, 133 f.; *Albrecht*, 44; *Nagel/Gottwald*, § 15, Rn. 91; *Counsell/Ashe*, in: *Halsbury's*, Vol. 24, § 853.

608 *Kanzler*, 48, 105; *O'Malley/Layton*, 7.04; *Albrecht*, 44; *Counsell/Ashe*, in: *Halsbury's*, Vol. 24, § 801; *Nagel/Gottwald*, § 15, Rn. 91.

609 CPR Pt. 25.1.3 stellt klar, dass die Auflistung in Abs. 1 das Gericht nicht daran hindert, eine nicht aufgeführte Maßnahme zu ergreifen.

610 CPR Pt. 25.1.1.a; vgl. u. S. 97 ff.

611 CPR Pt. 25.1.1.f; vgl. u. S. 100 ff. Des Weiteren kann auch eine *Order for the detention, custody and preservation of relevant property* nach CPR Pt. 25.1.1.c.i ergehen. Da es hierbei aber lediglich um die Sicherstellung streitbefangener Sachen geht, wird darauf im Folgenden nicht näher eingegangen.

612 Vor Inkrafttreten der CPR regelte RSC 29 das Verfahren zum Erlass von *Interlocutory injunctions*, vgl. dazu *Kanzler*, 75 ff.; *Walther*, 25 ff.; *Heiss*, 77; *Albrecht*, 50 f.; *Eilers*, 130.

Gemäß CPR Pt. 25.3 kann das Gericht auf Antrag einer Partei, dem regelmäßig Beweise beizufügen sind[613] und der der anderen Seite vor allem in dringenden Fällen nicht notwendigerweise zugestellt werden muss,[614] zu jeder Zeit des Verfahrens, also sowohl vor Beginn des Hauptsacheverfahrens als auch noch nach Erlass eines Urteils einstweilige Maßnahmen anordnen, CPR Pt. 25.2.1. Eine *Injunction*, die vor Beginn des Hauptsacheverfahrens erlassen werden soll, erfordert jedoch, dass die Sache dringend ist oder es in anderer Weise im Interesse der Gerechtigkeit wünschenswert ist, CPR Pt. 25.2.2. Das Gericht kann in diesem Fall auch den Kläger anweisen, Klage zu erheben, CPR Pt. 25.2.3, um zu verhindern, dass die Vorzüge der einstweiligen Maßnahme der antragstellenden Partei gewährt werden, obwohl diese das Hauptsacheverfahren niemals beginnt.[615]

Zuständig für den Erlass von einstweiligen Maßnahmen ist gemäß PD 1.3 zu CPR Pt. 25 grundsätzlich derjenige Richter, der auch sachlich zuständig für das Hauptsacheverfahren ist.[616] *Freezing injunctions*[617] können dagegen nur von *High Court Judges* oder gemäß PD 1.1 zu CPR Pt. 25 dazu autorisierten Richtern erlassen werden.

b) Die Instrumente im Einzelnen

aa) *Interim injunction*

CPR Pt. 25.1.1 nennt unter lit. a zunächst die Grundform des englischen einstweiligen Rechtsschutzes, die *Interim injunction*.[618]

---

613 Der Antrag ist mittels einer *Application notice* durchzuführen, PD 2 zu CPR Pt. 25. Gemäß PD 3.3 zu CPR Pt. 25 müssen die beizubringenden Beweise alle Fakten enthalten, auf die der Kläger seine Klage gründen will, sowie all diejenigen, von denen das Gericht in Kenntnis gesetzt werden sollte.

614 Dieses vormals sog. „*ex parte*"-Verfahren, vgl. dazu *Walther*, 27 ff.; *Eilers*, 130, kann in dem Fall durchgeführt werden, dass einstweiliger Rechtsschutz nicht wirksam wäre, wenn der Antragsgegner Kenntnis vom Antrag erlangt. So z.B., wenn ein besonders dringender Fall vorliegt oder der Überraschungseffekt für den Antragsteller von wesentlicher Bedeutung ist. Der Antragsteller muss gemäß CPR Pt. 25.3.3 dem Gericht darlegen, aus welchen Gründen keine Zustellung erfolgte. Um seine Rechte zu wahren, kann der Antragsgegner unmittelbar nach Kenntniserlangung einen Aufhebungsantrag stellen, über den das erstinstanzliche Gericht nach kurzer Ladungsfrist entscheiden muss, *Kanzler*, 79; *Walther*, 29; *Albrecht*, 50.

615 *Osborne*, 313.

616 *Osborne*, 313;

617 Vgl dazu u. S. 100 ff.

618 *Albrecht*, 43; *Müller*, 8; *Nagel/Gottwald*, § 15, Rn. 91. Mit dem Inkrafttreten der CPR ersetzte dieser Begriff die Bezeichnung *Interlocutory injunction*. Grundsätzlich zur durch die CPR veränderten Terminologie, vgl. *Andrews*, ZZPInt 4 (1999), 3 (25); *Müller*, 7;

Eine *Injunction* ist eine richterliche Verfügung, die ein rechtlich anerkanntes Interesse des Antragstellers gegen eine drohende Verletzung durch den Antragsgegner dadurch zu schützen sucht, dass sie dem Antragsgegner aufgibt, sich in einer bestimmten Weise zu verhalten, also etwas Bestimmtes zu unterlassen oder zu tun.[619] Während eines schwebenden Verfahrens bis zur Entscheidung in der Hauptverhandlung ergeht eine solche Verfügung mit vorläufiger Wirkung und wird als *Interim injunction* bezeichnet.[620] Rechtsgrundlage für den Erlass von *Interim injunctions* ist sec. 37.1 des *Supreme Court Act* 1981,[621] der dem Gericht die Befugnis gibt, in allen Fällen eine solche *Injunction* zu erlassen, in denen das Gericht es für gerecht und angemessen erachtet.[622]

(1) Voraussetzungen

Nachdem die für den Erlass von *Interlocutory injunctions* lange Jahre geltende Lehre vom „*prima facie case*“ überwunden wurde,[623] muss der Antragsteller zur Erlangung einer *Interim injunction* sein Recht nicht mehr nach allen Gesichtspunkten begründen. Es reicht vielmehr aus, dass er schlüssig darlegt, dass seine Klage reelle Aussicht auf Erfolg hat und nicht leichtfertig gemacht oder

---

Sobich, JZ 1999, 775 (776).

619 *O'Malley/Layton*, 7.05; *Bunge*, 82; *Campbell*, 141; *Counsell/Ashe*, in: *Halsbury's*, Vol. 24, § 801. Wird dem Antragsgegner ein Unterlassen aufgegeben, so handelt es sich um eine *Prohibitory injunction*, während man bei positivem Tun von einer *Mandatory injunction* spricht; *Kanzler*, 51 f.; *Walther*, 20; *Tusch*, 169; *Bunge*, 82 f.; *Müller*, 8; *Counsell/Ashe*, in: *Halsbury's*, Vol. 24, § 801; *Kershaw*, in: *Atkin's*, 4.

620 *Jacob*, 132 f.; *Müller*, 8; *Counsell/Ashe*, in: *Halsbury's*, Vol. 24, § 804.
Im Gegensatz dazu kann das Gericht auch im Anschluss an seine Entscheidung eine endgültige *Perpetual injunctions* erlassen, *Walther*, 21; *Müller*, 8; *Counsell/Ashe*, in: *Halsbury's*, Vol. 24, § 803.

621 Law Reports Statutes 1981, II, 1125 ff.; *Briggs/Rees*, 6.02.

622 *Briggs/Rees*, 6.02; *Müller*, 6. *Supreme Court Act* 1981 (o. Fn. 620), sec. 37 (1), lautet: „*The High court may by order (whether interlocutory or final) grant an injunction or appoint a reciever in all cases in which it appears to the court to be just and convenient to do so*“.

623 Vgl. hierzu *Preston v. Luck* [1884] 27 ChD 497 (506); *F. Hoffmann-La Roche & Co. AG v. Secretary of State for Trade and Industries* [1974] 2 All ER 1128 (1135). Der Kläger musste danach das Gericht davon überzeugen, dass ihm das behauptete Recht zustand, dass also sein Erfolg in der Hauptsache wahrscheinlich war. Der Erlass einer *Interlocutory injunction* setzte demnach eine materiellrechtliche Prüfung voraus, die das Hauptsacheverfahren regelmäßig vorwegnahm, *Kanzler*, 127 ff.; *Walther*, 33 f.; *Albrecht*, 47; *Eilers*, 131; *Counsell/Ashe*, in: *Halsbury's*, Vol. 24, § 85; *Müller* 9; *Nagel/Gottwald*, § 15, Rn. 93. Diese Grundsätze hat das *House of Lords* in seiner Entscheidung *American Cyanamid Co. v. Ethicon Ltd.* [1975] 1 All ER 504 (510) aufgegeben, um einer Vorwegnahme des Hauptsacheverfahrens entgegenzuwirken, *Tusch*, 171; *Heiss*, 78.

offensichtlich aussichtslos ist, es sich also um eine ernsthafte Frage zur Entscheidung handelt.[624]

Der Antragsteller muss zudem glaubhaft machen, dass eine *Injunction* notwendig ist, um ihn vor irreparablen Schäden zu schützen;[625] er also ein Interesse an der Erhaltung des *Status quo* bis zur endgültigen Regelung hat.[626]

Das Gericht nimmt aufgrund dessen eine Abwägungsprüfung (*Balance of convenience*) vor und entscheidet, ob eine einstweilige Maßnahme ratsam ist.[627] Dabei hat es sowohl das Interesse des Klägers am Schutz vor irreparabler Verletzung seiner Rechte zu beachten als auch das Interesse des Beklagten, durch die Maßnahme nicht in nicht zu kompensierender Weise um die Verteidigungsmöglichkeit seiner eigenen Rechte gebracht zu werden.[628] *Injunctions* werden regelmäßig nicht gewährt, wenn sich der Kläger auch durch Schadensersatz schadlos halten kann.[629] Das Gericht gewährt mithin nur das Mindeste.[630] Für den Fall, dass die *Injunction* fälschlicherweise gewährt wird, trifft das Gericht geeignete Maßnahmen.[631]

(2) Wirkung und Vollziehung der *Interim injunction*

Erlässt das Gericht eine *Injunction*, so enthält diese stets den Befehl an eine Partei, etwas zu tun oder zu unterlassen.[632] Eine unmittelbare Vollziehung dieses Befehls ist allerdings nicht möglich.[633] Verstößt der Antragsgegner gegen die

---

624 *American Cyanamid Co. v. Ethicon Ltd.*, [1975] I All ER 504 (510); *Walther*, 33; *O'Malley/Layton*, 7.06; *Albrecht*, 47; *Eilers*, 131; *Müller*, 9 f.; *Tusch*, 171 f.; *Kessel*, RIW 1993, 988 (989 f.); *Counsell/Ashe*, in: *Halsbury's*, Vol. 24, §§ 853, 855.

625 *Garden Cottage Foods Ltd v. Milk Marketing Board* [1983] All ER 770 (784); *Nagel/Gottwald*, § 15, Rn. 93; *Albrecht*, 47; *Counsell/Ashe*, in: *Halsbury's*, Vol. 24, § 855.

626 *American Cyanamid Co. v. Ethicon Ltd.*, [1975] I All ER 504 (511); *Garden Cottage Foods Ltd v. Milk Marketing Board* [1983] All ER 770 (774); *O'Malley/Layton*, 7.06; *Nagel/Gottwald*, § 15, Rn. 91; *Counsell/Ashe*, in: *Halsbury's*, Vol. 24, § 853.

627 *American Cyanamid Co. v. Ethicon Ltd.*, [1975] I All ER 504 (510); *Walther*, 34; *Albrecht*, 47; *Eilers*, 131; *Campbell*, 141; *Müller*, 10; *Counsell/Ashe*, in: *Halsbury's*, Vol. 24, § 853, 856.

628 *Albrecht*, 47; *Counsell/Ashe*, in: *Halsbury's*, Vol. 24, § 856.

629 *American Cyanamid Co. v. Ethicon Ltd.*, [1975] I All ER 504 (509); *Walther*, 34; *O'Malley/Layton*, 7.06; *Müller*, 10. Aufgrund ihres *Equity*-Charakters, wird die *Injunction* nur dann gewährt, wenn kein *Remedy in law*, also z.B. Schadensersatz erhältlich ist, *Albrecht*, 48.

630 *Counsell/Ashe*, in: *Halsbury's*, Vol. 24, § 864.

631 Wie z.B. eine Zusicherung seitens des Klägers, entstehende Schäden ggf. zu ersetzen; *Eilers*, 131; *Campbell*, 141; *Counsell/Ashe*, in: *Halsbury's*, Vol. 24, § 865. CPR Pt. 25 PD 5.1.1 ordnet eine solche Klausel grundsätzlich für jede *Injunction* an, soweit das Gericht nicht davon abweichen möchte.

632 *Albrecht*, 46.

633 *Nagel/Gottwald*, § 15, Rn. 92.

ihm auferlegten Anweisungen, begeht er vielmehr einen *Contempt of court*,[634] den das Gericht in vielfältiger Weise ahnden kann: Gemäß RSC 45.5.1 steht sowohl eine Haftanordnung als auch vor allem die Möglichkeit einer Beschlagnahmeverfügung (*Writ of sequestration*) auf das persönliche Vermögen des Antragsgegners im Ermessen des Gerichts.[635]

bb) *Freezing injunction*

Als besondere Form der *Interim injunction*[636] ist vor allem die früher sog. *Mareva-injunction*[637] zu nennen, die in der Terminologie des CPR nunmehr als *Freezing injunction* bezeichnet wird, CPR Pt. 25.1.1.f.

Um zu verhindern, dass der Antragsgegner Vermögensgegenstände[638] dem Zugriff des Gläubigers in der Zwangsvollstreckung entzieht,[639] kann das Gericht eine Anordnung erlassen, die die Partei daran hindern soll, Vermögensgegenstände außer Landes zu bringen oder sonst über sie zu verfügen.[640]

Zur effektiven Verhinderung wird die *Freezing injunction* daher regelmäßig ohne Kenntnis des Antragsgegners erlassen.[641]

---

634 *Kanzler*, 95; *Jacob*, 133; *O'Malley/Layton*, 7.25; *Albrecht*, 46; *Eilers*, 136; *Campbell*, 143; *Nagel/Gottwald*, § 15, Rn. 92; *Hess*-Studie, 121.

635 *Kanzler*, 99 f.; *Jacob*, 133; *Albrecht*, 46 f; *Nagel/Gottwald*, § 15, Rn. 92; *Counsell/Ashe*, in: *Halsbury's*, Vol. 24, § 1005; *Kershaw*, in: *Atkin's*, 13.

636 *Albrecht*, 51; *Eilers*, 132.

637 In Anlehnung an den zweiten Fall, in dem eine solche *Injunction* gewährt wurde: *Mareva Compania Naviera S.A. v. International Bulkcarriers S.A.*, [1980] 1 All ER 213; *Bunge*, 84; *Eilers*, 132. Der erste war *Nippon Yusen Kaisha v. Karageorgis*, [1975] 3 All ER 282. Gesetzlich anerkannt wurde die *Mareva injunction* durch den *Supreme Court Act* 1981 (o. Fn. 620), Sec. 37.3. Zur geschichtlichen Entwicklung vgl. *Müller*, 10 ff.

638 Zur Bedeutung des Begriffes "*assets*" vgl. *Counsell/Ashe*, in: *Halsbury's*, Vol. 24, § 867.

639 *Albrecht*, 52; *Eilers*, 132.

640 *Albrecht*, 52; *Counsell/Ashe*, in: *Halsbury's*, Vol. 24, § 866. Mit einer Reihe von Entscheidungen haben die englischen Gerichte die mögliche Reichweite der *Mareva-injunction* erheblich erweitert. Die sog. *worldwide Mareva-injunction* ist in ihrer Wirkung nicht mehr auf Vermögensgegenstände innerhalb der englischen Gerichtsbarkeit beschränkt und kann u.U. auch dann beantragt werden, wenn in der Hauptsache Gerichte eines anderen Staates international zuständig sind, *Babanaft International Co. S.A. v. Bassatne* [1989] 1 All ER 433 (449); *Republic of Haiti v. Duvalier* [1989] 1 All ER 456 (464 ff.); *Derby & Co. Ltd. v. Weldon* (No. 1) [1989] 1 All ER 469; *Derby & Co. Ltd. v. Weldon* (No. 2) [1989] 1 All ER 1002; *Crédit Suisse Fides Trust v. Cuoghi* [1997] 3 All ER 724. Zu dieser Entwicklung und den veränderten Tatbestandsvoraussetzungen der *worldwide Mareva-injunction* vgl. *Dohmann/Briggs*, 160 f.; *Grunert*, 47 ff.; *Müller*, 36 ff.

641 *Eilers*, 135; *Campbell*, 142; *Müller*, 25; *Schlosser*, RIW 2002, 809 (810); *Osborne*, 313. Vgl. o. Fn. 613.

(1) Voraussetzungen[642]

Voraussetzung für den Erlass einer *Freezing injunction* ist zunächst, dass der Antragsteller einen "*good arguable case*" nachweist.[643] Im Gegensatz zu den eher geringen materiell-rechtlichen Anforderungen,[644] die infolge der Entscheidung *American Cyanamid* an *Interim injunctions* gestellt werden,[645] muss hier die Rechtsposition des Antragsstellers in den wesentlichen Punkten als begründet erscheinen.[646]

Weiterhin muss er glaubhaft machen, dass der Gegner relevantes Vermögen hat[647] und dass das Risiko besteht, dass er dieses Vermögen aus England abzieht oder sonstwie darüber verfügt und dadurch jedwede Exekution frustrieren wird.[648] Gemäß PD 3.1 zu CPR Pt. 25 hat der Antragsteller alle Voraussetzungen durch *Affidavit evidence* glaubhaft zu machen.[649] Der Antragsteller muss dabei umfassend und wahrhaftig darlegen, was den Erlass einer *Injunction* betreffen könnte,[650] und grundsätzlich auch hier zusichern, eventuell auftretende Schäden zu ersetzen, PD 5.1.1 zu CPR Pt. 25.[651]

---

642 Hinsichtlich der Voraussetzung der *Freezing injunction* hat die Integration in die CPR keine grundlegenden Veränderungen mit sich gebracht, so dass hier auf die bereits zuvor geltenden Grundsätze abgestellt wird, vgl. *Hartwieg/Grunert*, ZIP 2000, 721 (727); *Müller*, 8, Fn. 27; *Mauch*, 169 f.

643 *Rasu Marittima S.A. v. Pertamina* [1977] 3 All ER 324 (334); *Third Chantris Shipping v. Unimarine SA* [1979] 2 All ER 972 (975).

644 *Albrecht*, 52.

645 S.o. S. 98 f.

646 *Eilers*, 133; *Müller*, 20; *Nagel/Gottwald*, § 15, Rn. 96; *Counsell/Ashe*, in: *Halsbury's*, Vol. 24, § 869 (2) mit Fn. 5.

647 *Counsell/Ashe*, in: *Halsbury's*, Vol. 24, § 869 (3); *Müller*, 20 f. Bei dem Erlass einer *worldwide Mareva-injunction*, vgl. dazu o. Fn. 639, ist auch im Ausland belegenes Vermögen relevant; *Eilers*, 134; *Müller*, 53; *Nagel/Gottwald*, § 15 Rn. 95.

648 *Nippon Yusen Kaisha v. Karageorgis*, [1975] 3 All ER 282 (283); *Mareva Compania Naviera S.A. v. International Bulkcarriers S.A.*, [1980] 1 All ER 213 (215); *Rasu Marittima S.A. v. Pertamina and Government of Indonesia* [1977] 3 All ER 324 (330); *Third Chantris Shipping v. Unimarine SA* [1979] 2 All ER 972 (975, 984 f.); *Siskina (Cargo Owners) v. Distos Compania Naviera SA* [1977] 3 All ER 803 (822); *Barclay-Johnson v. Yuill* [1980] 3 All ER 190 (195); *Faith Panton Property Plan Ltd. v. Hodgetts* [1981] 2 All ER 877 (881 f.); *Walther*, 78 f.; *O'Malley/Layton*, 7.08; *Albrecht*, 53; *Eilers*, 134; *Campbell*, 142; *Müller*, 21; *Counsell/Ashe*, in: *Halsbury's*, Vol. 24, § 869 (4).

649 *Third Chantris Shipping v. Unimarine SA* [1979] 2 All ER 972 (976); *Eilers*, 135; *Müller*, 26.

650 *Third Chantris Shipping v. Unimarine SA* [1979] 2 All ER 972 (984 f.); *Brink's-MAT Ltd. v. Elcombe* [1988] 3 All ER 188 (192); *Walther*, 88; *Campbell*, 142; *Müller*, 26; *Counsell/Ashe*, in: *Halsbury's*, Vol. 24, § 869 (1).

651 *Campbell*, 142; *Müller*, 23; *Counsell/Ashe*, in: *Halsbury's*, Vol. 24, § 869 (5).

Die Entscheidung über den Erlass einer *Freezing injunction* als typisches *E-quity*-Institut steht im Ermessen des Gerichts.[652] Es kann bei besonderer Gefahr zusätzlich anordnen, dass das betroffene Vermögen herauszugeben sei;[653] dies ist mit der Ernennung eines Zwangsverwalters (*Receivers*) verbunden, der das Vermögen dann verwaltet.[654]

(2) Wirkung und Vollziehung der *Freezing injunction*

Der Erlass einer *Freezing injunction* führt anders als der Arrest im deutschen Recht nicht zu einer dinglichen Beschlagnahme des in Frage stehenden Vermögens, sondern bewirkt lediglich ein Verfügungsverbot (sog. *Relief in personam*).[655] Dem Antragsgegner wird gerichtlich verboten, über die in der *Freezing injunction* bezeichneten Gegenstände zu verfügen oder diese fortzuschaffen.[656] Genau wie die *Interim injunction* kann auch die *Freezing injunction* jedoch nicht unmittelbar vollzogen werden, sondern ein Verstoß gegen die Anordnung bedeutet einen *Contempt of court*, der gemäß RSC 45.5.1 vollzogen werden kann.[657]

III. Mögliche Drittbetroffenheit und Zulassung der drittbezogenen Rechtsbehelfe

Nachdem nunmehr deutlich gemacht worden ist, welche Instrumente des einstweiligen Rechtsschutzes dem Gläubiger zur Verfügung stehen und in welcher Weise diese jeweils ihre schützende Wirkung entfalten, erscheint es greifbar, den möglichen Einfluss auf Dritte zu bestimmen und damit zur Beantwortung der Fragen beizutragen, ob für eine Anwendung der drittbezogenen vollstreckungsrechtlichen Rechtsbehelfe ein Bedürfnis besteht und diese Behelfe dementsprechend auch tatsächlich zugelassen werden.

---

652 *Albrecht*, 53; *Nagel/Gottwald*, § 15, Rn. 96.

653 *CBS United Kingdom Ltd. v. Lambert* [1982] 3 All ER 237 (243); *Republic of Haiti v. Duvalier* [1989] 1 All ER 456; *O'Malley/Layton* 7.11; *Albrecht*, 52; *Counsell/Ashe*, in: *Halsbury's*, Vol. 24, § 871.

654 *CBS United Kingdom Ltd. v. Lambert* [1982] 3 All ER 237 (243); *Albrecht*, 52.

655 *Cretanor Maritime Co. Ltd. v. Irish Marine Management Ltd.* [1978] 1 WLR 966 (974); *O'Malley/Layton*, 7.09; *Albrecht*, 55; *Eilers*, 132; *Dohmann/Briggs*, 160; *Grunert*, 32; *Schlosser*, RdC 284 (2000) 9 (170); *Müller*, 27 f.; *Mauch*, 175; *Hess*-Studie, 121, 132.

656 *Mauch*, 174.

657 *Müller*, 28; *Briggs/Rees*, 6.03; *Mauch*, 174. S.o. S. 99 f.

1. Im italienischen Recht

Der *Sequestro conservativo* wird im Wege der Pfändung vollzogen, mit der *Esecuzione immediata* beginnt die Zwangsvollstreckung früher als im Normalfall. In beiden Fällen sind demnach die Pfändungsvorschriften anwendbar, so dass sowohl Vorgehensweise der Vollstreckungsorgane als auch mögliche Fehlerquellen bei diesen Maßnahmen des einstweiligen Rechtsschutzes identisch sind mit denjenigen im Rahmen der ordentlichen Zwangsvollstreckung. Aus diesem Grund kann es auch in diesen Fällen dazu kommen, dass nicht nur Sachen des Schuldners oder haftender Dritter gepfändet bzw. betroffen werden, sondern auch Rechte unbeteiligter Dritter.

Die Wahrscheinlichkeit eines solchen Fehlers ist im Falle des *Sequestro conservativo* sogar noch erhöht, da in diesem Fall der Richter sich nicht auf spezifische Sachen des Schuldners beziehen kann, sondern lediglich den Wert der Forderung festlegt, so dass sich der *Sequestro* auf jedwede Sache des Schuldners bis zu diesem Wert nach Wahl des Gerichtsvollziehers bezieht.[658]

Fraglich bleibt nunmehr, ob einem in dieser Weise betroffenen Dritten auch schon der Rechtsschutz der *Opposizione di terzo* zu Teil wird oder ob er anders bzw. nicht geschützt wird. Der Drittwiderspruch gemäß Art. 619 c.p.c. ist nach allgemeiner Ansicht jedenfalls ab dem Zeitpunkt der Pfändung statthaft, da in diesem Zeitpunkt das Widerspruchsinteresse des Dritten konkret wird.[659]

Wird eine *Esecuzione immediata* durchgeführt, was hinsichtlich beweglicher Sachen im Wege der Pfändung geschieht, und es werden Rechte des Dritten beeinträchtigt, so kann der Dritte somit unproblematisch nach den allgemeinen Regeln Drittwiderspruch erheben.

Der *Sequestro conservativo* wird dagegen nur unter Zuhilfenahme der Pfändungsvorschriften vollzogen; in diesem Fall liegt somit keine Pfändung vor, sondern die diesbezüglichen Vorschriften werden nur entsprechend angewendet. Dies könnte zu der Annahme verleiten, dass in diesem Falle eine *Opposizione di terzo* nicht anwendbar sei. Betrachtet man jedoch die Ratio des Art. 619 c.p.c.,[660] so wird deutlich, dass nicht der starre Wortsinn entscheidend ist, sondern auf den Zweck abgestellt werden muss. Da ebenso wie mit der Pfändung auch mit dem *sequestro* die Haftung auf das konkret beschlagnahmte Objekt bezogen wird und sich somit das Risiko eines Rechtsverlustes Dritter konkretisiert, kann auch in diesem Fall dem Dritten die Möglichkeit des Drittwiderspruchs nicht verwehrt werden.[661]

---

658 *Siracusana*, in: *Picardi*, Art. 671, § 1; *Redenti/Vellani*, 147.

659 Vgl. o. S. 33.

660 S.o. S. 6 f., 24 f.

661 *Tribunale d'Alba*, Giur. it. 1998, II, 2312; *Consolo/Luiso*, Art. 619, Rn. 7; *Samorì*, in: *Carpi/Taruffo*, Art. 678, I, Rn. 2, V, Rn. 3.

2. Im österreichischen Recht

Zwar dient die Sicherstellungsexekution nicht der Befriedigung des Gläubigers, doch wird sie mit dem Mittel der Pfändung vollzogen. Mithin können dieselben Fehler auftreten wie auch im normalen Vollstreckungsverfahren, so dass die Möglichkeit besteht, dass Rechte Dritter durch den Vollzug der Sicherstellungsexekution betroffen werden.

Der betroffene Dritte kann nach allgemeiner Auffassung seine Rechte auch im Rahmen der Exekution zur Sicherstellung schützen, indem er die Exszindierungsklage gemäß § 37 EO erhebt.[662]

Erlässt das Gericht dagegen eine einstweilige Verfügung gemäß § 379 Abs. 3 Nr. 1 EO mit dem Inhalt, dass bewegliche körperliche Sachen des Antragsgegners zu verwahren und verwalten seien, führt die reale Ausführungshandlung des Sicherungsmittels der Gerichtsvollzieher aus.[663]

Bei der Tätigkeit des Gerichtsvollzieher ist die Wahrscheinlichkeit eines – in Kauf zu nehmenden – Fehlers bei der Ingewahrsamnahme von Gegenständen ohne Unterschied in gleichem Maße gegeben, wie bei der Ausführung von Vollstreckungsmaßnahmen oder auch bei der Durchführung der Exekution zur Sicherstellung. Dass Rechte Dritter bei der Ausführung der einstweiligen Verfügung betroffen werden, ist demgemäß möglich. Es bleibt daher zu klären, wie sich der Dritte gegen die Durchführung der einstweiligen Verfügung zu wehren vermag.

Eigenständige Rechtsbehelfe stehen dem Dritten im einstweiligen Verfügungsverfahren nicht zu, da die Möglichkeiten des Widerspruchs gemäß § 397 Abs. 1 EO und des Antrags auf Aufhebung der Verfügung gemäß § 399 EO nur dem Gegner der gefährdeten Partei, also im Regelfall dem Schuldner zustehen.[664]

Gemäß § 402 Abs. 4 EO sind aber ergänzend die Bestimmungen des Exekutionsverfahrens entsprechend anzuwenden. Befindet sich mithin die in Verwahrung und Verwaltung zu nehmende Sache im Gewahrsam des Rechte an dieser Sache reklamierenden Dritten und wird sie trotz dessen Verweigerung der Herausgabe entgegen § 262 EO in Verwahrung genommen, steht dem Dritten sowohl die Beschwerde nach § 68 EO als auch der Widerspruch gemäß § 37 EO zu.[665]

---

662 *Heller/Berger/Stix*, Kommentar, 469; *Feil*, Rn. 3.2; *Jakusch*, in: *Angst/Jakusch/Pimmer*, 75.

663 *Rechberger/Oberhammer*, Rn. 523.

664 *Heller/Berger/Stix*, Kommentar, 470.

665 *Heller/Berger/Stix*, Kommentar, 470, 2873.

Auch wenn eine einstweilige Verfügung auf eine Sache bewilligt wird, die sich im Gewahrsam des Antragsgegners befindet, steht dem Dritten, der Rechte an der Sache geltend macht, die Klage im Sinne des § 37 EO zu.[666]

3. Im englischen Recht

Weder eine *Freezing injunction* noch eine *Interim injunction* im Allgemeinen werden unmittelbar vollzogen. Die Rechtsfolgen beim Verstoß gegen die auferlegten Verhaltensweisen richten sich vielmehr nach den Regeln des *Contempt of court*.[667] Im Rahmen dieses Verfahrens, dessen vorwiegend strafrechtlicher Charakter hervorgehoben wird,[668] stehen vielfältige Reaktionsmöglichkeiten im Ermessen des Gerichts. Unter anderem kann dass Gericht der Verfahrensregel des RSC 45.5.1.i folgend anordnen, persönliches Vermögen des Antragsgegners in Beschlag zu nehmen.[669] Hierzu kann das Gericht ein *Writ of sequestration* ausgeben, der dann nach den allgemeinen Verfahrensregeln vollstreckt wird. Da somit dann das zuständige Vollstreckungsorgan die Ausführung der Beschlagnahme übernimmt, ergeben sich dieselben möglichen Fehlerquellen wie im ordentlichen Exekutionsverfahren, so dass es in diesem Fall genauso erdenklich erscheint, dass der Vollstreckungsbeamte bei seiner Maßnahme nicht Vermögensbestandteile des Antragsgegners, sondern eines nicht beteiligten Dritten erfasst.

Fraglich ist nunmehr, in welcher Weise ein Unbeteiligter, der in der eben beschriebenen Weise durch die Ausführung des *Writ of sequestration* durch den Vollstreckungsbeamten betroffen wird, seinen Rechten zur Geltung verhelfen kann. Zunächst steht es dem Dritten offen, gegen die Maßnahme des vollziehenden *Sheriffs* bzw. *District Judges* durch eine selbständige Klage anzugehen. Vorrangig kommt hier allerdings das Verfahren des *Interpleader* in Betracht, zu dem der Dritte dem *Sheriff* zunächst Gelegenheit geben muss.[670] Betrachtet man das Rechtsschutzinteresse, das hinter diesem Rechtsbehelf steht, nämlich die Befreiung des Vollstreckungsorgans von Ansprüchen Dritter, die in ihren Rech-

---

666 *Heller/Berger/Stix*, Kommentar, 470. Ohne auf die Gewahrsamsverhältnisse einzugehen, wird die Exszindierungsklage gegen einstweilige Verfügungen meist grundsätzlich für zulässig erachtet von OGH, SZ 12/139; OGH SZ 16/80; *Petschek*, 86; *Heller/Berger/Stix*, EO, § 37 E, 1, G, 13; *Feil*, Rn. 3.3; *Jakusch*, in: *Angst/Jakusch/Pimmer*, 75; *Rechberger/Oberhammer*, Rn. 534.

667 Vgl. o. S. 99 f., 102. Vgl. auch die zweite Synopse zum einstweiligen Rechtsschutz im Rahmen der *Hess*-Studie (o. Fn. 559), 22.

668 *Re Bramblewale Ltd.* [1970] 1 ChD 128 (137); *Albrecht*, 46.

669 *Kanzler*, 99 f.; *Albrecht*, 47.

670 S.o. S. 12.

ten durch Vollstreckungsmaßnahmen betroffen wurden,[671] so trifft dies somit auch auf den vorliegenden Fall zu.

Da das Gericht ein *Writ of sequestration* ausgegeben hat und somit in der Terminologie des RSC 46.1 ein *Writ of execution* vorliegt, sind auch die formellen Voraussetzungen für die Durchführung eines *Interpleader*-Verfahrens[672] gegeben.

Durch die Mitteilung an den *Sheriff*, in seinen Rechten durch seine Maßnahme betroffen zu sein, kann demnach ein Dritter das *Interpleader*-Verfahren anstoßen.

IV. Vergleichende Zusammenschau zum einstweiligen Rechtsschutz

Die Bestandsaufnahme der verfügbaren Maßnahmen des einstweiligen Rechtsschutzes zeigt eine große strukturelle Übereinstimmung in allen Rechtsordnungen. So muss der Gläubiger auf der einen Seite das Vorliegen einer Forderung in wie auch immer gearteter Form und auf der anderen Seite einen bestimmten Grad an Gefahr darlegen, dass die Durchsetzung dieser Forderung zu scheitern droht.[673] Das jeweilige Gericht prüft diese Voraussetzungen und erlässt dann ggf. die beantragte Maßnahme.[674]

Die Vollziehung der einstweiligen Verfügung für den Bereich der Fahrnisvollstreckung erfolgt in Österreich durch den Gerichtsvollzieher, während sowohl in Deutschland hinsichtlich des Arrests als auch in Italien beim *Sequestro conservativo* auf die entsprechenden Vorschriften des allgemeinen Zwangsvollstreckungsverfahrens, also jeweils die Pfändung verwiesen wird. Unabhängig von der Verweisungstechnik werden die Maßnahmen mithin faktisch im Wege der Pfändung vollzogen.[675] Demgegenüber ist es im englischen Recht nicht möglich, eine als *Relief in personam zu* verstehende *Injunction* unmittelbar zu vollziehen. Vielmehr ermöglicht erst der Verstoß gegen die auferlegte Verhaltensregel, eine vollstreckbare Verfügung aus dem Bereich des *Contempt of court* zu treffen, die dann allerdings im exekutiven Wege durchgesetzt werden kann.

Im Ergebnis zeigt sich damit allerdings eine Übereinstimmung des untersuchten Bereichs darin, dass die Vollziehung bzw. im Falle Englands die Durchsetzung der einstweiligen Maßnahme effektiv unter Zuhilfenahme des Vollstreckungsrechts geschieht.[676]

---

671 S.o. S. 12.

672 Vgl. o. S. 35, 40.

673 Vgl. dazu Mitteilung der Kommission, ABl. EG 1998, Nr. C 33/3 (10, Rn. 24). Eingehend dazu *Hess*-Studie, 119, 129 ff. Zum historischen Hintergrund dieser Gleichförmigkeit vgl. *Stürner*, in: *Storme*, 147 ff.

674 Vgl. hierzu *Hess*-Studie, 119, 130.

675 Vgl. auch *Stürner*, in: *Storme*, 162.

676 *Baur/Stürner*, Zwangsvollstreckung, Rn. 50.1; *Hess*-Studie, 119.

Zwar sind all diese Mittel nicht auf die Befriedigung des Gläubigers gerichtet, sondern sollen diesen lediglich vor zwangsvollstreckungsgefährdenden Handlungen des Schuldners schützen. Diese Funktion führt allerdings nicht dazu, dass eine Gefährdung der Rechte Dritter bei dieser Vollstreckung ausgeschlossen werden kann. Aufgrund der übereinstimmenden Inanspruchnahme des Vollstreckungsrechts auch für die Vollstreckung einstweiliger Maßnahmen ergibt sich vielmehr länderübergreifend, dass eine parallele Gefährdungslage für die Rechte des Dritten für die ordentliche wie für die Zwangsvollstreckung vorläufiger Maßnahmen besteht. Denn die Übernahme der exekutionsrechtlichen Grundprinzipien und Verfahrensvorschriften bedingt das jeweils selbe Potential und dieselbe Wahrscheinlichkeit für über das haftende Vermögen hinaus gehende Zugriffe durch die Vollstreckungsorgane.

Gemeinsame Schlussfolgerung aus dieser Überlegung für alle untersuchten Rechtsordnungen ist die Zulassung der drittschützenden Rechtsbehelfe gegen solche Zugriffe.

Dem steht auch nicht der bloß vorläufige Charakter der Sicherungmaßnahme entgegen. Das Sicherungsinteresse des Gläubigers und die Tatsache, dass es sich lediglich um vorläufige Maßnahmen handelt, rechtfertigen es nämlich nicht, Rechte unbeteiligter Dritter zu betreffen und einem solchen Dritten dazu noch aufzugeben, der Beeinträchtigung seiner Rechte schutzlos gegenüber zu stehen. Ihm muss vielmehr die Möglichkeit zustehen, bereits den Schein, dass die Sache der Zwangsvollstreckung unterworfen ist und die einstweilige Maßnahme in die Sache zulässig ist, zu beseitigen. Das Erhaltungsinteresse des Dritten überwiegt das Sicherungsinteresse des Gläubigers und rechtfertigt die Zulassung der Rechtbehelfe, gerade auch weil es nicht in der Hand des unbeteiligten Dritten liegt, ob das einstweilige Verfahren noch in ein endgültiges übergeht oder bereits endet.

Den im Gegensatz zu den eigentlichen Maßnahmen des einstweiligen Rechtsschutzes aufgezeigten Möglichkeiten der Sicherstellungsexekution des österreichischen Rechts, der *Esecuzione immediata* in Italien und der Sicherungsvollstreckung im Sinne des § 720 a ZPO ist demgegenüber gemein, dass sie nicht lediglich auf das Vollstreckungsrecht verweisen, sondern den Anwendungsbereich des ordentlichen Zwangsvollstreckungsverfahrens – jedenfalls für den Bereich der Pfändung – letztlich zeitlich erweitern, so dass dieses hier bereits direkte Anwendung findet.

Da mithin das eigentliche Vollstreckungsverfahren in Gang gesetzt wird, ergeben sich keinerlei Unterschiede für das Drittbedrohungspotential und die Zulässigkeit des drittschützenden Rechtsbehelfs.

Schlussendlich ergibt sich, dass sowohl im Bereich der einstweiligen Maßnahmen als auch bei einem vorverlegten Beginn der Zwangsvollstreckung mit dem Zweck der Sicherung des Gläubigers zum Einen eine Notwendigkeit der Rechtsbehelfe zu erkennen ist, die zum Anderen in allen Rechtsordnungen mit der Zulassung der Rechtsbehelfe beantwortet wird.

E. Zusammenfassender Vergleich der Rechtsbehelfsmodelle

Nach der Untersuchung der verschiedenen nationalen Konzeptionen sollen diese nun noch einmal zusammenfassend gegenübergestellt werden und hinsichtlich ihrer Durchführbarkeit, Effizienz und ihres Schutzumfanges bewertet werden.

I. Gegenüberstellung der verschiedenen Regelungsmodelle, ihrer Voraussetzungen und Wirkungen

In allen untersuchten Rechtsordnungen entspringt aus dem Widerstreiten des Grundsatzes der Vermögenshaftung des Schuldners mit der Möglichkeit von Fehlern bei der Durchführung der Vollstreckung und der dadurch bedingten Beeinträchtigung von Rechten unbeteiligter Dritter ein Regelungsbedarf, den die Rechtsordnungen dadurch anerkennen, dass sie dem Bedürfnis mit der Eröffnung einer prozessualen Gestaltungsmöglichkeit begegnen.[677]

In der Ausgestaltung zeigen sich dabei neben weitgehenden Gemeinsamkeiten teilweise erhebliche strukturelle Unterschiede.

So steht im englischen Entwurf nicht der beeinträchtigte Dritte im Mittelpunkt des Schutzinteresses, sondern das ausführende Vollstreckungsorgan. Aufgrund dessen ist es hier dieses Organ, das die verfahrensauslösende Position innehat.[678] Für die kontinentaleuropäischen Rechtsordnungen ergibt sich aufgrund der als hoheitlich zu qualifizierenden Vollstreckungsmaßnahme keine Notwendigkeit, das Vollstreckungsorgan in das Rechtsbehelfsmodell zu integrieren, so dass hier der Dritte die zentrale Rolle spielt. Ihm steht es zu, sich mittels des jeweiligen Widerspruchs zu wehren.[679]

Unterschiedliche Ansätze beherrschen auch die Frage des zuständigen Gerichts. Während sich das sachlich zuständige Gericht in Deutschland streitwertabhängig bestimmt, ist in Österreich immer das Exekutionsgericht zuständig. In England bestimmt sich die Zuständigkeit dem Grundsatz folgend, dass jedes Gericht seine eigenen Entscheidungen vollstreckt, so dass Streitigkeiten der *High Court*-Vollstreckung auch in die Zuständigkeit des *High Court*s fallen. Um eine drohende Kumulierung von exekutiver und rechtsprechender Gewalt zu vermeiden, ergibt sich funktionell bei der *County Court*-Vollstreckung die Besonderheit, dass hier nicht der Unterrichter, sondern der *Circuit Judge* zuständig ist. Das italienische Recht hingegen setzt vor die Entscheidung, zu welchem sach-

---

677 Vgl. o. S. 6 ff.

678 Vgl. o. S. 20, 42.

679 Vgl. o. 41 ff.

lich zuständigen Gericht die Sache gelangen soll, eine obligatorische Zuständigkeit des *Giudice di pace* zur Durchführung einer Vergleichsverhandlung.[680]

Das eigentliche Verfahren vor dem so gefundenen Gericht verläuft dagegen in allen untersuchten Rechtsordnungen nach allgemeinen Verfahrensregeln, wobei der ein Recht behauptende Dritte jeweils die Beweislast für die Inhaberschaft dieses Rechts trägt.

Auch wenn man die Frage betrachtet, welche Rechtspositionen des Dritten als schützenswert anerkannt werden, zeigt sich eine grundsätzliche Übereinstimmung. Im Detail ergeben sich hier zwar – gerade im wirtschaftlich bedeutenden Bereich der Kreditsicherungsmittel – auch teilweise nicht unerhebliche Abweichungen, doch resultieren diese nicht aus einem abweichenden Verständnis des drittbezogenen Rechtsbehelfs oder aus einer inzidenten Beschränkung desselben, sondern einzig aus unterschiedlichen Auffassungen und Konzepten im zugrunde liegenden materiellen, vor allem dinglichen Recht.[681]

Dieselbe Erwägung erweist sich auch als tragend für die verschiedenen Ansichten hinsichtlich der Möglichkeit eines nachexekutiven Ausgleichs. Jede Rechtsordnung bietet dem Dritten nämlich auch nach Abschluss des Vollstreckungsverfahrens – so dass eine weitere Durchführung der drittbezogenen Rechtsbehelfe ausscheidet – Ausgleichsansprüche, deren unterschiedliche Reichweite aus den materiell-rechtlichen Wirkungen des Vollstreckungsverfahrens und der materiell-rechtlichen Anspruchssystematik folgt.[682]

Im Hinblick auf den potentiellen Umfang der dem Dritten stattgebenden Entscheidung zeigt sich dagegen ein ganz wesentlicher Unterschied zwischen den untersuchten Rechtsordnungen. Er differiert vor allem im Verhältnis des englischen zum kontinentaleuropäischen Recht, denn in England kann nach dem Ermessen des Gerichts implizit auch über das materielle Recht des Dritten selbst mitentschieden werden, während dies aufgrund der abgegrenzten Funktion der kontinentalen Widersprüche dort nicht mit umfasst ist, sondern eines weiteren Antrags in Form einer Zwischenfeststellungsklage bedarf.[683]

Geht man nicht von der Durchführung einer gewöhnlichen Zwangsvollstreckung aus, sondern betrachtet man den Bereich einstweiliger Maßnahmen, so wird deutlich, dass auch beim Vollzug solcher Maßnahmen in allen untersuchten Rechtsordnungen letztlich Vollstreckungsmaßnahmen vorgenommen werden. Auch in diesem Bereich besteht somit für die Rechte am Verfügungsverfahren unbeteiligter Dritter ein Bedrohungspotential, das übereinstimmend überall derart beantwortet wird, dass die drittbezogenen Rechtsbehelfe unproblematisch

---

680 Zum Ganzen vgl. o. S. 42 f.

681 Vgl. o. S. 82.

682 Vgl. o. S. 49.

683 Vgl. o. S. 45 ff.

auch dann Anwendung finden, wenn eine vorläufige Maßnahme im Vollstreckungswege vollzogen wird.[684]

II. Übersicht über die gefundenen Erklärungsansätze für Gemeinsamkeiten und substantielle Unterschiede der Regelungsmodelle

Im Zusammenhang betrachtet zeigen sich zwei grundlegende Erklärungsansätze, auf die sowohl der Gleichlauf als auch die herausgestellten teilweise erheblichen strukturellen Unterschiede der drittbezogenen Rechtsbehelfe zurückgeführt werden können.

Zum einen hat sich die verschiedenartige Tradition der juristischen Denkweisen vor allem im Verhältnis der kontinentaleuropäischen Rechtsordnungen gegenüber dem englischen *Common law* auch in dem Verständnis, der Aufgabe und insbesondere dem Umfang der Entscheidungsbefugnis der Gerichte im Rahmen der Rechtsbehelfe niedergeschlagen.[685]

Ungleich bedeutender als allumfassender Erklärungsansatz erweist sich jedoch zum anderen der Zusammenhang mit dem zugrunde liegenden materiellen Recht:

Denn zunächst sind für das Verständnis der substantiellen strukturellen Unterschiede des englischen *Interpleader*-Verfahrens gegenüber den kontinentaleuropäischen Regelungsmodellen die Organisations- und Haftungskonzeptionen der Vollstreckungsorgane von ganz entscheidender Bedeutung.[686]

Neben diesem organisatorischen Standbein fußen die drittbezogenen Rechtsbehelfe darüber hinaus in vielfältiger Weise auf den Gegebenheiten und Besonderheiten der materiellen Rechtsordnungen. So zeigt vor allem der Bereich der Aktivlegitimation die Abhängigkeit der Rechtsbehelfe von den Wertungen und Regelungen des materiellen, hier meist dinglichen Rechts. Der jeweilige Rechtsbehelf kann als prozessuales Mittel nur auf diese Gegebenheiten reagieren und ist als Kontrollinstrument der Zwangsvollstreckung, die der Durchsetzung von Rechtspositionen zu dienen bestimmt ist, auch insoweit beschränkt. Ebenso zeigt sich diese Abhängigkeit besonders deutlich an den Möglichkeiten des postexekutiven Ausgleichs. In diesem Stadium, in dem die Rechtsbehelfe ihre Statthaftigkeit eingebüßt haben, kann der beeinträchtigte Dritte seine Rechte allein nach den Grundsätzen der jeweiligen Anspruchssystematik geltend machen und wird hier durch die unterschiedlich konzipierten originären Wirkungen der Veräußerung im Rahmen der Vollstreckung und der Erlösauskehr beeinflusst.

---

[684] Vgl. o. S. 106 f.
[685] Vgl. o. S. 42.
[686] Vgl. o. S. 41 ff.

Neben nicht näher zu spezifizierenden historischen[687] und rechtspolitischen Erwägungen[688] spiegeln die untersuchten Rechtsbehelfe, deren Anwendungsbereiche und verfahrensrechtlichen Ausgestaltungen somit die verschiedenen rechtlichen Konzeptionen und Kulturen wider.[689]

Die spezifischen Regelungen und Handhabungen der Behelfe sind mithin in erster Linie als Antwort, als Reaktion auf materiellrechtliche Besonderheiten der jeweiligen Rechtsordnungen und als Ausfluss der dadurch bedingten verschiedenartigen Anforderungen anzusehen.

III. Kritische Wertung der Lösungsvarianten

Es verbleibt nunmehr noch, die bei dem Vergleich der verschiedenen Regelungsmodelle zum Drittwiderspruch herausgearbeiteten Ergebnisse einer kritischen Würdigung zu unterziehen.[690] Dabei soll schwerpunktmäßig darauf eingegangen werden, ob die Modelle dem Interesse des beeinträchtigten Dritten in gleicher oder ähnlicher Weise Schutz gewähren und ob die vorausgesetzten Verfahrensweisen eine adäquate, effiziente sowie zügige Bewältigung der Streitsache garantieren.

1. Das Schutzniveau für den Dritten im Hinblick auf den Anwendungsbereich

Aus der vorangegangenen Untersuchung ist zu entnehmen, dass der Anwendungsbereich der drittbezogenen Rechtsbehelfe im Hinblick auf die Rechte, durch welche der Dritte aktivlegitimiert wird, teilweise erheblich differiert.[691] Auf den ersten Blick verleitet dies nun zu dem Schluss, dass die Rechtsbehelfe den Dritten im Endeffekt auch bereits konzeptionell in unterschiedlich umfangreicher Art und Weise vor dem Zugriff fremder Gläubiger im Wege der Zwangsvollstreckung schützen.

Gerade wenn man die Situationen beim Kauf unter Eigentumsvorbehalt, bei der sicherungsweisen Übertragung von Eigentum oder beim Besitz betrachtet, wird jedoch offenbar, dass diese Differenz nicht etwa aus konstruktiven Abweichungen oder verschiedenen Akzentuierungen der Rechtsbehelfe selbst resultiert, sondern allein in der Eigenart des materiell zugrunde liegenden Rechts, hier also des jeweiligen dinglichen Rechts, seine Erklärung findet.

---

687 Vgl. hierzu S. 1.

688 Ebenso *Kennett*, in: *Storme*, 96.

689 So in übergreifendem Zusammenhang *Taruffo*, 623 f.; *Kennett*, in: *Storme*, 96; *Hess*-Studie, 8. Ebenso *Mauch*, 70.

690 *Zweigert/Kötz*, 46.

691 Vgl. o. S. 81 ff.

Blendet man hingegen die national materiellrechtlichen Feinheiten aus und betrachtet lediglich die einheitliche Basis der Rechtsbehelfe, nämlich die Frage, ob das vom Dritten geltend gemachte Recht die Zugehörigkeit zum haftenden Schuldnervermögen aufhebt,[692] so wird vielmehr deutlich, dass die Grundkonzeptionen der Rechtsbehelfe im Hinblick auf die Berechtigung den Dritten auf gleich hohem Niveau zu schützen versuchen.

Etwas anderes ergibt sich auch nicht, wenn man das Beispiel des Pfandrechtsinhabers betrachtet. Zwar wird völlig gegensätzlich beurteilt, ob dieser auch aktivlegitimiert sein kann.[693] Doch ist dies nicht darauf zurückzuführen, dass die Rechtsordnungen unterschiedliche Entscheidungen darüber getroffen haben, ob auch der Pfandrechtsinhaber geschützt werden soll, sondern darauf, dass teilweise ein verwandter Rechtsbehelf in Form der bevorzugten Befriedigung des Pfandrechtsgläubigers geschaffen wurde,[694] der mit den untersuchten Rechtsbehelfen koexistiert und die Schutzfunktion für den Pfandrechtsinhaber übernimmt.

Dass ein vergleichbarer Rechtsschutz vorliegt, bestätigt sich, wenn man nicht bloß die Seite der Aktivlegitimation betrachtet, sondern auch den zeitlichen Anwendungsbereich mit einbezieht. Hier wird in besonderem Maße deutlich, wie ähnlich sich die Rechtsbehelfsentwürfe sind. Denn sowohl der in der Pfändung zu sehende Beginn als auch die Begrenzung dadurch, dass die Vollstreckungsmaßnahme noch nicht beendet sein darf, werden grundsätzlich übereinstimmend geregelt.[695]

Dass sich davon abgesehen dann im postexekutiven Ausgleich völlig verschiedene Lösungsmodelle entwickelt haben und im Vergleich Ungleichbehandlungen des Dritten zu erkennen sind,[696] widerspricht dem nicht. Einheitlich ist nämlich in diesem Zeitraum nicht mehr der drittbezogene Rechtsbehelf statthaft, sondern es wird eine Lösung außerhalb dessen gefunden. Somit sind es wiederum keine unterschiedlichen Auffassungen über die Reichweite der Rechtsbehelfe, die sich hier auf das Schutzniveau des Dritten auswirken, sondern allein die Besonderheiten der zugrunde liegenden materiellen Rechtsordnung.

Überdies wird die Frage, ob die untersuchten Rechtsbehelfe dann angewendet werden können, wenn der Dritte durch Maßnahmen des einstweiligen Rechtsschutzes betroffen wird, einmütig zustimmend gelöst,[697] so dass auch in diesem Bereich der Standard des Rechtsschutzes überall vergleichbar hoch ist.

Insgesamt ist somit zu folgern, dass im Hinblick auf den Anwendungsbereich der Rechtsbehelfe keinerlei gravierende Abweichungen zu erkennen sind, die

---

692 Vgl. o. S. 108.
693 Vgl. o. S. 83.
694 Vgl. o. S. 83.
695 Vgl. o. S. 48 f.
696 Vgl. o. S. 49.
697 Vgl. o. S. 106 f.

auf eine verschiedenartige Konstruktion der Rechtsbehelfe zurückzuführen wären. Die wohl zu erkennenden qualitativen Abweichungen und Schutzlücken im Rechtsschutz sind vielmehr allein im materiellen Recht verhaftet und erklären sich ausschließlich durch den Einfluss und die Dominanz der materiellen Rechtsordnungen. Sie ließen sich somit auch nicht durch Veränderungen in der Konstruktion der Rechtsbehelfe, sondern allenfalls durch Angleichungs- und Harmonisierungsmaßnahmen im Bereich des materiellen Rechts beheben oder abmildern.[698]

2. Das Schutzniveau für den Dritten im Hinblick auf die eigenverantwortliche Initiierung des Rechtsbehelfs

Fraglich ist nunmehr, ob sich aus der entgegengesetzten Schutzrichtung der Rechtsbehelfe auf dem Kontinent und dem *Interpleader*-Verfahren[699] und hier insbesondere aus der Tatsache, dass es in England nicht in den Händen des Dritten, sondern in denen des Vollstreckungsbeamten liegt, ob das Verfahren eingeleitet wird, Rückschlüsse auf ein diesbezüglich unterschiedlich ausgeprägtes Schutzniveau für den Dritten ziehen lassen.

In den kontinentalen Rechtsordnungen liegt es am Dritten, den Rechtsbehelf zu beantragen, während der beschwerte Dritte in England seine Forderung lediglich dem Vollstreckungsbeamten anzeigen kann, der dann allein entscheidet, ob er die weitergehenden Schritte zum *Interpleader* angeht. Wie oben erläutert hängt diese Konstruktion mit der Haftung des Vollstreckungsbeamten zusammen, dessen Befreiungsanspruch im Vordergrund der Motivation des *Interpleader*-Verfahrens steht.[700] Der Schutz des Dritten ist hier also nicht beherrschender Faktor, sondern eher Nebenprodukt des Rechtsbehelfs.[701]

Dass der Dritte in England aufgrund dessen allerdings im Vergleich zu dem Dritten, der Rechtsschutz auf dem Kontinent sucht, in geringerem Maße geschützt ist, kann daraus allerdings nicht gefolgert werden. Denn zunächst obliegt dem *Sheriff* für die Entscheidung, ob er *Interpleader relief* beantragt, die Einhal-

---

698 Zum Versuch einer Harmonisierung des Eigentumsvorbehalts durch die Zahlungsverzugsrichtlinie s.o. S. 79. Zu weiteren Bestrebungen auf dem Gebiet des Mobiliarsicherungsrecht, insbesondere von UNCITRAL und Unidroit, vgl. *Neumann*, 214 ff.; *Kieninger*, 217 ff., die eine Angleichung in naher Zukunft allerdings als Utopie bezeichnet, gleichzeitig aber auch die Pflicht sieht, Schritt für Schritt eine Angleichung zu suchen.

699 Vgl. o. S. 41, 108.

700 Vgl. o. S. 43 ff.

701 Das Gleiche gilt auch für den *Interpleader* vor dem *County Court*, wenn auch hier der Unterschied nicht ganz so gravierend erscheint, weil hier das Verfahren aufgrund der besonderen Stellung des *District Judges* in realiter durch den Dritten eingeleitet wird, vgl. o. S. 23, 42.

tung enger zeitlicher Fristen,[702] die bewirken, dass sich der Streit um das Recht des Dritten nicht unnötig herauszögert, so dass ein „Umweg" über den *Sheriff* im Idealfall noch in Kauf genommen werden kann. Auf der anderen Seite muss der *Sheriff* bei Nichteinhaltung dieses zeitlichen Rahmens oder Unterlassung der erforderlichen Schritte damit rechnen, vom Dritten direkt auf Freigabe oder bei bereits erfolgter Veräußerung auf Schadensersatz wegen der Beschlagnahme der Sache in Anspruch genommen zu werden. Diese Anspruchsmöglichkeit kann somit sowohl als Druckmittel gegen den *Sheriff* angesehen werden, die Forderung des Dritten nicht zu vernachlässigen, als auch als adäquaten Ersatzschutz für den Fall, dass der *Sheriff* seiner Befugnis, das *Interpleader*-Verfahren einzuleiten, nicht nachkommt.

Mithin büßt der Rechtsschutz für den Dritten nicht allein dadurch an Durchschlagskraft ein, dass der *Sheriff* als Protagonist im Verfahren erscheint, sondern der Dritte ist trotz völlig unterschiedlichen Verfahrens gleichwohl geschützt.

Zwar erscheint eine solche Regelung aus Sicht des kontinentalen Betrachters als umständlich und unnötig, doch muss die Regelung auch auf die abweichende Haftungsverfassung der Vollstreckungsorgane reagieren und in den Rechtsbehelf integrieren, wohingegen ein solcher Bedarf in den anderen Rechtsordnungen nicht besteht.[703] Aufgrund dessen können auch keinerlei Verbesserungsvorschläge aus der Untersuchung der anderen Rechtsordnungen gezogen werden, da in diesen das Vollstreckungsorgan völlig außer Betracht bleibt.

Im Gegenteil ist aus den derzeitigen Reformbestrebungen des englischen Rechts eher eine Verfestigung des Unterschiedes zu entnehmen. Zwar soll die „unbefriedigende Differenz"[704] zwischen *High Court*- und *County Court-Interpleader* abgebaut werden. Dies soll jedoch nicht etwa derart geschehen, dass das Verfahren vor dem *High Court* an das eher in Richtung der kontinentalen Regelungen gehende *County Court*-Verfahren angeglichen wird, sondern vielmehr in der Weise, dass das *High Court* Verfahren auf den *County Court* übertragen wird und sich somit der Unterschied zementiert.[705]

3. Das Schutzniveau für den Dritten im Hinblick auf die Effizienz der Verfahren

Um abschließend das Schutzniveau der vorgestellten Verfahrensmodelle beurteilen zu können ist zu prüfen, ob der Rechtsschutz auch in einem zügigen Verfahren gewährleistet wird. Denn auch ein noch so umfassender Rechtsbehelf

---

702 Vgl. o. S. 19 f.

703 Zu den unterschiedlichen Haftungsverfassungen vgl. o. S. 43 ff.

704 So *Plant/Rose*, 2.4.5.11; ähnlich auch *Jacob*, 188; *Kerameus*, in: IECL, 10-61, 10-80.

705 Vgl. o. S. 45.

ist letztlich wertlos, sofern sein Zweck faktisch durch ein umständliches, undurchführbares oder überlanges Verfahren ausgehöhlt wird.

Als wertvolles Indiz für die Effizienz ist die tatsächliche durchschnittliche Dauer des jeweiligen Verfahrens heranzuziehen.

Diese lässt sich in Italien und Österreich aus der einschlägigen Judikatur entnehmen. Danach vergehen in Italien durchschnittlich ungefähr drei Jahre bis zur erstinstanzlichen Entscheidung.[706] In Österreich zeigt sich dagegen eine Dauer von weniger als sechs Monaten.[707] Auch aus englischen Entscheidungen lässt sich zwar ein ungefährer Zeitrahmen von vier bis fünf Monaten entnehmen,[708] doch wird hier nicht der Zeitraum angegeben, innerhalb dessen der *Sheriff* das Vorverfahren durchgeführt hat. Aussagekräftiger ist hier die vom LCD durchgeführte und im *First Phase*-Report zusammengefasste Umfrage, die ergab, dass das *Interpleader*-Verfahren als zeitraubend, sehr langsam und bürokratisch angesehen wird.[709] Ebensowenig teilen deutsche Gerichtsentscheidungen im Tatbestand in der Regel das Datum der Anhängigkeit der Drittwiderspruchsklage mit, so dass auch hier keine Rückschlüsse auf die reale Dauer des Verfahrens gezogen werden können. Da die Drittwiderspruchsklage allerdings im normalen Klageverfahren entschieden wird, können die statistischen Angaben über die durchschnittliche Länge von Zivilprozessen auch auf die Dauer des Drittwiderspruchsprozesses übertragen werden, so dass für die deutsche Drittwiderspruchsklage von einer durchschnittlichen Dauer von ca. fünf bis acht Monaten auszugehen ist.[710]

Während somit im Allgemeinen sowohl in Österreich, in Deutschland, aber auch in England auch bei großzügiger Rechnung das Verfahren innerhalb eines Jahres abgeschlossen wird, zeigt sich zum italienischen Recht eine extreme Di-

---

706 Im Fall *Cass.*, Nr. 1571/1974, Giur. it. 1975, I, 1, 692, wurde der *Ricorso* am 16.12.1965 eingelegt; nach dem Verweis an das zuständige *Tribunale* erging die Entscheidung am 22.6.1968. Im Falle des *Tribunale di Cassino*, Nr. 2569/91, http://www.officine.it/tribcassino/jura/archivio/lilla.htm, erging sie nach *Ricorso* vom 4.12.1991 erst am 18.10. 1996. Im der Entscheidung des *Corte Costituzionale*, Nr. 46/2002, Giur. cost. 2002, 575, zugrunde liegenden Fall wurde der *Ricorso* am 4.3.1998 eingelegt, nach Verweis an das *Tribunale di Venezia* entschied dieses am 22.3.2001.

707 Im Falle des OGH, JBl. 1988, 327, wurde Widerspruch am 22.7.1986 eingelegt, der Beschluss erfolgte am 22.12.1986. Im Falle des OGH, EvBl. 100, ÖJZ 1959, 162, wurde Klage am 27.5.1958 eingereicht, der Beschluss erfolgte am 6.8.1958.

708 So erfolgte im Fall *Mercier v. Clarke & Walker Ltd.*, http://www.bailii.org/ew/cases/EWCA/Civ/1997/2056.html, die *Interpleader summons* am 10.12.1996, die Anhörung bereits am 12.3.1997.

709 *First Phase*-Report, Nr. 245.

710 Die durchschnittliche Dauer erstinstanzlicher Verfahren vor den Amtsgerichten betrug im Jahre 2002 im Bundesdurchschnitt 4,4 Monate, vor den Landgerichten 7,2 Monate. Die statistischen Angaben wurden entnommen aus der Justizstatistik des Landes Sachsen von 2003, http://www.justiz.sachsen.de/smj/sites/justiz/3930.htm.

vergenz, da italienische Gerichte circa dreimal so lang für die Entscheidung benötigen. Dies bedingt im Vergleich somit eine starke Ungleichbehandlung des Dritten, der in Italien Rechtsschutz sucht, da dieser unverhältnismäßig länger auf seine Entscheidung warten muss und somit das Risiko weitaus größer ist, dass sich sein Rechtsschutzinteresse erledigt hat bzw. ausgehebelt wird.

Bevor nach Gründen für diese größere Zeitintensität in der besonderen Gestaltung des italienischen Verfahrens gesucht werden kann, ist zu beachten, dass die italienische Justiz im Vergleich besonders schwerfällig ist und außergewöhnlich langsam arbeitet.[711] Unabhängig davon ist allerdings der Verfahrensgang auch besonders anfällig für solche Verzögerungen. Aus der gut nachvollziehbaren Motivation heraus, zunächst einen Güteversuch zwischen den Parteien durchzuführen, findet zunächst losgelöst von der eigentlichen Zuständigkeit eine Anhörung vor dem Friedensrichter statt; bei Erfolglosigkeit hat der Richter dann zu entscheiden, welches Gericht das weitere Verfahren durchzuführen hat, bevor dann der eigentliche Prozess beginnt.[712] Diese Zweistufigkeit hat aber nicht nur zur Folge, dass sich die Parteien zu einem Einigungsversuch treffen, sondern auch, dass der Einigungsversuch und die eigentliche Anhörung abstrakt und zeitintensiv nebeneinander stehen.[713] Die gleiche Zielsetzung einer vorhergehenden Einigung erreichen sowohl der englische als auch der deutsche Gesetzgeber auf einfacherem und im Ergebnis auch schnellerem Wege: In England wird dem Vollstreckungsgläubiger die Möglichkeit gegeben, innerhalb einer kurzen Frist zu entscheiden, ob er den Anspruch des Dritten anerkennt oder zurückweist; das deutsche Recht sieht demgegenüber in § 278 Abs. 2 ZPO vor, dass der mündlichen Verhandlung eine Güteverhandlung vorauszugehen hat, in der die Möglichkeiten einer gütlichen Streitbeilegung zu erörtern sind.[714] Beide Varianten bieten mithin die Chance, den Rechtsstreit zu einem frühen Zeitpunkt zu beenden, ohne dass hiermit das gesamte Verfahren durch eine zusätzliche richterliche Entscheidung im italienischen Recht verzögert wird. Um zumindest eine annähernd vergleichbare Verfahrensdauer zu erreichen, könnte sich mithin die Übernahme eines der beiden Einigungsmodelle als zielführend erweisen.

---

711 Hier dauert ein Zivilprozess bis zur erstinstanzlichen Entscheidung vor dem *Tribunale* durchschnittlich über vier Jahre, vgl. den Bericht des italienischen Justizministeriums „La durata dei procedimenti civili in Italia", http://www.giustizia.it/statistiche/statistiche_dog/2001/completa.pdf, Tabelle 1.2. S. auch *Grigolli*, BRAK-Mitteilungen 2003, 8; *Trocker*, ZZP 91 (1978), 237 (252 f.).

712 S.o. S. 16 f.

713 *Wastl*, 183, folgert in ähnlichem Zusammenhang, dass es den „einfachen Lösungen der italienischen Regelungen [...] nicht immer überzeugend [gelinge], die verschiedenen widerstreitenden Interessen in ausreichendem Maße zu berücksichtigen".

714 Im deutschen Recht bietet zudem die Kostenregelung des § 93 ZPO Anreize für einen vorprozessualen Einigungsversuch, da der Beklagte der Drittwiderspruchsklage der negativen Kostenfolge dadurch entgehen kann, dass er den Anspruch sofort anerkennt.

Zumindest wäre es aber ratsam, die Zuständigkeitsfrage bereits zu Beginn des Verfahrens verbindlich zu klären, so dass ein Zuständigkeitsübergang nicht mehr programmiert ist.

F. Zwischenergebnis

Die in den untersuchten Rechtsordnungen gefundenen Lösungen zum Schutz des durch unberechtigte Zwangsvollstreckungsmaßnahmen betroffenen Dritten weisen im Ergebnis mithin wesentliche Gemeinsamkeiten, aber auch signifikante Unterschiede auf, die ihre Erklärung jedoch weitgehend in der Abhängigkeit vom materiellen Recht, insbesondere dem jeweiligen dinglichen Recht und dem Organisationsrecht der Vollstreckungsorgane, sowie in der abweichenden Herangehensweise des anglo-amerikanischen und des kontinentalen Rechtskreises finden.

Der abstrakt vom materiellen Recht gesehene Vergleich zeigt jedoch, dass alle Regelungsmodelle trotz teilweise völlig verschiedener Aus- und Schutzrichtungen umfassenden Rechtsschutz ermöglichen und gewährleisten. Einzig hinsichtlich der Effektivität der Verfahren ergibt sich ein Bedürfnis, eine bestehende Ungleichbehandlung abzubauen. Dies folgt aber gerade nicht aus der Einschaltung des Vollstreckungsorgans in das Verfahren im englischen Recht, da sich die Effektivität des Verfahrens und die Position des Dritten dadurch nicht nachhaltig verschlechtert. Vielmehr trägt die Vorschaltung eines Einigungsversuchs im italienischen Recht zur Umständlichkeit und zur überlangen Verfahrensdauer bei und bewirkt so ein divergierendes Schutzniveau. Der Vergleich der verschiedenen Regelungsmodelle zeigt jedoch, dass die zugrunde liegende Motivation eines vorgezogenen Einigungsversuchs auch in anderer Weise und in zeitsparenderer Weise erreicht werden kann, so dass sich hier eine Möglichkeit der Vereinfachung und Verbesserung des Oppositionsverfahrens des italienischen Rechts ergibt.

Im Übrigen ergeben sich die Unterschiede der drittbezogenen Rechtsbehelfe jedoch daraus, dass sie auf die Strukturen und Voraussetzungen des jeweiligen materiellen Rechts reagieren müssen bzw. sie nur Mittel zur Durchsetzung von Rechten sind. Zu einer völligen Angleichung sowohl im Verfahren als auch im Umfang der Rechtsbehelfe könnte es daher nur dann kommen, wenn auch die zugrunde liegenden Rechtsordnungen harmonisiert würden. Denn sogar eine völlige Vereinheitlichung der Rechtsbehelfsregelungen hätte im Ergebnis nicht eine Vereinheitlichung des Drittschutzes zur Folge, da sich die Unterschiede im materiellen Recht auch unter gleichen prozessualen Bedingungen durchsetzen würden.

Ergibt die folgende Prüfung einen Anlass zur Harmonisierung der Rechtsbehelfe, so hat eine solche Harmonisierung nicht zuerst direkt bei den verfahrensrechtlichen Regelungen zu beginnen, sondern muss im materiellen Recht ansetzen.

Zweites Kapitel
Der Schutz des Dritten in grenzüberschreitenden europäischen Vollstreckungsverfahren

Im Folgenden soll nun auf die europäische Dimension des Drittschutzes in der Zwangsvollstreckung eingegangen werden, indem untersucht wird, in welcher Weise Dritte in transnationalen Vollstreckungsfällen betroffen werden können und welche Schutzmechanismen dem Dritten für diese Fälle zur Seite stehen.

Ergeht in einem Staat ein Urteil gegen einen Schuldner, dessen Vermögen nicht in demselben Staat belegen ist, stellt sich zunächst die Frage, in welcher Weise der Gläubiger grenzüberschreitend aus dem Urteil vollstrecken kann.

Auszugehen ist dazu von der Prämisse, dass sich ein gerichtliches Urteil als Akt hoheitlicher Staatsgewalt nur auf die Hoheitssphäre des Urteilsstaates beziehen kann.[1] Diese territoriale Beschränkung gebietet schon der völkerrechtliche Grundsatz der souveränen Gleichheit der Staaten.[2] Denn um der Anerkennung seiner eigenen Herrschaftsgewalt willen muss jeder Staat als gleichberechtigtes Mitglied der Staatengemeinschaft berücksichtigen, dass auch jeder andere Staat die gleichen Befugnisse beansprucht und beanspruchen kann.[3] Auf ein Urteil bezogen bedeutet dies, dass sich die durch das Urteil manifestierte Hoheitlichkeit nur auf das Gebiet des Urteilsstaat beziehen kann und die dem Urteil zukommende Vollstreckbarkeit als Auftrag, den zuerkannten Anspruch zwangsweise unter Inanspruchnahme staatlicher Behörden durchzusetzen, sich nicht an Vollstreckungsorgane anderer Staaten, sondern ausschließlich an inländische richten kann.[4]

Folglich können ausländische Urteile selbst im Inland keinen Vollstreckungstitel darstellen,[5] die ausländische Vollstreckbarkeit des Urteils wird nicht auf das Inland erstreckt.[6]

---

1 *Nagel/Gottwald*, § 11, Rn. 102; *Schack*, Rn. 775; *Rosenberg/Gaul/Schilken*, § 12 I 1; *Schütze*, Rn. 211; *Geimer*, Internationales Zivilprozeßrecht, Rn. 409, 1221, 3200 ff.

2 *Rosenberg/Gaul/Schilken*, § 12 I 1; *Geimer*, in: *Geimer/Schütze*, Urteilsanerkennung I/2, 1412; *ders.*, Internationales Zivilprozeßrecht, Rn. 409, 1221; *Nagel/Gottwald*, § 11, Rn. 102; *Geimer*, in: *Zöller*, § 722, Rn. 2;. Vgl. allgemein zu diesem völkerrechtlichen Grundprinzip *Wolfrum*, in: *Dahm/Delbrück/Wolfrum*, § 166.

3 *Wolfrum*, in: *Dahm/Delbrück/Wolfrum*, 784. Ähnlich *Geimer*, Internationales Zivilprozeßrecht, Rn. 409, 1221.

4 *Geimer*, in: *Geimer/Schütze*, Urteilsanerkennung I/2, 1412; *Rosenberg/Gaul/Schilken*, § 12 I 1; *Schack*, Rn. 930; *Geimer*, in: *Zöller*, § 722, Rn. 2.

5 *Rosenberg/Gaul/Schilken*, § 12 I 1.

6 *Geimer*, in: *Zöller*, § 722, Rn. 2; *Geimer*, Internationales Zivilprozeßrecht, Rn. 2779, 2824, 3100, 3368; *Gottwald*, IPRax 1991, 285. Dies würde bereits an der Inpraktikabilität der Vollstreckung scheitern, da die Gerichtsvollzieher in aller Regel überfordert wären, wenn sie selbständig die Voraussetzungen der Vollstreckbarkeit eines ausländischen Titels prüfen müssten. Von einem inländischen Vollstreckungsorgan kann aber die Kennt-

Zur Erstreckung von Urteilswirkungen muss das Urteil im Inland vielmehr anerkannt werden.[7] Terminologisch umfasst die Anerkennung von Urteilswirkungen allerdings nicht die Frage, ob das Urteil auch hinsichtlich seiner Vollstreckbarkeit anerkannt wird.[8] Die Vollstreckbarkeit muss einem ausländischen Urteil vielmehr durch einen konstitutiven Hoheitsakt originär verliehen werden, um den Zugang zu inländischen Vollstreckungsorganen zu ermöglichen.[9] Dies gewährleistet das Verfahren der Vollstreckbarerklärung, des Exequaturs.

Erst wenn das ausländische Urteil durch ein inländisches Gericht für vollstreckbar erklärt wird, entsteht auch ein inländischer Titel.[10] Erst dieser Titel kann die Grundlage für die Zwangsvollstreckung durch inländische Organe bilden.[11] Welchen Anforderungen das ausländische Urteil genügen muss, um im Zweitstaat für vollstreckbar erklärt werden zu können, unterliegt dabei der souveränen Entscheidung des Zweitstaates.[12]

Es bedarf aufgrund dieser Ausführungen einer scharfen Unterscheidung zwischen dem „titelschaffenden Verfahren"[13] der Vollstreckbarerklärung und dem erst darauf aufbauenden eigentlichen Zwangsvollstreckungsverfahren.

Bevor zur Untersuchung des drittbezogenen Rechtsschutzes im übernächsten Kapitel auf das Verfahren nach Erwirkung des Exequaturs eingegangen werden soll,[14] ist zunächst auf das Vollstreckbarerklärungsverfahren selbst einzugehen. Es gilt daher zu ergründen, auf welche Weise der Inhaber eines Urteils die Vollstreckbarkeit seines Urteils im europäischen Ausland erwirken kann, wie an die-

---

nis ausländischen Vollstreckungsrechts nicht verlangt werden, *Geimer*, in: *Geimer/Schütze*, Urteilsanerkennung I/2, 1413; *Schack*, Rn. 930; *Geimer*, in: *Zöller*, § 722, Rn. 2.

7 *Schack*, Rn. 775; *Schütze*, Rn. 211.

8 *Rosenberg/Gaul/Schilken*, § 12 I 1; *Schütze*, Rn. 211.

9 BGH, NJW 1986, 1440 (1441); BGHZ 118, 312 (315 f.); *Geimer*, JuS 1965, 475 (476); *ders.*, NJW 1965, 1413 (1414); *ders.*, in: *Geimer/Schütze*, Urteilsanerkennung I/2, 1413; *Gottwald*, ZZP 103 (1990), 257 (288 f.); *ders.*, IPRax 1991, 285; *Rosenberg/Gaul/Schilken*, § 12 I 1; *Gottwald*, in: Münchener Kommentar, § 722, Rn. 1; *Schütze*, Rn. 211; *Wagner*, IPRax 2002, 75 (80); *Schlosser*, Art. 38 EuGVO, Rn. 1; *Geimer/Schütze*, EZVR², Art. 38, Rn. 1 ff; *Münzberg*, in: *Stein/Jonas*, § 722, Rn. 3 f.

10 Zur Streitfrage, ob dann nur die Exequaturentscheidung oder diese in Verbindung mit dem ausländischen Titel den die Zwangsvollstreckung eröffnenden Titel darstellt, vgl. BGHZ 118, 312 (315); BGH, NJW 1986, 1440 (1441); *Geimer*, in: *Geimer/Schütze*, Urteilsanerkennung I/2, 1414; *Roth*, IPRax 1989, 14 (15 f.); *Geimer*, Internationales Zivilprozeßrecht, Rn. 3155; *Mankowski*, ZIP 1994, 1577 (1578).

11 *Rosenberg/Gaul/Schilken*, § 12 I 1; *Nagel/Gottwald*, § 17, Rn. 6; *Mankowski*, in: *Rauscher*, Art. 38, Rn. 3.

12 Die ausländische Gerichtsgewalt wird durch diese Entscheidung jedoch nicht tangiert, BGHZ 112, 127 (133); *Schack*, Rn. 775; *Nagel*, ZZP 75 (1962), 408 (435); *ders./Gottwald*, § 11, Rn. 102.

13 *Mankowski*, in: *Rauscher*, Art. 38, Rn. 3.

14 Vgl. u. S. 154 ff.

sem Verfahren nicht beteiligte, aber betroffene Dritte ihre Rechte zu schützen vermögen und ob es eines Schutzes in diesem Stadium überhaupt bedarf.

A. Der Schutz des Dritten im Exequaturverfahren

Für die hier interessierenden Fälle intrakommunitärer Vollstreckbarerklärung hat der Rat der Europäischen Union am 22. Dezember 2000 auf der Grundlage von Art. 61 lit. c, 65 EG[15] die Verordnung (EG) Nr. 44/2001 über die gerichtliche Zuständigkeit und die Anerkennung und Vollstreckung von Entscheidungen in Zivil- und Handelssachen (EuGVO)[16] erlassen, die gemäß ihrem Art. 76 am 1. März 2002 in Kraft getreten ist. In ihrem räumlichen Geltungsbereich[17] hat die EuGVO gemäß Art. 68 Abs. 1 EuGVO das Brüsseler Übereinkommen vom 27. September 1968 (EuGVÜ)[18] abgelöst.[19]

Die EuGVO hat als Verordnung im Sinne des Art. 249 Abs. 2 EG allgemeine Geltung, ist in allen ihren Teilen verbindlich und gilt unmittelbar ohne Transformationsakt in jedem Mitgliedstaat. Als sekundäres Gemeinschaftsrecht geht sie damit aufgrund des allgemeinen Anwendungsvorranges nationalen Vorschriften vor.[20]

---

15 Die Tragfähigkeit der Art. 61 lit. c, 65 EG als Rechtssetzungskompetenz wurde jedoch angezweifelt, *Kohler*, Rev. crit. 88 (1999), 1 (15 f.); *Besse*, ZEuP 1999, 107 (117, 122); *Schack*, ZEuP 1999, 805 (807); *ders.*, Rn. 106b; *Basedow*, in: *Baur/Mansel*, 31 ff. Für eine solche Kompetenz vor allem die Kommission, KOM (2003) 61 endg., http://europa.eu.int/eur-lex/de/com/pdf/2003/com2003_0061de01.pdf, 2; *Hess*, NJW 2000, 23 (27); *ders.*, JZ 2001, 573 (574); *Röben*, in: *Grabitz/Hilf*, Art. 65 EGV, Rn. 2, 8; *Leible*, in: *Streinz*, Art. 65 EGV, Rn. 10 ff.; *Wagner*, IPRax 2002, 75 (85 f.); *Staudinger*, in: *Rauscher*, Einl., Rn. 10; *Drappatz*, passim; *Kropholler*, EZPR[8], Einl. EuGVO, Rn. 15. Vgl. dazu *Kohler*, IPRax 2003, 401 ff.

16 ABl. EG 2001, Nr. L 12/1 ff.

17 Gemäß Art. 69 EG iVm Art. 1 des Protokolls über die Position Dänemarks im Anhang zum Amsterdamer Vertrag, ABl. EG 1997, Nr. C 340/101, beteiligt sich Dänemark nicht an Maßnahmen auf Grundlage des Titels IV des EG-Vertrages. Im Gegensatz zu Großbritannien und Irland hat Dänemark auch nicht von der Möglichkeit eines *„opting-in"* Gebrauch gemacht; vgl. dazu *Kropholler*, EZPR[8], Einl. EuGVO, Rn. 20 f.; *Czernich/Tiefenthaler*, in: *Czernich/Tiefenthaler/Kodek*, Einl., Rn. 7; *Staudinger*, in: *Rauscher*, Einl., Rn. 14 f.

18 Brüsseler Übereinkommen über die gerichtliche Zuständigkeit und die Vollstreckung gerichtlicher Entscheidungen in Zivil- und Handelssachen, BGBl. 1972 II, 774 ff.

19 *Jayme/Kohler*, IPRax 2002, 461 (464); *Kropholler*, EZPR[8], Einl. EuGVO, Rn. 1; *Czernich/Tiefenthaler*, in: *Czernich/Tiefen-thaler/Kodek*, Einl., Rn. 8.

20 Grundlegend zum Vorrang des Gemeinschaftsrechts EuGH, Rs. 6/64 – *Costa/E.N.E.L.*, Slg. 1964, 1251 (1270). Zur EuGVO *Kropholler*, EZPR[8], Einl. EuGVO, Rn. 19; *Czernich/Tiefenthaler*, in: *Czernich/Tiefenthaler/Kodek*, Einl., Rn. 42; *Staudinger*, in: *Rauscher*, Einl., Rn. 27.

Indem die EuGVO in Kapitel III Abschnitt 2 Regeln für die Vollstreckbarerklärung normiert, verdrängt sie die entsprechenden Regelungen des nationalen Prozessrechts.[21] Aufgrund dessen wird im Folgenden auf die Darstellung der autonomen Instrumente zur Vollstreckbarerklärung verzichtet.[22]

I. Das Vollstreckbarerklärungsverfahren gemäß Art. 38 ff. EuGVO

Mit der Ablösung des EuGVÜ durch die EuGVO wurde das Verfahren der Vollstreckbarerklärung wesentlich verändert mit dem Ziel, auf dem Weg zur vollständigen Freizügigkeit von Urteilen im europäischen Rechtsraum[23] die Vollstreckung ausländischer Entscheidungen zu beschleunigen und dessen Ef-

---

21 *Kropholler*, EZPR[8], Einl. EuGVO, Rn. 19; Art. 32, Rn. 6; Art. 38, Rn. 1; *Czernich/Tiefenthaler*, in: *Czernich/Tiefentha-ler/Kodek*, Einl., Rn. 42; *Mankowski*, in: *Rauscher*, Art. 38, Rn. 4; *Schlosser*, Art. 38 EuGVO, Rn. 1.
Die nationalen Regelungen gewinnen lediglich außerhalb des Anwendungsbereichs des EuGVO und sonstiger bi- und multilateraler Staatsverträge über die Anerkennung und Vollstreckung, wie z.B. EuGVÜ, LugÜ, also nur marginal an Bedeutung.

22 Im autonomen deutschen Recht erreicht der ausländische Gläubiger die Vollstreckbarerklärung seines Urteils durch Erhebung der Vollstreckungsklage gemäß §§ 722 f. ZPO, vgl. dazu *Nagel/Gottwald*, § 12, Rn. 101 ff.; *Rosenberg/Gaul/Schilken*, § 12 II; *Baur/Stürner*, Zwangsvollstreckung, § 57.
Im italienischen Recht wird gemäß Art. 67 IPR-G ein an die Verfahrensweisen des EuGVÜ und LugÜ angepasstes Vollstreckbarerklärungsvefahren durchgeführt, vgl. *Consolo/Luiso*, Art. 796-805, Rn. 1; *Martino*, in: *Picardi*, Art. 67 IPR-G, § 1; *Strauss*, in: HdbIZ, Italien, Kap. III.1, 4; *Nagel/Gottwald*, § 14, Rn. 78 ff.
Auch Österreich sieht gemäß § 79 ff. EO ein generelles Vollstreckbarerklärungsverfahren vor, vgl. *Bajons*, in: *Bülow/Böckstiegel/Geimer/Schütze*, 1108, 10; *Jayme/Kohler*, IPRax 1996, 377 (379); *Seiser*, 31 ff.
Schließlich kann in England die Vollstreckbarkeit klageweise mit der *Action upon the foreign judgment* oder anhand vereinfachter Registrierungsverfahren erreicht werden, vgl. dazu *McClean/Briggs*, in: *Halsbury's*, Vol. 8 (1), §§ 996, 1025, 1031, 1049; *Nelle*, 103; *North/Fawcett*, 463, 470, 493; *Nagel/Gottwald*, § 14, Rn. 8 ff.

23 Zum Begriff der Freizügigkeit in Bezug auf gerichtliche Entscheidungen vgl. *Jenard*-Bericht, ABl. EG 1979, Nr. C 59/1 (42 f., zu Art. 25 EuGVÜ); unter Bezugnahme auf *Jenard* auch EuGH, Rs. 145/86 – *Hoffmann/Krieg*, Slg. 1988, 645 (666, Nr. 10); EuGH, Rs. C-398/92 – *Mund & Fester/Hatrex International Transport*, Slg. 1994 I, 474 (478, Rn. 11). Ebenso die Mitteilung der Kommission an den Rat und an das Europäische Parlament: „Wege zu einer effizienteren Erwirkung und Vollstreckung von gerichtlichen Entscheidungen in der Europäischen Union", ABl. EG 1998, Nr. C 33/3 (5). *Kohler*, in: *Schwind*, 133; *Hess*, IPRax 2001, 301 (302); *Wagner*, IPRax 2002, 75 (77, Fn. 32); *Kodek*, in: *Czernich/Tiefenthaler/Kodek*, Art. 32, Rn.1; *Salerno*, 272; kritisch *Kohler*, IPRax 1992, 277 (282). Zur Übertragung des Binnenmarktkonzepts auf den Bereich gerichtlicher Entscheidungen im Zivilrecht vgl. auch *Storme*, 584; *Kohler*, in: *Baur/Mansel*, 155.

fektivität zu steigern.[24] Da der Ablauf und die Grundsätze des Vollstreckbarerklärungsverfahrens für das Verständnis und die Bewertung der folgenden Prüfung grundlegend sind, ist es hier zunächst kurz darzustellen.

Eingeleitet wird das Vollstreckbarerklärungsverfahren gemäß Art. 38 Abs. 1 EuGVO durch den Antrag eines Berechtigten, also desjenigen, der sich im Urteilsstaat auf die Entscheidung berufen kann.[25] Sachlich zuständig für die Entgegennahme des Antrags und zur Entscheidung über die Vollstreckbarerklärung sind gemäß Art. 39 Abs.1 EuGVO die im Anhang II zur EuGVO bezeichneten Gerichte.[26]

Zur Sicherung des Überraschungseffekts der Vollstreckung vollzieht sich das Verfahren der Vollstreckbarerklärung dann ohne Beteiligung des Schuldners in einem einseitigen Verfahren.[27] Art. 41 S. 2 EuGVO schließt explizit jedwede Gelegenheit für den Schuldner, eine Erklärung abzugeben, aus.

Im Gegensatz zum Prüfungsumfang im Rahmen des EuGVÜ[28] erfolgt gemäß Art. 41 S.1 a.E. EuGVO im erstinstanzlichen Vollstreckbarerklärungsverfahren

---

24 Vgl. die Mitteilung der Kommission (o. Fn. 23), ABl. EG 1998, Nr. C 33/3; Begründung des Kommissionsentwurfs KOM (1999) 348 endg., BR.-Drucks. 534/99, 6, 22; Erwägungsgrund 17, S. 1 zur EuGVO; *Micklitz/Rott*, EuZW 2002, 15 (21); *Wagner*, IPRax 2002, 75 (83).

25 *Jenard*-Bericht, ABl. EG 1979, Nr. C 59/1 (49, zu Art. 31 EuGVÜ). Dies ist regelmäßig der in der Entscheidung genannte Gläubiger sowie dessen Rechtsnachfolger, *Kropholler*, EZPR[8], Art. 38 EuGVO, Rn. 15; *Mankowski*, in: *Rauscher*, Art. 38, Rn. 8 f; *Kodek*, in: *Czernich/Tiefenthaler/Kodek*, Art. 38, Rn. 12.

26 Hinsichtlich der örtlichen Zuständigkeit gibt Art. 39 Abs. 2 EuGVO dem Antragsteller ein Wahlrecht: Entweder kann das Wohnsitzgericht des Schuldners oder dasjenige Gericht angegangen werden, in dessen Gerichtsbezirk potentielle Vollstreckungsobjekte des Schuldners belegen sind und der Gläubiger die Absicht hat, die Vollstreckung durchzuführen. Es genügt im letzteren Fall die substantiierte Behauptung des Antragstellers, in dem jeweiligen Gerichtsbezirk vollstrecken zu wollen. Anderenfalls würde die von Amts wegen zu prüfende Zuständigkeit mit komplexen materiellrechtlichen Problemen überfrachtet. Vgl. *Mankowski*, in: *Rauscher*, Art. 39, Rn. 4 ff.; *Kropholler*, EZPR[8], Art. 39 EuGVO, Rn. 6 ff.; *Kodek*, in: *Czernich/Tiefenthaler/Kodek*, Art. 39, Rn. 4

27 So bereits *Jenard*-Bericht, ABl. EG 1979, Nr. C 59/1 (50, zu Art. 34 EuGVÜ). *Micklitz/Rott*, EuZW 2002, 15 (21); *Mayr/Czernich*, 128; *Schütze*, 217; *Kropholler*, EZPR[8], Art. 38 EuGVO, Rn. 3, Art. 41, 7; *Mankowski*, in: *Rauscher*, Art. 41, Rn. 6 f.; *Kodek*, in: *Czernich/Tiefenthaler/Kodek*, Art. 41, Rn. 1. Zur Bedeutung des Überraschungseffekts in der internationalen Zwangsvollstreckung vgl. *Schlosser*, RIW 2002, 809 ff.

28 Nach dem EuGVÜ ist die Vollstreckbarerklärung auf Antrag des Gläubigers zu erteilen, wenn die Entscheidung nach dem Recht des Urteilsstaat vollstreckbar, zugestellt und anerkennungsfähig ist, Art. 34 Abs. 2 EuGVÜ; *Schack*, Rn. 950; *Wagner*, IPRax 2002, 75 (80). Die Prüfung der Anerkennungsvoraussetzungen der Art. 27 f. EuGVÜ beschränkt sich jedoch auf amtsbekannte Versagungsgründe, da längere Ermittlungen mit dem summarischen Charakter des Verfahrens nicht vereinbar sind, *Mauch*, 14; *Kropholler*, EZPR[6], Art. 34, Rn. 7.

keine Prüfung der Anerkennungsversagungsgründe oder Vollstreckungshindernisse.[29] Diese Prüfung bleibt vielmehr dem Rechtsbehelfsverfahren vorbehalten.[30]

Die Vollstreckbarerklärung setzt gemäß Art. 38 Abs. 1 EuGVO die Vollstreckbarkeit der Entscheidung im Erststaat voraus, wobei eine nur vorläufige Vollstreckbarkeit ausreicht.[31] Die EuGVO geht allerdings nicht davon aus, dass das Gericht in die materielle Prüfung der Vollstreckbarkeit nach ausländischem Recht einsteigen darf, da sonst die Intention der Verordnung, das Vollstreckbarerklärungsverfahren schneller und effizienter zu gestalten, nicht zu erreichen wäre.[32] Die Vollstreckbarkeit ergibt sich vielmehr ausschließlich aus der gemäß Art. 40 Abs. 3 EuGVO dem Antrag beizufügenden Bescheinigung gemäß Art. 53 Abs. 2, 54 EuGVO über die Vollstreckbarkeit in Form des Formblatts in Anhang V zur EuGVO.[33] Das Gericht hat diese „Förmlichkeit" gemäß Art. 41 S. 1 EuGVO ebenso zu prüfen wie das Vorliegen einer Ausfertigung der vollstreckbar zu erklärenden Entscheidung.

Da das Gericht daneben auch nur die Verfahrensvoraussetzungen des Art. 38 EuGVO zu prüfen hat,[34] stellt sich das erstinstanzliche Vollstreckbarerklärungsverfahren demgemäß als rein förmliches Verfahren dar,[35] an dessen Ende praktisch automatisch die Vollstreckbarerklärung seitens des Gerichts steht.[36]

---

29 *Kodek*, in: *Czernich/Tiefenthaler/Kodek*, Art. 41, Rn. 2; *Kohler*, in: *Baur/Mansel*, 150; *Wagner*, IPRax 2002, 75 (83); *Schack*, Rn. 950; *Micklitz/Rott*, EuZW 2002, 75 (83); *Kropholler*, EZPR[8], Art. 38 EuGVO, Rn. 7, Art. 41, Rn. 5; *Mankowski*, in: *Rauscher*, Art. 41, Rn. 4.
Zur der Frage, ob dadurch auch die Prüfung der *ordre-public* Vorbehalt zur Disposition des Schuldners gestellt wird, und zu dessen Bewertung, *Mankowski*, in: *Rauscher*, Art. 41, Rn. 4 f.; *Wagner*, IPRax 2002, 75 (83); *Kohler*, in: *Baur/Mansel*, 152 f.; *Salerno*, 274; *Stadler*, 56.

30 Begründung des Kommissionsentwurfs KOM (1999) 348 endg. (o. Fn. 24), 22 (zu Art. 37 des Entwurfs); *Stadler*, 56; *Micklitz/Rott*, EuZW 2002, 75 (83); *Wagner*, IPRax 2002, 75 (83); *Kodek*, in: *Czernich/Tiefenthaler/Kodek*, Art. 41, Rn. 2; *Kropholler*, EZPR[8], Art. 41 EuGVO, Rn. 5. Hierzu vgl. u. S. 118 ff.

31 *Kropholler*, EZPR[8], Art. 38 EuGVO, Rn. 10; *Mankowski*, in: *Rauscher*, Art. 38, Rn. 15; *Schack*, Rn. 932.

32 *Mankowski*, in: *Rauscher*, Art. 38, Rn. 11.

33 *Kropholler*, EZPR[8], Art. 38 EuGVO, Rn. 9; *Kodek*, in: *Czernich/Tiefenthaler/Kodek*, Art. 38, Rn. 6, 8; *Mankowski*, in: *Rauscher*, Art. 38, Rn. 12, 19

34 *Mankowski*, in: *Rauscher*, Art. 41, Rn. 1.

35 *Micklitz/Rott*, EuZW 2002, 15 (21); *Wagner*, IPRax 2002, 75 (83); *Kohler*, in: *Baur/Mansel*, 150; *Droz/Gaudemet-Tallon*, Rev. crit. 90 (2001), 601 (644); *Schütze*, 217; *Mankowski*, in: *Rauscher*, Art. 41, Rn. 1; *Lopes Pegna*, Riv. dir. int. 2001, 621 (627).

36 Mitteilung der Kommission (o. Fn. 23), ABl. EG 1998, Nr. C 33/3 (9); Begründung des Kommissionsentwurfs KOM 1999 (348) endg., BR.-Drucks. 534/99, 6; Erwägungsgrund 17, S. 2 zur EuGVO; *Mayr/Czernich*, 128; *Salerno*, 260. In England tritt gemäß Art. 38 Abs. 2 EuGVO an die Stelle der Vollstreckbarerklärung die Registrierung der Entschei-

Dabei hat das Gericht seine Entscheidung gemäß Art. 41 S.1 EuGVO unverzüglich zu erlassen, eine Frist hat es jedoch nicht zu wahren.[37] Die Entscheidung ist dem Antragsteller gemäß Art. 42 Abs. 1 EuGVO unverzüglich zuzustellen und für den Fall des positiven Bescheids gemäß Art. 42 Abs. 2 EuGVO auch dem Schuldner.[38]

Im Ergebnis bietet die EuGVO demnach ein einheitliches Vollstreckbarerklärungsverfahren,[39] welches die bezweckte Effizienzsteigerung und Beschleunigung der Vollstreckung ausländischer Entscheidungen vor allem durch die Formalisierung der Prüfung und die damit einhergehende Beschränkung der Prüfungskompetenz des erstinstanzlichen Gerichts erreichen will.

II. Rechtsschutzmöglichkeiten Dritter

1. Das Rechtsbehelfssystem der EuGVO

Gegen die Entscheidung über die Vollstreckbarerklärung kann gemäß Art. 43 Abs. 1 EuGVO jede Partei einen Rechtsbehelf bei dem im Anhang III zur EuGVO genannten Gericht einlegen.[40] Dabei muss gemäß Art. 43 Abs. 5 S. 1 EuGVO nur der Schuldner eine Einlegungsfrist von einem Monat nach Zustellung der Vollstreckbarerklärung beachten;[41] der Behelf des Antragstellers, der sich ja nicht „gegen die Vollstreckbarerklärung" richtet, wie Art. 43 Abs. 5 EuGVO voraussetzt, unterliegt dagegen keiner Frist.[42] Ihm steht daher soviel Zeit zur

---

dung, *Kropholler*, EZPR[8], Art. 38 EuGVO, Rn. 18; *Briggs/Rees*, 7.21; *Schlosser*, Art. 38 EuGVO, Rn. 9a; *Mankowski*, in: *Rauscher*, Art. 38, Rn. 30.

37 Der *Jenard*-Bericht begründet dies damit, dass „eine solche Frist für die Gericht nicht üblich ist und überdies Sanktionen für den Fall, dass die Frist nicht eingehalten würde, nicht eingeführt werden können", vgl. aaO, ABl. EG 1979, Nr. C 59/1 (50, zu Art. 34 EuGVÜ). Dem folgend *Kropholler*, EZPR[8], Art. 41 EuGVO, Rn. 2; *Mankowski*, in: *Rauscher*, Art. 41, Rn. 10.

38 Für den Fall, dass die Entscheidung in einen anderen Mitgliedstaat zugestellt werden muss, greift die Verordnung (EG) Nr. 1348/2000 des Rates vom 29.5.2000 über die Zustellung gerichtlicher und außergerichtlicher Schriftstücke in Zivil- und Handelssachen in den Mitgliedstaaten, ABl. EG 2000, Nr. L 160/37; *Kropholler*, EZPR[8], Art. 43 EuGVO, Rn. 14; *Mankowski*, in: *Rauscher*, Art. 43, Rn. 16.

39 *Mankowski*, in: *Rauscher*, Art. 38, Rn. 1; *Geimer*, in: *Zöller*, Art. 41 EuGVVO, Rn. 1.

40 Vgl. auch Erwägungsgrund 18 zur EuGVO. Damit wird nicht selbstverständlich ein Devolutiveffekt herbeigeführt; in Italien, Österreich und England bleiben die erstinstanzlich zuständigen Gerichte weiterhin zuständig, *Mankowski*, in: *Rauscher*, Art. 43, Rn. 6.

41 Diese Frist gilt nur für den Fall, dass der Schuldner seinen Wohnsitz im Zweitstaat hat. Befindet sich der Wohnsitz dagegen in einem anderen Mitgliedstaat, so beträgt die Frist gemäß Art. 43 Abs. 5 S. 2 EuGVO zwei Monate.

42 *Kropholler*, EZPR[8], Art. 43 EuGVO, Rn. 13; *Kodek*, in: *Czernich/Tiefenthaler/Kodek*, Art. 43, Rn. 6.

Verfügung, wie ihm zweckdienlich erscheint, um beispielsweise erforderliche Unterlagen zu beschaffen.[43]

Gemäß Art. 43 Abs. 3 EuGVO ist das Rechtsbehelfsverfahren kontradiktorisch durchzuführen; das einseitige Verfahren der Vollstreckbarerklärung wird zweiseitig in der Rechtsbehelfsinstanz fortgeführt.[44] Maßgeblich sind dabei die Vorschriften des nationalen Rechts für kontradiktorische Rechtsbehelfe.[45] Die zweiseitige Fortführung des Verfahrens erweist sich auch als unentbehrlich vor dem Hintergrund, dass die Rechtsmittelinstanz nicht bloß die Voraussetzungen der Vollstreckbarerklärung nachprüfen kann, sondern gemäß Art. 45 Abs.1 EuGVO im Gegensatz zum erstinstanzlichen Verfahren erstmals zur Prüfung der Vollstreckungshindernisse und Anerkennungsvoraussetzungen der Art. 34 und 35 EuGVO berufen ist.[46]

Gegen die Entscheidung der Rechtsbehelfsinstanz ist gemäß Art. 44 EuGVO ein weiterer Rechtsbehelf möglich, der im Anhang IV der EuGVO für die einzelnen Mitgliedstaaten näher qualifiziert wird. Auf diesen hin ist das angegangene Gericht allerdings „im Sinne einer zügigen Durchführung der Vollstreckung"[47] ausschließlich zur Prüfung von Rechtsverletzungen befugt, nicht jedoch zur neuerlichen Tatsachenwürdigung.[48]

Fraglich ist nun, ob dieses Rechtsbehelfssystem auch einem Dritten zur Wahrung seiner Rechte zur Verfügung steht. Einen Anhaltspunkt zur Beantwortung dieser Frage gibt zunächst Erwägungsgrund 18 zur EuGVO. Der hierin zum Ausdruck gebrachte Wille des Sekundärrechtsgebers bestimmt, dass sowohl dem Schuldner als auch dem Antragsteller ein Rechtsbehelf gegen die Entschei-

---

43 *Jenard*-Bericht, ABl. EG 1979, Nr. C 59/1 (53, zu Art. 40 und 41 EuGVÜ); *Kropholler*, EZPR[8], Art. 43 EuGVO, Rn. 13; *Kodek*, in: *Czernich/Tiefenthaler/Kodek*, Art. 43, Rn. 6.

44 *Micklitz/Rott*, EuZW 2002, 15 (21); *Schack*, Rn. 952; *Schütze*, Rn. 217; *Kropholler*, EZPR[8], Art. 38 EuGVO, Rn. 3, Art. 43, Rn. 8; *Kodek*, in: *Czernich/Tiefenthaler/Kodek*, Art. 41, Rn. 1, Art. 43, Rn. 5; *Mankowski*, in: *Rauscher*, Art. 43, Rn. 7.

45 *Kropholler*, EZPR[8], Art. 43 EuGVO, Rn. 3, 10; *Mankowski*, in: *Rauscher*, Art. 43, Rn. 10; *Schack*, Rn. 952; *Mayr/Czernich*, 128; *Kodek*, in: *Czernich/Tiefenthaler/Kodek*, Art. 43, Rn. 5; *Salerno*, 265; *Merlin*, Riv. dir. proc. 2001, 433 (447 f.); *Briggs/Rees*, 7.22.

46 *Mankowski*, in: *Rauscher*, Art. 43, Rn. 7. Zum Prüfungsumfang der Rechtsbehelfsinstanz vgl. aaO, Art. 45, Rn. 2 f.
Umstritten ist, ob der Schuldner im Rechtsbehelfsverfahren gegen die Vollstreckbarerklärung auch materielle Einwendungen gegen den titulierten Anspruch selbst erheben kann, so *Wagner*, IPRax 2002, 75 (83); *Kropholler*, EZPR[8], Art. 43 EuGVO, Rn. 27 f.; *Schack*, Rn. 955; *Nagel/Gottwald*, § 12, Rn. 48; *Kodek*, in: *Czernich/Tiefenthaler/Kodek*, Art. 43, Rn. 13. Dagegen jedoch *Mankowski*, in: *Rauscher*, Art. 45, Rn. 4 ff.; *Micklitz/Rott*, EuZW 2002, 15 (22); ausführlich *Nelle*, 434 ff.; *Hub*, NJW 2001, 3145 (3147); *Hüßtege*, in: *Thomas/Putzo*, Art. 45, Rn.3.

47 *Schlosser*-Bericht, ABl. EG 1979, Nr. C 59/71 (133, Nr. 217).

48 *Schlosser*-Bericht, ABl. EG 1979, Nr. C 59/71 (133, Nr. 217); *Kropholler*, EZPR[8], Art. 44 EuGVO, Rn. 2; *Mankowski*, in: *Rauscher*, Art. 44, Rn. 1; *Kodek*, in: *Czernich/Tiefenthaler/Kodek*, Art. 44, Rn. 2.

dung im Vollstreckbarerklärungsverfahren zustehen muss. Von einer parallelen Möglichkeit für Dritte ist hingegen nicht die Rede.

Anderes könnte sich jedoch aus dem Wortlaut des Art. 43 Abs. 1 EuGVO ergeben. Dieser statuiert abstrakter, dass „jede(r) Partei" ein Rechtsbehelf gegen die Exequaturentscheidung zusteht. Aus der Stellung der Vorschrift im Anschluss an die Bestimmungen über das Verfahren der Vollstreckbarerklärung ergibt sich konkretisierend, dass der Parteibegriff des Art. 43 Abs. 1 EuGVO auch nur die Parteien dieses Verfahrens umfassen kann. Entsprechend des Regelungsgehalts bereits des EuGVÜ[49] sind auch nach der Systematik der EuGVO nur die Subjekte des erststaatlichen Prozesses, also der Gläubiger als Antragsteller und der Schuldner als Antragsgegner Parteien des Exequaturverfahrens.[50] Wenn man von Rechtsnachfolgern auf Schuldner- oder Gläubigerseite absieht, die in die jeweilige Position eintreten und damit nicht als verfahrensfremde „Dritte" angesehen werden können, sind Dritte an diesem Verfahren nicht beteiligt.[51]

Für die Berechtigung hinsichtlich des Rechtsbehelfs gemäß Art. 43 Abs. 1 EuGVO ist daraus zu folgern, dass ausschließlich Antragsteller und Schuldner Parteien im Sinne dieser Norm sind und nur sie zur Erhebung dieses Rechtsbehelfs bei entsprechender Beschwer aktivlegitimiert sind.[52]

Einen Schutz für durch das Exequaturverfahren eventuell beschwerte Dritte sieht das Rechtsbehelfssystem der EuGVO damit nicht vor.

2. Anwendbarkeit nationaler Rechtsbehelfe

Ein beschwerter Dritter könnte jedoch möglicherweise über die Rechtsbehelfe des EuGVO hinaus auf diejenigen Schutzinstrumente zurückgreifen, die ihm das nationale Recht zur Verfügung stellt. Zu dieser Frage hat der EuGH im Geltungsbereich des EuGVÜ bereits mehrfach ablehnend Stellung genommen.

In der Rechtssache *Deutsche Genossenschaftsbank gegen SA Brasserie du pêcheur*[53] hatte der EuGH die Frage zu klären, ob Art. 36 EuGVÜ, „der bei Zulassung der Zwangsvollstreckung nur für den Schuldner einen Rechtsbehelf vorsieht, dadurch jeden Rechtsbehelf interessierter Dritter auch für den Fall aus-

---

49 *Geimer/Schütze*, EZVR, Art. 36, Rn. 5; *Schlosser*, Art. 36 EuGVÜ, Rn. 1.

50 *Kropholler*, EZPR^8, Art. 38 EuGVO, Rn. 15; *Mankowski*, in: *Rauscher*, Art. 38, Rn. 8 ff.; *Kodek*, in: *Czernich/Tiefenthaler/Kodek*, Art. 38, Rn. 12; *Salerno*, 271; *Schlosser*, Art. 43 EuGVO, Rn. 1; *Geimer/Schütze*, EZVR^2, Art. 43, Rn. 16.

51 *Salerno*, 270 f.; *Geimer/Schütze*, EZVR^2, Art. 43, Rn. 16.

52 *Kropholler*, EZPR^8, Art. 43 EuGVO, Rn. 1, 6; *Mankowski*, in: *Rauscher*, Art. 43, Rn. 2 f.; *Kodek*, in: *Czernich/Tiefenthaler/Kodek*, Art. 43, Rn. 4; *Lopes Pegna*, Riv. dir. int. 2001, 621 (652).

53 EuGH, Rs. 148/84 – *Deutsche Genossenschaftsbank/SA Brasserie du pêcheur*, Slg. 1985, 1981 ff.

schließt, dass diese nach nationalem Recht eines Vertragsstaats gegen den Beschluss, mit dem einem Antrag stattgegeben worden ist, gerichtlich vorgehen können".[54]

Wie die Stellungnahmen der Kommission und der Bundesrepublik Deutschland[55] verweist der Gerichtshof zur Beantwortung dieser Frage auf die Zielsetzung und den Sinn und Zweck des Übereinkommens, ein einfaches und schnelles Verfahren zur Vollstreckbarerklärung im Zweitstaat zu schaffen.[56] Um dieser Aufgabe gerecht zu werden und nicht durch die Zulassung weiterer Rechtsbehelfe das bereitgestellte Verfahren wieder auszuweiten und zu verlängern, stelle das Vollstreckbarerklärungsverfahren des EuGVÜ „auch für den Bereich der Rechtsschutzmöglichkeiten ein eigenständiges und geschlossenes System dar".[57] Dies schließe „daher Rechtsbehelfe aus, die das nationale Recht interessierten Dritten gegen die Zulassung der Zwangsvollstreckung eröffnet".[58]

In der Entscheidung *SISRO gegen Ampersand*[59] präzisierte der Gerichtshof seine Ansicht, dass es „die einheitliche Anwendung des Übereinkommens in allen Vertragsstaaten (...) nicht zu(lasse), dass der Schuldner in einigen Vertragsstaaten über (...) umfassendere prozessuale Rechtsbehelfe verfügt, um die Vollstreckung einer im Urteilsstaat für vollstreckbar erklärten Entscheidung zu verzögern."[60] Damit statuiert der Gerichtshof zum einen, dass der Grad der Rechtsschutzmöglichkeiten aus Gründen der Uniformität nicht von Vertragsstaat zu Vertragsstaat unterschiedlich hoch sein dürfe. Andererseits rückt er wiederum den Zweck und Grundgedanken des Übereinkommens in den Vordergrund, intrakommunitäre Vollstreckungsverfahren zu beschleunigen und zu erleichtern, indem er darauf hinweist, dass zusätzliche nationale Rechtsbehelfe zu einer Verlangsamung des Verfahrens beitrügen.

---

54 EuGH, Rs. 148/84 – *Deutsche Genossenschaftsbank/SA Brasserie du pêcheur*, Slg. 1985, 1981 (1990, Rn. 8).

55 EuGH, Rs. 148/84 – *Deutsche Genossenschaftsbank/SA Brasserie du pêcheur*, Slg. 1985, 1981 (1991, Rn. 13 f.)

56 EuGH, Rs. 148/84 – *Deutsche Genossenschaftsbank/SA Brasserie du pêcheur*, Slg. 1985, 1981 (1991, Rn.16) unter Hinweis auf die Feststellungen in der Rechtsache *Brennero*, EuGH, Rs. 258/83 – *Brennero*, Slg. 1984, 3971 (3982 f., Rn. 10, 15) .

57 EuGH, Rs. 148/84 – *Deutsche Genossenschaftsbank/SA Brasserie du pêcheur*, Slg. 1985, 1981 (1991, Rn.17); EuGH, Rs. 432/93 – *SISRO/Ampersand*, Slg. 1995 I, 2269 (2300, Rn. 39) = IPRax 1996, 336 (338, Nr. 39).

58 EuGH, Rs. 148/84 – *Deutsche Genossenschaftsbank/SA Brasserie du pêcheur*, Slg. 1985, 1981 (1991, Rn.17).

59 EuGH Rs. 432/93 – *SISRO/Ampersand*, Slg. 1995 I, 2269 ff. = IPRax 1996, 336 ff.

60 EuGH Rs. 432/93 – *SISRO/Ampersand*, Slg. 1995 I, 2269 (2300, Rn. 41) = IPRax 1996, 336 (338, Nr. 41). Die englischen und italienischen Urteilstexte formulieren hier exakter: „*an enforceable judgment*" bzw. „*una sentenza esecutiva*".

Der Gerichtshof bezieht sich mit dieser Argumentation ausdrücklich auch auf die Sachverständigenberichte zum EuGVÜ.[61] So führt *Jenard* aus, dass „eine Häufung von Rechtsbehelfen, die von der unterlegenen Partei nur in der Absicht benutzt werden könnten, das Verfahren zu verschleppen, (...) eine Behinderung der von dem Übereinkommen erstrebten Freizügigkeit bedeuten" würde.[62] *Schlosser* bekräftigt, dass es Sinn des Übereinkommens sei, „im Interesse einer zügigen Durchführung der Vollstreckung die Zahl der Rechtsbehelfe auf einen einzigen, mit der Möglichkeit voller Tatsachenkontrolle, und einen zweiten, beschränkt auf eine Rechtskontrolle, zu begrenzen".[63]

Systematik und Regelungszweck der Art. 36 ff. EuGVÜ verdrängen mithin nach Auffassung des EuGH jedweden Rechtsbehelf des nationalen Rechts gegen die Zulassung oder Ablehnung der Vollstreckbarerklärung,[64] seien es Rechtsbehelfe für den Schuldner oder den Gläubiger, sei es ein Rechtsbehelf für interessierte Dritte.

Mit der Entscheidung in der Rechtssache *Sonntag gegen Waidmann*[65] hat der EuGH dieses Ergebnis auch für den Bereich der Rechtsbehelfe gegen die Rechtsbehelfsentscheidung gemäß Art. 37 Abs. 2 EuGVÜ umgesetzt. Der Gerichtshof hatte hier wiederum im Rahmen eines Vorabentscheidungsverfahrens die Frage zu beurteilen, ob Art. 37 Abs. 2 EuGVÜ „jeden Rechtsbehelf interessierter Dritter gegen die Entscheidung, die über den Rechtsbehelf nach Art. 36 EuGVÜ ergangen ist, auch für den Fall aus(schließe), dass ihnen nach dem nationalen Recht des Vollstreckungsstaates ein Rechtsbehelf zusteht."[66]

Nach Auffassung des EuGH steht dieses Problem in unmittelbaren Zusammenhang mit der oben erörterten entsprechenden Fragestellung des nationalen Rechtsschutzes gegen die Zulassung der Vollstreckung. Der Gerichtshof argumentiert, dass die diesbezügliche Rechtsprechung umgangen und unterlaufen würde, „wenn einem interessierten Dritten, dem die Einlegung eines Rechtsbehelfs nach Art. 36 EuGVÜ verwehrt ist, erlaubt würde, sich durch Einlegung eines Rechtsbehelfs nach Art. 37 EuGVÜ in einem späteren Verfahrensabschnitt am Rechtsstreit zu beteiligen."[67] Dies widerspreche ebenso weit „einem der Hauptziele des Übereinkommens – der Vereinfachung des Verfahrens im Vollstreckungsstaat."[68] Art. 36 ff. EuGVÜ schließen nach der Rechtsprechung des

---

61 EuGH Rs. 432/93 – *SISRO/Ampersand*, Slg. 1995 I, 2269 (2297, Rn. 28.) = IPRax 1996, 336 (337, Nr. 28).

62 *Jenard*-Bericht, ABl. EG 1979, Nr. C 59/1 (52, zu Art. 37).

63 *Schlosser*-Bericht, ABl. EG 1979, Nr. C 59/71 (133, Nr. 217).

64 *Kropholler*, EZPR[6], Art. 36, Rn. 1, 4.

65 EuGH, Rs. 172/91 – *Sonntag/Waidmann*, Slg. 1993 I, 1990 ff.

66 EuGH, Rs. 172/91 – *Sonntag/Waidmann*, Slg. 1993 I, 1990 (1994, Rn. 10).

67 EuGH, Rs. 172/91 – *Sonntag/Waidmann*, Slg. 1993 I, 1990 (1994, Rn. 34).

68 EuGH, Rs. 172/91 – *Sonntag/Waidmann*, Slg. 1993 I, 1990 (1994, Rn. 34).

EuGH mithin jeden nationalen Rechtsbehelf interessierter Dritter auch gegen die Rechtsbehelfsentscheidung aus.

Eine ergänzende Anwendung nationaler Rechtsbehelfe ist nach der Rechtsprechung des EuGH somit ausgeschlossen und nicht zulässig.[69]

Diese fundamentale Rechtsprechung des EuGH zur Ausschließlichkeit der Rechtsbehelfe ist auch zur Auslegung der EuGVO heranzuziehen,[70] denn trotz regelungssystematischer Veränderung und Vereinfachung der Rechtsbehelfe sind mit der Einführung der EuGVO nur in geringem Maße inhaltliche oder sachliche Veränderungen verbunden;[71] im Hinblick auf die Zwecksetzung zur Schaffung eines möglichst schnellen, einfachen und einheitlichen Rechtsbehelfsverfahrens kongruieren EuGVO und EuGVÜ.

Auch das Rechtsbehelfssystem der EuGVO ist mithin als eigenständiges und geschlossenes System anzusehen, das eine ergänzende Anwendung nationaler Rechtsbehelfe, insbesondere zum Schutz interessierter Dritter gegen die Vollstreckbarerklärungs- oder die nachgelagerte Rechtsbehelfsentscheidung ausschließt.[72]

III. Notwendigkeit eines Rechtsbehelfs für den Dritten gegen die Exequaturentscheidung

Die aufgezeigte Rechtsschutzlücke hinsichtlich des Dritten wäre jedoch gerechtfertigt, wenn es eines solchen Drittschutzes im hier untersuchten Verfahren gar nicht bedürfte. Wenn also Dritte durch das Exequatur gar nicht betroffen werden können, erübrigt sich auch die Bereitstellung entsprechender Rechtsbehelfe.

Bevor jedoch auf die Schutzbedürftigkeit eingegangen wird, sei einschränkend auf den Untersuchungsgegenstand hingewiesen: Im Zentrum der vorliegenden Arbeit steht die Frage, in welcher Weise ein Dritter durch Zwangsvoll-

---

69 Dieser Rechtsprechung des EuGH zum EuGVÜ folgt einhellig die Literatur: *Gaudemet-Tallon*, Rev. crit. 75 (1986), 345 (346); *dies.*, Rev. crit. 83 (1994), 104 (112); *Hess*, IPRax 1994, 10 (15); *Baur/Stürner*, Zwangsvollstreckung, Rn. 55.14 (Fn. 34), Rn. 55.19; *Hau*, IPRax 1996, 322; *Kropholler*, EZPR[6], Art. 37, Rn. 7; *Geimer/Schütze*, EZVR, Art. 36, Rn. 5; *Gottwald*, in: Münchener Kommentar, Art. 36 EuGVÜ, Rn. 19.

70 Diesem Schluss folgen die Vertreter der Literatur übereinstimmend: *Kropholler*, EZPR[8], Art. 43 EuGVO, Rn. 2; *Mankowski*, in: *Rauscher*, Art. 38, Rn. 4; *Hüßtege*, in: *Thomas*/Putzo, Art. 43 EuGVVO, Rn. 1; *Geimer*, in: *Zöller*, Anh. 1, Art. 38 EuGVVO, Rn. 1, *Kodek*, in: *Czernich/Tiefenthaler/Kodek*, Art. 43, Rn. 1, *Salerno*, 262; *Lopes Pegna*, Riv. dir. int. 2001, 621 (652).

71 *Kropholler*, EZPR[8], Art. 43 EuGVO, Rn. 1; *Mankowski*, in: Rauscher, Art. 43, Rn. 1.

72 *Kropholler*, EZPR[8], Art. 43 EuGVO, Rn. 5, Art. 44 EuGVO, Rn. 6; *Mankowski*, in: *Rauscher*, Art. 43, Rn. 3, Art. 44, Rn. 3; *Hüßtege*, in: *Thomas*/Putzo, Art. 43 EuGVVO, Rn. 1, Art. 44, Rn. 1; *Geimer*, in: *Zöller*, Anh. 1, Art. 43 EuGVVO, Rn. 1; *Kodek*, in: *Czernich/Tiefenthaler/Kodek*, Art. 43, Rn. 4, Art. 44, Rn. 4.

streckungsmaßnahmen in seinen Rechten betroffen werden kann und sich gegen gerade diesen Eingriff zu schützen vermag. Mögliche Beeinträchtigungen des Dritten durch andere Vorgänge, insbesondere durch die Verwehrung von Beteiligungsmöglichkeiten am Verfahren, bleiben daher auch hier außer Betracht.[73]

Konkrete Vollstreckungsmaßnahmen können zunächst im Erststaat aufgrund eines erststaatlichen Titels erfolgen. Mangels Auslandsberührung bleibt dieser Bereich allerdings ausschließlich dem jeweiligen nationalen Recht vorbehalten.[74] Hat der Gläubiger im Zweitstaat die Vollstreckbarkeit seines Titels erwirkt, können dort ebenfalls Vollstreckungsakte vorgenommen und dadurch ggf. auch Rechte nicht beteiligter Dritter berührt werden.[75] Da das Exequaturverfahren in diesem Zeitraum jedoch bereits durch die Vollstreckbarerklärung abgeschlossen ist, lässt sich die Forderung nach einem Rechtsbehelf für den Dritten mit dieser Tatsache nicht begründen.

Fraglich bleibt nurmehr, ob das Exequaturverfahren ebenso tatsächliche Vollstreckungsmaßnahmen beinhaltet oder hervorbringen kann.

Zweck des Vollstreckbarerklärungsverfahrens ist es ausschließlich, eine bereits bestehende ausländische Entscheidung für inländische Vollstreckungsorgane verwertbar zu machen, die ausländische Vollstreckbarkeit also auf das Inland zu erstrecken.[76] Das Vollstreckbarerklärungsverfahren stellt sich demgemäß als Zwischenverfahren,[77] als notwendiges Bindungsglied zwischen erststaatlichem Erkenntnisprozess und zweitstaatlichen Vollstreckungsverfahren dar.

Wird anhand dieses Verfahrens die Vollstreckbarerklärung erteilt, so werden damit konkrete Vollstreckungsmaßnahmen im Inland zwar ermöglicht; das Procedere und die Erklärung selbst stellen sich allerdings nicht als solche dar, denn sie führen in keinerlei Weise zu einer Durchsetzung oder Sicherung von Ansprüchen[78] und umfassen noch keinerlei Eingriff in die Vermögenssphäre des Vollstreckungsgegners. Es wird lediglich ein für inländische Organe vollstreckbarer Titel geschaffen, für dessen Durchsetzung es noch der Mittel bedarf, die das inländische Vollstreckungsrecht zur Verfügung stellt.

Lehnt das Gericht die Erteilung des Exequaturs dagegen ab, so bedeutet dies einzig, dass der ausländische Titel im Inland nicht vollstreckt werden darf und

---

73 Gerade die Beschäftigung mit der Beeinträchtigung einer solchen Möglichkeit, nämlich der Streitverkündung gemäß §§ 72 ff., 68 ZPO, veranlasste den EuGH zu seiner Entscheidung im Falle *Sonntag/Waidmann*, EuGH, Rs. 172/91, Slg. 1993 I, 1990 ff.; vgl. *Hess*, IPRax 1994, 10 (15).

74 S.o. erstes Kapitel.

75 Zur Frage, inwiefern und inwieweit sich ein Dritter gegen Beeinträchtigungen seiner Rechte in diesem Stadium wehren kann, vgl. unten B.

76 S.o. S. 120.

77 *Geimer/Schütze*, EZVR², Art. 38, Rn. 11.

78 Vgl. *Brox/Walker*, Rn. 1; *Rosenberg/Gaul/Schilken*, § 1 I; *Baur/Stürner*, Zwangsvollstreckung, Rn. 1.1.

kann; Vollstreckungsmaßnahmen werden damit für das Inland sogar (vorbehaltlich einer anderen Entscheidung im Rechtsbehelfsverfahren) verhindert bzw. ausgeschlossen.

Mit dem Verfahren der Vollstreckbarerklärung und der dieses abschließenden Entscheidung sind demnach keine tatsächlichen Zwangsvollstreckungsmaßnahmen verbunden, es ist kein Vollstreckungsverfahren im eigentlichen Sinne.[79] Insbesondere findet durch das Exequatur noch keinerlei Festlegung auf eine bestimmte Vollstreckungsart statt, so dass es *a fortiori* noch nicht zu einer Konkretisierung auf ein bestimmtes Vollstreckungsobjekt kommt, das dann ggf. nicht dem haftenden Schuldnervermögen zugehört. Folglich scheidet eine Betroffenheit eines Dritten in der hier erforderlichen Weise bereits *a priori* aus. Eine solche kann sich erst infolge des Exequaturs durch tatsächliche Vollstreckungsakte im Zweitstaat ergeben.[80]

Der Ausschluss eines Beeinträchtigungsrisikos rechtfertigt mithin, dass dem Dritten weder die Rechtsbehelfe der Art. 43 f. EuGVO noch nationale Rechtsbehelfe zum Schutz seiner Rechte zur Verfügung stehen.

IV. Drittbetroffenheit durch Maßnahmen des einstweiligen Rechtsschutzes vor und während des Exequaturverfahrens

Weder das europäische Exequaturverfahren noch die Vollstreckbarerklärung selbst können einen Dritten entsprechend dem soeben gefundenen Ergebnis betreffen. Anderes könnte sich allerdings ergeben, wenn man in die Betrachtung den Bereich der Maßnahmen des einstweiligen Rechtsschutzes mit einbezieht. Wie bereits im Rahmen der rechtsvergleichenden Untersuchung dargelegt,[81] besteht für den Fall, dass einstweilige Maßnahmen auf Antrag des Gläubigers einer Geldforderung durchgeführt werden, eine ebenso große Möglichkeit und Wahrscheinlichkeit, dass unzulässigerweise Rechte Dritter betroffen werden wie im eigentlichen Zwangsvollstreckungsverfahren. Im vorliegenden Zusammenhang des Drittschutzes in Vollstreckungsverfahren mit Auslandsberührung ist daher näher auf den Bereich transnationaler Sicherungsmaßnahmen einzugehen. Dabei geht es jedoch nicht um die Freizügigkeit einstweiliger Maßnahmen im europäischen Raum, also um die Frage, in welcher Weise bereits erlassene inländische einstweilige Maßnahmen im Ausland vollstreckt werden (können),[82] sondern vielmehr um die Absicherung ausländischer Entscheidungen durch inländische vorläufige Maßnahmen.

---

79 S.o. S. 120.

80 So im Ergebnis auch *Schlosser*, Art. 43 EuGVO, Rn. 1.

81 Vgl. o. S. 86, 106 f.

82 Zu dieser Materie vgl. vor allem die Entscheidung des EuGH, Rs. C-261/90 – *Reichert II*, Slg. 1992 I, 2149 ff., sowie *Hess/Vollkommer*, IPRax 1999, 220 ff.; *Stadler*, JZ 1999, 1089 ff.; *Wolf*, EWS 2000, 11 ff.; *Hess*, IPRax 2000, 370 ff.

Für den hier zu untersuchenden Zeitraum des Vollstreckbarerklärungsverfahrens ist Art. 47 Abs. 1 EuGVO *sedes materiae*. Dieser lässt Sicherungsmaßnahmen zum Schutz der Vollstreckung eines ausländischen Titels nach dem Recht des Vollstreckungsmitgliedstaats ausdrücklich auch schon vor Erlass der Vollstreckbarerklärung zu.[83]

1. Regelungszweck des Art. 47 Abs. 1 EuGVO

Die Regelung des Art. 47 Abs. 1 EuGVO soll zu einer weiteren Beschleunigung und Vereinfachung transnationaler Vollstreckungsverfahren führen und damit dem zentralen Anliegen der EuGVO dienen.[84] Da zur Vollstreckung einer ausländischen Entscheidung im Inland das Exequaturverfahren durchzuführen ist, verzögert sich trotz der bereits herbeigeführten Verschlankung des erstinstanzlichen Verfahrens[85] der Beginn des eigentlichen Vollstreckungsverfahrens. Diese zusätzliche Zeitspanne bietet dem Schuldner mehr Raum, um etwaige zukünftige Vollstreckungsobjekte dem Zugriff des Gläubigers zu entziehen, indem er sie beispielsweise außer Landes bringt oder veräußert, was letztlich zur Verzögerung oder sogar gänzlichen Unmöglichkeit der Zwangsvollstreckung führt. Um das Vollstreckbarerklärungsverfahren dadurch nicht leerlaufen zu lassen, nutzlos zu machen und den Gläubiger für diesen Zeitraum nicht schutzlos zu stellen, soll dieser die Möglichkeit erhalten, bereits vor Erlass des Exequaturs – und damit einer innerstaatlichen Grundlage für Sicherungsmaßnahmen – allein aufgrund des ausländischen Titels solche Maßnahmen erlangen zu können.[86] Diese Möglichkeit stellt nun Art. 47 Abs. 1 EuGVO auf eine gemeinschaftsrechtliche Basis,[87] indem statuiert wird, dass einstweilige Maßnahmen beansprucht werden können, „ohne dass es einer Vollstreckbarerklärung (...) bedarf".[88]

---

[83] *Merlin*, Riv. dir. proc. 2001, 433 (459); *Kropholler*, EZPR^8, Art. 47 EuGVO, Rn. 4; *Geimer*, in: *Zöller*, Anh. 1, Art. 47 EuGVVO, Rn. 1; *Mankowski*, in: *Rauscher*, Art. 47, Rn. 1; *Schlosser*, Art. 47 EuGVO, Rn. 2; *Hess/Hub*, IPRax 2003, 93; *Mauch*, 23, 45.

[84] Mitteilung der Kommission (o. Fn. 23), ABl. EG 1998, Nr. C 33/3.

[85] Vgl. o. S. 117.

[86] *Kropholler*, EZPR^8, Art. 47 EuGVO, Rn. 2; *Droz/Gaudemet-Tallon*, Rev. crit. 90 (2001), 601 (650); *Mankowski*, in: *Rauscher*, Art. 47, Rn. 1.

[87] Nach *Stadler*, 64, war es auch unter dem Regime des Art 39 Abs. 2 EuGVÜ nicht ausgeschlossen, vor Beginn der Sicherungsvollstreckung einstweiligen Rechtsschutz zu erlangen, soweit das nationale Recht dies zuließ. Vgl. auch *Kropholler*, EZPR^6, Art. 39, Rn. 5.

[88] Über den Wortlaut hinaus, der lediglich den „Antragsteller" im Exequaturverfahren berechtigt, sind dem Titelgläubiger auch vor Stellung des Antrags gemäß Art. 38 f. EuGVO die einstweiligen Maßnahmen des Vollstreckungsmitgliedstaats eröffnet, da anderenfalls die von Art. 47 Abs. 1 EuGVO abgedeckte Zeitspanne sich im relativ kurzen Zeitraum bis zum Erlass der Vollstreckbarerklärung erschöpfen würde und die durch die Vorschrift geschützten Sicherungsinteressen des Gläubigers weitgehend ausgehöhlt würden, *Schlos-*

Gleichzeitig bringt Art. 47 Abs. 1 EuGVO aber mit der Beschränkung der zur Verfügung stehenden Instrumente auf „einstweilige Maßnahmen einschließlich solcher, die auf eine Sicherung gerichtet sind", auch die Interessen der Gegenpartei zum Ausdruck: Ohne einen vollstreckbaren inländischen Titel soll der Schuldner nicht endgültigen Zwangsvollstreckungsakten ausgesetzt sein, sondern soll sich äußerstenfalls mit vorläufigen Maßnahmen konfrontiert sehen.

Art. 47 Abs. 1 EuGVO bezweckt somit einen Beitrag zum Ausgleich der Belange der Parteien, also des Gläubigerinteresses an der Sicherung der Zwangsvollstreckung, der Wahrung des Überraschungseffekts der Zwangsvollstreckung[89] und des Schutzbedürfnisses des Schuldners;[90] die Vorschrift soll durch die Existenz des Exequaturverfahrens verursachte Schäden beider Parteien verhindern.[91]

2. Regelungsgehalt des Art. 47 Abs. 1 EuGVO

Die Vorschrift bietet dabei jedoch nicht aus sich heraus die Befugnis oder einen Anspruch auf bestimmte Sicherungsmaßnahmen,[92] sondern eröffnet lediglich den Zugang für den Titelgläubiger zu den Maßnahmen, die nach dem jeweiligen nationalen Recht zulässig sind.[93]

Dies folgt aus der Systematik des Art. 47 EuGVO: Während Abs. 2 explizit bestimmt, dass das Exequatur „die Befugnis, solche Maßnahmen zu veranlassen", gibt, beschränkt sich Abs. 1 darauf, dass der „Antragsteller nicht daran gehindert" ist, „einstweilige Maßnahmen (...) nach dem Recht des Vollstreckungsmitgliedstaates in Anspruch zu nehmen".[94] Die gegensätzliche Formulierung macht deutlich, dass sich aus Abs. 1 gerade kein Recht auf Sicherungsmaßnahmen für den Gläubiger ergeben soll. Mit dem Verweis auf das nationale Recht des Vollstreckungsmitgliedstaats stellt die Vorschrift vielmehr klar, dass die Erwirkung eines Titels keinen Hinderungsgrund für die Veranlassung von einstweiligen Maßnahmen darstellt,[95] sondern der Gläubiger auch weiterhin die Sicherungsinstrumente nutzen kann, die ihm das nationale Recht zur Verfügung

---

ser, RIW 2002, 809 (813); *Merlin*, Riv. dir. proc. 2001, 433 (459, Fn. 64); so im Ergebnis auch *Mankowski*, in: *Rauscher*, Art. 47, Rn. 8.

89 *Mauch*, 189. S.o. S. 123.

90 *Kropholler*, EZPR[8], Art. 47 EuGVO, Rn. 2; *Kodek*, in: *Czernich/Tiefenthaler/Kodek*, Art. 47, Rn. 1.

91 So bereits der *Jenard*-Bericht, ABl. EG 1979, Nr. C 59/1 (52, zu Art. 39 EuGVÜ).

92 *Gottwald*, in: Münchener Kommentar, Art. 47 EuGVVO, Rn. 2; *Schlosser*, Art. 47 EuGVO, Rn. 2; *Mauch*, 23, 45.

93 *Gottwald*, in: Münchener Kommentar, Art. 47 EuGVVO, Rn. 2, *Mauch*, 45.

94 *Schlosser*, Art. 47 EuGVO, Rn. 2; *Mauch*, 45.

95 *Kropholler*, EZPR[8], Art.47 EuGVO, Rn. 4; *Schlosser*, Art. 47 EuGVO, Rn. 2; *ders.*, RIW 2002, 809 (813).

stellt. Voraussetzung dafür bleibt allerdings die Erfüllung der durch das jeweilige autonome Recht aufgestellten Bedingungen für die Inanspruchnahme der sichernden Maßnahmen.[96]

a) Einführung eines „Europäischen Sicherungstitels" durch Art. 47 Abs. 1 EuGVO?

Fraglich ist aber, ob über den soeben dargestellten Gehalt des Art. 47 Abs. 1 EuGVO hinaus durch dessen Inkrafttreten ein sog. „Europäischer Sicherungstitel" eingeführt wurde, aufgrund dessen der Titelgläubiger unmittelbar Sicherungsmaßnahmen beim Vollstreckungsorgan veranlassen kann. Zur Beantwortung dieser Frage ist es notwendig, die Entstehungsgeschichte des Art. 47 Abs. 1 EuGVO näher zu betrachten.

Im EuGVÜ findet sich für Art. 47 Abs. 1 EuGVO keine Vorgängerbestimmung. Seine konkrete Gestaltung geht vielmehr zurück auf ein Modell des französischen und belgischen Rechts.[97] Sowohl Art. 68 des französischen Gesetzes vom 9. Juli 1991 über zivile Vollstreckungsverfahren[98] als auch Art. 1414 des belgischen *Code Judiciaire*[99] erlauben dem Inhaber eines Titels, unmittelbar ohne gerichtliche Genehmigung allein durch dessen Vorlage Sicherungsmaßnahmen beim zuständigen Vollstreckungsorgan zu veranlassen.[100] Dies gilt gleichermaßen für inländische wie für ausländische, noch nicht im Inland für vollstreckbar erklärte Titel.[101] Insoweit werden also auch ausländische Titel hier als

---

96 *Kropholler*, EZPR[8], Art.47 EuGVO, Rn. 4; *Schlosser*, Art. 47 EuGVO, Rn. 2; *Kodek*, in: *Czernich/Tiefenthaler/Kodek*, Art. 47, Rn. 2; *Mauch*, 45.

97 *Schlosser*, Art. 47 EuGVO, Rn. 2; *Hess/Hub*, IPRax 2003, 93 (94).

98 Gesetz Nr. 91-650, vgl. bei *du Rusque*, 1. Dieser lautet: „*Une autorisation préalable du juge n'est pas nécessaire lorsque le créancier se prévaut d'un titre exécutoire ou d'une décision de justice qui n'a pas encore force exécutoire.*" Die Norm stellt eine Erleichterung zur Erfüllung der Anforderungen des Art. 67 desselben Gesetzes dar, der lautet: „*Toute personne dont la créance paraît fondée en son principe peut solliciter du juge l'autorisation de pratiquer une mesure conservatoire sur le biens de son débiteur, sans commandement préalable, si elle justifie de circonstances susceptibles d'en menacer le recouvrement.*" Vgl. hierzu *Mauch*, 137 f.

99 Dieser hingegen lautet: „*Tout jugement, même non exécutoire nonobstant opposition ou appel, tient lieu d'autorisation de saisie conservatoire pour les condamnations prononcées, à moins qu'il n'en ait été décidé autrement.*", vgl. *Dujardin*, 414. Zur entsprechenden Regelung des Art. 1445 des *Code Judiciaire*, der eine *saisie-arrêt* von Forderungen des Schuldners ohne Exequaturverfahren zulässt, *Hess/Hub*, IPRax 2003, 93 (94); *Dujardin*, 410 f.

100 *du Rusque*, Rn. 82; *Kennett*, ICLQ 50 (2001), 725 (735); *Schlosser*, RIW 2002, 809; *Hess/Hub*, IPRax 2003, 93 (94, Fn. 14); *Mankowski*, in: *Rauscher*, Art. 47, Rn. 6; *Mauch*, 48, 138.

101 *Kennett*, 140, Fn. 33; *Hess/Hub*, IPRax 2003, 93 (94); *Mauch*, 48, 138; *Dujardin*, 411.

Titre conservatoire, also als Sicherungstitel angesehen,[102] die Tatbestandswirkung für den Beweis der zu sichernden Forderung entfalten.[103]

Bezugnehmend auf diese Vorschriften[104] hatte die Kommission im Dezember 1997 zur Abrundung des europäischen einstweiligen Rechtsschutzes in Art. 27 ihres Vorschlages zur Revision des EuGVÜ[105] angeregt, dass auch nicht vollstreckbare bzw. nicht für vollstreckbar erklärte Entscheidungen aus einem Mitgliedstaat eine Forderung begründen sollten, die einstweilige Maßnahmen ermöglichen sollten. Die Kommission begründete ihr Vorhaben damit, dass eine so beschriebene Entscheidung ohnehin aufgrund des Anerkennungsautomatismus der Art. 26 EuGVÜ von Rechts wegen anzuerkennen sei, so dass sie auch als „*Titre conservatoire européen*" bzw. „Europäischer Sicherungstitel" gelten müsse.[106]

Diese Konzeption hat jedoch nicht in übereinstimmender Formulierung Eingang in die EuGVO gefunden. Vielmehr basiert der Wortlaut der geltenden Fassung auf dem nahezu wortgleichen Vorschlag, den die Ad-hoc-Gruppe zur „Revision der Übereinkommen von Brüssel und Lugano" erarbeitet hat.[107] Mangels umfassender Berichte zur Begründung der geltenden Fassung der EuGVO[108] lässt sich nur aufgrund von Indizien die Frage beantworten, ob mit Art. 47 Abs. 1 EuGVO die Umsetzung des Konzeptes des „Europäischen Sicherungstitels" beabsichtigt war.

Die Kommission stellt in der Begründung des der Verordnung zugrunde liegenden Vorschlags KOM (1999) 348 endg.[109] im Gegensatz zur Formulierung in KOM (1997) 609 endg. lediglich heraus, dass bei Vorliegen einer Entscheidung

---

102 *Kennett*, ICLQ 50 (2001) 725 (735); *Hess/Hub*, IPRax 2003, 93 (94). Allgemein zum *titre conservatoire* nach französischem Recht vgl. *Kennett*, 69.

103 *Hess/Hub*, IPRax 2003, 93 (94, Fn. 17); *Mankowski*, in: *Rauscher*, Art. 47, Rn. 6.

104 Mitteilung der Kommission (o. Fn. 23), ABl. EG 1998, Nr. C 33/3 (11, Rn. 28, Fn. 16).

105 Art. 27 des Vorschlages für einen Rechtsakt des Rates über die Ausarbeitung des Übereinkommens über die gerichtliche Zuständigkeit, die Anerkennung und die Vollstreckung gerichtlicher Entscheidungen in Zivil- und Handelssachen in den Mitgliedstaaten der Europäischen Union, KOM (1997) 609 endg., ABl. EG 1998, Nr. C 33/20 ff., lautet: „Entscheidungen, die in einem Vertragsstaat ergangen sind, begründen, auch wenn sie nicht vollstreckbar sind oder noch nicht gemäß Artikel 31 im Vollstreckungsstaat für vollstreckbar erklärt worden sind, nach Maßgabe der Verurteilung eine Forderung, die einstweilige Maßnahmen einschließlich solcher, die auf Sicherung gerichtet sind, nach dem Recht des Vollstreckungsstaats ermöglicht."

106 Mitteilung der Kommission (o. Fn. 23), ABl. EG 1998, Nr. C 33/3 (11, Rn. 28).

107 Vgl. Art. 39 Abs. 1 der Gesamteinigung der Ad-hoc-Gruppe, Doc 7700/99, JUSTCIV 60, http://register.consilium. eu.int/pdf/de/99/st07/07700d9.pdf, 21. Vgl. dazu *Stadler*, 64, und *Gottwald*, Ritsumeikan LR 17 (2000), 49 (57)

108 *Mauch*, 46.

109 Vorschlag für die Verordnung (EG) des Rates über die gerichtliche Zuständigkeit und die Anerkennung und Vollstreckung von Entscheidungen in Zivil- und Handelssachen, ABl. EG 1999, Nr. C 376 E/1.

in der Hauptsache die nach dem Recht des Vollstreckungsstaates geltenden einstweiligen Maßnahmen beantragt werden können und dass *„in den meisten Mitgliedstaaten* (...) die ausländische Entscheidung das Vorliegen einer Schuld, die die Veranlassung von Sicherungsmaßnahmen rechtfertigt", begründet.[110] Die Kommission macht somit deutlich, dass sie nicht mehr davon ausgeht, dass der ausländische Titel kraft der Verordnung eine „Forderung" darstellt, sondern dass diese Qualifizierung allein dem Recht des Mitgliedstaats obliegt.[111]

Der Rat formuliert in seinem Maßnahmenprogramm hingegen eindeutiger.[112] Nachdem als Maßnahme „zur Erreichung neuer Ebenen im Bereich der gegenseitigen Anerkennung" die „Einführung von Sicherungsmaßnahmen auf europäischer Ebene" gefordert wird, dass also „im Fall einer in einem Mitgliedstaat ergangenen Entscheidung (...) Sicherungsmaßnahmen hinsichtlich des Vermögens des Schuldners im gesamten Gebiet der Union ergriffen werden" dürfen, stellt der Rat klar, dass „diese Möglichkeit (...) der Entwurf der Brüssel-I-Verordnung noch nicht bietet".[113]

Sowohl die Kommission als auch der Rat gehen mithin davon aus, dass die Einführung eines „Europäischen Sicherungstitels" mit der ursprünglich beabsichtigten Wirkung durch Art. 47 Abs. 1 EuGVO noch nicht realisiert worden ist. Welche Motive und Beweggründe zu dieser konzeptionellen Veränderung geführt haben, ist indes nicht ersichtlich.

Mauch bietet einen Erklärungsansatz, indem er hervorhebt, dass die Idee des „Europäischen Sicherungstitels" eine erstmalige Abweichung von dem Dogma darstelle, dass inländische Vollstreckungsorgane aus Gründen der Souveränität ausschließlich aufgrund von Vollstreckungsbefehlen der eigenen Hoheitssphäre tätig werden.[114] Ginge man nämlich von der Einführung eines solchen Sicherungstitels aus, so wären inländische Vollstreckungsorgane gezwungen, auf Vorlage des ausländischen Titels Sicherungsmaßnahmen zu veranlassen.[115] Dass eine solch radikale Veränderung des Souveränitätsgefüges, die in anderen Fällen mühsam erstritten wird,[116] im den Bürger unmittelbar betreffenden und damit sensiblen Bereich[117] der Zwangsvollstreckung nicht gänzlich ohne Rechtferti-

110 Begründung des Kommissionsentwurfs KOM (1999) 348 endg. (o. Fn. 24), 25 f. (Hervorhebung durch den Verf.).

111 In diesem Sinne auch *Mauch*, 48 f.

112 *Mauch*, 49, Fn. 144.

113 Maßnahmenprogramm zur Umsetzung des Grundsatzes der gegenseitigen Anerkennung gerichtlicher Entscheidungen in Zivil- und Handelssachen, ABl. EG 2001, Nr. C 12/1 (5).

114 *Mauch*, 47 f. Vgl. grundsätzlich dazu o. S. 119.

115 *Mauch*, 48.

116 Vgl. nur die Ausführungen zur Entstehung des Europäischen Vollstreckungstitels, u. S. 173 ff.

117 Vgl. *Mauch*, 70.

gung und quasi *en passant* geschehen kann, spricht gegen die Auslegung des Art. 47 Abs. 1 EuGVO als Umsetzung eines „Europäischen Sicherungstitels".

Es ist somit davon auszugehen, dass die geltende Fassung des Art. 47 Abs. 1 EuGVO ausländische Entscheidungen nicht bereits als Sicherungstitel qualifiziert, auf deren Grundlage unmittelbar Sicherungsmaßnahmen herbeigeführt werden können.[118] Indem sie auf das Recht des Vollstreckungsmitgliedstaat verweist, macht die Vorschrift vielmehr deutlich, dass es weiterhin der souveränen Entscheidung jeden Mitgliedstaats obliegt, ob Sicherungsmaßnahmen direkt durch Vorlage des ausländischen Titels veranlasst werden können oder ob nicht zusätzlich noch andere inländische Voraussetzungen erfüllt werden müssen.[119]

Das oben beschriebene französisch-belgische Modell wird daher durch die Regelung des Art. 47 Abs. 1 EuGVO nicht vollständig umgesetzt und „europäisiert".[120] Es diente jedoch als Ausgangspunkt und ideegebendes Vorbild, mit dessen vollständiger Umsetzung entsprechend dem Maßnahmenprogramm des Rates mittelfristig zu rechnen ist.[121]

b) Auswirkungen des Art. 47 Abs. 1 EuGVO auf das nationale Recht des einstweiligen Rechtsschutzes

Das Ergebnis, dass mit Art. 47 Abs. 1 EuGVO kein „Europäischer Sicherungstitel" geschaffen worden ist, darf aber nicht dahingehend missverstanden werden, dass sich sein Regelungsgehalt in der bloßen Ermöglichung der Inanspruchnahme der nationalen Sicherungsinstrumente erschöpft.[122] Art. 47 Abs. 1 EuGVO wirkt sich nach allgemeiner Ansicht vielmehr auch auf die nach nationalem Recht zu erfüllenden Voraussetzungen zur Erlangung einstweiliger Maßnahmen aus, wobei es aber der Entscheidung des nationalen Rechts überlassen bleibt, in welchem Maße der ausländische Titel Wirkung entfaltet.[123]

---

[118] In diesem Sinne *Mauch*, 23, 46; *Gottwald*, in Münchener Kommentar, Art. 47 EuGVO, Rn. 2. Anders dagegen ohne nähere Begründung offenbar *Hüßtege*, in *Thomas/Putzo*, Art. 47 EuGVVO, Rn. 2; *Albers*, in: *Baumbach/Lauterbach/Albers/Hartmann*, Art. 47 EuGVO, Rn. 1; *Kohler*, in: *Reichelt/Rechberger*, 69. Auch *Hess/Hub*, IPRax 93 (94 f.), gehen von einer solchen Einführung aus, insbesondere indem sie zulassen wollen, dass die Sicherungsvollstreckung nach deutschem Recht allein aufgrund der ausländischen vollstreckbaren Ausfertigung ergehen können soll. Unsicher *Kennett*, ICLQ 50 (2001) 725 (735), die nur die verschiedenen Auslegungsmöglichkeiten des Art. 47 Abs. 1 aufzeigt, sich aber nicht entscheidet. Ebenso bereits *dies.*, 143.

[119] *Mauch*, 48 f.; *Mankowski*, in: *Rauscher*, Art. 47, Rn. 9.

[120] So jedoch *Schlosser*, RIW 2002, 809 (812); *Hess*-Studie, 112.

[121] Maßnahmenprogramm (o. Fn. 113), ABl. EG 2001, Nr. C 12/1 (5, 7). Ebenso *Mauch*, 49 f.

[122] Dazu s.o. S. 134.

[123] *Kropholler*, EZPR[8], Art. 47 EuGVO, Rn. 4.

In denjenigen Mitgliedstaaten, in denen der ausländische Titel bereits nach nationalem Recht einen Sicherungstitel darstellt und einen direkten Zugang zu den Vollstreckungsorganen ermöglicht, namentlich also Belgien und Frankreich,[124] bedeutet Art. 47 Abs. 1 EuGVO in dieser Hinsicht keinerlei Veränderung.[125]

Hinsichtlich der anderen zu untersuchenden Mitgliedstaaten bedarf es einer getrennten Untersuchung der Auswirkungen des Art. 47 Abs. 1 EuGVO auf die jeweiligen einstweiligen Maßnahmen, um das Gefährdungspotential für Dritte in dieser Phase bestimmen zu können.

aa) Auswirkungen auf das deutsche Recht

Das deutsche Recht bietet zur Sicherung der Zwangsvollstreckung wegen einer Geldforderung den Arrest im Sinne der §§ 916 ff. ZPO. Zu dessen Erwirkung muss der Antragsteller gemäß § 916 Abs. 1 ZPO einen Arrestanspruch sowie einen Arrestgrund im Sinne des § 917 Abs. 1 ZPO glaubhaft machen, § 920 Abs. 2 ZPO. Über das Arrestgesuch entscheidet das nach § 919 ZPO zuständige Gericht.[126]

Art. 47 Abs. 1 EuGVO eröffnet nunmehr auch dem Inhaber eines ausländischen Titels die Möglichkeit, seine Geldforderung vor Erlass des Exequaturs in Deutschland mit dem Arrest zu sichern. Dabei entfaltet die Vorschrift aber noch eine weitergehende Wirkung: Sie bestimmt, dass der ausländische Titel den Nachweis für das Bestehen des zu sichernden Anspruchs im Sinne des § 916 Abs. 1 ZPO erbringt, und stellt den Antragsteller so von der Glaubhaftmachung des zu sichernden Anspruchs frei.[127]

Voraussetzung für diese Wirkung ist allerdings, dass die Entscheidung „nach dieser Verordnung anzuerkennen" ist. Art. 47 Abs. 1 EuGVO ermächtigt damit das Arrestgericht, hinsichtlich des Arrestanspruchs die Anerkennungsversagungsgründe gemäß Art. 34 ff. EuGVO zu prüfen.[128] Gleichzeitig beschränkt

---

124 Vgl. o. S. 135 f.

125 *Mauch*, 48, 138.

126 Dabei ist das Gericht der Hauptsache das für die Vollstreckbarerklärung zuständige Landgericht, § 3 AVAG; *Mauch*, 214; *Hess/Hub*, IPRax 2003, 93 (99).

127 *Schlosser*, RIW 2002, 809 (813); *ders.*, Art. 47, Rn. 2.; *Gottwald*, in: Münchener Kommentar, Art. 47 EuGVVO, Rn. 2; *Hess/Hub*, IPRax 2003, 93 (94); *Mauch*, 214; *Hess-Studie*, 113.

128 *Mauch*, 46, 214; *Mankowski*, in: *Rauscher*, Art. 47, Rn. 7; *Hüßtege*, in: *Thomas/Putzo*, Art. 47 EuGVO, Rn. 2 c). *Hess/Hub*, IPRax 2003, 93 (94), bestreiten eine Prüfungskompetenz der Vollstreckungs*organe*, da nicht einmal das Exequaturgericht im erstinstanzlichen Verfahren zur Prüfung der Anerkennungshindernisse befugt sei. Art. 47 Abs. 1 EuGVO ersetzt aber nicht die nationalrechtlich vorgesehene Prüfung des Arrestgerichts. Dieses ist weiterhin prüfungskompetent für die Voraussetzungen der einstweiligen Maßnahme. Da Art. 47 Abs. 1 EuGVO nunmehr die Wirkung der ausländischen Entscheidung

dieser Verweis auf die Anerkennungsvorschriften die Prüfungskompetenz des Arrestgerichts hinsichtlich der Entscheidung aber auch auf diesen Katalog und schließt insbesondere das von Art. 36 EuGVO aufgestellte Verbot des *Révision au fond* mit ein.[129] Eine Überprüfung des erststaatlichen Titels auf seine Begründetheit hin ist somit von vornherein ausgeschlossen. Dem zweitstaatlichen Gericht kommt mithin keine eigenständige Prüfungskompetenz für den Arrestanspruch zu,[130] es soll vielmehr an die rechtliche Bewertung im Erststaat gebunden werden.[131]

Ebensowenig hat das Gericht die Vollstreckbarkeit der Entscheidung zu prüfen, so dass es darauf grundsätzlich nicht ankommt.[132]

Unabhängig von der Auswirkung des Art. 47 Abs. 1 EuGVO auf das Vorliegen des Arrestanspruchs hat der Antragsteller aber immer noch einen Arrestgrund im Sinne des § 917 ZPO glaubhaft zu machen.[133] Dabei reicht zwar das Anliegen des Gläubigers, das ausländische Urteil rasch vollstrecken zu wollen, nicht aus.[134] Wenn es allerdings sinnvoll und notwendig erscheint, den Schuldner mit dem Arrest zu überraschen, soll ein Arrestgrund bereits gegeben sein.[135]

Als Zwischenergebnis lässt sich mithin festhalten, dass dem ausländischen Gläubiger die einstweilige Maßnahme des Arrestes vor Erteilung der Voll-

---

von der Anerkennbarkeit abhängig macht, hat das Gericht dies auch zu prüfen, auch wenn dies vordergründig der Systematik im davon unabhängigen Exequaturverfahren widerspricht. Dies ist jedoch nicht der Fall, da die inzidente Entscheidung des Arrestgerichts über die Anerkennungsvoraussetzungen gemäß Art. 33 Abs. 3 EuGVO keinerlei Bindungswirkung für das spätere Vollstreckbarerklärungsverfahren entfaltet; *Kropholler*, EZPR[8], Art. 33 EuGVO, Rn. 11; *Hüßtege*, in: *Thomas/Putzo*, Art. 33, Rn. 6. Aufgrund dessen ist es nicht als Missverständnis von *Mauch*, 46, 214; *Mankowski*, in: *Rauscher*, Art. 47, Rn. 7, und *Hüßtege*, in: *Thomas/Putzo*, Art. 47 EuGVO, Rn. 2 c), zu werten, wenn diese eine Entscheidung „des Gerichts" vorsehen. So aber *Hess*-Studie, 113 (Rn. 623).

129 Zu diesem aus dem gegenseitigen Vertrauen in die Justiz folgenden Grundsatz vgl. *Kropholler*, EZPR[8], Art. 36 EuGVO, Rn. 1.

130 So im Ergebnis *Mauch*, 45; *Mankowski*, in: *Rauscher*, Art. 47, Rn. 6.

131 *Stadler*, 64; *Micklitz/Rott*, EuZW 2002, 15 (22); *Mankowski*, in: *Rauscher*, Art. 47, Rn. 6. Es handelt sich somit um einen gesetzlich angeordneten Fall der Tatbestandswirkung, *Stadler*, 64; *Hess/Hub*, IPRax 2003, 93 (94 f.), da an die bloße Existenz des Urteils als Tatbestandsmerkmal die Rechtsfolgen des Arrests geknüpft sind. Vgl. zur Tatbestandswirkung *Jauernig*, § 61 IV; *Gaul*, in: FS *Zeuner*, 317; *Rosenberg/Schwab/Gottwald*, § 148 V.

132 *Stadler*, 64; *Hess/Hub*, IPRax 2003, 93 (94); *Mankowski*, in: *Rauscher*, Art. 47, Rn. 6; *Gottwald*, Ritsumeikan LR 17 (2000), 49 (57). Anders, nunmehr aber ohne Begründung, *ders.*, in: Münchener Kommentar, Art. 47 I EuGVO, Rn. 2.

133 *Schlosser*, RIW 2002, 809 (813); *ders.*, Art. 47, Rn. 2; *Hess/Hub*, IPRax 2003, 93 (95); *Mauch*, 214.

134 *Hess/Hub*, IPRax 2003, 93 (95); *Geimer*, in: *Zöller*, Art. 47 EuGVVO, Rn. 1.

135 *Schlosser*, Art. 47 EuGVO, Rn. 2.

streckbarerklärung zur Verfügung steht, der ausländische Titel für den Nachweis eines Arrestanspruchs Tatbestandswirkung entfaltet, der Gläubiger aber dem Gericht das Vorliegen eines Arrestgrundes glaubhaft machen muss. Ein unmittelbares Angehen der Vollstreckungsorgane nach französisch-belgischem Vorbild ohne Einbeziehung des Arrestgerichts kommt damit in Deutschland *de lege lata* nicht in Betracht.[136]

Weitere Sicherungsmaßnahmen, insbesondere die Sicherungsvollstreckung gemäß § 720 a ZPO, stehen dem ausländischen Gläubiger vor Erteilung des Exequaturs nicht zur Verfügung. § 720 a ZPO erfordert nämlich – unabhängig von der Frage, ob die Vollstreckungsklausel im Sinne des § 750 Abs. 3 ZPO auch zugestellt werden muss[137] – jedenfalls das Vorliegen einer vollstreckbaren Ausfertigung des ausländischen Urteils und damit einer deutschen Vollstreckungsklausel.[138] Letztere wird allerdings gemäß §§ 8 Abs. 1 S. 1 , 9 Abs. 1 AVAG erst aufgrund der Entscheidung im Vollstreckbarerklärungsverfahrens erteilt. Für eine analoge Anwendung des § 720 a ZPO besteht aufgrund der Möglichkeit des Arrestes somit weder Raum noch Notwendigkeit.[139]

---

136 Obwohl *Hess/Hub*, IPRax 2003, 93 (95, 99), ebenfalls die Zuständigkeit des Arrestgerichts annehmen, gehen sie trotzdem davon aus, dass Art. 47 Abs. 1 EuGVO Sicherungsmaßnahmen quasi „automatisch" zulasse und damit die Vollstreckungsorgane überfordere, aaO, 94, 99. Aufgrund dessen fordern sie zur Entlastung der Organe die Einführung eines weiteren Formblattes. DieVollstreckungsorgane werden jedoch ausschließlich aufgrund der Entscheidung des Arrestgerichts, des Arrestbefehls, tätig, §§ 928 ff. ZPO, so dass die Vollstreckungsorgane durch Art. 47 Abs. 1 EuGVO gar nicht zusätzlich belastet werden.

137 Vgl. dazu o. S. S. 88.

138 *Stöber*, in: *Zöller*, § 720 a, Rn. 4; *Hess*, in: *Wieczorek/Schütze*, § 720 a, Rn. 6, *Mauch*, 215; *Putzo*, in: *Thomas/Putzo*, § 720 a, Rn. 3. Indem *Hess/Hub*, IPRax 2003, 93 (95), entgegen dieser Systematik eine Sicherungsvollstreckung nach § 720 a ZPO bereits dann zulassen wollen, wenn im Erststaat eine vollstreckbare Ausfertigung erteilt und zugestellt wurde, kommen sie zu dem Ergebnis, dass den Vollstreckungsorganen die Prüfung obliegt, ob das ausländische Urteil als vorläufig vollstreckbar im Sinne des deutschen Rechts angesehen werden kann, und folgern daraus einen Systembruch durch Art. 47 Abs. 1 EuGVO, aaO, 97. Dem folgend *Geimer*, in: *Zöller*, Art. 47 EuGVVO, Rn. 1. Mangels Anwendbarkeit der deutschen Sicherungsvollstreckung ohne Erteilung der deutschen Vollstreckungsklausel bleibt den Vollstreckungsorganen eine solche Prüfung jedoch erspart. Auch *Hüßtege*, in: *Thomas/Putzo*, Art. 47 EuGVVO, Rn. 2, sieht eine Überforderung des zuständigen Vollstreckungsorgans durch die ihm auferlegte Prüfung des Rechts des Erststaats, wobei er jedoch von der Einführung eines „Europäischen Sicherungstitels" ausgeht, vgl. o. Fn. 118.

139 Aus Kostengründen anders dagegen *Hess/Hub*, IPRax 2003, 93 (95 f.). Es erscheint jedoch fraglich, ob es nicht eher im Sinne des Gläubigers, der eine möglichst schnelle Sicherung seines Anspruchs erreichen möchte, ist, den zügigeren Weg ohne zusätzliche Beantragung der Vollstreckungsklausel zu gehen.

bb) Auswirkungen auf das italienische Recht

Im italienischen Recht steht dem Gläubiger einer Geldforderung zunächst das Sicherungsmittel des *Sequestro conservativo* gemäß Art. 671 c.p.c. zur Verfügung. Um die Autorisierung durch das zuständige Gericht zu erreichen,[140] muss der Gläubiger das Bestehen seiner Forderung nachvollziehbar erscheinen lassen und die drohende Gefährdung der Zwangsvollstreckung darlegen.[141]

Art. 47 Abs. 1 EuGVO eröffnet auch dem Inhaber eines ausländischen Titels die Möglichkeit, seine Geldforderung vor Erlass des Exequaturs in Italien mit dem *Sequestro conservativo* zu sichern.[142] Dazu müssen allerdings dessen Voraussetzungen erfüllt sein.[143] Dem Gläubiger wird die Erlangung des *Sequestro* jedoch dadurch erleichtert, dass bereits die ausländische Entscheidung an sich die Glaubhaftmachung des zu sichernden Anspruchs ersetzt.[144] Das Gericht hat allerdings die Anerkennungsversagungsgründe der Art. 34 ff. EuGVO hinsichtlich der nicht notwendigerweise vollstreckbaren Entscheidung[145] inzident zu prüfen.[146]

Die drohende Gefährdung der Zwangsvollstreckung muss der Gläubiger unabhängig von Art. 47 Abs. 1 EuGVO weiterhin darlegen.[147]

Nach Ansicht der italienischen Literatur hat der Gläubiger nach der Autorisierung des *Sequestro* jedoch die Pflicht, wegen des rein instrumentellen Charakters der Maßnahme unverzüglich auch den Exequaturantrag in der Hauptsache zu stellen; anderenfalls sei die einstweilige Maßnahme unwirksam.[148]

Die *Esecuzione immediata* als weitere Sicherungsmaßnahme kommt hingegen gemäß Art. 479 Abs. 1 c.p.c. erst nach Zustellung der vollstreckbaren Ausfertigung (*Titolo in forma esecutiva*) und des *Precetto* in Betracht.[149] Nicht einmal

---

140 Zuständig ist gemäß Art. 669-*ter* Abs. 1 c.p.c. das Gericht der Hauptsache, also das Exequaturgericht. Art. 669-*ter* Abs. 3 c.p.c., der die Zuständigkeit des Gerichtes des Vollziehungsortes anordnet, ist nicht einschlägig, da als Hauptsacheverfahren nicht der erststaatliche Prozess, sondern das Vollstreckbarerklärungsverfahren anzusehen ist, *Mauch*, 160, Fn. 430.

141 S.o. S. 86.

142 *Merlin*, Riv. dir. proc. 2001, 433 (459); *Fontana*, Riv. trim. dir. proc. civ. 2003, 263 (308).

143 *Merlin*, Riv. dir. proc. 2001, 433 (459); *Lopes Pegna*, Riv. dir. int. 2001, 621 (638).

144 *Merlin*, Riv. dir. proc. 2001, 433 (459); *Mauch*, 160; *Lopes Pegna*, Riv. dir. int. 2001, 621 (638, Fn. 56); *Salerno*, 279; *Fontana*, Riv. trim. dir. proc. civ. 2003, 263 (308).

145 *Lopes Pegna*, Riv. dir. int. 2001, 621 (638 f.); *Salerno*, 279.

146 *Mauch*, 160.

147 *Merlin*, Riv. dir. proc. 2001, 433 (459); *Fontana*, Riv. trim. dir. proc. civ. 2003, 263 (308).

148 *Lopes Pegna*, Riv. dir. int. 2001, 621 (638); *Salerno*, 280; *Fontana*, Riv. trim. dir. proc. civ. 2003, 263 (308).

149 Zum *Precetto* vgl. o. 1. Kap., Fn. 206.

die Vollstreckbarerklärung durch den *Corte d'Apello* vermag es allerdings hierbei, das *Precetto* zu ersetzen,[150] so dass die ausländische Entscheidung dies *a fortiori* nicht leisten kann.

Da vor Vollstreckbarerklärung mithin die Erfordernisse des Art. 479 Abs. 1 c.p.c. in keinem Falle erfüllt sind, ist die *Esecuzione immediata* im Anwendungsbereich des Art. 47 Abs. 1 EuGVO nicht statthaft.

cc) Auswirkungen auf das österreichische Recht

Vorrangiges Instrument des österreichischen Rechts zur Sicherung einer Geldforderung ist die Exekution zur Sicherstellung gemäß §§ 370 ff. EO.[151] Gemäß § 370 EO ist die Sicherstellungsexekution allerdings grundsätzlich nur bei Entscheidungen inländischer Zivilgerichte zulässig,[152] was die Anwendbarkeit im Bereich des Art. 47 Abs. 1 EuGVO auszuschließen scheint.

Art. 47 Abs. 1 EuGVO eröffnet jedoch zur Sicherung einer ausländischen Entscheidung die Maßnahmen nach dem Recht des Mitgliedstaates. Die Sicherstellungsexekution dient der Sicherung von Geldforderungen und ist nicht auf die Befriedigung des Gläubigers ausgerichtet. Nach dem Regelungszweck des Art. 47 Abs. 1 EuGVO muss damit dieses Instrument zur Sicherung der ausländischen Entscheidung grundsätzlich zur Verfügung stehen. Dies hat im Rückschluss zur Folge, dass das Tatbestandsmerkmal der inländischen Entscheidung in § 370 EO über den Wortlaut hinaus auszudehnen ist auf Entscheidungen im Sinne der EuGVO. Es wird mithin nicht mehr zwischen inländischer und mitgliedstaatlicher Entscheidung unterschieden.[153] Die Prüfung der ausländischen Entscheidung beschränkt sich in diesem Bereich auf die Anforderungen des Art. 47 Abs. 1 EuGVO, also das Fehlen der Anerkennungshinderungsgründe.[154]

Darüber hinaus müssen die Voraussetzungen der §§ 370 ff. EO allerdings vorliegen, insbesondere muss der Gläubiger weiterhin glaubhaft machen, dass ohne die Bewilligung der Sicherstellungsexekution die Einbringung der Forderung vereitelt oder erheblich erschwert werden würde. Nur unter diesen Voraus-

---

150 *Salerno*, 288 f.

151 S.o. S. 94.

152 *Rechberger/Oberhammer*, Rn. 449; *Pimmer*, in: *Angst/Jakusch/Pimmer*, § 370, Abs. 7. Gegen die strikte Durchführung dieser Beschränkung spricht zum Einen die bilateral staatsvertragliche Praxis Österreichs: Gemäß Art. 10 Abs. 1 S. 1 des deutsch-österreichischen Vertrages über die gegenseitige Anerkennung und Vollstreckung von gerichtlichen Entscheidungen, Vergleichen und öffentlichen Urkunden in Zivil- und Handelssachen vom 6. Juni 1959, BGBl. 1960 II, 1245 ff., ist aufgrund vorläufig vollstreckbarer Entscheidungen aus Deutschland in Österreich nur die Exekution zur Sicherstellung zulässig; *Campbell*, 29, 37. Kritisch im Hinblick auf einen Verstoß gegen das europarechtliche Diskriminierungsverbot auch *Burgstaller/Anzinger*, Rn. 2.291, Fn. 721.

153 *Kodek*, in: *Czernich/Tiefenthaler/Kodek*, Art. 47, Rn. 2, 10.

154 *Schoibl*, JBl. 2003, 149 (171).

setzungen kann das gemäß § 375 Abs. 1 EO zuständige Gericht die Exekution bewilligen.

Im Anwendungsbereich des Art. 47 Abs. 1 EuGVO steht dem Gläubiger grundsätzlich die Exekution zur Sicherstellung zur Verfügung.[155] Diese schließt aufgrund ihrer Anwendbarkeit die Zulässigkeit einstweiliger Verfügungen aus, § 379 Abs. 1 EO.[156]

dd) Auswirkungen auf das englische Recht

Zur Sicherung der Zwangsvollstreckung wegen einer Geldforderung kann der Gläubiger im englischen Recht den Erlass einer *Freezing injunction* beantragen. Macht der Antragsteller also insbesondere glaubhaft, dass ihm ein Anspruch zusteht und die Zwangsvollstreckung durch Verlagerung des Vermögens des Antragsgegners ernsthaft gefährdet ist, entscheidet das Gericht nach seinem Ermessen über den Erlass der einstweiligen Maßnahme.[157]

Art. 47 Abs. 1 EuGVO eröffnet auch dem Inhaber eines ausländischen Titels die Möglichkeit, seine Geldforderung vor der Registrierung in England mit der *Freezing injunction* zu sichern. Dazu müssen allerdings sämtliche Voraussetzungen, die das englische Recht an den Erlass stellt, erfüllt sein.[158]

Art. 47 Abs. 1 EuGVO bewirkt jedoch, dass der Existenz des ausländischen Urteils im Prozess zur Erlangung einstweiliger Maßnahmen volles Gewicht beigelegt wird.[159] Das Erfordernis der Glaubhaftmachung des „*good arguable case*" durch *Affidavit evidence* wird somit durch die ausländische Entscheidung erfüllt.[160] Dem Gericht verbleibt dann lediglich die inzidente Prüfung der Anerkennungsversagungsgründe der Art. 34 f. EuGVO sowie der restlichen Voraussetzungen der *Freezing injunction*.[161]

---

155 *Kodek*, in: *Czernich/Tiefenthaler/Kodek*, Art. 47, Rn. 2, 10; *Hess/Hub*, IPRax 2003, 93 (96, Fn. 55)

156 S.o. S. 94. A.A., allerdings ohne Begründung, *Schlosser*, Art. 47 EuGVO, Rn. 2, sowie *König*, ecolex 2001, 737.

157 Vgl. o. S. 101.

158 *Mauch*, 183.

159 Diese Auslegung bietet *Kennett*, ICLQ 50 (2001), 725 (735), neben derjenigen an, dass mit Art. 47 Abs. 1 EuGVO ein *titre conservatoire* eingeführt worden sei. Nach der hier vertretenen Auffassung ist es zu Letzterem jedoch nicht gekommen, so dass die erstgenannte Auslegungsvariante verbleibt. *Hess/Hub*, IPRax 2003, 93 (94, Fn. 21), erscheint eine solche Auslegung wegen der Entstehungsgeschichte der Vorschrift zu zurückhaltend. Vgl. dazu aber Fn. 127.

160 *Mauch*, 183, schlägt vor, die formelle Bescheinigung gemäß Art. 54 EuGVO an die Stelle des *Affidavit evidence* treten zu lassen.

161 *Mauch*, 183.

Neben der *Freezing injunction* stehen dem Gläubiger auch die sonstigen *Interim injunctions* zur Verfügung,[162] auf deren Voraussetzungen sich Art. 47 Abs. 1 EuGVO in derselben Weise auswirkt.

c) Zwischenergebnis

Art. 47 Abs. 1 EuGVO eröffnet in allen untersuchten Rechtsordnungen somit nicht nur den Zugang zu einstweiligen Maßnahmen, sondern wirkt sich dergestalt aus, dass die ausländische Entscheidung in jeweils ähnlicher Weise den Nachweis für das Bestehen eines die einstweilige Maßnahme begründenden Anspruchs erbringt. Die weiteren Voraussetzungen des jeweiligen nationalen Rechts, und dabei insbesondere der Maßnahmegrund müssen aber unabhängig von Art. 47 Abs. 1 EuGVO glaubhaft gemacht werden. Entgegen dem französisch-belgischen Vorbild der Regelung führt die Vorschrift jedoch in keiner der untersuchten Rechtsordnungen so weit, dass einstweilige Maßnahmen unabhängig von einer vorhergehenden richterlichen Entscheidung sind und unmittelbar beim Vollstreckungsorgan beantragt werden können.

Die Vorschrift führt jedoch die einheitliche Möglichkeit zur Erlangung einstweiligen Rechtsschutzes ein, ohne ein Vollstreckbarerklärungsverfahren vorauszusetzen. Dem Gläubiger wird dadurch die Gelegenheit geboten, europaweit ohne Exequatur die Zwangsvollstreckung wegen seiner Forderung zu sichern, so dass durch Art. 47 EuGVO bereits eine weitgehende Freizügigkeit des Titels für einstweilige Maßnahmen besteht.[163] Man kann hierin einen ersten großen tatsächlich realisierten Schritt auf dem Weg zu einer europaweiten Vollstreckbarkeit ohne Anstrengung eines Exequaturverfahrens erkennen, das nach dem Maßnahmenprogramm des Rates allerdings lediglich ein Zwischenziel auf dem Weg zur Abschaffung des Exequatur und der Einführung eines Europäischen Vollstreckungstitels sein soll.[164]

3. Drittbetroffenheit durch die Vollziehung der einstweiligen Maßnahmen im Sinne des Art. 47 Abs. 1 EuGVO

Mit den durch Art. 47 Abs. 1 EuGVO eröffneten einstweiligen Maßnahmen des Arrestes, des *Sequestro conservativo*, der Exekution zur Sicherstellung und der *Freezing injunction* stehen dem ausländischen Gläubiger Instrumente zur Sicherung seiner Geldforderung in jeder der untersuchten mitgliedstaatlichen Rechtsordnungen auch vor Vollstreckbarerklärung seiner Entscheidung zur Ver-

---

[162] Vgl. dazu o. S. 97 f.

[163] *Merlin*, Riv. dir. proc. 2001, 433 (460).

[164] Maßnahmenprogramm (o. Fn. 113), ABl. EG 2001, Nr. C 12/1 ff. So auch *Micklitz/Rott*, EuZW 2002, 15 (22). Zum Europäischen Vollstreckungstitel vgl. u. S. 173 ff.

fügung. Die Durchführung dieser Maßnahmen legt Art. 47 Abs. 1 EuGVO gänzlich in die Hände des Rechts des Vollstreckungsstaates.[165]

Obwohl die Maßnahmen jeweils lediglich auf die Sicherung von Ansprüchen und nicht auf die endgültige Befriedigung des Gläubigers gerichtet sind, verweisen alle untersuchten Rechtsordnungen für die Vollziehung bzw. im Falle der *Freezing injunction* für die Durchsetzung der Maßnahmen auf die entsprechenden allgemeinen Vorschriften des Vollstreckungsverfahrens:[166] Sowohl der *Sequestro conservativo* als auch die Exekution zur Sicherstellung und der dingliche Arrest werden unter (entsprechender) Anwendung der jeweiligen Pfändungsvorschriften vollzogen, so dass insbesondere eine Inbeschlagnahme beweglichen Vermögens in Betracht kommt. Ebenso kann die Durchsetzung der *Freezing injunction* im Wege eines *Writ of sequestration* zur Beschlagnahme von Vermögen führen.[167] Es kommt demnach bereits in dieser Phase zu einer Verdichtung der Vollstreckungsabsicht auf ein konkretes Objekt beweglichen Vermögens mit demselben Potential für Schwierigkeiten und Fehlerquellen wie im rein nationalen Verfahren.[168]

Ein das haftende Vermögen überschreitender Zugriff auf die Rechte unbeteiligter Dritter ist somit im Falle einstweiliger Maßnahmen aufgrund ausländischer Titel ebenso möglich und wahrscheinlich wie im rein innerstaatlichen Fall, so dass grundsätzlich ein Rechtsschutzbedürfnis eines Dritten bestehen kann.

4. Rechtsschutzmöglichkeiten des Dritten gegen die Betroffenheit durch einstweilige Maßnahmen

Fraglich ist nun, wie sich der Dritte unter der Hypothese zu schützen vermag, dass seine Rechte durch einstweilige Akte zur Sicherung eines ausländischen Titels betroffen werden.

Im innerstaatlichen Bereich kann er bei der Beeinträchtigung durch Maßnahmen des einstweiligen Rechtsschutzes grundsätzlich die drittbezogenen Rechtsbehelfe des jeweiligen nationalen Rechts geltend machen.[169] Etwas anderes könnte sich jedoch daraus ergeben, dass der einstweiligen Maßnahme in der vorliegenden Situation nicht ein inländischer Anspruch, sondern eine ausländische Entscheidung zugrunde liegt, die im Inland noch nicht für vollstreckbar erklärt worden ist.

---

165 *Kropholler*, EZPR[8], Art. 38 EuGVO, Rn. 3; *Hess/Hub*, IPRax 2003, 93 (94), *Kodek*; in: *Czernich/Tiefenthaler/Kodek*, Art. 38, Rn. 10, Art. 40, Rn. 10; *Mankowski*, in: *Rauscher*, Art. 47, Rn. 5.

166 Vgl. o. S. 88, 102 ff.

167 Vgl. o. S. 105.

168 Vgl. dazu o. S. 106.

169 Vgl. o. S. 107.

a) Anwendbares Recht für den Rechtsschutz des durch einstweilige Maßnahmen betroffenen Dritten

Aufgrund der in der Sicherung einer ausländischen Entscheidung begründeten Auslandsberührung stellt sich nämlich die Frage, welches Recht für die Beurteilung von Streitigkeiten Anwendung findet, die durch die Vollziehung bzw. Durchsetzung einstweiliger Maßnahmen entstehen.

Bei den Vorgängen, welche eventuell Beeinträchtigungen hervorrufen, handelt es sich wie gesehen um solche des Vollstreckungsrechts.[170] Mit der Zwangsvollstreckung übt der Vollstreckungsstaat seine hoheitliche Gewalt aus,[171] so dass die Ausgestaltung des Vollstreckungsverfahrens ausschließlich dem Staat selbst zukommen kann. Nur er kann bestimmen, wie das Vollstreckungsverfahren abzulaufen hat und damit insbesondere auch, welche Mittel und Rechtsbehelfe er gegen die Zwangsvollstreckung zulässt.[172]

Daher richten sich auch die Instrumente, die dem Dritten gegen Beeinträchtigungen durch Vollstreckungsmaßnahmen zustehen, ausschließlich nach dem Recht des Vollstreckungsstaates, der *lex fori*. Für die dem Vollstreckungsrecht zuzuordnende Vollziehung bzw. Durchsetzung von einstweiligen Maßnahmen kann nichts anderes gelten.

Dieses Ergebnis wird auch durch Art. 47 Abs. 1 EuGVO bestätigt: Der Verweis der Vorschrift auf das Recht des Vollstreckungsmitgliedstaates für die Inanspruchnahme einstweiliger Maßnahmen macht deutlich, dass das gesamte Verfahren und alle damit zusammenhängenden Fragen sich ausschließlich nach dem nationalen Recht des Staates zu richten haben, in dem die einstweilige Maßnahme beantragt und durchgeführt wird.

Dem Dritten steht somit auch im Falle der Betroffenheit durch Sicherungsmaßnahmen aufgrund ausländischer Entscheidungen jeweils der nach innerstaatlichem Recht bereitgestellte drittbezogene Rechtsbehelf zur Verfügung.

b) Internationale Zuständigkeit für das Rechtsbehelfsverfahren

Nachdem festgestellt worden ist, dass sich die Schutzinstrumente des Dritten nach dem Recht des Vollstreckungsstaates richten, bleibt zu erörtern, welches Gericht für die Entscheidung dieser Frage international zuständig ist.

Zunächst ist festzuhalten, dass es nicht um den Bestand oder die Zulässigkeit der einstweiligen Maßnahme selbst geht, so dass gegebenenfalls an die Vor-

---

170 Vgl. o. S. 106.

171 *Gottwald*, IPRax 1991, 285 (288); *Schack*, Rn. 957; *Nagel/Gottwald*, § 17, Rn. 4; *Kerameus*, RdC 264 (1997), 179 (379 f.); *Kropholler*, EZPR⁸, Art. 22 EuGVO, Rn. 59.

172 *Nagel/Gottwald*, § 17, Rn. 4, *Schack*, Rn. 989; *Kerameus*, RdC 264 (1997), 179 (379 f.).

schrift des Art. 31 EuGVO, die die Zuständigkeit für einstweilige Maßnahmen an sich umschreibt, oder an Art. 47 Abs. 1 EuGVO zu denken wäre, der zwar für die einstweiligen Maßnahmen auf das Recht des Vollstreckungsmitgliedstaates verweist, damit aber noch keine Aussage über das zur Entscheidung über die aus der Vollziehung der Maßnahme entstehende Streitigkeit berufene Gericht trifft.

Vielmehr ist Anknüpfungspunkt wiederum der Charakter der Vollziehung bzw. der Durchsetzung der einstweiligen Maßnahme als Zwangsvollstreckungsvorgang. Wie bereits oben ausgeführt,[173] kommt in Vollstreckungsmaßnahmen die hoheitliche Gewalt eines Staates zum Ausdruck, deren Beeinträchtigung um seiner Souveränität willen vermieden werden muss. Die staatlichen Vollstreckungsorgane, die zur Ausführung der Vollstreckungsmaßnahmen berufen sind, können daher ausschließlich von Gerichten des eigenen Staates Befehle entgegennehmen und nur innerhalb des eigenen Hoheitsbereichs tätig werden.[174] Soweit somit die Anordnung oder die Kontrolle der Vollstreckung in Rede stehen, muss die Entscheidung darüber den Gerichten desjenigen Staates vorbehalten bleiben, auf dessen Hoheitsgebiet die Vollstreckung durchgeführt worden ist oder werden soll.[175] In diesem Sinne formuliert auch der EuGH, dass es „nur Sache der Gerichte des Vertragsstaates ist, in dessen Hoheitsgebiet die Zwangsvollstreckung durchgeführt werden soll, in diesem Gebiet die Vorschriften über die Tätigkeit der Vollstreckungsbehörden anzuwenden“.[176] Die Entscheidung anderer Gerichte ginge mangels Anwendungsbefehls an die fremdstaatlichen Vollstreckungsorgane ins Leere.

Für Rechtsbehelfe und Klagen gegen Vollstreckungsverfahren oder konkrete Maßnahmen als Überprüfungsinstrumente der Zwangsvollstreckung sind somit ausschließlich die Gerichte des Staates zuständig, in dem das Verfahren anhängig ist.[177]

Diesen Rechtsgedanken formuliert für den Anwendungsbereich der EuGVO Art. 22 Nr. 5 EuGVO, indem er die Gerichte desjenigen Mitgliedstaates für international ausschließlich zuständig erklärt, in dessen Hoheitsgebiet die Zwangsvollstreckung durchgeführt werden soll oder durchgeführt worden ist, sofern es um Verfahren geht, welche die Zwangsvollstreckung aus Entscheidungen zum Gegenstand haben.

Die untersuchten Rechtsbehelfe müssten dazu grundsätzlich als Verfahren anzusehen sein, die die Zwangsvollstreckung zum Gegenstand haben. Der Defi-

---

173 Vgl. o. S. 147.

174 S.o. S. 119.

175 *Schack*, Rn. 322, 989; *Kropholler*, EZPR[8], Art. 22 EuGVO, Rn. 59; *Roth*, IPRax 2001, 323; *Schlosser*, Art. 22 EuGVO, Rn. 24.

176 EuGH, Rs. C-261/90 – *Mario Reichert/Dresdner Bank AG*, Slg. 1992 I, 2149 (2182, Nr. 26).

177 *Gottwald*, IPRax 1991, 285 (288); *Schack*, Rn. 322, 989; *Nagel/Gottwald*, § 17, Rn. 24.

nition *Jenards*[178] folgend versteht der EuGH[179] unter diesem Kriterium im Rahmen des wort- und sinngleichen Art. 16 Nr. 5 EuGVÜ „Verfahren, die sich aus der Inanspruchnahme von Zwangsmitteln, insbesondere bei der Herausgabe oder Pfändung von beweglichen oder unbeweglichen Sachen im Hinblick auf die Vollstreckung von Entscheidungen oder Urkunden ergeben“,[180] insbesondere also „Streitigkeiten, die sich bei diesen Verfahren ergeben“. Im Zusammenhang mit einem Verfahren wegen der Vollstreckungsgegenklage gemäß § 767 ZPO führt der EuGH zudem aus, dass dieses Verfahren „wegen seines engen Zusammenhangs mit dem Vollstreckungsverfahren an sich“ die Kriterien des Art. 16 Nr. 5 EuGVÜ erfülle.[181] Nach dem entsprechenden Verständnis der Vorschrift im Schrifttum sind unter Verfahren im Sinne des Art. 22 Nr. 5 EuGVO alle kontradiktorischen Verfahren zu verstehen, die einen unmittelbaren Bezug zur Zwangsvollstreckung aufweisen bzw. deren korrekte Abwicklung betreffen.[182]

aa) Die drittschützenden nationalen Rechtsbehelfe als Fälle des Art. 22 Nr. 5 EuGVO

Die Drittwiderspruchsklage gemäß § 771 ZPO könnte ein Verfahren im Sinne des Art. 22 Nr. 5 EuGVO darstellen, das die Zwangsvollstreckung zum Gegenstand hat. Gegenstand der Klage ist die Unzulässigerklärung der Zwangsvollstreckung in ein bestimmtes Objekt.[183] Nur hinsichtlich dieser Aussage und nicht etwa hinsichtlich des Bestehens oder Nichtbestehens des „die Veräußerung hindernden“, materiellen Rechts entfaltet das auf die Klage hin ergehende Urteil Rechtskraft.[184] Die Drittwiderspruchsklage hat daher im Sinne des Art. 22 Nr. 5 EuGVO einzig die Zwangsvollstreckung zum Gegenstand und begründet daher einen ausschließlichen internationalen Gerichtsstand des Vollstreckungsortes.[185]

Hinsichtlich der *Opposizione di terzo* gemäß Art. 619 c.p.c. könnte dasselbe

---

178 *Jenard*-Bericht, ABl. EG 1979, Nr. C 59, 1 (36, zu Art. 16 EuGVÜ).

179 EuGH, Rs. C-261/90 – *Mario Reichert/Dresdner Bank AG*, Slg. 1992 I, 2149 (2182, Nr. 27).

180 Dem folgend auch OLG Hamm, IPRax 2001, 339 (340).

181 EuGH, Rs. 220/84 – *AS-Autoteile Service/Pierre Malhé*, Slg. 1985, 2267 (2277, Nr. 12).

182 *Geimer*, in: *Geimer/Schütze*, Urteilsanerkennung I/1, 815; *Kropholler*, EZPR^8, Art. 22 EuGVO, Rn. 61; *Schlosser*, Art. 22 EuGVO, Rn. 24; *Mayr/Czernich*, 93.

183 Vgl. o. S. 14.

184 Vgl. o. S. 14.

185 Allgemeine Meinung: OLG Hamm, IPRax 2001, 339 (340); *Safferling*, in: *Bülow/Böckstiegel/Geimer/Schütze*, 660, Art. 16, Rn. 27; *Geimer*, in: *Geimer/Schütze*, Urteilsanerkennung I/1, 815; *Gottwald*, in: Münchener Kommentar, Art. 16 EuGVÜ, Rn. 28; *Roth*, IPRax 2001, 323; *Schack*, 322, 990; *Kropholler*, EZPR^8, Art. 22 EuGVO, Rn. 61; *Schlosser*, Art. 22 EuGVO, Rn. 25; *Nagel/Gottwald*, § 17, Rn. 24, § 3, Rn. 183; *v. Hoffmann*, § 3, Rn. 243; *Mankowski*, in: *Rauscher*, Art. 22, Rn. 55; *Geimer/Schütze*, EZVR^2, Art. 22, Rn. 268.

gelten. Nach überwiegender Ansicht in der italienischen Rechtsprechung und Literatur wird im Oppositionsprozess ausschließlich die Frage behandelt, ob die konkret in Beschlag genommene Sache der Zwangsvollstreckung unterworfen ist, so dass sich das auf die *Opposizione* hin ergehende Urteil in der Feststellung erschöpft, ob die Vollstreckung bezüglich der konkreten Sache unzulässig war; eine darüber hinaus gehende Feststellung materieller Rechte wird nicht getroffen.[186] Auch die *Opposizione di terzo* zum Schutz des Dritten in der Zwangsvollstreckung hat somit einzig die Zwangsvollstreckung zum Gegenstand, so dass gemäß Art. 22 Nr. 5 EuGVO italienische Gerichte ausschließlich international zuständig für die Durchführung des Oppositionsprozesses sind.[187]

Auch im österreichischen Vollstreckungsrecht ergeht im Verfahren der Exszindierungsklage keine rechtskräftige Entscheidung über das vom Dritten behauptete Recht, sondern ausschließlich über die Unzulässigkeit der Exekution.[188] Für die Exszindierungsklage sind daher auschließlich österreichische Gerichte international zuständig.[189]

Der *Interpleader*-Prozess nach englischem Recht weicht in seiner Struktur zwar von den kontinentalen Rechtsbehelfsformen ab, doch sind auch bei diesem die Vollstreckungshandlungen des *Sheriffs* bzw. *Master*s Gegenstand des Verfahrens; über deren Wirksamkeit und Fortbestehen wird regelmäßig entschieden.[190] Dass das Gericht in diesem Verfahren befugt ist, nach eigenem Ermessen auch darüber hinaus gehende Entscheidungen zu treffen,[191] ändert nichts an der Tatsache, dass das Verfahren primär ein vollstreckungsrechtlicher Rechtsbehelf ist. Der englische *Interpleader* ist somit auch als Verfahren im Sinne des Art. 22 Nr. 5 EuGVO anzusehen.[192]

Alle untersuchten Rechtsbehelfe, die jeweils in kontradiktorischen Verfahren entschieden werden, weisen den vom EuGH geforderten engen Zusammenhang mit dem Vollstreckungverfahren auf, sind vorwiegend sogar ausschließlich darauf bezogen und fallen daher unter die Vorschrift des Art. 22 Nr. 5 EuGVO. International zuständig für die Entscheidung über die Schutzinstrumente des Dritten sind somit die Gerichte des Mitgliedstaates, in dessen Hoheitsgebiet jeweils die Zwangsvollstreckung durchgeführt werden soll oder durchgeführt worden ist.

---

186 So überzeugend die h.M. Vgl. o. S. 24 ff.

187 Die italienische Literatur hat sich mit dieser Frage allerdings noch nicht befasst, vgl. *Salerno*, 256 ff.; *Mari*, 557 ff.; *Mansi*, 236 ff.

188 Vgl. o. S. 30.

189 In diesem Sinne *Mayr*, 59; *Mayr/Czernich*, 93; *Simotta*, in: *Fasching*, Vor §§ 83a und 83b, Rn. 165.

190 S.o. S. 31 f.

191 S.o. S. 31 f.

192 *O'Malley/Layton*, 20.43.

bb) Die drittschützenden Rechtsbehelfe als Fälle des Art. 22 Nr. 5 EuGVO für den Fall der Beeinträchtigung des Dritten durch die Vollziehung einstweiliger Maßnahmen

Nachdem nun grundsätzlich feststeht, dass die Rechtsbehelfe zum Schutz des Dritten nach nationalem Recht die ausschließliche internationale Zuständigkeit gemäß Art. 22 Nr. 5 EuGVO begründen, ist noch offen, ob sich etwas anderes daraus ergibt, dass im vorliegenden Zusammenhang nicht die Beeinträchtigung des Dritten durch originäre Zwangsvollstreckungsakte, sondern durch die Vollziehung bzw. Durchsetzung einstweiliger Maßnahmen im Vordergrund steht.

Für den Vollzug einstweiliger Maßnahmen nehmen die untersuchten Rechtsordnungen wie gesehen Mittel des jeweiligen Vollstreckungsrechts in Anspruch. Aufgrund dieser Anwendung ergibt sich dieselbe hoheitliche Gebundenheit der Vollstreckungsorgane. Es besteht mithin in genau derselben Weise die Notwendigkeit der Beschränkung der gerichtlichen Verfahren auf die Gerichte desjenigen Staates, in dessen Hoheitsgebiet die Vollziehung durchgeführt wurde, i.e. im vorliegenden Fall der Staat, in dem auch die einstweilige Maßnahme beantragt und erlassen wurde. Die hinter der Regelung des Art. 22 Nr. 5 EuGVO stehenden Motive tragen also ebenso in der vorliegenden Situation, so dass kein Grund ersichtlich ist, warum nicht auch hier die Regelung des Art. 22 Nr. 5 EuGVO Anwendung finden sollte.[193]

c) Zwischenergebnis

Einem Dritten, der durch die Vollziehung oder im Falle der *Freezing injunction* durch die Durchsetzung einstweiliger Maßnahmen in seinen Rechten verletzt worden ist, steht zur Abwehr dieser Verletzung der drittbezogene vollstreckungsrechtliche Rechtsbehelf desjenigen Staates zur Verfügung, in dessen Hoheitsgebiet die Maßnahme vollzogen bzw. durchgesetzt worden ist. International ausschließlich zuständig für die Entscheidung über diesen Rechtsbehelf ist das Gericht dieses Staates.

5. Die Vereinbarkeit der Zulassung von Rechtsbehelfen mit der Rechtsprechung des EuGH

Der Zulassung von Rechtsbehelfen eines Dritten gegen die Vollziehung der Maßnahmen des einstweiligen Rechtsschutzes könnte jedoch die oben ausge-

193 *Mari*, 557. So auch bereits *Jenard*-Bericht, ABl. EG 1979, Nr. C 59/1 (36, zu Art. 16 EuGVÜ), in seiner italienischen Fassung: „*per assicurare l'esecuzione*".

führte Rechtsprechung des EuGH[194] zur Ausschließlichkeit der Rechtsbehelfe des EuGVO im Verfahren der Vollstreckbarerklärung entgegenstehen.

Mit dieser Rechtsprechung soll die Eigenständigkeit und Geschlossenheit des europäischen Systems der Vollstreckbarerklärung gewahrt werden. Dem widersprechende Rechtsbehelfe des nationalen Rechts sollen durch diese Rechtsprechung ausgeschlossen werden.

Die im vorliegenden Zusammenhang zugelassenen Rechtsbehelfe sollen jedoch lediglich den Schutz gegen Beeinträchtigungen Dritter durch den Vollzug einstweiliger Maßnahmen sicherstellen. Sie richten sich dagegen nicht gegen die Zulassung oder Ablehung der Vollstreckbarerklärung oder tangieren in anderer Weise das Verfahren zur Erlangung des Exequaturs. Sinn und Zweck der Rechtsprechung des EuGH gebieten es mithin nicht, die genannten Rechtsbehelfe auszuschließen.

Denn die Tatsache allein, dass die vorläufigen Maßnahmen bereits vor oder während des Exequaturverfahrens zugelassen bzw. durchgeführt werden, kann nicht dazu führen, dass jegliche damit zusammenhängende Rechtsbehelfe ausgeschlossen bleiben, obwohl nur eine rein zeitliche Beziehung mit dem Verfahren der Vollstreckbarerklärung besteht. Das aus dem Vollstreckungscharakter der Maßnahmen resultierende Schutzbedürfnis des Dritten und das Rechtsschutzziel der in Frage stehenden Rechtsbehelfe, das nicht etwa darin besteht, das Vollstreckbarerklärungsverfahren in Frage zu stellen, sondern allein im Schutz gegen die Auswirkungen von Vollstreckungsmaßnahmen, rechtfertigen es vielmehr, die drittschützenden Rechtsbehelfe ohne Weiteres auch vor Erlass des Exequaturs und völlig unabhängig davon zuzulassen.

V. Zusammenfassung des Schutzes des Dritten im Exequaturverfahren

Für den Zeitraum des Vollstreckbarerklärungsverfahrens lässt sich zunächst festhalten, dass es keine Möglichkeit für Dritte bietet, möglicherweise betroffene Rechte zu schützen oder Zugriffe auf diese Rechte abzuwehren. Zudem ist auch eine diese Tatsache umgehende Anwendung nationaler Rechtsbehelfe durch die Rechtsprechung des EuGH ausgeschlossen. Allerdings ist mit diesen Aussagen keine Schutzlosigkeit des Dritten verbunden, da mit dem Verfahren der Vollstreckbarerklärung und dem Exequatur selbst unmittelbar keinerlei Vollstreckungsmaßnahmen verbunden sind, die die Bereitstellung eines Rechtsbehelfs für Dritte notwendig machen würde.

Im Gegensatz dazu besteht eine solche Notwendigkeit allerdings, wenn man die Möglichkeit mit in Betracht zieht, dass der ausländische Titel bereits vor

---

194 Vgl. o. S. 127 ff. EuGH, Rs. 148/84 – *Deutsche Genossenschaftsbank/SA Brasserie du pêcheur*, Slg. 1985, 1981 ff.; EuGH Rs. 432/93 – *SISRO/Ampersand*, Slg. 1995 I, 2269 ff. = IPRax 1996, 336 ff.; EuGH, Rs. 172/91 – *Sonntag/Waidmann*, Slg. 1993 I, 1990 ff.

Vollstreckbarerklärung gemäß Art. 47 Abs. 1 EuGVO durch Maßnahmen des einstweiligen Rechtsschutzes gesichert werden kann. Der Vollzug derartiger Maßnahmen mit Hilfe von Vollstreckungsakten gefährdet die Rechte unbeteiligter Dritter. Dieses Rechtsschutzbedürfnis rechtfertigt es, dem Dritten trotz des Auslandsbezugs der Maßnahme die Rechtsbehelfe des jeweiligen Vollstreckungsrechts zur Verfügung zu stellen. Ausschließlich international zuständig sind die Gerichte des Vollziehungsstaates.

B. Der Schutz des Dritten bei der Vollstreckung eines ausländischen Titels im Inland

Nachdem im vorhergehenden Teil auf den Zeitraum bis zur Entscheidung im Vollstreckbarerklärungsverfahren eingegangen wurde, bleibt nunmehr noch zu erörtern, in welcher Weise ein unbeteiligter Dritter im auf das Exequatur folgenden Vollstreckungsverfahren, also im Falle einer inländischen Vollstreckung eines ausländischen Titels, beeinträchtigt werden kann, sowie ob und gegebenenfalls wie er gegen eine unberechtigte Verletzung seiner Rechte geschützt wird. Dabei erscheint es sinnvoll, chronologisch den dem Gläubiger zur Verfügung stehenden Möglichkeiten zu folgen und somit zunächst auf die vorläufige Sicherung der Vollstreckung wegen seiner Forderung und erst dann auf die befriedigende Zwangsvollstreckung einzugehen.

I. Maßnahmen des einstweiligen Rechtsschutzes nach Vollstreckbarerklärung

Gemäß Art. 47 Abs. 2 EuGVO gibt die Vollstreckbarerklärung „die Befugnis, solche Maßnahmen", d.h. also im Zusammenhang mit Art. 47 Abs. 1 EuGVO „einstweilige Maßnahmen einschließlich solcher, die auf eine Sicherung gerichtet sind",[195] „zu veranlassen".

Damit befriedigt die EuGVO das Sicherungsbedürfnis des Gläubigers vor Zwischenverfügungen des Schuldners, die die Zwangsvollstreckung nutzlos oder sogar unmöglich machen würden.[196] Gleichzeitig stellen aber der beschränkende Verweis auf „solche Maßnahmen" sowie die ergänzende Regelung des Art. 47 Abs. 3 EuGVO, durch den bis zum Ablauf der Rechtsbehelfsfrist gegen die Vollstreckbarerklärung bzw. bis zur Entscheidung in diesem Verfahren die Zwangsvollstreckung nur insoweit zugelassen wird, als sie nicht über Maßnahmen zur Sicherung hinausgeht, sicher, dass der Schuldner nicht mit endgültigen Zwangsvollstreckungsmaßnahmen rechnen muss, solange ihm nicht die Gelegenheit im kontradiktorischen Rechtsmittelverfahren gegeben wurde, auf das Exequatur zu reagieren und seine Rechte zu schützen.[197]

Im Gegensatz zu Art. 47 Abs. 1 EuGVO ergibt sich die Befugnis zur Veranlassung von Sicherungsmaßnahmen aber bereits *ipso iure* aus Art. 47 Abs. 2 EuGVO bzw. der Vollstreckbarerklärung selbst und nicht erst aus dem nationa-

---

[195] *Schlosser*, RIW 2002, 809 (813).

[196] Zum entsprechenden Regelungszweck des Art. 39 EuGVÜ vgl. *Jenard*-Bericht, ABl. EG 1979, Nr. C 59/1 (52, zu Art. 39 EuGVÜ); EuGH, Rs. 119/84 – *P.Capelloni und F.Aquilini/J.J.Pelkmans*, Slg. 1985, 3147 (3159, Nr. 19). *Kennett*, 98, beschreibt die Auswirkungen der Regelung mit den Worten *„the balance has swung in favour of the creditor"*.

[197] Ähnlich *Jenard*-Bericht, ABl. EG 1979, Nr. C 59/1 (52, zu Art. 39 EuGVÜ).

len Recht des Vollstreckungsstaates.[198] Das von den nationalen Rechten vorausgesetzte Erfordernis der Glaubhaftmachung eines besonderen Maßnahmegrundes[199] entfällt im Rahmen des Art. 47 Abs. 2 EuGVO.[200] Die Zulassung der Sicherungsmaßnahmen darf nicht von einer Entscheidung nationaler Instanzen abhängig gemacht werden.[201]

Die Regelung des Art. 47 Abs. 2 EuGVO geht jedoch nicht soweit, dass sie selbständig auch einheitliche Sicherungsmaßnahmen zur Verfügung stellt.[202] Vielmehr überlässt die Vorschrift „dem Verfahrensrecht des Vollstreckungsstaats die Regelung aller Fragen, die nicht Gegenstand spezieller Bestimmungen des Übereinkommens sind",[203] also insbesondere die Frage, welches Sicherungsmittel der Gläubiger in Anspruch nehmen kann.[204] Die Ausgestaltung durch das Verfahrensrecht des Vollstreckungsmitgliedstaates darf aber nicht dazu führen, dass die durch Art. 47 Abs. 2 EuGVO aufgestellten Grundsätze ange-

---

198 Zum insoweit wort- und sinngleichen Art. 39 Abs. 1 EuGVÜ: *Jenard*-Bericht, ABl. EG 1979, Nr. C 59/1 (52, zu Art. 39 EuGVÜ); EuGH, Rs. 119/84 – *P.Capelloni und F.Aquilini/J.J.Pelkmans*, Slg. 1985, 3147 (3159 f., Nr. 18, 25); *Campeis/DePauli*, 382. Zu Art. 47 Abs. 2 EuGVO: LG Bonn, IPRax 2003, 388 (389) m. Anm. *Krumscheid*, IPRax 2003, 389; *Merlin*, Riv. dir. proc. 2001, 433 (458); *Schack*, Rn. 953; *Kropholler*, EZPR^{8}, Art. 47 EuGVO, Rn. 9; *Geimer*, in: *Zöller*, Art. 47 EuGVVO, Rn. 1; *Hess/Hub*, IPRax 2003, 93 (97); *Gottwald*, in: Münchener Kommentar, Art. 47 EuGVO, Rn. 4; *Kodek*, in: *Czernich/Tiefenthaler/Kodek*, Art. 47, Rn. 7; *Mauch*, 43; *Fontana*, Riv. trim. dir. proc. civ. 2003, 263 (308). Undeutlich *Mankowski*, in: *Rauscher*, Art. 47, Rn. 12.

199 Vgl. o. S. 87, 90, 94, 101.

200 So führt bereits der *Jenard*-Bericht, ABl. EG 1979, Nr. C 59/1 (52, zu Art. 39 EuGVÜ), aus: „Der Antragsteller braucht nicht nachzuweisen, dass Dringlichkeit geboten oder Gefahr im Verzug ist, selbst wenn das innerstaatliche Recht eines Vertragsstaates dies vorschreibt." Zu Art. 47 Abs. 2 EuGVO: *Merlin*, Riv. dir. proc. 2001, 433 (459); *Lopes Pegna*, Riv. dir. int. 2001, 621 (637); *Schlosser*, RIW 2002, 809 (813); *Kropholler*, EZPR^{8}, Art. 47 EuGVO, Rn. 9; *Mankowski*, in: *Rauscher*, Art. 47, Rn. 12; *Kodek*, in: *Czernich/Tiefenthaler/Kodek*, Art. 47, Rn. 7; *Mauch*, 41.

201 *Jenard*-Bericht, ABl. EG 1979, Nr. C 59/1 (52, zu Art. 39 EuGVÜ); EuGH, Rs. 119/84 – *P.Capelloni und F.Aquilini/J.J.Pelkmans*, Slg. 1985, 3147 (3160, Nr. 25); *Merlin*, Riv. dir. proc. 2001, 433 (458 f.); *Schack*, Rn. 953; *Geimer*, in: *Zöller*, Art. 47 EuGVVO, Rn. 1; *Mauch*, 37.

202 Insoweit kann also nicht von einer „Europäischen Sicherungsvollstreckung" gesprochen werden, *Hess/Hub*, IPRax 2003, 93 (97). *Mauch*, 43, verwendet diesen Begriff dagegen anders akzentuiert.

203 So zu Art. 39 EuGVÜ EuGH, Rs. 119/84 – *P.Capelloni und F.Aquilini/J.J.Pelkmans*, Slg. 1985, 3147 (3159, Nr. 20). Zu Art. 47 Abs. 2 EuGVO: *Kropholler*, EZPR^{8}, Art. 47 EuGVO, Rn. 10; *Kodek*, in: *Czernich/Tiefenthaler/Kodek*, Art. 47, Rn. 7.

204 *Kropholler*, EZPR^{8}, Art. 47 EuGVO, Rn. 12; *Gottwald*, in: Münchener Kommentar, Art. 47 EuGVO, Rn. 4; *Hess/Hub*, IPRax 2003, 93 (97); *Mauch*, 42; *Hüßtege*, in: *Thomas/Putzo*, Art. 47 EuGVVO, Rn. 4.

tastet werden.[205] Führt die Anwendung nationaler Vorschriften zu einer Umgehung der Prinzipien des Art. 47 Abs. 2 EuGVO, schließt der Anwendungsvorrang der Verordnung die Anwendung dieser Vorschriften aus.[206]

Um entscheiden zu können, in welcher Weise Dritte durch die durch Art. 47 Abs. 2 EuGVO zugelassenen Sicherungsmaßnahmen betroffen werden können, ist zunächst zu erörtern, welche Maßnahmen dies überhaupt sind.

1. Mögliche Sicherungsmaßnahmen des nationalen Rechts

a) Die deutsche Sicherungsvollstreckung und der deutsche Arrest

In Deutschland kommen grundsätzlich die Sicherungsvollstreckung gemäß § 720 a ZPO und der Arrest gemäß §§ 916 ff. ZPO als „solche Maßnahmen" im Sinne des Art. 47 Abs. 2 EuGVO in Betracht.

Die deutsche Sicherungsvollstreckung bietet dem Inhaber eines gegen Sicherheitsleistung vorläufig vollstreckbaren Urteils die Möglichkeit, schon vor Leistung der Sicherheit die Zwangsvollstreckung zu beginnen, um die Effektivität und Fruchtbarkeit der Zwangsvollstreckung zu sichern. Durchgeführt wird die Sicherungsvollstreckung anhand der Pfändung, die allerdings grundsätzlich nicht zur Verwertung führt.[207] Voraussetzung ist gemäß § 750 Abs. 3 ZPO, dass „das Urteil und die Vollstreckungsklausel mindestens zwei Wochen vorher zugestellt worden ist".[208] Die Sicherungsvollstreckung des deutschen Rechts entspricht in ihrer Gestaltung und ihren Voraussetzungen somit nicht dem von Art. 47 Abs. 2 EuGVO gezeichneten Modell.[209] Denn zum Einen ist sie in ihrer Funktion im deutschen Recht entsprechend auf Inhaber gegen Sicherheit vorläufig vollstreckbarer Urteile ohne Sicherheitsleistung beschränkt[210] und zum Anderen ist sie in Form des Zustellungserfordernisses an Bedingungen gekoppelt, die der effektiven Umsetzung des Art. 47 Abs. 2 EuGVO im Wege stehen.

Auf der anderen Seite bietet das deutsche Recht einem Gläubiger zur Sicherung seiner Geldforderung grundsätzlich die Möglichkeit des Arrestes gemäß §§ 916 ff. ZPO, zu dessen Durchführung über §§ 928, 930 ZPO ebenfalls auf die Pfändungsvorschriften verwiesen wird. Hier ist das Vorliegen eines Arrestanspruchs, eines Arrestgrundes sowie der Beschluss des zuständigen Arrestgerichtes Voraussetzung.[211] Im Grundsatz entfällt hier nach deutschem Recht jedoch

---

205 EuGH, Rs. 119/84 – *P.Capelloni und F.Aquilini/J.J.Pelkmans*, Slg. 1985, 3147 (3159, Nr. 21); *Kodek*, in: *Czernich/Tiefenthaler/Kodek*, Art. 47, Rn. 7; *Mauch*, 34, 41 f.

206 Dazu vgl. o. Fn. 20.

207 S.o. S. 88.

208 Vgl. o. S. 88.

209 *Haas*, IPRax 1995, 223 (225).

210 *Haas*, IPRax 1995, 223 (225).

211 Vgl. o. S. 86 f.

insbesondere der Arrestgrund, so dass ein Arrest nicht erlangt werden kann, soweit bereits ein, wenn auch nur vorläufig vollstreckbarer Titel vorliegt, da in diesem Fall der Gläubiger ohne Weiteres die Zwangsvollstreckung beginnen kann.[212] Da zudem noch die weiteren Voraussetzungen der §§ 916 ff. ZPO erfüllt sein müssten und insbesondere eine Entscheidung des Arrestgerichts ergehen müsste, ist die unveränderte Übernahme der Vorschriften über den Arrest zur Umsetzung des Art. 47 Abs. 2 EuGVO somit ebenfalls nicht möglich.[213]

Das deutsche Recht bietet mithin kein explizit den Anforderungen des Art. 47 Abs. 2 EuGVO entsprechende Mittel der Sicherungsvollstreckung.[214] Unter der Geltung des Art. 39 EuGVÜ wurde daraus der Schluss gezogen, dass zu dessen Umsetzung Sicherungsmaßnahmen in entsprechender Anwendung der §§ 720 a Abs. 1, 2, 928, 930 ZPO durchzuführen seien.[215] Dabei wurde teilweise aber zudem vorausgesetzt, dass auch die Sicherungsvollstreckung von der Zustellung der Vollstreckungsklausel und der zweiwöchigen Vorlauffrist im Sinne des § 750 Abs. 3 ZPO abhängen sollte.[216]

Eine Anwendung der §§ 720 a Abs. 1, 2, 928, 930 ZPO erscheint aber auch im Bereich der EuGVO sinnvoll.

Zum einen stellt sich der Arrest von seiner Wirkung her als adäquates Sicherungsmittel im Sinne des Art. 47 Abs. 2 EuGVO dar. Der effektiven Umsetzung des Art. 47 Abs. 2 EuGVO stehen allerdings die oben angeführten Voraussetzungen des Arrestes im Wege, so dass sie mit dieser Vorschrift unvereinbar und

---

212 *Heinze*, in: Münchener Kommentar, § 917, Rn. 15; *Walker*, in: *Schuschke/Walker*, § 917, Rn. 8; *Vollkommer*, in: *Zöller*, § 917, Rn. 12; *Hess/Hub*, IPRax 2003, 93 (95). Dies gilt auch bei nur gegen Sicherheitsleistung vorläufig vollstreckbaren Titeln, bei denen wegen der Möglichkeit der Sicherungsvollstreckung nach § 720a ZPO das Sicherungsbedürfnis fehlt, *Rosenberg/Gaul/Schilken*, § 75 II 2; *Hess*, in: *Wieczorek/Schütze*, § 720a, Rn. 4; *Heinze*, in: Münchener Kommentar, § 917, Rn. 16; *Walker*, in: *Schuschke/Walker*, § 917, Rn. 8; *Vollkommer*, in: *Zöller*, § 917, Rn. 13; *Brox/Walker*, Rn. 1502. Nach a.A. soll dem Gläubiger trotz dieser Möglichkeit ein Arrest zur Verfügung stehen, wenn er die erforderliche Sicherheit nicht erbringen kann, OLG Hamm, NJW-RR 1990, 1536; *Hartmann*, in: *Baumbach/Lauterbach/Albers/Hartmann*, § 917, Rn. 14; *Kannowski*, JuS 2001, 482 (483).

213 Vgl. *Haas*, IPRax 1995, 223 (225 f.).

214 *Haas*, IPRax 1995, 223 (225).

215 *Schütze*, in: *Geimer/Schütze*, Urteilsanerkennung I/1, 1243; *Gottwald*, in: Münchener Kommentar, Art. 39 EuGVÜ, Rn. 4; *Kropholler*, EZPR[6], Art. 39, Rn. 6; *Haas*, IPRax 1995, 223 (226); *Hess/Hub*, IPRax 2003, 93 (97).

216 OLG Saarbrücken, IPRax 1995, 244 (245); *Pirrung*, IPRax 1989, 18 (21); *Kropholler*, EZPR[6], Art. 39, Rn. 6. Gegen das Erfordernis einer Zustellung, da damit der Überraschungseffekt der Maßnahme unterlaufen werde und die Zustellung somit dem Zweck des Art. 39 EuGVÜ widerspreche: LG Stuttgart, IPRax 1989, 41 (42); *Laborde*, RIW 1988, 564 (565); *Fahl*, 84, 88; *Haas*, IPRax 1995, 223 (226); *Geimer/Schütze*, EZVR, Art. 39, Rn. 11 f; *Gottwald*, in: Münchener Kommentar, Art. 39 EuGVÜ, Rn. 3.

damit nicht anzuwenden sind.[217] Dies bedeutet faktisch, dass der Gläubiger auch ohne Erfüllen der angesprochenen Voraussetzungen die Durchführung des Arrestes beantragen kann, so dass den §§ 916 – 927 ZPO keinerlei Bedeutung mehr zukommt und allein die Vollziehungsvorschriften der §§ 928, 930 ZPO zur Anwendung kommen.

Auf der anderen Seite eignet sich aber auch die deutsche Sicherungsvollstreckung grundsätzlich zur Sicherung der Zwangsvollstreckung. Der Anwendung im Rahmen des Art. 47 Abs. 2 EuGVO stehen allerdings sowohl die Beschränkung auf gegen Sicherheit vorläufig vollstreckbare Urteile als auch die Koppelung an eine vorherige Zustellung des Titels sowie an eine zweiwöchige Vorlauffrist entgegen, da der beabsichtigte Überraschungseffekt der Sicherungsmaßnahme unterlaufen wird und zudem der expliziten Befugniserteilung durch Art. 47 Abs. 2 EuGVO nicht ausreichend Rechnung getragen wird.[218] Das Exequatur gibt die Befugnis zur Sicherungsvollstreckung unabhängig von einer Zustellung des Titels und der Vollstreckungsklausel.[219] Letztlich bedeutet also eine Heranziehung von § 720 a ZPO im Rahmen des Art. 47 Abs. 2 EuGVO lediglich einen Verweis auf die *Durchführung* der Sicherungsvollstreckung nach deutschem Recht und damit auf die Pfändungsvorschriften.

Aufgrund der verordnungsbedingten Reduzierung des Arrestes und der Sicherungsvollstreckung auf die jeweils pfändungsweise Durchführung stehen diese beiden Mittel im Ergebnis identisch nebeneinander,[220] so dass sich eine Abgrenzung erübrigt[221] und es sich anbietet, die Vorschriften kombiniert heranzuziehen. Dem Inhaber eines für vollstreckbar erklärten Titels stehen demgemäß über Art. 47 Abs. 2 EuGVO die Sicherungsinstrumente der §§ 720 a Abs. 1, 2, 928, 930 ZPO zur Verfügung.[222]

---

217 *Mauch*, 189; *Schlosser*, RIW 2002, 809 (813).

218 *Schlosser*, Art. 47 EuGVO, Rn. 4; *Mauch*, 188 f.; *Mankowski*, in: *Rauscher*, Art. 47, Rn. 4.

219 LG Bonn, RIW 2003, 388 (389) mit zustimmender Anmerkung *Krumscheid*, ebd.; *Schack*, Rn. 953; *Kropholler*, EZPR⁸, Art. 47 EuGVO, Rn. 13; *Schlosser*, Art. 47 EuGVO, Rn. 4; *Hess/Hub*, IPRax 2003, 93 (97, Fn. 75); *Geimer/Schütze*, EZVR², Art. 47, Rn. 11.

220 *Mauch*, 189.

221 Eine Abgrenzung, wie sie normalerweise durchgeführt wird, s.o. S. 156, greift hier nicht, da im Rahmen des Art. 47 Abs. 2 EuGVO ja gerade kein Arrestgrund vorauszusetzen ist, der aufgrund der Möglichkeit einer Sicherungsvollstreckung gemäß § 720 a ZPO entfallen könnte.

222 Im Ergebnis ähnlich *Mauch*, 189; *Kropholler*, EZPR⁸, Art. 47 EuGVO, Rn. 13; *Mankowski*, in: *Rauscher*, Art. 47, Rn. 4.

b) Der italienische *Sequestro conservativo*

Im italienischen Recht kann ein Gläubiger die Zwangsvollstreckung wegen einer Geldforderung mit dem *Sequestro conservativo* gemäß Art. 671 c.p.c. sichern, der dann gemäß Art. 678 Abs. 1 S. 1 c.p.c. „nach den für die Pfändung festgesetzten Normen“ vollzogen wird.[223] Zur Veranlassung eines *Sequestro* bedarf es jedoch grundsätzlich eines *fumus boni iuris*, eines *periculum in mora* sowie einer gerichtlichen Anordnung.[224] Ob aufgrund dieser Anforderungen das aus Art. 47 Abs. 2 EuGVO entspringende Sicherungsmittel des italienischen Rechts im *Sequestro* zu sehen ist, ist in der italienischen Literatur umstritten.

Campeis/DePauli vertreten die Ansicht, dass das über Art. 47 Abs. 2 EuGVO zu erlangende Sicherungsmittel in der Pfändung von Vermögensgegenständen des Schuldner bestehe.[225] Um aber die von der Verordnung vorgegebene Begrenzung auf bloße Sicherungssmittel zu erreichen, solle der Gläubiger nur auf die anfänglichen Akte der Vollstreckung beschränkt sein, d.h. also nicht zur Verwertung und Befriedigung übergehen können.[226] Der Gläubiger solle sich direkt an den Gerichtsvollzieher wenden können, das mit der Pfändung eröffnete Exekutionsverfahren aber durch den Vollstreckungsrichter von Amts wegen ausgesetzt werden, solange die Rechtsbehelfsfrist laufe bzw. solange über den Rechtsbehelf nicht entschieden ist.[227]

Gegen diese Auffassung wird zunächst angeführt, dass es dem in Art. 47 Abs. 2 EuGVO festgesetzten Prinzip, dass die betreibende Partei während des Laufs der Rechtsbehelfsfrist „keine eigentlichen Vollstreckungsmaßnahmen vornehmen“[228] darf, entgegenlaufe, die Sicherungsmaßnahme im Sinne des Art. 47 Abs. 2 EuGVO als Pfändung zu verstehen.[229] Das angesprochene Prinzip schließe es vielmehr gänzlich aus, zum Vollstreckungsverfahren gehörende Maßnahmen in diesem Stadium durchzuführen.[230] Zudem seien die Gründe, die eine

---

[223] Art. 678 Abs. 1 S. 1 c.p.c. lautet: „*Il sequestro conservativo sui mobili e sui crediti si esegue secondo le norme stabilite per il pignoramento presso il terzo o presso terzi.*“

[224] S. dazu o. S. 90 f.

[225] So zu Art. 39 EuGVÜ *Campeis/DePauli*, 383; *dies.*, Giust. civ., 1987, II, 414 (420). Die Inanspruchnahme des *Sequestro* sei nämlich nicht angemessen, da hier bereits ein Titel bestehe, dessen zukünftige Vollstreckung zu sichern sei, und nicht eine Sicherung im Hinblick auf ein künftiges Hauptsacheverfahren zur Debatte stehe. Die Pfändung an sich habe dagegen auch die Funktion zur Sicherung der Exekution, so dass es geeigneter erscheine diese heranzuziehen, *Campeis/DePauli*, 384 f.; *dies.*, Giust. civ., 1987, II, 414 (419 f.).

[226] *Campeis/DePauli*, 385 f.; *dies.*, Giust. civ., 1987, II, 414 (420).

[227] *Campeis/DePauli*, 386; *dies.*, Giust. civ., 1987, II, 414 (420).

[228] EuGH, Rs. 119/84 – *P.Capelloni und F.Aquilini/J.J.Pelkmans*, Slg. 1985, 3147 (3159, Nr. 18)

[229] *De Cristofaro*, Giur. it. 1998, 712 (716).

[230] *De Cristofaro*, Giur. it. 1998, 712 (716).

Aussetzung des Vollstreckungsverfahrens möglich machten, in Art. 623 c.p.c. abschließend aufgeführt, so dass das Verfahren nur im Verstoß gegen diese ausgesetzt werden könnte.[231]

Als schlagkräftigstes Argument gegen eine Gleichsetzung der Sicherungsmaßnahmen im Sinne des Art. 47 Abs. 2 EuGVO mit der Pfändung erscheint jedoch die Tatsache, dass durch die Eröffnung eines geregelten Exekutionsverfahrens gemäß Art. 499 Abs. 1 c.p.c. andere Gläubiger in das Verfahren eintreten können.[232] Wie die Pfändung durch diese Gläubiger mit der beschränkten Position des Sicherungsgläubigers in Einklang zu bringen ist, bleibt nach der Ansicht *Campeis/DePaulis* ungeklärt.

Aufgrund dieser Argumentation gelangt die herrschende Gegenauffassung zu dem Schluss, dass als Sicherungsmaßnahme im Sinne des Art. 47 Abs. 2 EuGVO nur der *Sequestro conservativo* in Frage kommt, da sich dann weit weniger Umsetzungsschwierigkeiten ergäben.[233] Indem es Art. 47 Abs. 2 EuGVO jedoch ausschließt, die Einleitung einer Sicherungsvollstreckung an weitere Voraussetzungen zu knüpfen, sind die der Vorschrift widersprechenden Verfahrensregelungen der Art. 669-*bis* ff. c.p.c. insoweit nicht anzuwenden, so dass der *Sequestro* dem Gläubiger zur Verfügung steht, ohne dass dessen Voraussetzungen erfüllt sein müssten.[234] Die Sicherung wird entsprechend den Vorschriften über die Pfändung vollzogen; die vollständigen Wirkungen der Pfändung treten aber gemäß Art. 686 c.p.c. erst ein, wenn ein vollstreckbares Urteil ergeht, also mit Rechtskraft der Vollstreckbarerklärung.

Daneben könnte der Gläubiger aber auch anhand der *Esecuzione immediata* gemäß Art. 482 c.p.c. vorgehen. Diese setzt allerdings voraus, dass Titel und *Precetto* zugestellt worden sind.[235] Zwar könnte man der Ansicht sein, dass in diesem Zusammenhang der Verweis des Art. 47 Abs. 2 EuGVO zur Folge hat, dass – ähnlich dem deutschen Recht – auf das Zustellungserfordernis zu verzichten ist, um so auch die *Esecuzione immediata* als Maßnahme im Sinne des Art. 47 Abs. 2 EuGVO fruchtbar zu machen. Um als Sicherungsmaßnahme in Erscheinung zu treten, müsste hier aber ebenso die Aussetzung der Vollstreckung

---

231 *De Cristofaro*, Giur. it. 1998, 712 (716).

232 *Merlin*, Riv. dir. proc. 2001, 433 (457 f., Fn. 59); *De Cristofaro*, Giur. it. 1998, 712 (716).

233 *Merlin*, Riv. dir. proc. 2001, 433 (457); *De Cristofaro*, Giur. it. 1998, 712 (715); *Mauch*, 143.

234 So die zu einer italienischen Vorlage ergangene Rechtsprechung des EuGH, Rs. 119/84 – *P.Capelloni und F.Aquilini/J.J.Pelkmans*, Slg. 1985, 3147 (3160, Nr. 21). Ihm folgend die Abschlussentscheidung des italienischen Kassationsgerichtshofs *Cass.*, Nr. 8380/1987,Rep.F.it. 1987, 754 (Nr. 15 f.), und die neuere italienische Rechtsprechung, vgl. *Corte d'Appello di Venezia*, Riv. dir. int. priv. proc. 1988, 155 f.; *Mauch*, 143; *De Cristofaro*, Giur. it. 1998, 712 (713 f.).

235 Vgl. o. S. 91 f.

vor Beginn der Verwertung hinzugedacht werden, was wiederum nicht mit Art. 623 c.p.c. zu vereinbaren wäre. Gegen eine solche Annahme lässt sich insbesondere aber auch anführen, dass dieses Instrument grundsätzlich kein reines Sicherungsmittel ist, sondern lediglich zu einer vorgezogenen Vollstreckung nach den allgemeinen Vorschriften verhilft.[236]

Als Maßnahme der Sicherungsvollstreckung kommt mithin in Italien allein der *Sequestro* mit den angeführten Besonderheiten in Betracht.

c) Exekution zur Sicherstellung und innezuhaltende Exekution zur Befriedigung in Österreich

Zur Angleichung an die Vorgaben des Art. 39 EuGVÜ hat der österreichische Gesetzgeber mit der EO-Novelle 1995 § 84 a Abs. 2 EO eingeführt.[237] Dieser lautet:

> „Wenn bis zur Vornahme von Verwertungshandlungen über den Antrag auf Vollstreckbarerklärung nicht rechtskräftig entschieden ist, hat das Exekutionsgericht von Amts wegen mit dem weiteren Vollzug bis zum Eintritt der Rechtskraft dieser Entscheidung innezuhalten".

Damit kann also der Gläubiger grundsätzlich bereits vor Rechtskraft des Exequaturs eine Exekution zur Befriedigung beantragen; mit Verwertungshandlungen darf das Gericht jedoch erst nach Rechtskraft beginnen.[238] Dieses „Innehalten" ist dabei als bloß faktischer Stillstand und nicht als Aufschiebung im technischen Sinne zu verstehen, so dass deren Voraussetzungen gemäß §§ 42 ff. EO auch nicht zu prüfen sind.[239]

Zwar geht das österreichische Recht damit über den Wortlaut des Art. 47 EuGVO hinaus, da nicht lediglich Sicherungsmaßnahmen mit dem Beginn der Befriedigungsexekution verbunden sind, sondern auch vorbereitende Handlungen für die spätere Exekution.[240] Letztere führen aber nicht dazu, dass endgültige Nachteile für den Schuldner entstehen, und beeinträchtigen nicht die von der Verordnungsvorschrift verfolgten Zwecke, sondern sind grundsätzlich mit der Ratio der Vorschrift vereinbar.[241] Der Anwendung der nationalen Vorschrift steht mithin die Verordnung nicht entgegen.

---

[236] Vgl. o. S. 93.

[237] OGH, ZfRV 1998, 126.

[238] *Kodek*, in: *Czernich/Tiefenthaler/Kodek*, Art. 47, Rn. 11; *Klauser*, Art. 47, Nr. 7.

[239] *Kodek*, in: *Czernich/Tiefenthaler/Kodek*, Art. 47, Rn. 12; *Klauser*, Art. 47, Nr. 7.

[240] *Kodek*, in: *Czernich/Tiefenthaler/Kodek*, Art. 47, Rn. 11.

[241] So *Kodek*, in: *Czernich/Tiefenthaler/Kodek*, Art. 47, Rn. 11.

Somit kann der Gläubiger in Österreich bereits im Rahmen des Art. 47 Abs. 2 EuGVO gemäß §§ 253 ff. EO bewegliches Vermögen pfänden; eine Verwertung durch Verkauf gemäß §§ 264 ff. EO kommt jedoch noch nicht in Betracht.

Aufgrund des Zusammenhangs mit Art. 47 Abs. 1 EuGVO soll der Gläubiger zudem nach seiner Wahl eine Exekution zur Sicherstellung gemäß § 370 EO als Minus zur Befriedigungsexekution beantragen können.[242] In diesem Fall verdrängt allerdings die Befugnis aus Art. 47 Abs. 2 EuGVO das Erfordernis eines besonderen Vollstreckungsinteresses;[243] die Beschränkung auf inländische Entscheidungen ist ebenso unanwendbar.[244]

d) Die englische *Freezing injunction*

Im englischen Recht ist anerkannt, dass die Sicherungsvollstreckung des Art. 47 Abs. 2 EuGVO in Form der *Freezing injunction* umgesetzt wird.[245] Wie bereits CPR Pt. 25.2 (1) festlegt, kann die *Freezing injunction* als *Interim remedy* insbesondere auch noch nach Erlass eines Urteils ergehen.[246] Aufgrund der Gleichstellung des ausländischen registrierten Urteils mit einem inländischen[247] steht die *Freezing injunction* somit grundsätzlich auch im von Art. 47 Abs. 2 EuGVO geregelten Zeitraum zur Verfügung.[248]

Den Erfordernissen zum Erlass einer *Freezing injunction*, insbesondere also die Glaubhaftmachung durch *Affidavit evidence* eines *real arguable case* und der Gefahr der Vollstreckungserschwerung, steht im Anwendungsbereich des Art. 47 Abs. 2 EuGVO allerdings dessen Wirkung entgegen; die *Injunction* darf hier grundsätzlich nicht von solchen Voraussetzungen abhängig gemacht werden.[249]

Problematisch erweist sich in diesem Zusammenhang allerdings die aus dem *Equity law* stammende Koppelung des Erlasses einer *Injunction* an das freie Er-

---

242 *Kodek*, in: *Czernich/Tiefenthaler/Kodek*, Art. 47, Rn. 14.

243 *Jakusch*, in: *Angst/Jakusch/Pimmer*, § 84a, Rn. 8; *Kodek*, in: *Czernich/Tiefenthaler/Kodek*, Art. 47, Rn. 14.

244 *Kodek*, in: *Czernich/Tiefenthaler/Kodek*, Art. 47, Rn. 14, zieht diesen Schluss demgegenüber aus § 84 b EO, der ausländische Titel mit rechtskräftiger Vollstreckbarerklärung mit inländischen Titels gleichstellt, wobei er jedoch übersieht, dass es im konkreten Fall gerade um den Zeitraum vor Rechtskraft der Vollstreckbarerklärung geht.

245 *O'Malley/Layton*, Rn. 10.21; *Haas*, IPRax 1995, 223 (225); *Kennett*, 98.

246 *Orwell Steel (Erection and Fabrication) Ltd. v. Asphalt and Tarmac (U.K.) Ltd.* [1985] 3 All ER 747 (749); *Steward Chartering Ltd. v. C.& O. Managements SA and others* [1980] 1 All ER 718 (719); *Faith Panton Property Plan Ltd. v. Hodgetts* [1981] 2 All ER 877 (881 f.); *Dohmann/Briggs*, 158 f.; *Haas*, IPRax 1995, 223 (225).

247 Dies sieht *Civil Jurisdiction and Judgment Order* 2001, sec. 1, 2 (2) ausdrücklich vor. *North/Fawcett*, 493.

248 *Briggs/Rees*, 6.16.

249 *Kennett*, 98; *Mauch*, 170, 173.

messen des Gerichts.[250] Soweit nämlich die Gerichte aufgrund ihrer Befugnis nach nationalem Recht eine *Freezing injunction* aufgrund einer Ermessensentscheidung erlassen,[251] setzen sie sich damit in Widerspruch zu den Prinzipien des Art. 47 Abs. 2 EuGVO, der dem Gläubiger selbständig die Befugnis zur Sicherungmaßnahme gibt und gerichtliche Entscheidungen über den Erlass solcher Maßnahmen ausschließt.[252] Die Ausübung von Ermessen hinsichtlich des „Ob" der Anordnung der *Freezing injunction* scheidet mithin aus.[253]

Die *Freezing injunction* eröffnet allerdings einen Spielraum an Möglichkeiten, aus dem geeignete Maßnahmen ausgesucht werden müssen.[254] Da diese Aufgabe ebenfalls dem erlassenden Gericht zusteht und dieses insoweit nicht eine Ermächtigungs-, sondern eine bloße Vollzugsanordnung zur Umsetzung des Art. 47 Abs. 2 EuGVO trifft,[255] steht der diesbezüglichen Ermessensentscheidung des Gerichts nichts entgegen.[256]

Die im Kontrast zum englischen Verständnis stehende ermessensunabhängige Zulassung von Sicherungsmaßnahmen hat in England dazu geführt, dass über andere Wege nachgedacht wird, um den Anforderungen aus Art. 47 Abs. 2 EuGVO zu genügen. Entsprechend den an das eigentliche Vollstreckungsverfahren angelehnten kontinentalen Lösungen wird vorgeschlagen, Maßnahmen des englischen Zwangsvollstreckungsrechts fruchtbar zu machen.[257] So seien die ersten Schritte bei der Zwangsvollstreckung, insbesondere auch im Wege des *Writ of fieri facias* die Beschlagnahme beweglichen Vermögens sichernder Natur, solange nicht zum Verkauf der Gegenstände übergegangen würde.[258] Die Anwendung dieser Möglichkeiten im Rahmen des Art. 47 Abs. 2 EuGVO abzulehnen, sei daher nicht einsichtig.[259] In dieser Weise würde es vielmehr dem *Master*, der das ausländische Urteil entsprechend den Vorschriften der EuGVO registriert, ermöglichen, gleichzeitig die geeigneten Sicherungsmaßnahmen zu treffen.[260] Zu bedenken ist allerdings, dass das derzeitige System, das eine Ertei-

---

250 *O'Malley/Layton*, Rn. 10.21; *Mauch*, 168 f., 185.

251 Dies befürchten *O'Malley/Layton*, Rn. 10.21.

252 S.o. S. 154 f.

253 *Mauch*, 185.

254 *O'Malley/Layton*, Rn. 10.21.

255 *Mauch*, 185.

256 Die Anordnung einer „*world-wide*" Wirkung der *Freezing injunction*, s.o. 1. Kap. Fn. 639, kommt im Anwendungsbereich des Art. 47 Abs. 2 EuGVO jedoch nicht in Betracht, da lediglich der Schutz der späteren Zwangsvollstreckung im Vollstreckungsstaat bezweckt wird und damit die Wirkungen der Maßnahme auf England zu beschränken sind, *Mauch*, 177, 184.

257 *O'Malley/Layton*, Rn. 10.21; *Kennett*, 145.

258 *O'Malley/Layton*, Rn. 10.21; *Kennett*, 145.

259 *O'Malley/Layton*, Rn. 10.21.

260 *O'Malley/Layton*, Rn. 10.21.

lung des *Writ of fieri facias* voraussetzt, ebensowenig den Anforderungen des Art. 47 Abs. 2 EuGVO entspricht und somit noch Anpassungsbedarf besteht.[261]

e) Zwischenergebnis

Im Anwendungsbereich des Art. 47 Abs. 2 EuGVO stehen dem Gläubiger in den Rechtsordnungen der untersuchten Mitgliedstaaten jeweils geeignete Sicherungsmaßnahmen zur Verfügung. Die kontinentalen Rechtsordnungen tendieren insgesamt dazu, die Sicherung der Zwangsvollstreckung mit originären Mitteln der Zwangsvollstreckung selbst, also unter Zuhilfenahme der Pfändung bzw. der Pfändungsvorschriften vorzunehmen. Demgegenüber weicht die Umsetzung in England davon noch grundlegend ab, da dort als Sicherungsinstrument die lediglich *in personam* wirkende *Freezing injunction* angewendet wird. Mittel der Zwangsvollstreckung selbst werden bis dato in England nicht verwendet.

2) Mögliche Drittbetroffenheit und Rechtsschutz

Wie bei Maßnahmen des einstweiligen Rechtsschutzes im rein innerstaatlichen Bereich und bei Sicherungsmaßnahmen im Rahmen des Art. 47 Abs. 1 EuGVO führt auch die Sicherungsvollstreckung des Art. 47 Abs. 2 EuGVO in den kontinentalen Rechtsordnungen letztlich zur direkten oder entsprechenden Anwendung der jeweiligen Pfändungsvorgänge. Im Falle Englands dagegen wird parallel zu der genannten Situation auch hier dem Schuldner ein Verfügungsverbot auferlegt; ein Verstoß gegen dieses Verbot wird als *Contempt of court* geahndet.[262]

Das jeweils entstehende Gefährdungspotential für unbeteiligte Dritte kongruiert somit mit demjenigen in den eingangs beschriebenen Konstellationen,[263] so dass grundsätzlich ein Rechtsschutzbedürfnis zu folgern ist.

Parallel zu den Ausführungen zu Art. 47 Abs. 1 EuGVO lässt sich auch für den Bereich der Sicherungsvollstreckung auf Grundlage des Exequaturs deduzieren, dass einem durch die Anwendung der nationalen Sicherungsverfahren betroffenen Dritten die drittschützenden Rechtsbehelfe des nationalen Rechts zustehen, für deren Beurteilung die nationalen Gerichte desselben Staates international ausschließlich zuständig sind.[264]

Diesem Ergebnis steht auch nicht die Systematik des Art. 47 Abs. 2 EuGVO entgegen. Dieser schließt es zwar aus, dass nationale Instanzen über die Ermächtigung zu Sicherungsmaßnahmen entscheiden oder die Sicherungsmaßnahmen

---

261 *Mauch*, 182.

262 S.o. S. 102.

263 Dazu s.o. S. 145 f.

264 Vgl. o. S. 147 ff.

von nationalen Bestätigungsentscheidungen abhängig gemacht werden.[265] Dieser Grundsatz lässt es aber nach Auffassung des EuGH „der von der Vollstreckung dieser Maßnahmen betroffenen Partei unbenommen (...), die Gerichte anzurufen, um mit Hilfe der im nationalen Recht des Vollstreckungsstaats vorgesehenen geeigneten Verfahren einen angemessenen Schutz ihrer durch die fraglichen Maßnahmen angeblich verletzten Recht zu erreichen".[266] Das Regelungsgefüge der Verordnung beeinflusst folglich nicht die Rechtsschutzmöglichkeiten des durch Sicherungsmaßnahmen betroffenen unbeteiligten Dritten.

II. Betroffenheit Dritter durch Vollstreckungsmaßnahmen aufgrund des Exequaturs

Um die vorliegende Untersuchung abzurunden, verbleibt nun noch die Klärung der Frage, wie sich der Rechtsschutz eines Dritten gestaltet, der durch Maßnahmen der Zwangsvollstreckung betroffen wird, die auf der Basis einer im Inland aufgrund der Art. 38 ff. EuGVO für vollstreckbar erklärten ausländischen Entscheidung vorgenommen wurden.

1. Wirkung des Exequaturs

Erwirkt der Gläubiger eines ausländischen Titels die Vollstreckbarerklärung im Inland, so wird diesem Titel im Inland konstitutiv die Vollstreckbarkeit verliehen.[267] Inländische und für vollstreckbar erklärte ausländische Titel werden dadurch hinsichtlich der Vollstreckbarkeit vollständig gleichgestellt.[268] Die Vollstreckung erfolgt in derselben Art und Weise wie bei inländischen Titeln,[269] also unter der ausschließlichen Anwendung der *lex fori* des Vollstreckungsstaa-

---

265 EuGH, Rs. 119/84 – *P.Capelloni und F.Aquilini/J.J.Pelkmans*, Slg. 1985, 3147 (3160, Nr. 25, 3162, Nr. 35).

266 EuGH, Rs. 119/84 – *P.Capelloni und F.Aquilini/J.J.Pelkmans*, Slg. 1985, 3147 (3163, Nr. 36); dem folgend *De Cristofaro*, Giur.it. 1998, 712 (715); *Kropholler*, EZPR[8], Art. 47 EuGVO, Rn. 11.

267 Vgl. o. S. 120.

268 *Geimer*, in: *Geimer/Schütze*, Urteilsanerkennung I/1, 1149, 1157; *Gottwald*, ZZP 103 (1990), 257 (260); *ders.*, IPRax 1991, 285 (286); *Geimer*, in: *Zöller*, § 328, Rn. 18; *ders.*, Internationales Zivilprozeßrecht, Rn. 3103; *Nagel/Gottwald*, § 17, Rn. 4; *Geimer/Schütze*, EZVR², Art. 38, Rn. 8, 86. So ausdrücklich für das österreichische Recht § 84 b EO; *Bajons*, in: *Bülow/Böckstiegel/Geimer/Schütze*, 1108, 11. Im englischen Recht führt die Registrierung ebenfalls zur Gleichstellung. So ausdrücklich *Civil Jurisdiction and Judgment Order* 2001, sec. 1, 2 (2); *North/Fawcett*, 493.

269 *Gottwald*, ZZP 103 (1990), 257 (260); *ders.*, in: Münchener Kommentar, § 722, Rn. 41; *Geimer*, in: *Zöller*, § 722, Rn. 3; *Nagel/Gottwald*, § 17, Rn. 6; *Hüßtege*, in: *Thomas/Putzo*, Anhang nach § 723, Rn. 1.

tes.[270] Die Vorschriften der EuGVO überlagern dieses Verfahren grundsätzlich nicht; die Beschränkung der Zwangsvollstreckung auf Maßnahmen zur Sicherung des Art. 47 Abs. 3 EuGVO stellt diesbezüglich eine den Rechtsschutz des Schuldners sicherstellende Ausnahme dar.[271]

Bei der Vollstreckung eines für vollstreckbar erklärten ausländischen Titels ist demgemäß das gewöhnliche Procedere des jeweiligen nationalen Vollstreckungsrechts anzuwenden; es ergeben sich damit aber wiederum auch dieselben Fehlerquellen und Schwierigkeiten.[272] Ein unberechtigter Zugriff durch die berufenen Vollstreckungsorgane auf das Vermögen eines nicht am Vollstreckungsverfahren beteiligten Dritten ist in diesem Falle mithin in ebenso großem Maße möglich und wahrscheinlich.

2. Rechtsschutz des betroffenen Dritten

Soweit eine solche Situation vorliegt, der Dritte also schutzbedürftig erscheint, kann er die jeweiligen Rechtsbehelfe der *lex fori* in Anspruch nehmen.[273] Wenn nämlich für das Verfahren selbst auf das Recht des Vollstreckungsstaates verwiesen wird, so bedingt dies in logischer Konsequenz, dass sich auch die Behandlung und Behebung von in diesem Verfahren aufgetretenen Unzulänglichkeiten oder Fehlern nach demselben Recht zu richten hat.[274]

Diesem Ergebnis stehen auch das Regelungsgefüge der EuGVO und die vom EuGH statuierte Eigenständigkeit und Ausschließlichkeit des Rechtsschutzsystems der EuGVO nicht entgegen.[275] Der Gerichtshof macht vielmehr in diesem

---

270 *Geimer*, in: *Geimer/Schütze*, Urteilsanerkennung, I/1, 1157; *Gottwald*, IPRax 1991, 285; *Baur/Stürner*, Zwangsvollstreckung, Rn. 57.6; *Jahr*, 158; *Kropholler*, EZPR[8], Art. 38 EuGVO, Rn. 3; *Schack*, Rn. 957; *Nagel/Gottwald*, § 17, Rn. 4; *Kodek*, in: *Czernich/Tiefenthaler/Kodek*, Art. 38, Rn. 2; *Geimer*, in: *Zöller*, § 722, Rn. 117, Art. 38 EuGVVO, Rn. 7; *Mankowski*, in: *Rauscher*, Art. 38, Rn. 3; *Geimer/Schütze*, EZVR², Art. 38, Rn. 86. Zur Herleitung dieses Grundsatzes aus dem hoheitlichen Charakter der Zwangsvollstreckung, s.o. S. 147.

271 Hier wird nämlich auf das Vollstreckungsverfahren in der Weise eingewirkt, dass bis zum Ablauf der Rechtsbehelfsfrist bzw. bis über den Rechtsbehelf entschieden worden ist, nur Sicherungsmaßnahmen vorgenommen werden dürfen, nicht jedoch zur befriedigenden Vollstreckung übergegangen werden darf, *Kropholler*, EZPR[8], Art. 38 EuGVO, Rn. 3; *Mankowski*, in: *Rauscher*, Art. 38, Rn. 3.

272 S.o. S. 6 ff.

273 *Gottwald*, IPRax 1991, 285 (288); *ders.*, in: Münchener Kommentar, § 722, Rn. 41; *Consolo/Luiso*, Art. 796-805, Rn. 39; *Lopes Pegna*, Riv. dir. int. 2001, 621 (652); *Nagel/Gottwald*, § 17, Rn. 4; *Kropholler*, EZPR[8], Art. 43 EuGVO, Rn. 4 f.; *Salerno*, 291; *Geimer/Schütze*, EZVR², Art. 43, Rn. 21.

274 Dies folgt ebenfalls aus dem hoheitlichen Charakter der Zwangsvollstreckung, s.o. S. 140.

275 S.o. S. 128.

Zusammenhang deutlich, dass die EuGVO grundsätzlich „nur das Verfahren zur Zulassung der Zwangsvollstreckung ausländischer vollstreckbarer Titel regelt und die eigentliche Zwangsvollstreckung unberührt lässt, die nach wie vor dem nationalen Recht des Vollstreckungsstaates unterliegt".[276] „Die Vollstreckung einer mit der Vollstreckungsklausel versehenen ausländischen Entscheidung (erfolgt demgemäß) nach den Verfahrensvorschriften des nationalen Rechts des Vollstreckungsstaats einschließlich derjenigen über die Rechtsbehelfe".[277] Interessierte Dritte können mithin „gegen die Zwangsvollstreckungsmaßnahmen die Rechtsbehelfe einlegen, die ihnen nach dem Recht des Vollstreckungsstaates zustehen".[278] Die durch Vollstreckungsakte betroffenen Dritten können sich somit anhand der untersuchten Rechtsbehelfe des jeweiligen Vollstreckungsstaats schützen.[279]

Soweit diese Rechtsbehelfe das Zulassungsverfahren zur Vollstreckung nicht berühren, sondern lediglich das eigentliche Vollstreckungsverfahren betreffen, gefährden sie auch nicht das „eigenständige und geschlossene System" der Rechtsschutzmöglichkeiten der EuGVO.

In der Rechtssache *Hoffmann gegen Krieg*[280] hat der EuGH diese Grundregel jedoch insoweit konkretisiert, als „die Anwendung der Verfahrensvorschriften des Vollstreckungsstaats im Rahmen der Zwangsvollstreckung (...) die praktische Wirksamkeit der Regelung (der Verordnung) über die Zulassung der Zwangsvollstreckung nicht beeinträchtigen" dürfe.[281] Daraus folge, dass „die nach dem nationalen Recht gegebenen Rechtsbehelfe ausgeschlossen sein müssen, wenn der Rechtsbehelf gegen die Vollstreckung einer mit der Vollstreckungsklausel versehenen ausländischen Entscheidung von der Person eingelegt wird, die auch gegen die Zulassung der Zwangsvollstreckung einen Rechtsbe-

---

276 EuGH, Rs. 148/84 – *Deutsche Genossenschaftsbank/SA Brasserie du pêcheur*, Slg. 1985, 1981 (1992, Nr. 18); im Anschluss daran EuGH, Rs. 145/86 – *Hoffmann/Krieg*, Slg. 1988, 645 (669, Nr. 27); EuGH, Rs. 365/88 – *Kongreß Agentur Hagen/Zeehaghe BV.*, Slg. 1990 I, 1845 (1865 f., Nr. 19); EuGH, Rs. 68/93 – *Fiona Shevill et al./Presse Alliance SA*, Slg. 1995 I, 415 (463, Nr. 36).
Im Sinne des EuGH auch *Kropholler*, EZPR[8], Einl. EuGVO, Rn. 19; Art. 38, Rn. 1, 3; Art. 43, Rn. 4 f.; *Czernich/Tiefenthaler*, in: *Czernich/Tiefenthaler/Kodek*, Einl., Rn. 47; *Salerno*, 289; *Mankowski*, in: *Rauscher*, Art. 38, Rn. 3.

277 EuGH, Rs. 145/86 – *Hoffmann/Krieg*, Slg. 1988, 645 (670, Nr. 28).

278 EuGH, Rs. 148/84 – *Deutsche Genossenschaftsbank/SA Brasserie du pêcheur*, Slg. 1985, 1981 (1992, Nr. 18).

279 Vgl. bzgl. der Berechtigung des Dritten o. S. 50 ff. Im Falle grenzüberschreitender Vollstreckung kann daneben aber die Frage relevant werden, wie vor allem im Ausland begründete Sicherungsrechte im Inland anzusehen sind. Zu dieser Frage des Statutenwechsels vgl. *Kropholler*, IPR, § 54 III, *v. Bar/Mankowski*, Rn. 186 ff.; *v. Hoffmann*, § 12, Rn. 28 ff.

280 EuGH, Rs. 145/86 – *Hoffmann/Krieg*, Slg. 1988, 645 ff.

281 EuGH, Rs. 145/86 – *Hoffmann/Krieg*, Slg. 1988, 645 (670, Nr. 29).

helf hätte einlegen können, und auf einen Grund gestützt wird, der im Rahmen des letztgenannten Rechtsbehelfs hätte vorgebracht werden können".[282] Andernfalls habe die Vollstreckungsstreitigkeit zur Folge, „dass die erteilte Zulassung der Zwangsvollstreckung nach Ablauf der strikt einzuhaltenden Frist des Artikels (43 Absatz 5 EuGVO) wieder in Frage gestellt und dieser Vorschrift damit die praktische Wirksamkeit genommen würde".[283]

Bezogen auf die in Frage stehenden drittschützenden Rechtsbehelfe des autonomen Rechts kommt eine solche Interferenz mit dem Exequaturverfahren allerdings nicht in Betracht, da der Dritte im Zulassungsverfahren gar keine Möglichkeit hatte, seine Rechte zu schützen,[284] und damit auch keine Umgehung der Frist des Art. 43 Abs. 5 EuGVO zu befürchten ist.

3. Internationale Zuständigkeit für das Rechtsbehelfsverfahren

Wie im Rahmen der Ausführungen zum Rechtsschutz gegen Vollziehungsmaßnahmen des einstweiligen Rechtsschutzes bereits festgestellt worden ist, fallen die Rechtsbehelfe des nationalen Rechts zum Schutz Dritter in der Zwangsvollstreckung unter Art. 22 Nr. 5 EuGVO,[285] so dass die Gerichte des Vollstreckungsstaates jeweils ausschließlich international zuständig sind.

4. Zwischenergebnis

Mithin kann der Dritte gegen beeinträchtigende Zwangsvollstreckungsmaßnahmen den im Vollstreckungsstaat bereitgestellten Rechtsbehelf vor den jeweils zuständigen Gerichten dieses Staates geltend machen.

III. Zusammenfassung des Schutzes des Dritten bei der Vollstreckung eines ausländischen Titels im Inland

Für den Zeitraum nach Erlass der Vollstreckbarerklärung nach den Vorschriften der EuGVO ergibt sich ein Gefährdungspotential für die Rechte nicht beteiligter Dritter zum Einen aus den durch Art. 47 Abs. 2 EuGVO zugelassenen Sicherungsmaßnahmen und zum Anderen vor dem Hintergrund der eigentlichen Zwangsvollstreckung aus dem für vollstreckbar erklärten ausländischen Titel. In beiden Fällen bleiben die von den nationalen Rechtsordnungen bereitgestellten Schutzinstrumente unangetastet durch die Bestimmungen des europäischen Zwangsvollstreckungsrechts und stehen ihm vollumfänglich zur Verfügung.

---

282 EuGH, Rs. 145/86 – *Hoffmann/Krieg*, Slg. 1988, 645 (670, Nr. 30).
283 EuGH, Rs. 145/86 – *Hoffmann/Krieg*, Slg. 1988, 645 (670, Nr. 30).
284 S.o. S. 130 ff.
285 S.o. S. 149 f.

Drittes Kapitel
Auswirkung der Einführung eines einheitlichen Europäischen Vollstreckungstitels auf den Schutz des Dritten in der Zwangsvollstreckung

Es stellt sich nunmehr die Frage, inwieweit die unionsweite Einführung eines einheitlichen „Europäischen Vollstreckungstitels" das dargestellte System des Drittschutzes in der Zwangsvollstreckung beeinflussen wird. Um dies feststellen zu können, ist zunächst auf die Idee und die Verwirklichung eines „Europäischen Vollstreckungstitels" einzugehen, bevor dann die Einwirkung auf das dargestellte System des Schutzes des unbeteiligten Dritten in der Zwangsvollstreckung und vor Maßnahmen des einstweiligen Rechtsschutzes untersucht werden kann.

A. Die Verordnung (EG) Nr. 805/2004 des Europäischen Parlamentes und des Rates vom 21. April 2004 zur Einführung eines europäischen Vollstreckungstitels für unbestrittene Forderungen

I. Entwicklung der Idee des Europäischen Vollstreckungstitels

Das nach hergebrachten Strukturen notwendige Verfahren der Vollstreckbarerklärung[1] verlangt vom Gläubiger zur Vollstreckung seiner Forderungen im Ausland zusätzlichen Kosten- und Zeitaufwand. Zwar stellt es grundsätzlich bereits eine Erleichterung gegenüber den sehr unterschiedlichen nationalen Vollstreckbarerklärungsverfahren dar, es verhindert aber trotzdem eine ungehinderte Freizügigkeit gerichtlicher Entscheidungen in Zivilsachen.[2]

Aufgrund dessen finden sich schon seit Längerem Bestrebungen zur Vereinfachung. So zeigen bereits *Capponi*[3] und *Tarzia*[4] im Jahre 1993 einen „europäische Vollstreckungstitel" als mögliches Objekt der Rechtsangleichung auf. Aufgrund der sehr unterschiedlichen Regelung der Vollstreckbarkeit erstinstanzlicher Urteile in den Mitgliedstaaten sei die Einführung eines einheitliches Verfahrens für die beschleunigte Schaffung eines Vollstreckungstitels notwendig, um einen ungleichen Schutz der Forderung und ein eventuelles vollstreckungsrechtliches *forum shopping* zu vermeiden.[5]

Auskunft über die ersten konkreten Überlegungen zur Abschaffung des Exequaturverfahrens und zur Einführung eines „Europäischen Vollstreckungstitels"

---

1 Vgl. o. S. 120, 122 ff.

2 Zur Freizügigkeit von Urteilen vgl. o. 2. Kap., Fn. 23.

3 *Capponi*, Doc. Giust. 1993, 1389 (1394).

4 *Tarzia*, Riv. dir. proc. 1994, 205 (210), *ders.*, ZEuP 1996, 231 (233).

5 *Tarzia*, Riv. dir. proc. 1994, 205 (211); *ders.*, ZEuP 1996, 231 (234 f.). Ebenso *Storme*, 583 ff. Zum Problematik des *forum shoppings* vgl. *v. Bar/Mankowski*, § 5, Rn. 156 ff.; *Kropholler*, IPR, § 58 VI.

gibt dagegen die Mitteilung der Kommission an den Rat und das Europäische Parlament „Wege zu einer effizienteren Erwirkung und Vollstreckung von gerichtlichen Entscheidungen in der Europäischen Union“.[6] Dort wird darauf verwiesen, dass bereits ab 1995 die Dienststellen der Kommission mit der „Zweckmäßigkeit der Beibehaltung des Exequaturverfahrens und (der) Festlegung der möglichen rechtlichen Umrisse eines Vollstreckungstitels, der ungehinderte Freizügigkeit genießen würde“, befasst waren.[7] In der Folge nahm der Rat die „Aufnahme der Beratungen über die Erforderlichkeit und die Möglichkeit der Einführung eines europäischen Vollstreckungstitels“ in das Mehrjahresprogramm für den Bereich Justiz und Inneres auf.[8]

Mit Inkrafttreten des Vertrages von Amsterdam[9] am 1. Mai 1999 haben sich mehrere Grundkoordinaten des europäischen Zivilprozessrechts verschoben. Zum Aufbau eines „Raums der Freiheit, der Sicherheit und des Rechts“[10] wurde u. a. der Bereich der justiziellen Zusammenarbeit in Zivilsachen aus der rein intergouvernementalen Zusammenarbeit im Titel IV des EG-Vertrages vergemeinschaftet[11] und damit die Möglichkeit eröffnet, mit Instrumenten des sekundären Gemeinschaftsrechts gemeinschaftsweit einheitliche Regelungen auf dem Gebiet des europäischen Zivilprozessrechts zu schaffen.[12]

Beeinflusst durch diese nachhaltige Veränderung[13] sprach sich der Europäische Rat auf einer Sondertagung zur Justiz- und Innenpolitik am 15. und 16. Oktober 1999 im finnischen Tampere dafür aus, den Grundsatz der gegenseitigen Anerkennung in Zivilsachen „zum Eckstein der justiziellen Zusammenarbeit zu machen“.[14] Dazu forderte er die Kommission auf,

> „einen Vorschlag für den weiteren Abbau der Zwischenmaßnahmen zu erarbeiten, die nach wie vor notwendig sind, um die Anerkennung und Vollstreckung einer Entscheidung oder eines Urteils im ersuchten Staat zu ermöglichen. Als erster Schritt sollten diese

---

6 ABl. EG 1998, Nr. C 33/3 ff.

7 ABl. EG 1998, Nr. C 33/3 (6, Nr. 9).

8 Entschließung des Rates vom 14.10.1996 zur Festlegung der Prioritäten für die Zusammenarbeit im Bereich Justiz und Inneres für den Zeitraum vom 1.7.1996 bis zum 30.6.1998, ABl. EG 1996, Nr. C 319/1 (2, Nr. I. 3. 1. c).

9 Vertrag von Amsterdam zur Änderung des Vertrages über die Europäische Union, der Verträge zur Gründung der Europäischen Gemeinschaften sowie einiger damit zusammenhängender Rechtsakte vom 2.10.1997, ABl. EG 1997, Nr. C 340/1 ff.

10 Abs. 12 Präambel und Art. 2 Spiegelstrich 4 EU; Art. 61 EG.

11 Vgl. dazu *Besse*, ZEuP 1999, 107 (108 f.); *Hess*, NJW 2000, 23 (27); *Wagner*, IPRax 2002, 75 (84).

12 Zur Frage der Tragfähigkeit der Art. 61 lit. c, 65 EG als Rechtssetzungskompetenz vgl. o. 2. Kap., Fn. 15.

13 Schlussfolgerungen des Vorsitzes, http://europa.eu.int/abc/doc/off/bull/de/9910/i1010.htm, Nr. I.2.

14 Schlussfolgerungen des Vorsitzes, NJW 2000, 1925, I.10, Nr. 33.

Zwischenverfahren bei Titeln aufgrund geringfügiger verbraucher- oder handelsrechtlicher Ansprüche (...) abgeschafft werden. Derartige Entscheidungen würden automatisch unionsweit anerkannt, ohne dass es irgendwelche Zwischenverfahren oder Gründe für die Verweigerung der Vollstreckung geben würde. Damit einhergehend könnten Mindeststandards für spezifische Aspekte des Zivilprozessrechts aufgestellt werden."[15]

Der Europäische Rat gab dem Rat und der Kommission auf, ein „Maßnahmenprogramm zur Umsetzung des Grundsatzes der gegenseitigen Anerkennung" zu erarbeiten, mit dem „Arbeiten in Bezug auf einen europäischen Vollstreckungstitel und über diejenigen verfahrensrechtlichen Aspekte initiiert werden, bei denen zur Erleichterung der Anwendung des Grundsatzes der gegenseitigen Anerkennung gemeinsame Mindeststandards für notwendig erachtet werden, wobei die Grundprinzipien des Rechts der Mitgliedstaaten zu achten sind".[16]

Daraufhin legte der Justiz- und Innenrat am 24. November 2000 in Brüssel ein Maßnahmenprogramm zur Umsetzung des Grundsatzes der gegenseitigen Anerkennung gerichtlicher Entscheidungen in Zivil- und Handelssachen vor,[17] das ein stufenweises Vorgehen mit dem Fernziel der generellen Abschaffung des Exequaturverfahrens in den von der EuGVO erfassten Bereichen vorsieht.[18] In einer ersten Stufe soll danach ein „Europäischer Vollstreckungstitel für unbestrittene Forderungen" geschaffen werden, um gleichzeitig in diesem Bereich das Exequaturverfahren abschaffen zu können[19] und so mit einer „rasche(n) Beitreibung ausstehender Forderungen" zum reibungslosen Funktionieren des Binnenmarktes beizutragen.[20] Die Entscheidung für den Bereich der „unbestrittenen Forderungen", also „Situationen, in denen ein Gläubiger wegen erwiesener Nichtanfechtung von Art und Umfang seiner Forderung durch den Schuldner einen Vollstreckungstitel gegen diesen Schuldner erlangt hat", rechtfertige sich allein dadurch, dass es schon „einen Widerspruch an sich darstellt", dass „ein Exequaturverfahren die Vollstreckung von Entscheidungen in Bezug auf unbestrittene Forderungen verzögern kann".[21]

---

15 Schlussfolgerungen des Vorsitzes, NJW 2000, 1925, I 10, Nr. 34.

16 Schlussfolgerungen des Vorsitzes, NJW 2000, 1925, I 10, Nr. 37.

17 ABl. EG 2001, Nr. C 12/1 ff.

18 ABl. EG 2001, Nr. C 12/1 (7).

19 ABl. EG 2001, Nr. C 12/1 (4, 7). Daneben soll auf der ersten Stufe die Vereinfachung und Beschleunigung der Beilegung von grenzüberschreitenden Streitigkeiten mit geringem Streitwert stehen, ABl. EG 2001, Nr. C 12/1 (4, 7). Vgl. dazu das Grünbuch über ein europäisches Mahnverfahren und über Maßnahmen zur einfacheren und schnelleren Beilegung von Streitigkeiten mit geringem Streitwert vom 20.12.2002, KOM (2002) 746 endg., http://europa.eu.int/eur-lex/de/com/gpr/2002/com2002_0746de01.pdf.

20 Maßnahmenprogramm, ABl. 2001, Nr. C 12/1 (4).

21 ABl. EG 2001, Nr. C 12/1 (4).

Nach weiteren Vorarbeiten[22] schlug die Kommission am 18. April 2002 eine "Verordnung des Rates zur Einführung eines europäischen Vollstreckungstitels für unbestrittene Forderungen" vor,[23] die in abgeänderter Form[24] am 21. April 2004 als Verordnung (EG) Nr. 805/2004 des Europäischen Parlaments und des Rates (EuVTO) verabschiedet wurde.[25] Gemäß ihrem Art. 33 Abs. 1 ist die Verordnung am 21. Januar 2005 in Kraft getreten und gilt seit dem 21. Oktober 2005.

II. Der Inhalt der Verordnung

Entsprechend den Vorgaben des Maßnahmenprogramms des Rates vom November 2000 soll mit der EuVTO ein Europäischer Vollstreckungstitel eingeführt werden. Die Bezeichnung ist nicht dahingehend misszudeuten, dass ein europaweit einheitliches Verfahren zur Erwirkung eines Titels geschaffen werden soll.[26] Vielmehr ist damit gemeint, dass nach nationalem Recht erwirkten Titeln vom nationalen Gericht attestiert wird, dass sie bestimmte Voraussetzungen erfüllen, die es rechtfertigen, ein weiteres Verfahren im Vollstreckungsmitgliedstaat entfallen zu lassen. Die Einführung eines solchen Titels korreliert da-

---

22 Vgl. u.a. den Vermerk der deutschen, der britischen und der schwedischen Delegation für den Ausschuss für Zivilrecht (Allgemeine Fragen) vom 12.1.2001, Doc 5259/01 JUSTCIV 5, IPRax 2001, 489 ff.; die Gespräche des informellen Justiz- und Innenrats in Stockholm am 9.2.2001, *Wagner*, IPRax 2002, 75 (76), sowie das Seminar zum Europäischen Vollstreckungstitel auf Einladung der spanischen Präsidentschaft am 17./18.1. 2002, *Wagner*, aaO, 76.

23 KOM (2002) 159 endg., ABl. EG 2002, Nr. C 203 E/86 ff. Die Begründung ist zu finden unter http://europa.eu.int/eur-lex/de/com/pdf/2002/act0159de01/1.pdf.

24 Nach grundsätzlich begrüßender Stellungnahme des Europäischen Wirtschafts- und Sozialausschusses ABl. EG 2003, Nr. C 85/1 ff. und Änderungsanträgen des Europäischen Parlaments, vgl. den Bericht des Ausschusses für Recht und Binnenmarkt, A5-0108/2003 vom 26.03.2003, http://www2.europarl.eu.int/omk/sipade2?PUBREF=-//EP//NONSGML +REPORT+A%-2003-0108+0+DOC+PDF+VO//DE&L=DE&LEVEL=3&NAV=S, fassten Rat und Kommission am 06.02.2004 einen Gemeinsamen Standpunkt (EG) Nr. 19/2004, ABl. EG 2004, Nr. C 79E/59 ff., den das Europäische Parlament in dieser Fassung in seiner Sitzung vom 30.03.2004 akzeptiert hat, http://www2.europarl.eu.int/registr/seance_pleiniere/compte_rendu/revise/2004/03-30/P5_CRE-REV(2004)03-30_XL. pdf, 30. Die Begründung des Rates zum Gemeinsamen Standpunkt, Doc 16041/103 REV 1 ADD 1, JUSTCIV 269, ist unter http://register.consilium.eu.int/pdf/de/03/st16/st16041-re01ad01.de03.pdf zu finden. Die Begründung der Kommission zum Gemeinsamen Standpunkt, KOM (2004) 90 endg., findet sich hingegen unter http://europa.eu.int/eur-lex/de/com/pdf/2004/com2004_0090de01.pdf.

25 ABl. EG 2004, Nr. L 143/15 ff.

26 Zu entsprechenden Plänen eines Europäischen Zahlungsbefehls vgl. das Grünbuch der Kommission KOM (2002) 746 endg. (o. Fn. 19).

her mit der Abschaffung eines zwischengeschalteten Vollstreckbarerklärungsverfahrens.[27] Dem entsprechend formuliert Art. 1 EuVTO:

> „Mit dieser Verordnung wird ein Europäischer Vollstreckungstitel für unbestrittene Forderungen eingeführt, um (...) den freien Verkehr von Entscheidungen, gerichtlichen Vergleichen und öffentlichen Urkunden in allen Mitgliedstaaten zu ermöglichen, ohne dass im Vollstreckungsmitgliedstaat ein Zwischenverfahren vor der Anerkennung und Vollstreckung angestrengt werden muss."

Voraussetzung für die Anwendung der EuVTO ist somit zunächst, dass die Vollstreckung von Entscheidungen, gerichtlichen Vergleichen oder öffentlichen Urkunden über unbestrittene Forderungen begehrt wird.

1. Programmatische Beschränkung des Anwendungsbereichs auf Entscheidungen, gerichtliche Vergleiche und öffentliche Urkunden über unbestrittene Forderungen

Der Anwendungsbereich der EuVTO ist, wie im Maßnahmenprogramm vorgesehen, grundsätzlich auf Vollstreckungstitel über unbestrittene Forderungen beschränkt. Art. 3 Abs. 1 S. 2 EuVTO präzisiert diesen Begriff, wobei sich die aufgeführten Tatbestände zwei unterschiedlichen Kategorien zuordnen lassen.

Auf der einen Seite wurden Fälle erfasst, bei denen der Schuldner aktiv am gerichtlichen oder außergerichtlichen Verfahren beteiligt war.[28] So fallen gemäß Art. 3 Abs. 1 S. 2 lit. a) EuVTO zum einen das gerichtliche Anerkenntnis und der von einem Gericht gebilligte oder vor einem Gericht während eines Verfahrens geschlossene Vergleich unter diese Kategorie. Des Weiteren sind gemäß Art. 3 Abs. 1 S. 2 lit. d) EuVTO aber auch öffentliche Urkunden,[29] in denen der Schuldner eine Forderung ausdrücklich anerkannt hat, dieser Gruppe zuzuordnen.

Andererseits werden Fälle berücksichtigt, bei denen der Schuldner zwar Gelegenheit hatte, sich am Verfahren zu beteiligen, er diese Möglichkeit aber nicht in Anspruch genommen hat.[30] Es könne dann davon ausgegangen werden, dass der Schuldner keine Einwände gegen die Forderung hat.[31] Dem entsprechend gilt nach Art. 3 Abs. 1 S. 2 lit. b) EuVTO eine Forderung als unbestritten, der

> „der Schuldner im gerichtlichen Verfahren zu keiner Zeit nach den maßgeblichen Verfahrensvorschriften des Rechts des Ursprungsmitgliedstaats widersprochen hat".

---

[27] Vgl. dazu o. S. 122 ff.

[28] Begründung zu KOM (2002) 159 endg. (o. Fn. 23), 5.

[29] Zu diesem Begriff vgl. Art. 4 Nr. 3 EuVTO.

[30] *Rauscher*, EuVT, Rn. 54, umschreibt diese als „passiv unbestrittene Forderungen".

[31] Begründung zu KOM (2002) 159 endg. (o. Fn. 23), 5.

Eine weitere Erläuterung gibt hier Erwägungsgrund 6 zur EuVTO dahin gehend, dass ein fehlender Widerspruch auch dann vorliegt, wenn der Schuldner „nicht zur Gerichtsverhandlung erscheint oder einer Aufforderung des Gerichts, schriftlich mitzuteilen, ob er sich zu verteidigen beabsichtigt, nicht nachkommt". Weiter formuliert Art. 3 Abs. 1 S. 2 lit. c) EuVTO, dass eine Forderung als unbestritten gilt, wenn

> „der Schuldner zu einer Gerichtsverhandlung über die Forderung nicht erschienen oder dabei nicht vertreten worden ist, nachdem er zuvor im gerichtlichen Verfahren der Forderung widersprochen hatte, sofern ein solches Verfahren nach dem Recht des Ursprungsmitgliedstaats als stillschweigendes Zugeständnis der Forderung oder des vom Gläubiger behaupteten Sachverhalts anzusehen ist".[32]

Die Kommission will mit diesen Tatbeständen sowohl Versäumnisurteile als auch Zahlungsbefehle in spezifischen Eilverfahren wie dem deutschen oder österreichischen Mahnverfahren erfassen.[33]

Als Pilotprojekt konzipiert[34] umfasst die Verordnung damit nach Angaben des Europäischen Wirtschafts- und Sozialausschusses immerhin 90 % der grenzüberschreitend zu vollstreckenden Entscheidungen.[35]

2. Voraussetzungen für die Bestätigung als Europäischer Vollstreckungstitel

Die Entscheidungen, Vergleiche und Urkunden können auf Antrag als Europäische Vollstreckungstitel bestätigt werden, sofern die jeweiligen Anforderungen erfüllt sind. Das Ausmaß der zu erfüllenden Anforderungen macht die EuVTO dabei von der Art des zu bestätigenden Aktes abhängig.

---

32 Aufgrund dessen greift die Kritik *Mankowskis*, RIW 2005, 587 (588), dass Nichtbeteiligung oder Schweigen eben nicht Zustimmung heiße, zu kurz, ohne die entsprechende rechtliche Beurteilung im Erststaat zu beachten. Vgl. *Kropholler*, EZPR[8], Art. 3 EuVTO, Rn. 9; *Rauscher*, EuVT, Rn. 56.

33 Begründung zu KOM (2002) 159 endg. (o. Fn. 23), 6. Vgl. hierzu *Stadler*, IPRax 2004, 2 (6); *Stein*, IPRax 2004, 181 (188); *Kohler*, in: *Reichelt/Jayme*, 71. Für Österreich vgl. *Rechberger/Frauenberger-Pfeiler*, 405. Es ist allerdings nicht davon auszugehen, dass auch der Fall der Säumnis in der Rechtsmittelinstanz (vgl. § 539 Abs. 1 ZPO) erfasst ist, sofern Folge der Säumnis lediglich die Verwerfung des Rechtsmittels ist, vgl. *Rauscher*, EuVT, Rn. 60; *Wagner*, IPRax 2005, 189 (193); *Kropholler*, EZPR[8], Art. 3 EuVTO, Rn. 3.

34 Begründung zu KOM (2002) 159 endg. (o. Fn. 23), 3.

35 ABl. EG 2003, Nr. C 85/1 (4 sub 3.1); *Stadler*, IPRax 2004, 2 (6); *Mankowski*, RIW 2004, 587 (588); *Kropholler*, EZPR[8], Art. 2 EuVTO, Rn. 6; *Rauscher*, EuVT, Rn. 12. *Hüßtege*, in: *Gottwald*, 137, spricht von einer großen Anzahl von Titeln. Für *Coester-Waltjen*, in: FS *Beys*, 185, ist dagegen „nur ein kleiner Ausschnitt des Zivilverfahrensrechts" erfasst.

Wirkt der Schuldner selbst am Zustandekommen des Titels über die Forderung mit, besteht keine Notwendigkeit, der Vollstreckung in anderen Mitgliedstaaten zusätzliche Anforderungen in den Weg zu stellen. Nimmt er hingegen gar nicht am Verfahren teil, so ist die Umgehung des Exequaturverfahrens und eine unmittelbare Vollstreckung des Titels nur dann zu rechtfertigen, wenn sichergestellt ist, dass er ausreichende Möglichkeiten zur Vorbereitung und Verteidigung im Verfahren hat, also seine Verfahrensrechte nicht übergangen, sondern hinreichend gewahrt worden sind.

Bei gerichtlichen Vergleichen und öffentlichen Urkunden stellt die EuVTO demgemäß die geringsten Anforderungen. Denn hier ist der Schuldner direkt am Zustandekommen des Titels beteiligt. Die EuVTO geht insoweit davon aus, dass es dem Schuldner möglich war, eigenverantwortlich seine Rechte zu wahren, so dass er nicht schutzwürdig erscheint. Art. 24 Abs. 3 bzw. 25 Abs. 3 EuVTO stellen daher keine zusätzlich zu erfüllenden Anforderungen auf. Auf Antrag an das Gericht, das den Vergleich gebilligt hat oder vor dem er geschlossen wurde, bzw. bei öffentlichen Urkunden an die vom Ursprungsmitgliedstaat bestimmte Stelle wird der Vergleich oder die öffentliche Urkunde als Europäischer Vollstreckungstitel unter Verwendung der Formblätter in Anhang II bzw. III bestätigt, Art. 24 Abs. 1, 25 Abs. 1 EuVTO.

Während sowohl beim Vergleich als auch bei einer öffentlichen Urkunde der Titel unmittelbar durch die Vereinbarung der Parteien zustande kommt, bedarf es beim Anerkenntnis regelmäßig der Entscheidung eines Gerichts, des Anerkenntnisurteils. Obwohl auch hier der Schuldner aktiv am Verfahren teilnimmt und sozusagen die Unbestrittenheit der Forderung selbst herstellt, erachtet es die EuVTO als notwendig, die Rechte des Schuldners aufgrund der Entscheidungsgewalt des Gerichts zumindest in einem Minimalumfang zu schützen. Neben der allgemeinen Anforderung an Entscheidungen, dass sie im Ursprungsmitgliedstaat vollstreckbar sein müssen,[36] darf die Entscheidung gemäß Art. 6 Abs. 1 lit. b) EuVTO „nicht im Widerspruch zu den Zuständigkeitsregeln in Kapitel II Abschnitte 3 und 6 der EuGVO“ ergangen sein. Auch wenn der Schuldner eine Forderung anerkennt, soll sichergestellt sein, dass das erkennende Gericht nicht entgegen der Zuständigkeitsordnung der EuGVO in Versicherungssachen oder entgegen einer ausschließlichen Zuständigkeit eines anderen Gerichts ein Anerkenntnisurteil zu Lasten des Schuldners erlässt.

Anders ist dies in denjenigen Situationen, in denen der Schuldner nicht aktiv am Verfahren teilgenommen hat und ein Europäischer Vollstreckungstitel angestrebt wird (Art. 3 Abs. 1 S. 2 lit. b) und c) EuVTO). Um Art. 6 EMRK[37] und Art. 47 Abs. 2 S. 1 der Grundrechtecharta,[38] die die uneingeschränkte Wahrung

---

[36] Art. 6 Abs. 1 lit. a EuVTO, dazu sogleich a.

[37] Vgl. dazu *Yessiou-Faltsi*, 218 ff.

[38] ABl. EG 2001 Nr. C 364/1 ff.

des Rechts auf ein faires Verfahren vorsehen, gerecht zu werden, soll sichergestellt sein, dass

> „der Schuldner so rechtzeitig und in einer Weise über das gegen ihn eingeleitete Verfahren, die Notwendigkeit seiner aktiven Teilnahme am Verfahren, wenn er die Forderung bestreiten will, und über die Folgen seiner Nichtteilnahme unterrichtet wird, dass er Vorkehrungen für seine Verteidigung treffen kann“.[39]

Erst die Einhaltung engerer verfahrensrechtlicher Anforderungen im Ursprungsmitgliedstaat soll es rechtfertigen, das Exequaturverfahrens abzuschaffen und einem ausländischen Titel die inländische Vollstreckbarkeit zu verleihen.[40] So erfordert die Bestätigung hier nicht nur, dass die Entscheidung vollstreckbar ist und die angesprochenen Zuständigkeitsvorschriften eingehalten wurden. Gemäß Art. 6 Abs. 1 lit. c) EuVTO muss das gerichtliche Verfahren vielmehr den in Kapitel III EuVTO aufgeführten Mindestvoraussetzungen hinsichtlich der Zustellung des verfahrenseinleitenden oder eines gleichwertigen Schriftstücks und der Unterrichtung des Schuldners über die Forderung und die Verfahrensschritte zum Bestreiten der Forderung entsprochen haben.[41] Richtet sich die Entscheidung zudem gegen einen Schuldner in seiner Eigenschaft als Verbraucher, so muss die Entscheidung in dem Mitgliedstaat ergangen sein, in dem der Schuldner seinen Wohnsitz hat.[42]

Sind die Voraussetzungen erfüllt, bestätigt das Ursprungsgericht[43] die Entscheidung auf Antrag als Europäischen Vollstreckungstitel, der dann gemäß Art. 9 Abs. 1 EuVTO unter Verwendung des Formblattes in Anhang I zu EuVTO ausgestellt wird.[44]

---

39 Erwägungsgrund 12 EuVTO.

40 Begründung zu KOM (2002) 159 endg. (o. Fn. 23), 4. Ebenso *Hess*, JZ 2001, 573 (578, 582); *ders.*, IPRax 2001, 389 (391 f.).

41 Dazu sogleich b.

42 Mit dieser Bestimmung ist der Rat über die Verbraucherschutzbestimmung des Kommissionsvorschlags hinaus gegangen, die lediglich vorsah, dass die Entscheidung nicht im Widerspruch zu Kapitel 4 der EuGVO stehen durfte, Art. 5 lit. b) KOM (2002) 159 endg. (o. Fn. 23). Dass die Zuständigkeit des Ursprungsgerichts nach dem Kommissionsvorschlag von diesem selbst überprüft werden sollte, veranlasste *Kohler*, RIW 2003, Heft 10, Die erste Seite, dazu zu fordern, die Verbrauchersachen aus dem Anwendungsbereich der Verordnung herauszunehmen. Positiv gegenüber dieser Regelung hingegen *Stein*, IPRax 2004, 181 (189).

43 Zu diesem Begriff vgl. Art. 4 Nr. 6 EuVTO.

44 Positiv gegenüber standardisierten Prozesshandlungen äußert sich *Hess*, JZ 2001, 573 (581). Schon *Storme*, 593, sprach sich für die Ausarbeitung eines Standardformulars aus.

a) Art. 6 Abs. 1 lit. a) EuVTO – Vollstreckbarkeit der Entscheidung

Entscheidungen, die als Europäischer Vollstreckungstitel bestätigt werden sollen, müssen gemäß Art. 6 Abs. 1 lit. a) EuVTO im Ursprungsmitgliedstaat vollstreckbar sein.

Der ursprüngliche Verordnungsentwurf der Kommission sah dagegen vor, dass „die Entscheidung vollstreckbar ist und im Ursprungsstaat rechtskräftig geworden ist".[45] Die Kommission begründete dies mit einem Vergleich mit der Regelung in der EuGVO: Zwar könne dort gemäß Art. 38 Abs. 1 EuGVO auch eine lediglich vollstreckbare Entscheidung für vollstreckbar erklärt werden,[46] doch sei die Vollstreckung selbst gemäß Art. 43 Abs. 5 EuGVO bis zur Rechtskraft der Vollstreckbarerklärung auf Maßnahmen zur Sicherung beschränkt.[47] Eine solche „obligatorische Wartezeit für Vollstreckungsmaßnahmen, die über reine Sicherungsmaßnahmen hinaus gehen", sollte nach Auffassung der Kommission für den Europäischen Vollstreckungstitel nicht eingeführt werden.[48]

Würden auch lediglich vollstreckbare, aber noch nicht rechtskräftige Entscheidungen zugelassen, müsse dafür gesorgt werden, dass auch lediglich eine vorläufige Vollstreckung stattfinde, deren Wirkungen bei Aufhebung der Entscheidung rückgängig gemacht werden könnten.[49] Das Recht der Mitgliedstaaten löse diesen Konflikt der Interessen des Gläubigers an einer raschen Vollstreckung mit den Interessen des Schuldners an der Vermeidung irreparabler Schäden in sehr unterschiedlicher Weise, so dass sich „unlösbare Probleme ergeben, wenn die vorläufige Vollstreckbarkeit im Ursprungsmitgliedstaat als ausreichend angesehen würde, um eine unbeschränkte Vollstreckung im Vollstreckungsmitgliedstaat zuzulassen".[50] Letztlich könne dies „zu dem unerwünschten Ergebnis führen, dass eine Entscheidung leichter im Ausland vollstreckbar ist als im Ursprungsmitgliedstaat".[51]

---

45 Art. 5 lit. a) KOM (2002) 159 endg. (o. Fn. 23).

46 *Coester-Waltjen*, Jura 2005, 394 (Fn. 4), weist daraufhin, dass die Voraussetzung der Rechtskraft dazu geführt hätte, dass die Vollstreckung nach der EuGVO einfacher gewesen wäre, als nach der EuVTO.

47 Begründung zu KOM (2002) 159 endg. (o. Fn. 23), 7 zu Art. 5.

48 Begründung zu KOM (2002) 159 endg. (o. Fn. 23), 7 zu Art. 5.

49 Begründung zu KOM (2002) 159 endg. (o. Fn. 23), 10 zu Art. 9.

50 Begründung zu KOM (2002) 159 endg. (o. Fn. 23), 10 zu Art. 9. *Yessiou-Faltsi*, 237, sieht dagegen einen Bedarf, die Normen über die vorläufige Vollstreckbarkeit zu harmonisieren, um eine Gleichbehandlung der Gläubiger in Europa zu erreichen. Auch *Coester-Waltjen*, in: *Beys*, 195, sieht es als problematisch an, dass verschiedene Auffassungen zur Vollstreckbarkeit zugrunde liegen. Es bestehe die Gefahr, dass ein im Ursprungsstaat vollstreckbarer Titel zwar im Vollstreckungsstaat zwar eigentlich nicht vollstreckbar wäre, aber trotzdem vollstreckt werden müsse.

51 Begründung zu KOM (2002) 159 endg. (o. Fn. 23), 10 zu Art. 9.

Um diese Probleme zu umgehen, sollte die (vorläufige) Vollstreckbarkeit der Entscheidung über die unbestrittene Forderung nicht ausreichen, sondern erst eine rechtskräftige Entscheidung sollte uneingeschränkt als Europäischer Vollstreckungstitel vollstreckbar sein.

Um das Sicherungsinteresse des Gläubigers zu befriedigen, sollte ihm im Zeitraum zwischen (vorläufiger) Vollstreckbarkeit und Rechtskraft der Entscheidung das Instrument einer Bescheinigung über einen „Europäischen Vollstreckungstitels für Sicherungsmaßnahmen" zur Verfügung gestellt werden.[52] Der Gläubiger sollte allein durch Vorlage der Bescheinigung zur Vornahme von Sicherungsmaßnahmen im Vollstreckungsmitgliedstaat berechtigt sein, ohne dass die Sicherungsmaßnahmen von weiteren nationalen Voraussetzungen abhängig gemacht werden dürften.[53]

Diesen Überlegungen der Kommission zum Trotz ist die Bedingung der Rechtskraft der Entscheidung weggefallen; gemäß Art. 6 Abs. 1 lit. a) EuVTO ist die Vollstreckbarkeit der Entscheidung im Ursprungsmitgliedstaat vielmehr hinreichend.

aa) Begründung des Rates und der Kommission

Der Rat begründet seine Entscheidung damit, dass es dem Schuldner somit unmöglich werde, „allein durch Einlegen eines Rechtsbehelfs zu verhindern, dass der Gläubiger die Vorteile des Vollstreckungstitels nutzen kann".[54] Auch die Kommission sieht den Vorzug dieser Regelung darin, dass der Schuldner durch das Einlegen des Rechtsbehelfs die Vollstreckung nicht mehr retardieren und so die beabsichtigte Vereinfachung und Beschleunigung durch den Vollstreckungstitel aushebeln könne.[55]

---

52 Begründung zu KOM (2002) 159 endg. (o. Fn. 23), 7 zu Art. 5, 10 zu Art. 9. Geregelt in Art. 9 Abs. 1 KOM (2002) 159 endg. (o. Fn. 23).

53 Art. 9 Abs. 2 KOM (2002) 159 endg. (o. Fn. 23). Begründung zu KOM (2002) 159 endg. (o. Fn. 23), 11 zu Art. 9. Vgl. dazu auch *Hüßtege*, in: *Gottwald*, 125; *Yessiou-Faltsi*, 237. Ob die Kommission mit dieser Regelung das von ihr früher vorgetragene Modell des Europäischen Sicherungstitels installieren wollte, mit dem ein unmittelbares Angehen an die nationalen Vollstreckungsorgane ermöglicht werden sollte, vgl. dazu o. S. 135 ff., erscheint fraglich, da die Kommission in ihrer Begründung zu KOM (2002) 159 endg. (o. Fn. 23), 11 zu Art. 9, die mögliche Einschaltung der Gerichte des Vollstreckungsmitgliedstaates zur Anordnung der Maßnahme explizit in ihre Überlegungen mit einbezieht. Es ist daher eher davon auszugehen, dass die Kommission sich mit dem Vorschlag an die Regelung des Art. 47 Abs. 2 EuGVO anlehnen wollte, vgl. o. S. 154 ff.

54 Vgl. Begründung des Rates zur EuVTO (o. Fn. 24), 3, Nr. 1; *Yessiou-Faltsi*, 237. Zusätzlicher Grund für das Zurückgreifen auf das Erfordernis der Vollstreckbarkeit war zudem, dass über die Definition der Rechtskraft keine Einigkeit erzielt werden konnte, *Kropholler*, EZPR[8], Art. 6 EuVTO, Fn. 5; *Wagner*, IPRax 2005, 189 (193).

55 KOM (2004) 90 endg. (o. Fn. 24), 3.

Auf der anderen Seite bewirkt die Abänderung aber auch, dass sich der Rat den von der Kommission ausgemachten Problemen bezüglich der unterschiedlichen Behandlung der (vorläufigen) Vollstreckbarkeit in den Mitgliedstaaten stellen musste. So hatte er der Tatsache Rechnung zu tragen, dass vor dem Eintreten der Rechtskraft der Entscheidung der Schuldner ein legitimes Interesse daran hat, dass die Vollstreckungsmaßnahmen wieder rückgängig gemacht werden können und ihm keine irreparablen Schäden entstehen.

Der Rat will diesen Schutz dadurch erreichen, dass er zwar für die Vollstreckung selbst grundsätzlich auf das Recht des Vollstreckungsmitgliedstaats verweist (Art. 20 Abs. 1 EuVTO), aber in Art. 11 EuVTO festschreibt, dass die Bestätigung als Europäischer Vollstreckungstitel „Wirkung nur im Rahmen der Vollstreckbarkeit der Entscheidung" entfaltet.[56] So soll verhindert werden, dass eine vollstreckbare Entscheidung im Ausland leichter vollstreckt werden kann als dies im Erststaat möglich wäre.[57] Der Schuldner kann dazu die Möglichkeit des Art. 6 Abs. 2 EuVTO nutzen und sich unter Verwendung des Formblattes in Anhang IV zur EuVTO bestätigen lassen, wenn die Vollstreckbarkeit beschränkt oder ausgesetzt ist. Weiteren Schutz für den Schuldner sieht Art. 23 EuVTO vor. Hat der Schuldner einen Rechtsbehelf gegen die Entscheidung eingelegt,

> „kann das zuständige Gericht oder die befugte Stelle im Vollstreckungsmitgliedstaat auf Antrag des Schuldners
> a) das Vollstreckungsverfahren auf Sicherungsmaßnahmen beschränken oder
> b) die Vollstreckung von der Leistung einer von dem Gericht oder der befugten Stelle zu bestimmenden Sicherheit abhängig machen oder
> c) unter außergewöhnlichen Umständen das Vollstreckungsverfahren aussetzen".

Damit schafft die Verordnung allerdings kein neues Schutzinstrument dergestalt, dass ohne weitere Voraussetzungen vollstreckungsbeschränkende Maßnahmen allein im Ermessen des Gerichts lägen.[58] Vielmehr stellt Art. 23 EuVTO lediglich einen Verweis auf die entsprechenden Maßnahmen des Rechts des Vollstreckungsstaates ab, deren Anordnungsvoraussetzungen vorliegen müssen.[59] Lit. c) der Vorschrift macht demgegenüber allerdings die Aussetzung – als weiteste Maßnahme – von weiteren Anforderungen abhängig.

---

56 Aufgrund dessen ist auch ein nach deutschen Recht vorläufig vollstreckbarer Titel vollstreckbar im Sinne der EuVTO, *Rauscher*, EuVT, Rn. 69; *Wagner*, IPRax 2005, 189 (193); *Coester-Waltjen*, in: FS *Ansay*, 51.

57 KOM (2004) 90 endg. (o. Fn. 24), 9 zu Art. 8 y.

58 In diesem Sinne aber wohl die h.M., vgl. *Tarzia*, in Grenzüberschreitungen, 996; *Rauscher*, EuVT, Rn. 182; *Becker*, 41, 275; *Kropholler*, EZPR[8], Art. 23 EuVTO, Rn. 6; *Stein*, EuZW 2005, 679 (682); *Wagner*, IPRax 2005, 189 (198). Das Gericht entscheidet gemäß § 1084 Abs. 3 S. 1 ZPO im Wege der einstweiligen Anordnung.

59 *Coester-Waltjen*, Jura 2005, 394 (395). Dem Schuldner stehen mithin in Deutschland die Rechtsbehelfe der §§ 766, 765a, 775 ZPO zur Verfügung. Zur strittigen Frage der An-

Nach Ansicht des Rates wird mit diesem Regelungsgefüge „das angestrebte Gleichgewicht zwischen dem Schutz der Rechte des Schuldners einerseits und der Effizienz des Bestätigungssystems andererseits" gewahrt.[60] Auch die Kommission ist der Auffassung, dass der Verordnungsvorschlag des Rates den Schuldner vor Rechtskraft der Entscheidung angemessen schützt.[61]

Indem nun auch Entscheidungen in den Anwendungsbereich der EuVTO fallen, die noch nicht rechtskräftig, aber vollstreckbar sind, entfällt spiegelbildlich auch die Problematik, wie der Gläubiger die Effektivität seiner Vollstreckung vor Rechtskraft zu schützen vermag. Da er nun bereits aufgrund des (vorläufig) vollstreckbaren Titels die Vollstreckung nach dem System der EuVTO vornehmen kann, die entweder ungehindert oder aber beschränkt durch das Schutzbedürfnis des Schuldners im Sinne der Art. 11 und 23 EuVTO abläuft, bedarf es keines zusätzlichen „Europäischen Vollstreckungstitels für Sicherungsmaßnahmen" wie ihn die Kommission vorgeschlagen hatte, so dass dieses Instrument in der EuVTO nicht mehr auftaucht.[62]

bb) Bewertung des Regelungsgefüges

Während der Kommissionsvorschlag zu sehr auf das Verhalten des Schuldners setzte, der durch offensichtlich unbegründete Rechtsbehelfe das Verfahren entgegen dem Verordnungszweck verzögern konnte, indem er die Rechtskraft herauszögerte, tendiert die EuVTO hingegen zu einer sehr gläubigerfreundlichen Regelung auf Kosten des Schuldnerschutzes.

---

wendung des § 767 ZPO, insbesondere vor dem Hintergrund der Einführung des § 1086 ZPO, vgl. *Hess*, IPRax 2004, 493 ff. Da sich die Regelungswirkung des § 767 ZPO nach ganz h.M. aber lediglich auf die Vollstreckbarkeitswirkung des Titels richtet und § 767 ZPO nicht die Beseitigung des Titels selbst zum Gegenstand hat – vgl. nur BGHZ NJW 1975, 539; *Putzo*, in: *Thomas/Putzo*, § 776, Rn. 1, 8a – ist die Zulassung der Vollstreckungsgegenklage stringent. In diesem Sinne auch *Coester-Waltjen*, aaO, 397; *dies.*, in: FS *Ansay*, 58 f.; *Wagner*, IPRax 2005, 401 (407). *Hess*, aaO, 494, geht dagegen davon aus, dass eine Abgrenzung zwischen Urteilsaufhebung und partieller Vollstreckbarkeitsaufhebung nicht durchführbar sei. Eine Vollstreckungsgegenklage nach § 1086 ZPO könne nur die Bestätigungswirkung des Europäischen Vollstreckungstitels beseitigen, so dass doch ein dem Exequaturverfahren gleiches Verfahren drohe. § 1086 ZPO eröffnet jedoch dem Zweck der Verordnung entsprechend dem Schuldner das vollstreckungsrechtliche Schutzinstrument der Vollstreckungsgegenklage, ohne diese jedoch auf die Bestätigungswirkung zu beschränken. Problematisch daran wird allerdings sein, dass die Gerichte inzident tatsächlich über Einwendung gegen ausländische Entscheidungen und damit regelmäßig nach ausländischem Recht entscheiden müssen, so auch *Hess*, aaO; ähnlich *Riedel*, 31.

60 Begründung des Rates zur EuVTO (o. Fn. 24), 5.

61 KOM (2004) 90 endg. (o. Fn. 24), 3.

62 KOM (2004) 90 endg. (o. Fn. 24), 10 zu Art. 9.

Der Ratsvorschlag gibt den Interessen des Gläubigers an einer zügigen unbeschränkten Vollstreckung auch vor Rechtskraft der Entscheidung grundsätzlich den Vorrang. Die Interessen des Schuldners hingegen soll Art. 11 EuVTO wahren, der die Vollstreckung auf den Rahmen der Vollstreckbarkeit im Ursprungsstaat beschränkt.

Vom Grundgedanken her bringt diese Regelung den gewünschten Erfolg, dass der Schuldner vor belastenderen Maßnahmen als im Ursprungsstaat hinreichend gesichert ist. Da allerdings mit dem Europäischen Vollstreckungstitel unmittelbar die Vollstreckung angegangen werden kann, müsste das zweitstaatliche Vollstreckungsorgan erkennen können, welchen Rahmen die Vollstreckbarkeit der Entscheidung im Erststaat für die Vollstreckung im Zweitstaat bietet. Dazu müsste dem zweitstaatlichen Vollstreckungsorgan eine umfassende Kenntnis der Vollstreckungsrechte aller Mitgliedstaaten unterstellt werden, die ihm in der Praxis nicht abverlangt werden kann und auch mit dem Grundsatz der Formalisierung des Vollstreckungsverfahrens in Widerspruch steht.[63]

Geht man davon aus, dass diese Hürde vom Verordnungsgeber bedacht wurde, kann die Verordnung nur dahin gehend ausgelegt werden, dass der Schuldner selbst dazu berufen ist, den „Rahmen der Vollstreckbarkeit" geltend zu machen, indem er eine Bestätigung der Nichtvollstreckbarkeit bzw. der beschränkten Vollstreckbarkeit im Sinne des Art. 6 Abs. 2 EuVTO erwirkt.

Fraglich und von den europäischen Institutionen unbeantwortet bleibt dann jedoch, welche Instrumente zur Sicherung dem Gläubiger dann zur Verfügung stehen.

Gangbar erscheint hier, den Rechtsgedanken des Art. 47 Abs. 2 EuGVO heranzuziehen: Dort gibt die Vollstreckbarerklärung *ipso iure* die Befugnis, einstweilige Maßnahmen durchzuführen; eine gerichtliche Entscheidung über die Zulassung im Zweitstaat ist unzulässig.[64] Übertragen auf die EuVTO bedeutete dies, dass bei der Beschränkung auf Sicherungsmaßnahmen aus der Bestätigung als Europäischer Vollstreckungstitel unmittelbar die Befugnis folgt, einstweilige Sicherungsmaßnahmen durchzuführen. Eine andere Auslegung dergestalt, dass dem Gericht des Vollstreckungsstaats die Entscheidung zustünde, welche Sicherungsmaßnahmen möglich und ob die dafür notwendigen Voraussetzungen erfüllt sind, würde dem von der Verordnung angestrebten Zweck der Beschleunigung und Effizienzsteigerung der transnationalen Vollstreckung diametral gegenüber stehen. Es wäre zudem nicht begründet, warum der Vollstreckungstitel zwar grundsätzlich dazu berechtigt, direkt an das Vollstreckungsorgan heranzutreten, im Falle der Beschränkung der Vollstreckung jedoch noch eine gerichtliche Entscheidung erfordern soll. Somit kann für die Auswahl der bei der Be-

---

[63] So in anderem Zusammenhang *Hess/Hub*, IPRax 2003, 93 (97).

[64] S.o. S. 154 f.

schränkung der Vollstreckung auf Maßnahmen der einstweiligen Sicherung auf die zu Art. 47 Abs. 2 EuGVO gefundene Systematik zurückgegriffen werden.[65]

Der Rat geht damit insgesamt über die Kommissionsvorschläge hinaus und nähert sich gleichzeitig der ursprünglichen Konzeption des „Europäischen Sicherungstitels“ der Kommission von 1997 an.[66] Mit der als Europäischer Vollstreckungstitel bestätigten Entscheidung kann der Gläubiger nämlich nunmehr unmittelbar ohne zwischengeschaltete Befassung einer zweitstaatlichen Instanz an das Vollstreckungsorgan herantreten und die einstweilige Maßnahmen zur Sicherung durchführen lassen.[67]

Ein solches Verständnis der Art. 11, 6 Abs. 2 EuVTO erweist sich vor dem Hintergrund der Systematik der EuGVO und den Vorstellungen der Kommission als kohärent und konsequent.

Ebenso wie bei der Verteidigungsmöglichkeit des Art. 23 EuVTO trägt der Schuldner nun allerdings selbst die Verantwortung für den Schutz seiner Interessen. Er muss die Beschränkung der Zwangsvollstreckung auf Maßnahmen zur Sicherung selbst herbeiführen und kann sich nicht auf den Schutzautomatismus der EuVTO verlassen. Damit zeigt sich ein ganz erheblicher Unterschied zum Schutzsystem der EuGVO, das die Vollstreckungsmaßnahmen gemäß Art. 47 Abs. 2 und 3 EuGVO bis zur Rechtskraft der Exequaturentscheidung automatisch auf Maßnahmen zur Sicherung beschränkt.

cc) Einbeziehung auch einer Entscheidung über einen Rechtsbehelf

Im Zusammenhang mit der Einbeziehung nicht rechtskräftiger, aber vollstreckbarer Entscheidungen hat der Rat eine weitere Veränderung des ursprünglichen Verordnungsentwurfs vorgenommen:

Wenn der Gläubiger eine Bestätigung einer vollstreckbaren Entscheidung als Europäischer Vollstreckungstitel erreicht hat, der Schuldner einen Rechtsbehelf gegen die Entscheidung einlegt, aber im Rechtsbehelfsverfahren unterliegt, so dass die ursprüngliche Entscheidung aufrechterhalten bleibt, sei es „unzumutbar, den Europäischen Vollstreckungstitel für ungültig zu erklären und den Gläubiger zu zwingen, ein neues Verfahren – und zwar dann ein Exequaturverfahren – anzustrengen“.[68] Aus Gründen „der Kohärenz und der Effizienz des Systems“[69]

---

65 Vgl. dazu o. S. 156 ff.

66 Art. 27 KOM (1997) 609 endg., ABl. EG 1998, Nr. C 33/20 ff.; vgl. dazu o. S. 135 ff.

67 Eine vollständige Übernahme des Konzepts der Kommission von 1997 liegt aber nicht vor, da nicht wie vorgeschlagen die ausländische Entscheidung unabhängig von ihrer Vollstreckbarkeit Grundlage der Sicherungsmaßnahmen ist, sondern erst die als Europäischer Vollstreckungstitel bestätigte, vollstreckbare Entscheidung.

68 KOM (2004) 90 endg. (o. Fn. 24), 3. Ebenso *Stein*, IPRax 2004, 181 (187, Fn. 46); *ders.*, EuZW 2004, 679 (680).

69 Begründung des Rates zur EuVTO (o. Fn. 24), 3, Nr. 1.

der EuVTO sei es vielmehr geboten, auch „Entscheidungen, die nach Anfechtung von als Europäischer Vollstreckungstitel bestätigten Entscheidungen (...) ergangen sind“[70] in den Anwendungsbereich der Verordnung aufzunehmen.

Soweit dies den Fall betrifft, dass der Schuldner am Rechtsbehelfsverfahren im Sinne der Art. 3 Abs. 1 lit. b) und c) EuVTO nicht aktiv teilgenommen hat, so dass die Forderungen effektiv als unbestritten angesehen werden können, und die verfahrensrechtlichen Mindestanforderungen gemäß Art. 12 Abs. 2 EuVTO eingehalten wurden, erscheint dies in der Tat als kohärent und dem im Maßnahmenprogramm festgelegten Ziel der Verordnung entsprechend.[71]

Die veränderten Bestimmungen beziehen allerdings auch die auf einen Rechtsbehelf hin ergangene Entscheidung mit ein, wenn das Rechtsbehelfsverfahren unter (aktiver) Beteiligung des Schuldners durchgeführt worden ist. Die Vermutung aus dem ersten Verfahrensabschnitt, dass der Schuldner wissentlich nicht bestreiten wollte, ist in diesem Falle dann widerlegt, so dass die Forderung nicht mehr als unbestritten angesehen werden kann.[72]

Indem die EuVTO somit erstmals teilweise auch bestrittene Forderungen erfasst, scheint die Kohärenz des Entwurfs in Frage gestellt. Weder das Maßnahmenprogramm vom November 2000 noch die folgenden Ausarbeitungen der Kommission oder des Europäischen Parlaments geben Anhaltspunkte für eine solche Ausweitung. Das Maßnahmenprogramm beschränkte sich vielmehr auf die Auswahl unbestrittener Forderungen, da es „einen Widerspruch an sich darstelle“, wenn die Vollstreckung unbestrittener Forderungen durch ein Exequaturverfahren verzögert würde.[73] Dass der vorliegende Entwurf aber über die vom Programm festgelegten Inhalte der einzelnen Phasen hinausgeht, spricht nicht gegen die Kohärenz der Maßnahme. Vielmehr ist es Ziel des Maßnahmenprogramms, konsequent auf die generelle Abschaffung des Exequaturverfahrens im Bereich der EuGVO hinzuarbeiten. Soweit auf diesem Weg schon zu einem frü-

---

70 Erwägungsgrund 7 zur EuVTO, Art. 3 Abs. 2 EuVTO.

71 So beispielsweise im deutschen Recht ein zweites Versäumnisurteil aufgrund Säumnis des Schuldners im Einspruchstermin. Nicht jedoch ein aufgrund der Säumnis im Berufungstermin gemäß § 539 Abs. 1 ZPO ergehendes Urteil nach streitiger Verhandlung in erster Instanz, s.o. Fn. 34.

72 So auch die Kommission, KOM (2004) 90 endg. (o. Fn. 24), 3; *Stein*, IPRax 2004, 181 (187, Fn. 46); *Kohler*, in: *Reichelt/Jayme*, 79; *Jayme/Kohler*, IPRax 2004, 481 (486); *Kropholler*, EZPR[8], Art. 3 EuVTO, Rn. 12.

73 ABl. EG 2001, Nr. C 12/1 (4). Einen solchen „sektoriellen Ansatz“ begrüßt grundsätzlich *Hess*, JZ 2001, 573 (578), da so eine vorgängige Mindestharmonisierung der betroffenen Rechtsmaterien ermöglicht werde. Grundsätzlich ebenso bereits *Storme*, 596. *Schollmeyer*, IPRax 2002, 478 (481), hält die Auswahl des Sektors unbestrittener Forderungen wegen der hohen Fehlerquote im Gegensatz zu Forderung, bei denen sich der Schuldner über mehrere Instanzen verteidigen konnte, allerdings juristisch nicht für erklärbar, verweist jedoch auf die große ökonomische Bedeutung der Beitreibung unbestrittener Forderungen.

heren Zeitpunkt ein rechtspolitischer Konsens herbeigeführt werden kann, der eine Ausweitung des Anwendungsbereichs zur Folge hat, ist dies dem Ziel nur förderlich.

Welche weiteren Konsequenzen die vom Rat vorgesehenen Veränderungen mit sich bringen, lässt sich am besten an einem Beispiel darlegen: Ergeht gegen den Schuldner ein Versäumnisurteil gemäß § 331 Abs. 1 ZPO, welches als Entscheidung über eine unbestrittene Forderung anzusehen ist,[74] könnte der Schuldner unter dem Regime des Kommissionsvorschlags durch Einlegen des Einspruchs gemäß § 338 ZPO verhindern, dass ein Europäischer Vollstreckungstitel entsteht. Nach dem Einspruch gilt die Forderung nicht mehr als unbestritten und ist dem Anwendungsbereich des Kommissionsvorschlages mithin entzogen.[75] Der Gläubiger wird auf das Exequaturverfahren der EuGVO verwiesen.

Nach den Bestimmungen der Ratsverordnung ist dies hingegen nicht der Fall. Da das Versäumnisurteil gemäß § 708 Nr. 2 ZPO ohne Sicherheitsleistung für vorläufig vollstreckbar erklärt wird, kann sich der Gläubiger nunmehr dieses Urteil bereits als Europäischen Vollstreckungstitel bestätigen lassen. Legt der Schuldner gegen das Urteil Einspruch gemäß § 338 ZPO ein, so bedeutet dies nun nicht mehr, dass die Entscheidung als bestritten aus dem Anwendungsbereich der EuVTO fällt, sondern der Europäische Vollstreckungstitel bleibt grundsätzlich bestehen.[76] Der Schuldner vermag sich gegen die Vollstreckung nur durch die Schutzinstrumente der Art. 6 Abs. 2 und 23 EuVTO zu schützen.[77]

---

74 Art. 3 Abs. 4 lit. b) 1. Hs. KOM (2002) 159 endg. (o. Fn. 23); Art. 3 Abs. 1 S. 2 lit. b) EuVTO i.V.m. Erwägungsgrund 6 zur EuVTO.

75 Vgl. Begründung zu KOM (2002) 159 endg. (o. Fn. 23), 9 zu Art. 8.

76 So auch *Luckey*, ProzRB 2005, 242 (243). Sofern das Versäumnisurteil vor Einspruch noch nicht als Europäischer Vollstreckungstitel bestätigt wurde, scheidet eine solche Bestätigung des auf den Einspruch ergehenden Endurteils allerdings aus. In diesem Fall liegt nämlich offensichtlich bei Bestätigung keine unbestrittene Forderung mehr vor, vgl. Art. 3 Abs. 2 EuVTO. In diesem Sinne auch *Stein*, EuZW 2005, 679 (680); *Luckey*, aaO; *Wagner*, IPRax 2005, 189 (193); *ders.*, NJW 2005, 1157 (1158); *Kropholler*, EZPR[8], Art. 3 EuVTO, Rn. 14; *Rauscher*, EuVT, Rn. 60. A.A. *Coester-Waltjen*, Jura 2005, 394 (395), *dies.*, in: FS *Ansay*, 52, die entgegen dem Wortlaut des Art. 3 Abs. 2 EuVTO davon ausgeht, dass der Schuldner durch Einlegung des Rechtsmittels die Bestätigung als Europäischer Vollstreckungstitel nicht mehr verhindern könne.

77 *Kropholler*, EZPR[8], Art. 3 EuVTO, Rn. 13. Dazu vgl. o. S. 183. Nach *Rauscher*, EuVT, Rn. 75 ff., soll eine solche Ersatzbestätigung nur dann erstellt werden können, wenn die Voraussetzungen des Art. 3 Abs. 1 EuVTO auch im Rechtsbehelfsverfahren vorliegen, also auch hier weiterhin die Forderung als unbestritten angesehen werden kann. Für diese extrem einengende Auslegung des Art. 6 Abs. 3 EuVTO finden sich allerdings keinerlei Anhaltspunkte in der Entstehungsgeschichte der Verordnung. Im Gegenteil soll erreicht werden, dass einmal bestätigte Entscheidungen auch nach Durchführung eines darauf folgenden streitigen Verfahrens weiter als Europäische Vollstreckungstitel vollstreckt werden können. Auf das Erfordernis des „Unbestrittenseins" kann es somit in diesem Fall

Fällt die Entscheidung im Einspruchsverfahren dann zugunsten des Gläubigers aus, wird ihm eine Ersatzbestätigung gemäß Art. 6 Abs. 3 EuVTO ausgestellt, die den ursprünglichen Titel ersetzt,[78] so dass er die Vollstreckung fortsetzen kann.[79]

Dieses Beispiel verdeutlicht, dass der Vorschlag des Rates die Vollstreckungsmöglichkeiten des Gläubigers erheblich vergrößert und damit seine Position stärkt; dem Schuldner werden zwar hinreichende Verteidigungsmöglichkeiten zur Seite gestellt, deren Geltendmachung ihm aber selbst auferlegt werden.

Die Einbeziehung von Entscheidungen, die nach Anfechtung von als Europäischer Vollstreckungstitel bestätigten Entscheidungen ergangen sind, erweitert den Anwendungsbereich der Verordnung über das vom Maßnahmenprogramm angestrebte Maß hinaus, stellt somit einen größeren Schritt hin zur Abschaffung des Exequaturverfahrens dar als konzipiert und ist vor diesem Hintergrund als rechtspolitische Entscheidung zu begrüßen. Dabei werden vor allem die Interessen des Gläubigers an einer schnellen Vollstreckung gestärkt, wohingegen der Schuldner mehr als zuvor den Schutz seiner Interessen selbst in die Hand nehmen muss.

b) Art. 6 Abs. 1 lit. c) EuVTO – Einhalten der verfahrensrechtlichen Mindestvoraussetzungen

Trotz des der Verordnung zugrunde liegenden gegenseitigen Vertrauens in die Rechtssysteme der Mitgliedstaaten[80] verlangt die Abschaffung des Exequaturverfahrens in den Fällen, in denen der Schuldner nicht aktiv am gerichtlichen Verfahren beteiligt war, die Einhaltung prozessualer Mindestvorschriften, um zu garantieren, dass der Schuldner zumindest in adäquater Weise über das Verfahren in Kenntnis gesetzt wurde und ihm so die Möglichkeit geboten wurde sich zu beteiligen. Da man in diesen Fällen gerade nicht aus dem Verhalten des Schuldners ablesen könne, wie er zu der Forderung steht, sichere die Einhaltung

---

nicht ankommen, so auch *Wagner*, IPRax 2005, 189 (193); *ders.*, NJW 2005, 1157 (1158).

78 Vgl. Teil B, Anh. V zur EuVTO.

79 Die im deutschen Zivilprozess gängige Praxis der sog. „Flucht in die Säumnis", vgl. dazu *Rosenberg/Schwab/Gottwald*, § 104, Rn. 63, birgt somit nunmehr die Gefahr in sich, dass dem Gläubiger bereits nach dem Versäumnisurteil ein europaweit vollstreckbarer Titel zur Verfügung steht, gegen den sich der Schuldner mit den Schutzanträgen wehren muss. So auch *Mankowski*, RIW 2004, 587 (588). Zum Schutz der Schuldner bedarf es aufgrund dieser weitgehenden Wirkung einer besonders intensiven Aufklärung der Praxis.

80 Erwägungsgrund 18 zur EuVTO. Für *Gottwald*, Ritsumeikan LR 17 (2000), 49 (54), stellt dies eine Grundvoraussetzung für die Abschaffung des Exequatur dar. *Kohler*, RIW 2003, Heft 10, Die erste Seite, zweifelt, ob „das verordnete Vertrauen (...) immer gerechtfertigt sein kann". Auch *Mankowski*, RIW 2004, 587 (588), zweifelt an der Gleichwertigkeit des Zivilrechtsschutzes.

der Minimalanforderungen den Beweis oder aber zumindest die hinreichende Wahrscheinlichkeit dafür, dass der Schuldner „in der Lage war, sich in voller Kenntnis der Sachlage für ein Fernbleiben vom Prozess zu entscheiden".[81] Nur wenn dieser Beweis erbracht sei, dürfe auf eine Überprüfung der Entscheidung im Vollstreckungsmitgliedstaat verzichtet werden.

Das Gericht, das die Entscheidung als Europäischen Vollstreckungstitel bestätigt, muss daher im Rahmen der Punkte 11 ff. des Formblatts in Anhang I zur EuVTO auch bestätigen, dass die Mindestanforderungen eingehalten wurden.

Dem Zweck der Anforderungen gemäß – nämlich sicherzustellen, dass der Schuldner ausreichend Gelegenheit erhalten hat, sich am Verfahren zu beteiligen – richtet die Verordnung ihr Hauptaugenmerk auf den Komplex der Zustellung des verfahrenseinleitenden Schriftstücks bzw. eines gleichwertigen Schriftstücks. Während der Kommissionsvorschlag noch eine Rangordnung zwischen Haupt- und den Ersatzzustellungsarten vorsah,[82] verzichtet die EuVTO darauf.[83] Zwischen den persönlichen Zustellungsarten gemäß Art. 13 EuVTO und den Arten der Ersatzzustellung nach Art. 14 Abs. 1 EuVTO besteht nunmehr also „die freie Auswahl".[84]

Besondere Fristen für die Zustellung, die noch im Kommissionsvorschlag enthalten waren,[85] sind im Rahmen der Verordnung entfallen, da in diesem Bereich auf die Angemessenheit der nationalen Regelungen vertraut werden könne.[86]

Allerdings sieht die EuVTO neben der Zustellung zudem vor, dass der Schuldner gemäß Art. 16 ausreichend über die Forderung unterrichtet und gemäß Art. 17 deutlich dahingehend belehrt worden sein muss, welche Erfordernisse für ein Bestreiten der Forderung vorgeschrieben sind und welche Konsequenzen ein Nichtbestreiten bzw. Nichterscheinen für ihn haben kann.[87]

---

81 Begründung zu KOM (2002) 159 endg. (o. Fn. 23), 4.

82 Art. 12 Abs. 1 des geänderten Vorschlags der Kommission, KOM (2003) 341 endg., http://europa.eu.int/eur-lex/de/com/pdf/2003/act0341de01/1.pdf, formulierte auf Vorschlag des Europäischen Parlaments, vgl. Änderungsantrag 11 im Bericht des Ausschusses für Recht und Binnenmarkt (o. Fn. 24), nämlich: „War eine persönliche Zustellung gemäß Artikel 11 Absatz 1 Buchstabe a) oder b) erfolglos, kann die Ersatzzustellung wie folgt vorgenommen werden: (…)". Hierzu *Hess*, NJW 2002, 2417 (2426); *Hüßtege*, in: *Gottwald*, 128.

83 Art. 13 Abs. 1 EuVTO formuliert nun: „Das verfahrenseinleitende Schriftstück (…) kann dem Schuldner auch in einer der folgenden Formen zugestellt worden sein: (…)"

84 KOM (2004) 90 endg. (o. Fn. 24), 3. Zum Schutz des Schuldners schließt Art. 14 Abs. 2 EuVTO zudem die Möglichkeit einer fiktiven Zustellung aus, vgl. dazu *Hess*, NJW 2001, 15 (20); *ders.*, NJW 2002, 2417 (2425).

85 Vgl. Art. 15 KOM (2002) 159 endg. (o. Fn. 23).

86 So KOM (2004) 90 endg. (o. Fn. 24), 10 zu Art. 15.

87 Dieser Anforderung entsprachen die gerichtliche Praxis und die gesetzlich geregelte Belehrungspflicht in Deutschland bislang nicht, vgl. *Coester-Waltjen*, Jura 2005, 394 (396),

Die EuVTO stellt mithin detaillierte Anforderungen für das Verfahren im Ursprungsmitgliedstaat auf, ohne allerdings diesen Staat zu verpflichten, entsprechende Veränderungen seiner Prozessordnung vorzunehmen.[88] Dem Mitgliedstaat ist somit ein Ermessen eingeräumt zu entscheiden, ob er ein hinreichendes Verfahren zur Verfügung stellt; es liegt mithin in seiner Hand, die effektive Umsetzung der Verordnung zu ermöglichen oder zu verhindern. So gibt auch der Europäische Wirtschafts- und Sozialausschuss zu bedenken, dass „die Schwachstelle des Vorschlags die Ermessensfreiheit" sei.[89] Es sei aber zu hoffen, dass die Mitgliedstaaten ihre Regelungen zügig anpassten, um den in ihrem Land ansässigen Gläubigern so die Vorteile des Europäischen Vollstreckungstitels zu sichern.[90]

3. Wirkung der Bestätigung

Bestätigt das Ursprungsgericht eine Entscheidung über eine unbestrittene Forderung als Europäischen Vollstreckungstitel,[91] wird die Entscheidung gemäß Art. 5 EuVTO

> „in den anderen Mitgliedstaaten anerkannt und vollstreckt, ohne dass es einer Vollstreckbarerklärung bedarf und ohne dass die Anerkennung angefochten werden kann".

Die Entscheidung wird gemäß Art. 20 Abs. 1 S. 2 EuVTO

> „unter den gleichen Bedingungen vollstreckt wie eine im Vollstreckungsmitgliedstaat ergangene Entscheidung".

Damit ein nicht streitiges Urteil als Europäischer Vollstreckungstitel bestätigt werden kann, muss das Gericht vielmehr insbesondere über diese mögliche Folge unterrichten. Durch das Gesetz zur Durchführung der Verordnung (EG) Nr. 805/2004 über einen Europäischen Vollstreckungstitel für unbestrittene Forderungen vom 18.08.2005, BGBl. I, 2477, wurden geringfügige Veränderungen in §§ 215, 276 Abs. 2 und 499 ZPO vorgenommen, nach denen die gesetzlich geregelten Belehrungspflichten nunmehr den Anforderungen der Art. 16 f. EuVTO entsprechen, *Wagner*, IPRax 2005, 401 (402); *Kropholler*, EZPR[8], Einl. EuVTO, Rn. 11, Art. 12 EuVTO, Rn. 9, Art. 17 EuVTO, Rn. 7.

88 Erwägungsgrund 19 zur EuVTO; *Hess*, NJW 2002, 2417 (2425); *Stein*, WiRO 2003, 289 (294); *Geimer/Schütze*, EZVR[2], Einl., Rn. 109; *Kropholler*, EZPR[8], Art. 6 EuVTO, Rn. 11, Art. 12 EuVTO, Rn. 13.

89 ABl. EG 2003, Nr. C 85/1 (7).

90 ABl. EG 2003, Nr. C 85/1 (7); ebenso *Wagner*, IPRax 2002, 75 (93, Fn. 301), der hier von „mittelbarem Druck auf die EG-Mitgliedstaaten" spricht. Ähnlich *Geimer/Schütze*, EZVR[2], Einl., Rn. 109. Skeptisch aber *Hüßtege*, in: *Gottwald*, 137 f.; *Kohler*, in: *Reichelt/Jayme*, 79. *Storme*, 596, spricht sich in diesem Zusammenhang „für eine Vereinheitlichung des Prozessrechts der zwei oder drei Geschwindigkeiten" aus.

91 Vgl zum Verfahren der Bestätigung in Deutschland gemäß § 1080 Abs. 1 ZPO *Kropholler*, EZPR[8], Art. 9 EuVTO, Rn. 6.

Für Entscheidungen über unbestrittene Forderungen wird somit das im internationalen Zwangsvollstreckungsrecht grundsätzlich erforderliche Vollstreckbarerklärungsverfahren abgeschafft[92] und ermöglicht, dass ein Gläubiger ohne zwischengeschaltetes Verfahren vor zweitstaatlichen Instanzen direkt zur Vollstreckung seiner Entscheidung in jedem anderen Mitgliedstaat[93] übergehen kann, indem er seinen Titel unmittelbar dem ausländischen Vollstreckungsorgan vorlegt.[94]

Die Verordnung übergeht damit das Prinzip, dass inländische Vollstreckungsorgane ausschließlich auf den Befehl von Organen derselben Hoheitsgewalt tätig werden,[95] da nunmehr die von einem ausländischen Gericht erlassene und als Europäischer Vollstreckungstitel bestätigte Entscheidung als Vollstreckungstitel anerkannt wird.[96]

---

92 Gem. Art. 27 EuVTO wird damit aber nicht das herkömmliche Exequaturverfahren nach den Vorschriften der EuGVO außer Kraft gesetzt, sondern die Möglichkeit der Bestätigung als Europäischer Vollstreckungstitel tritt lediglich neben diejenige des Exequaturverfahrens der EuGVO. Der Gläubiger kann sogar beide Verfahren parallel anstrengen, *Kropholler*, EZPR[8], Art. 27 EuVTO, Rn. 1.

93 Zu diesem Begriff im Sinne der Verordnung vgl. Art. 2 Abs. 3 EuVTO.

94 *Schollmeyer*, IPRax 2002, 478 (480); *Wagner*, NJW 2003, 2344 (2346). Zu Recht wird damit davon ausgegangen, dass durch den Europäischen Vollstreckungstitel das Herkunftsprinzip auf das europäische Prozessrecht übertragen wird, *Hess*, JZ 2001, 573 (582); *ders.*, IPRax 2001, 389 (391); *ders.*, IPRax 2004, 493; *Mansel*, in: *Baur/Mansel*, 11 f.; *Kohler*, in: FS *Geimer*, 484; *Jayme/Kohler*, IPRax 2002, 461 (465); *Becker*, 20. In Deutschland bedarf es daher keiner Vollstreckungsklausel, *Kropholler*, EZPR[8], Art. 5 EuVTO, Rn. 2.

95 Dazu s.o. S. 113.

96 Gegen eine solche unbesehene Anerkennung und Vollstreckung von Entscheidungen werden national-verfassungsrechtliche Bedenken geltend gemacht. Nach der Rechtsprechung des Bundesverfassungsgerichts, BVerfGE 63, 343 (376 f.), verletze eine vollständige Abschaffung des Exequaturverfahrens und der damit zusammenhängenden gerichtlichen Überprüfungsmöglichkeiten die Rechtsweggarantie des Art. 19 Abs. 4 GG, *Kohler*, in: *Baur/Mansel*, 160; *Stadler*, IPRax 2004, 2 (8 f.); ähnlich *Geimer*, Anerkennung ausländischer Entscheidungen, 18; *Jayme/Kohler*, IPRax 2001, 501 (502).

Nach a.A. lasse es das Bundesverfassungsgericht, aaO, (377), aber ausreichen, wenn das ausländische Erkenntnisverfahren gleichwertigen Rechtsschutz geboten habe; da Art. 6 EMRK einen europaweit gleichwertigen prozessualen Rechtsschutzstandard gewährleiste, werde den verfassungsrechtlichen Anforderungen genügt, *Hess*, IPRax 2001, 389 (394); *Kropholler*, EZPR[8], Art. 5, Rn. 13; ähnlich *Becker*, 283. Dagegen jedoch nachdrücklich *Stadler*, IPRax 2004, 2 (9).

Auch wird der Ansicht widersprochen, die durch die Abschaffung des Exequaturs bedingte Übertragung von Hoheitsmacht auf den Urteilsstaat sei nicht vom Zustimmungsgesetz zum Amsterdamer Vertrag gem. Art. 23 Abs. 1 S. 2 GG gedeckt, da der Kompetenznorm des Art. 61 lit. c, 65 EG dieses Integrationsprogramm nicht mit hinreichender Deutlichkeit zu entnehmen sei, so *Kohler*, in: *Baur/Mansel*, 161. Vielmehr sei es unbestreitbar, dass Art. 61 lit. c, 65 EG weitreichende Harmonisierungsmaßnahmen ermögli-

Das Vollstreckungsverfahren selbst lässt die EuVTO dagegen grundsätzlich unangetastet. Gemäß Art. 20 Abs. 1 S. 1 EuVTO

> „gilt für das Vollstreckungsverfahren das Recht des Vollstreckungsmitgliedstaates",

wobei jedoch insbesondere Art. 11, 21, 23 EuVTO Vorschriften enthalten, die das zweitstaatliche Vollstreckungsverfahren ergänzen.

Diese Wirkungen der Bestätigung als Europäischer Vollstreckungstitel gelten grundsätzlich auch für gerichtliche Vergleiche und öffentliche Urkunden, Art. 24 Abs. 2 und 3 i.V.m. Art. 20 Abs. 1 bzw. Art. 25 Abs. 2 und 3 i.V.m. Art. 20 Abs. 1 EuVTO.

4. Möglichkeit eines Rechtsbehelfs gegen die Bestätigung

Fraglich ist, ob gegen die Entscheidung über den Antrag auf Bestätigung als Europäischer Vollstreckungstitel ein Rechtsbehelf zuzulassen ist.

Der ursprüngliche Kommissionsvorschlag schloss jeglichen derartigen Rechtsbehelf aus.[97] Der mit dem Entwurf angestrebte Beschleunigungseffekt werde ansonsten wieder hinfällig und es bestehe zudem auch gar keine Notwendigkeit für einen Rechtsbehelf gegen die Bestätigung, da der Schuldner einfach die Forderung anzufechten brauche, wodurch die Forderung von selbst dem Anwendungsbereich der Verordnung wieder entzogen werde.[98]

Zur Stärkung der Verteidigungsrechte des Schuldner, aber vor allem auch, um dem Gläubiger eine Möglichkeit zu geben, sich gegen die Ablehnung der Bestätigung zu wehren,[99] schlug das Europäische Parlament daraufhin vor, die Rechtsbehelfe, die das nationale Recht gegen die Erteilung von Vollstreckungstiteln vorsieht, zuzulassen.[100]

Diesen Vorschlag lehnte die Kommission daraufhin mit der Begründung ab, die Einführung eines Rechtsbehelfs würde zu beträchtlichen Verzögerungen füh-

---

che, *Hess*, IPRax 2001, 389 (394); *Wagner*, IPRax 2002, 75 (87); *Geimer*, in: FS *Nemeth*, 241. Zu Art. 61 lit. c, 65 vgl. o. Fn. 18.

97 Art. 8 KOM (2002) 159 endg. (o. Fn. 23).

98 Begründung zu KOM (2002) 159 endg. (o. Fn. 23), 9 zu Art. 8. So auch *Geimer*, in: FS *Nemeth*, 242; *Geimer/Schütze*, EZVR², Einl., Rn. 104. *Stadler*, IPRax 2004, 2 (8) kritisiert an dieser Argumentation, dass sie die verschiedenen Prüfungsmaßstäbe des Hauptsacheverfahrens und der Bestätigung als Europäischer Vollstreckungstitel außer acht lasse. Es sei nicht einzusehen, warum der Schuldner gegen die Bestätigung selbst, auch wenn er die Forderung nicht bestritten habe, keinen Rechtsschutz genießen solle.

99 Bericht des Ausschusses für Recht und Binnenmarkt (o. Fn. 24), 9 zu Änderungsantrag 8, 16.

100 Bericht des Ausschusses für Recht und Binnenmarkt (o. Fn. 24), Änderungsantrag 8. Für ein Rechtsmittel des Schuldners gegen die Erteilung des Formulars auch *Wagner*, IPRax 2002, 75 (93, Fn. 310).

ren und laufe daher der mit der Verordnung bezweckten Beschleunigung der Vollstreckung zuwider.[101] Zudem verdiene der Schuldner, der die Möglichkeiten des Bestreitens im erststaatlichen Verfahren nicht genutzt hat, nicht den Schutz eines Rechtsbehelfs gegen die Bestätigung.[102]

Entsprechend den Vorschlägen der Kommission sieht auch die EuVTO keinen Rechtsbehelf gegen die Erteilung der Bestätigung vor. Art. 10 Abs. 4 EuVTO legt fest:

> „Gegen die Ausstellung einer Bestätigung als Europäischer Vollstreckungstitel ist kein Rechtsbehelf möglich".

Diese Bestimmung ist jedoch vor dem Hintergrund der veränderten Ausgangsbedingungen zu betrachten: Ursprünglich rechtfertigte die Kommission den Ausschluss eines Rechtsbehelfs damit, dass der Schuldner durch Anfechtung der Ausgangsentscheidung die Forderung der Verordnung entziehen könne, und daher keinerlei Bedürfnis bestehe, ihm einen Rechtsbehelf zur Seite zu stellen. Mit der Veränderung durch die EuVTO wurden jedoch auch nicht rechtskräftige, sondern lediglich vollstreckbare Entscheidungen sowie vor allem auch mit einem erststaatlichen Rechtsbehelf bestrittene Forderungen in den Anwendungsbereich der EuVTO einbezogen.[103] Legt der Schuldner gegen die vollstreckbare Entscheidung im Erststaat einen Rechtsbehelf ein, so ändert dies also grundsätzlich nichts am Bestehen und der Wirksamkeit des Europäischen Vollstreckungstitels. Der Schuldner kann die Entscheidung mithin nun nicht mehr durch einfaches Bestreiten der Verordnung entziehen. Damit ist der Mangel eines Rechtsbehelfs nicht mehr anhand dieser Argumentationsschiene begründbar.

Die veränderten Grundbedingungen haben den Rat daher veranlasst, den Rechtsschutz neu zu überdenken. Zwar werden Rechtsbehelfe gegen die Ausstellung der Bestätigung grundsätzlich ausgeschlossen, so dass insbesondere die Vollstreckungsrechtsbehelfe des Vollstreckungsmitgliedstaates nicht zu einer Überprüfung der Bestätigung führen dürfen.[104] Die EuVTO bietet dem Schuldner jedoch nunmehr die Möglichkeit, die Bestätigung gemäß Art. 10 Abs. 1 lit. b) widerrufen zu lassen,

> „wenn sie hinsichtlich der in dieser Verordnung festgelegten Voraussetzungen eindeutig zu Unrecht erteilt wurde."[105]

---

[101] Begründung zu KOM (2003) 341 endg. (o. Fn. 82), 4.

[102] Begründung zu KOM (2003) 341 endg. (o. Fn. 82), 4 f. Zudem sei der Schuldner ausreichend durch die verfahrensrechtlichen Mindeststandards des Kapitels III der Verordnung geschützt, so *Hüßtege*, in: *Gottwald*, 135.

[103] S.o. S. 181 ff.

[104] *Stadler*, IPRax 2004, 2 (6).

[105] Daneben kann der Schuldner gemäß Art. 10 Abs. 1 lit. a EuVTO die Bestätigung berich-

Mit dem Widerruf steht dem Schuldner somit ein Rechtsinstrument zur Verfügung, mit dem er unmittelbar die Bestätigung als Europäischer Vollstreckungstitel angehen kann.[106] Zu richten ist der Antrag auf Widerruf an das Ursprungsgericht; maßgeblich ist gemäß Art. 10 Abs. 2 EuVTO das Recht des Ursprungsmitgliedstaates. Er erscheint nun nicht mehr gänzlich schutzlos gegen die Bestätigung. Nach Ansicht der Kommission hat der Rat hier sogar eine Lösung gefunden, die „die Rechte des Schuldners in vollem Umfang schützt".[107]

Daneben bleiben dem Schuldner die Möglichkeiten der Art. 6 Abs. 2 und Art. 23 EuVTO, mit denen er erreichen kann, dass Vollstreckungshindernisse oder das Einlegen eines Rechtsbehelfs gegen die Ausgangsentscheidung auch bei der Vollstreckung des Europäischen Vollstreckungstitels beachtet werden.[108] Diese Instrumente sind allerdings nicht als eigentliche Rechtsbehelfe gegen die Bestätigung anzusehen, sondern ermöglichen dem Schuldner lediglich diejenigen Vollstreckungseinwände auch im Vollstreckungsmitgliedstaat geltend zu machen, die auch im Erststaat zur Beschränkung oder Aussetzung der Vollstreckung führen.

Den vom Europäischen Parlament angeregten Schutz auch des Gläubigers gegen die Ablehnung der Bestätigung setzt die EuVTO dagegen explizit nicht um. Jedoch schließt der Wortlaut der EuVTO ausdrücklich nur Rechtsbehelfe „gegen die Ausstellung der Bestätigung" aus; Rechtsbehelfe gegen die Ablehnung einer Bestätigung bleiben demnach unberührt. Nach Auffassung der Kommission ist diesbezüglich somit das einzelstaatliche Recht gefragt.[109]

5. Bewertung der Verordnung

Die Einführung eines Europäischen Vollstreckungstitels für unbestrittene Forderungen mit der gleichzeitigen Abschaffung des Exequaturverfahrens in diesem Bereich bedeutet einen Fortschritt auf dem Weg zu einer ungehinderten

---

tigen lassen, wenn sie von der Entscheidung „aufgrund eines materiellen Fehlers" abweicht. Vgl. dazu *Stein*, IPRax 2004, 181 (190).

106 Art. 10 Abs. 4 EuVTO ist somit dahingehend auszulegen, dass kein anderer Rechtsbehelf, als die in Abs. 1 genannten, zulässig ist, *Stein*, IPRax, 181 (190); *Kropholler*, EZPR[8], Art. 10 EuVTO, Rn. 10; *Wagner*, IPRax 2005, 189 (193)..

107 KOM (2004) 90 endg. (o. Fn. 24), 6 zu Abänderungen 6, 7, 8, 16. Ebenso *Stein*, IPRax 2004, 181 (190); *ders.*, EuZW 2005, 679 (681). *Stadler*, RIW 2004, 801 (805), sieht hierin demgegenüber lediglich das „absolute Minimum an Schuldnerschutz" gewährleistet.

108 Vgl. o. S. 183. *Kropholler*, EZPR[8], Art. 11 EuVTO, Rn. 1, Art. 23 EuVTO, Rn. 1.

109 KOM (2004) 90 endg. (o. Fn. 24), 6 zu Abänderungen 6, 7, 8, 16. Ebenso *Stein*, IPRax 2004, 181 (190); *ders.*, EuZW 2005, 679 (681). Das deutsche Recht gewährt dem Gläubiger gemäß § 1080 Abs. 2 ZPO nunmehr diejenigen Rechtsbehelfe, die dem Gläubiger im Klauselerteilungsverfahren zustehen, vgl. *Kropholler*, EZPR[8], Art. 9 EuVTO, Rn. 7; *Coester-Waltjen*, in: FS *Ansay*, 55 f.

Urteilsfreizügigkeit und dem reibungslosen Funktionieren des Binnenmarktes.[110] Das Exequaturverfahren wird durch eine zusätzliche, aber bloß formelle Prüfung des erststaatlichen Gerichts bei der Ausstellung der Bestätigung des Titels ersetzt[111] und die Gerichte des Vollstreckungsstaates werden damit erheblich entlastet.[112] Der Gläubiger ist nicht mehr darauf verwiesen, seinen Titel vor einem ausländischen Gericht für vollstreckbar erklären lassen zu müssen, um mit der Vollstreckung zu beginnen, sondern kann unmittelbar mit dem als Europäischem Vollstreckungstitel bestätigten Titel an das jeweilige Vollstreckungsorgan herantreten. Vom völkerrechtlichen Standpunkt her, aus dem die Notwendigkeit einer Vollstreckbarerklärung hergeleitet wird,[113] kann dies zu Recht als „quasi-revolutionärer Vorgang" beschrieben werden.[114]

Das Interesse der Gläubiger an einer schnellen, effizienten und günstigeren Vollstreckung wird somit durch die EuVTO verwirklicht.[115] Demgegenüber ist es fraglich, ob die Verordnung auch die legitimen Schuldnerbelange in ausreichender Weise einbezogen und in die Regelungen hat einfließen lassen.[116]

Zunächst kommt der Schuldnerschutz im Grundkonzept der Verordnung dergestalt zum Ausdruck, dass in den Fällen der Art. 3 Abs. 1 lit. b) und c) EuVTO prozessuale Mindestvoraussetzungen sicherstellen sollen, dass der Schuldner in ausreichender Weise Gelegenheit bekommen hat, sich am Verfahren zu beteiligen. Allerdings wird es keiner neutralen dritten Stelle übertragen, die Einhaltung dieser Schutzvorschriften zu überprüfen, sondern das erkennende Gericht hat die Prüfung aus Beschleunigungsgründen selbst vorzunehmen. Diese Übertragung der Prüfungskompetenz verhilft zwar dem gegenseitigen Vertrauen in die Gerichtsbarkeit zur vollen Geltung,[117] dem Schuldnerschutz ist sie allerdings abträglich, da die Wahrscheinlichkeit, dass das Gericht Fehler im eigenen Verfah-

---

110 *Hess*, NJW 2002, 2424 (2426); *Hüßtege*, in: *Gottwald*, 137; *Yessiou-Faltsi*, 246; *Coester-Waltjen*, in: FS *Ansay*, 47. *Kohler*, in: *Reichelt/Jayme*, 79, gibt zwar einen Effizienzgewinn durch die Verordnung zu, behauptet aber, dass eine Beschleunigung der Auslandsvollstreckung kaum erreicht werde.

111 *Hüßtege*, in: *Gottwald*, 124.

112 *Coester-Waltjen*, in: FS *Beys*, 186 f. Nach *Kohler*, in: *Reichelt/Jayme*, 79, korrespondiert diese Ersparnis aber mit einer gleichwertigen Arbeitsinvestition im Urteilsstaat.

113 Vgl. o. S. 119 f.

114 So *Geimer*, IPRax 2002, 69 (71), *ders.*, in: FS *Nemeth*, 238.

115 *Kropholler*, EZPR[8], Art. 1 EuVTO, Rn. 3; *Wagner*, IPRax 2005, 189 (191).

116 Ähnlich *Rauscher*, EuVT, Rn. 14, 188. *Wagner*, IPRax 2003, 75 (95) bekräftigt dies mit dem Hinweis, dass jeder Unionsbürger – auch die Verfechter des Europäischen Vollstreckungstitels – potentieller Schuldner im Sinne der Verordnung sei. Ähnlich *Stadler*, RIW 2004, 801 (802 f.). Auch *Kerameus*, in: Grenzüberschreitungen, 361, kritisiert die praktische Auswirkung der Verordnung, dass die ganze Last des Prozesses dem Schuldner aufgebürdet wird. Ähnlich *Stadler*, IPRax 2004, 1 (9); *Wagner*, IPRax 2005, 189 (200).

117 *Kropholler*, EZPR[8], Art. 5 EuVTO, Rn. 14.

ren bei der Ausstellung des Formblatts in Anhang I zur EuVTO noch erkennt und anmerkt, eher gering ist.[118]

Das im Rahmen der EuGVO dem Schuldnerschutz dienende Rechtsbehelfsverfahren der Art. 43 f. EuGVO und damit eine den Art. 34, 35 Abs. 1 EuGVO entsprechende Prüfung von Anerkennungshindernissen entfällt mit der Abschaffung des Vollstreckbarerklärungsverfahrens.[119] Während die Kommissionsvorschläge dem Schuldner auch jeglichen Rechtsbehelf gegen die Bestätigung als Europäischer Vollstreckungstitel versagten, wurde diese Position durch die Verordnung aufgeweicht.[120] Zwar ist ein Rechtsbehelf gegen die Ausstellung der Bestätigung grundsätzlich ausgeschlossen, doch steht dem Schuldner nun neben einer Berichtigung des Titels auch die Möglichkeit des Widerrufs gemäß Art. 10 Abs. 1 lit. b) EuVTO zur Verfügung. Da der Widerruf aber nur auf die Verletzung der „in der Verordnung festgelegten Voraussetzungen" gestützt werden kann und vor allem nur dann durchschlägt, wenn der Verstoß „eindeutig" ist, erweist sich diese Rechtsschutzmöglichkeit als eng begrenzt und nur auf den Ausnahmefall zugeschnitten.[121] Die EuVTO weist diesen Schutz zudem wiederum dem erststaatlichen Gericht zu, das erneut über das eigene Verfahren zu richten hat. Einen zweitstaatlichen Schutz des Schuldners sieht die Verordnung demgegenüber folglich nicht vor. Vor dem Hintergrund, dass so dem Schuldner im Zweitstaat keine Möglichkeit eröffnet wird, einen Verstoß gegen den anerkennungsrechtlichen *ordre public* vorzubringen, erscheint die Regelung problematisch.[122]

---

[118] *Kohler*, RIW 2003, Heft 10, Die erste Seite, umschreibt dies pointiert: „der Geprüfte ist selbst der Prüfer". Auch *Stadler*, IPRax 2004, 2 (7) befürchtet, dass diese Vorgehensweise nicht dazu beitragen werde, Fehler im Verfahren aufzudecken. Skeptisch auch *Coester-Waltjen*, in: FS *Beys* 187. *Hüßtege*, in: *Gottwald*, 134 f., sieht eine Lösungsmöglichkeit darin, dass es den Mitgliedstaaten vorbehalten bleibe, die funktionelle Zuständigkeit innerhalb des Ursprungsgericht so zu wählen, dass tatsächlich keine doppelte Prüfung in selber Hand stattfindet. Dem folgend *Stein*, IPRax 2004, 181 (189); *Mankowski*, RIW 2004, 587 (588); *Rauscher*, RIW 2004, Heft 10, Die erste Seite; *ders.*, EuVT, Rn. 37; *Becker*, 43.

[119] *Kropholler*, EZPR[8], Einl. EuVTO, Rn. 12.

[120] Vgl. dazu o. S. 193 f.

[121] Anders *Stein*, IPRax 2004, 181 (190).

[122] Ganz überwiegend wird gefordert, dass eine Überprüfung von Entscheidungen unter dem Gesichtspunkt des *ordre public* möglich bleiben müsse; es bedürfe zumindest einer Restkontrolle im Vollstreckungsstaat, mit der die Verletzung elementarer Grundwertungen des Vollstreckungsstaats abgewehrt werden könne, *Bruns*, JZ 1999, 278; *Stadler*, in: *Gottwald*, 44 ff.; *dies.*, RIW 2004, 801 (803); *Gottwald*, Ritsumeikan LR 17 (2000), 49 (54); *Gundel*, EWS 2000, 442 (448); *Hess*, JZ 2001, 573 (582); *Kropholler*, EZPR[8], Art. 34 EuGVO, Rn. 3; *Mansel*, in: *Baur/Mansel*, 12 f.; *Kohler*, ebd., 160 f.; *Pirrung* (Diskussionsbeitrag), ebd., 170; *Wagner*, IPRax 2002, 75 (91, 93, 95); *Kohler*, RIW 2003, Heft 10, Die erste Seite; *ders.*, in: *Reichelt/Jayme*, 74 f.; *Coester-Waltjen*, in FS *Beys*, 193 f.;

Betrachtet man zudem den Zeitraum vor Rechtskraft der als Europäischer Vollstreckungstitel bestätigten Entscheidung, so wird dem Schuldner die Wah-

---

Rauscher, EuVT, Rn. 17; *Becker*, 284 f., 286 f.; *Jayme/Kohler*, IPRax 2004, 481 (483, 486 unter Hinweis auf das zum EuGVÜ ergangene Urteil des BGH, NJW 2004, 2386).

Nach a.A. entfalle aufgrund des gegenseitigen Vertrauens in die Justizsysteme der Mitgliedstaaten die Notwendigkeit eines *ordre public*-Vorbehalts, der ohnehin nur äußerst selten zur Anwendung gelangt und sich „in einer Schieflage zum europäischen Integrationsprozess" befinde, Mitteilung der Kommission (o. 2. Kap., Fn. 23), ABl. EG 1998, Nr. C 33/3 (9 sub 20.); ebenso bereits *Storme*, 588 f.; *Raum/Lindner*, NJW 1999, 465 (470); *Leipold*, in: FS *Stoll*, 646; *Stein*, IPRax 2004, 181 (185 ff.); *Hüßtege*, in: *Gottwald*, 137; *ders.*, in: FS *Jayme*, 385; *Kropholler*, Art. 5 EuVTO, Rn. 5.

Die Berechtigung dieses „verordneten" gegenseitigen Vertrauens gerade vor dem Hintergrund der Erweiterung der EU zum 1.5.2004 bezweifeln jedoch, *Stadler*, in *Gottwald*, 45; *dies.*, IPRax 2004, 2 (8); *Kohler*, RIW 2003, Heft 10, Die erste Seite; *Jayme/Kohler*, IPRax 2004, 481 (483). Der der Entscheidung des EuGH, Rs. C-7/98 – *Krombach/Bamberski*, Slg. 2000 I, 1935 ff., zugrunde liegende Sachverhalt wird zudem als Beleg dafür herangezogen, dass es trotz gegenseitigen Vertrauens immer noch zur Verletzung wesentlicher rechtsstaatlicher Grundsätze kommen könne. Bei Wegfall des *ordre public*-Vorbehalts müsste auch ein solches Urteil trotz Verstoßes gegen die EMRK gemeinschaftsweit vollstreckt werden, *Stadler*, aaO, 46; *Mansel*, in: *Baur/Mansel*, 12; *Wagner*, IPRax 2002, 75 (91 f); *Stoppenbrink*, ERPL 2002, 641 (670 f.); *Stadler*, IPRax 2004, 2 (8). Anders *Stein*, IPRax 2004, 181 (186).

Ein Verzicht auf den *ordre public* als Ausweg im Extremfall sei erst möglich, wenn nicht mehr die Gefahr bestehe, dass in einem Mitgliedstaat getroffene Entscheidungen mit Grundprinzipien des Rechts in einem anderen Mitgliedstaat unvereinbar sind, vgl. Vermerk der deutschen, britischen und schwedischen Delegation für den Ausschuss für Zivilrecht vom 12.1.2001, Doc 5259/01 JUSTCIV 5, IPRax 2001, 489 (490). Diese Gefahr sei aber erst gebannt, wenn es zuvor zu einer ausreichenden Angleichung bzw. Harmonisierung der jeweiligen Verfahrensrechte gekommen sei, *Hess*, IPRax 2000, 361 (Fn. 5); *Hess*, IPRax 2001, 389 (391); *Wagner*, IPRax 2002, 75 (90 f.).

Teilweise wird vorgeschlagen, dass bei einem Wegfall des Exequaturverfahrens Einwendungen hinsichtlich des *ordre public* mit den allgemeinen Rechtsbehelfen der Zwangsvollstreckung im Zweitstaat geltend gemacht werden müssten, *Hess*, JZ 2001, 573 (582); *ders.* (Diskussionsbeitrag), in: *Baur/Mansel*, 166; ähnlich *Wagner*, IPRax 2002, 75 (93), der allerdings für die Einführung eines gesonderten Verfahrens im Zweitstaat plädiert. Dies führe dann aber zu einer „Re-Nationalisierung des einheitlich gewollten Systems" und sei ein echter Rückschritt gegenüber den Systemen des EuGVÜ und der EuGVO, *Hess*, JZ 2001, 573 (582); *ders.* (Diskussionsbeitrag), in: *Baur/Mansel*, 166; *Wagner*, IPRax 2002, 75 (95); *Kohler*, RIW 2003, Heft 10, Die erste Seite. Nach *Stein*, IPRax 2004, 181 (191), besteht für eine solche zweitstaatliche Regelung neben der EuVTO gar kein Raum. Nach a.A. schließt das Verbot des *Révision au fond* in Art. 21 Abs. 2 EuVTO es aus, im Vollstreckungsabwehrprozess die Vereinbarkeit mit dem *ordre public* zu prüfen, *Schollmeyer*, IPRax 2002, 478 (481). *Rauscher*, RIW 2004, Heft 11, Die erste Seite, *ders.*, EuVT, Rn. 24, 28 f., 181, *ders.*, GPR 2004, 286 (292), hingegen sieht die Aussetzung der Vollstreckung nach Art. 23 EuVTO als probates Mittel zum Nutzen eines rung seiner Rechte im Gegensatz zur Konzeption des Art. 47 Abs. 2 und 3 EuGVO selbst auferlegt. Die Vollstreckung ist nämlich nicht von sich aus vor Rechtskraft auf Maßnahmen zur Sicherung beschränkt, sondern der Schuldner muss selbst die Wirkung des Art. 11 EuVTO anhand des Verfahrens in Art. 6 Abs. 2 EuVTO durchsetzen.[123] Dem Schutz des Schuldners würde eine Art. 47 EuGVO entsprechende Regelung im System der EuVTO, mit der vor der Rechtskraft der Entscheidung die Vollstreckung automatisch auf Maßnahmen zur Sicherung beschränkt werden, mehr dienen als die jetztige. Zudem könnte auf die Prinzipien zurückgegriffen werden, die sich hinsichtlich der konkreten Maßnahmen zur Sicherung bei Art. 47 Abs. 2 und 3 EuGVO herausgebildet haben.[124] Eine vollstreckbare Entscheidung sollte somit lediglich zu Vollstreckungsmaßnahmen zur Sicherung berechtigen, nicht jedoch zu solchen zur Befriedigung.[125] Dem Gläubiger wäre es dann zuzumuten und mit keinem erheblichen Zeitaufwand verbunden, sich bestätigen zu lassen, dass die Rechtskraft der Entscheidung eingetreten ist, um zur Befriedigungsvollstreckung überzugehen.

In der Summe bewirkt die Abschaffung des Exequaturverfahrens mithin die Verkürzung des Schuldnerschutzes,[126] der nun vor allem durch die eigene Initiative des Schuldners bestimmt ist. Ihm wird somit im unübersichtlichen transnationalen Verfahren eine noch größere Sorgfalt abverlangt, die er ohne Rechtsberatung nicht zu leisten vermag.[127] Vor dem Hintergrund, dass Schuldner nicht immer „mit allen Wassern gewaschen" sind und „mit ihrer Verteidigung auch nicht schlechthin betrügerische Absichten" verfolgen,[128] erscheint diese Entwicklung bedenklich.[129]

---

effektiven Grundrechtsschutz, wenn der Schuldner Individualbeschwerde zum EGMR eingelegt habe. Demgegenüber bestreiten *Wagner*, IPRax 2005, 189 (198, 200), und *Kropholler*, Art. 23 EuVTO, Rn. 4, die Anwendbarkeit von Art. 23 EuVTO bei Einlegung der Individualbeschwerde.

123 Ähnlich *Kropholler*, EZPR[8], Art. 6 EuVTO, Rn. 16.

124 Vgl. o. S. 154 ff.

125 Ebenso *Wagner*, IPRax 2002, 75 (89).

126 So auch *Stoppenbrink*, ERLP 5 (2002), 641 (669, 673); *Coester-Waltjen*, Jura 2005, 394 (397); *Stadler*, RIW 2004, 801 (802, 808); *Kropholler*, EZPR[8], Art. 2 EuVTO, Rn. 5; ähnlich *Hess*, IPRax 2004, 493 (494); *Becker*, 286 f.

127 Ähnlich *Coester-Waltjen*, Jura 2005, 394 (397); *dies*, in: FS *Ansay*, 60. *Stadler*, IPRax 2004, 2 (10), gibt zu bedenken, dass der Bürger möglicherweise mehr auf die Kontrolle durch seinen Wohnsitzsstaat vertraut als das Gemeinschaftsrecht noch zu leisten bereit ist. Nach *Coester-Waltjen*, Jura 2005, 394 (395); *dies.*, in: FS *Ansay*, 51, komme der Verordnung somit auch eine erzieherische Komponente zu, da sich seine Nachteile vergrößern würden, wenn er sich absichtlich oder fahrlässig nicht sofort gegen eine aus seiner Sicht unbegründete Klage wehrt.

128 *Wagner*, IPRax 2002, 75 (95).

129 *Geimer*, in: FS *Nemeth*, 241, sieht den Verzicht auf Schuldnerschutz dagegen als notwendiges Opfer auf dem Weg zum Vereinten Europa an. *Stadler*, IPRax 2004, 2 (10), bemerkt ebenfalls dazu, dass jede weitere Beschleunigung der grenzüberschreitenden Voll-

Zusammenfassend lässt sich sagen, dass die Verordnung zur Einführung eines Europäischen Vollstreckungstitels zwar die Freizügigkeit von Entscheidungen über unbestrittene Forderungen im Binnenmarkt verwirklicht, wobei diese Entwicklung auf ihrem jetzigen Stand jedoch auf Kosten des Rechtsschutzes der Schuldner geht.

---

streckung „nur um den Preis der fast völligen Aufgabe des Schuldnerschutzes außerhalb des Urteilsstaates" zu erreichen sei. Zu den Errungenschaften des Rechtsstaates gehöre es jedoch gerade, die Beklagtenrechte nicht völlig einer schnellen Durchsetzung des Gläubigerrechts zu opfern, aaO, (7 f.). Der europäische Gesetzgeber überfahre gar das nur zögerlich wachsende Integrationsbewusstsein der Bevölkerung, *dies.*, RIW 2004, 801 (808).

B. Schutz des Dritten vor der Zwangsvollstreckung aus einem Europäischen Vollstreckungstitel

Betrachtet man nun diese Entwicklung aus der Perspektive des Dritten, dessen Rechtsschutz zur Untersuchung steht, so stellt sich die Frage, inwieweit die Einführung des Europäischen Vollstreckungstitels und insbesondere die Abschaffung des Vollstreckbarerklärungsverfahrens die Systematik des Rechtsschutzes im Falle grenzüberschreitender Vollstreckungen[130] beeinflusst und verändert.

I. Folgen aus der Einführung des Europäischen Vollstreckungstitels selbst

Wird eine Entscheidung über eine unbestrittene Forderung gemäß Art. 6 Abs. 1 EuVTO als Europäischer Vollstreckungstitel bestätigt, wird die Entscheidung gemäß Art. 5 EuVTO in den anderen Mitgliedstaaten anerkannt und vollstreckt, ohne dass es einer Vollstreckbarerklärung bedarf. Mit der Bestätigung wird dem Titel, der grundsätzlich räumlich auf den Urteilsstaat begrenzt vollstreckbar ist,[131] also die Vollstreckbarkeit für alle Mitgliedstaaten verliehen. Die Bestätigung bewirkt somit lediglich die territoriale Ausweitung der Vollstreckbarkeitswirkung.

Die Position des Dritten könnte diese Ausweitung allenfalls dann betreffen, wenn dieser bereits durch die Wirkung der Vollstreckbarkeit des Titels im Erststaat an sich in seinen Rechten tangiert wäre, so dass die Wirkungserstreckung auf andere Mitgliedstaaten die Beeinträchtigung verschärfen würde.

Da sich im Falle der Zwangsvollstreckung wegen Geldforderungen aber allein aus dem Titel noch keine Individualisierung des Vollstreckungsobjekts ergibt, sondern nur die Grundlage für eine Vollstreckung geschaffen wird, bei der der Schuldner grundsätzlich mit seinem Vermögen haftet, folgt aus der Wirkung der Vollstreckbarkeit selbst auch noch keine Gefährdung der Rechte Dritter. Damit eine solche Gefährdung eintritt, müssen vielmehr noch weitere Zwischenschritte erfolgen.[132] Folglich bedeutet auch die Erweiterung der Vollstreckbarkeitswirkung keine Beeinträchtigung für den Dritten.

Die Installierung des Europäischen Vollstreckungstitels allein bedingt somit keine erweiterte Schutzwürdigkeit unbeteiligter Dritter.

II. Folgen aus der Abschaffung des Vollstreckbarerklärungsverfahrens

Etwas anderes könnte sich jedoch daraus ergeben, dass mit der Einführung eines Europäischen Vollstreckungstitels die Abschaffung des Exequaturverfah-

130 Vgl. o. S. 119 ff.
131 Vgl. o. S. 119.
132 Vgl. o. S. 126.

rens für Entscheidungen über unbestrittene Forderungen einhergeht. Soweit dem Dritten im Rahmen des Exequaturverfahrens Rechtsschutzmöglichkeiten zuerkannt werden, entfallen diese beim Wegfall des gesamten Procederes ebenfalls. Es käme zu einer Verkürzung des Rechtsschutzes des Dritten, der durch adäquate Instrumente im Rahmen der EuVTO auszugleichen wäre.

Allein – wie sich aus den obigen Ausführungen ergibt –[133] bietet das Verfahren der Vollstreckbarerklärung einem Dritten gerechtfertigterweise keinerlei Möglichkeiten sich zu beteiligen oder Einwände vorzubringen.[134] Die Abschaffung des Exequaturverfahrens umfasst damit nicht auch die Abschaffung von drittschützenden Rechtsbehelfen, so dass hierdurch keine Verkürzung des Rechtsschutzes eintritt und sich eine ausgleichende Regelung erübrigt.

III. Folgen für die Vollstreckung aus dem als Europäischer Vollstreckungstitel bestätigten Titel

Die EuVTO lässt den Grundsatz des internationalen Zwangsvollstreckungsrechts, dass die Durchführung der Vollstreckung grundsätzlich als Ausübung hoheitlicher Befugnisse dem Vollstreckungsstaat obliegt,[135] unangetastet. Nach Art. 20 Abs. 1 S. 2 EuVTO wird nämlich die bestätigte Entscheidung unter den gleichen Bedingungen vollstreckt wie eine inländische Entscheidung des Vollstreckungsmitgliedstaats, sie soll im Sinne des Erwägungsgrundes 8 S. 2 zur EuVTO so behandelt werden, als wäre sie im Zweitstaat ergangen. Das Verfahren folgt gemäß Art. 20 Abs. 1 S. 1 EuVTO der *lex fori* des Vollstreckungsmitgliedstaats.[136]

Tritt nunmehr der mit einer als Europäischer Vollstreckungstitel bestätigten Entscheidung ausgestattete Gläubiger an das zweitstaatliche Vollstreckungsorgan heran, erfolgt die Vollstreckung der Entscheidung nach zweitstaatlichen Kategorien. Dies bedingt – ohne Unterschied zur Vollstreckungssituation aufgrund eines Exequaturs – dasselbe Fehlerpotential des Vollstreckungsorgans und somit spiegelbildlich dasselbe Gefärdungspotential für unbeteiligte Dritte. Da deren Rechte durch die Durchführung von Vollstreckungsmaßnahmen betroffen werden können, ergibt sich ein Rechtsschutzbedürfnis und somit ist es notwendig, den Dritten Rechtsbehelfe zur Verfügung zu stellen.

Der Verweis auf die *lex fori* des Vollstreckungsstaats umfasst nach dem Willen der Kommission auch den Verweis auf die Rechtsbehelfe, die gegen die

---

133 Vgl. o. S. 125 ff.

134 Zur möglichen Betroffenheit des Dritten durch Maßnahmen im Sinne des Art. 47 Abs. 1 EuGVO und die diesbezüglichen Auswirkungen der Einführung eines Europäischen Vollstreckungstitels s. sogleich IV.

135 Vgl. o. S. 119 f.

136 Harmonisierte Maßnahmen für das Vollstreckungsverfahren beabsichtigt die Verordnung entsprechend ihres Regelungszwecks nämlich gerade nicht, *Yessiou-Faltsi*, 228.

Vollstreckungsmaßnahmen erhoben werden können.[137] Dies deckt sich mit dem allgemeinen Verständnis, dass das Recht des Vollstreckungsmitgliedstaates auch entscheiden können muss, in welchem Rahmen Rechtsbehelfe gegen Vollstreckungsmaßnahmen zugelassen werden.[138] Somit sind grundsätzlich die Rechtsbehelfe des autonomen Zwangsvollstreckungsrechts des Zweitstaats anwendbar.

In der anerkennungsrechtlichen Tradition des Art. 29 EuGVÜ und Art. 36 EuGVO schließt Art. 21 Abs. 2 EuVTO jedoch eine Überprüfung der erststaatlichen Entscheidung sowie der Bestätigung in der Sache selbst aus, um sicherzustellen, dass nicht anhand von Vollstreckungsrechtsbehelfen der Ausschluss des Art. 10 Abs. 4 EuVTO umgangen wird und letztlich der Beschleunigungseffekt der Verordnung *ad absurdum* geführt wird.[139]

Ein Dritter, der durch die Vollstreckung einer als Europäischer Vollstreckungstitel bestätigten Entscheidung in seinen Rechten betroffen wird, kann somit zur Abwehr dieser Beeinträchtigung das jeweilige Instrument des Drittwiderspruchs einlegen.[140]

IV. Folgen für das Regelungsgefüge des einstweiligen Rechtsschutzes

Nach den Vorschlägen der Kommission war beabsichtigt, einen „Europäischen Vollstreckungstitel für Sicherungsmaßnahmen" einzuführen, um dem Sicherungsinteresse des Gläubigers bis zum Eintritt der Rechtskraft der erststaatlichen Entscheidung entgegenzukommen.[141] Die als Europäischer Vollstreckungstitel für Sicherungsmaßnahmen bestätigte Entscheidung sollte nach Vorstellung der Kommission die Befugnis zur Durchführung von Sicherungsmaßnahmen im Vollstreckungsstaat beinhalten.[142] Insoweit lehnte sich der Kommissionsvorschlag an die Regelung des Art. 47 Abs. 2 EuGVO an. Die dort mit dem Exequatur verbundene befugniserteilende Wirkung sollte auf als Europäischer Vollstreckungstitel für Sicherungsmaßnahmen bestätigte, vollstreckbare, aber nicht rechtskräftige Entscheidungen ausgedehnt werden. Das Bedürfnis und die Möglichkeiten, einen unbeteiligten Dritten vor dem Vollzug solcher Maßnahmen zu

---

137 So in der Begründung zu KOM (2002) 159 endg. (o. Fn. 23), 15 gemeint. *Schollmeyer*, IPRax 2002, 478 (481, Fn. 37); *Kohler*, in: *Reichelt/Rechberger*, 73; *Rechberger/Frauenberger-Pfeiler*, 413; *Kropholler*, EZPR[8], Art. 20 EuVTO, Rn. 4, 12; *Coester-Waltjen*, in: FS *Ansay*, 57; *Wagner*, IPRax 2005, 401 (407).

138 S.o. S. 147.

139 Aufgrund dessen greift auch der Einwand *Coester-Waltjens*, Jura 2005, 394 (395), und *Luckeys*, ProzRB 2005, 242 (244), dass die Anwendung zweier möglicherweise nicht abgestimmter Verfahrensordnungen zu Problemen führen werde, nicht. Zum Problem der Anwendung der Vollstreckungsgegenklage vgl. o. Fn. 60.

140 Vgl. o. S. 6 ff. Explizit zur Drittwiderspruchsklage *Hüßtege*, in: *Gottwald*, 136.

141 Vgl. o. S. 181.

142 Vgl. o. S. 181 f.

schützen, hätten infolgedessen der Systematik bei Art. 47 Abs. 2 EuGVO entsprochen.[143]

Der Rat hat dieses Konzept jedoch in seinem Gemeinsamen Standpunkt verworfen und einer Regelung den Vorzug gegeben, die den Anwendungsbereich der EuVTO auf vollstreckbare Entscheidungen erweitert. Damit gilt vom Grundsatz her, dass auch lediglich vollstreckbare Entscheidungen, die als Europäischer Vollstreckungstitel bestätigt worden sind, vollständig, d.h. also in den Gläubiger befriedigender Weise vollstreckt werden. Eine Notwendigkeit für die Einführung eines gesonderten Titels für Sicherungsmaßnahmen für den von der Kommission ausgesparten Bereich zwischen Vollstreckbarkeit und Rechtskraft bestand daher nicht mehr. Damit verändert sich auch der Ansatzpunkt für die Frage, in welcher Weise Dritte durch diese Regelung berührt sind; ein Verweis auf die Zusammenhänge bei Art. 47 Abs. 2 EuGVO trägt nun nicht mehr. Vielmehr liegt ein gewöhnlicher Europäischer Vollstreckungstitel vor, dessen Auswirkun--gen für unbeteiligte Dritte im Falle seiner Vollstreckung bereits ausgeführt wurden.[144]

Um den Unterschied zwischen bloßer Vollstreckbarkeit und Rechtskraft der Entscheidung nicht leerlaufen zu lassen, sieht die EuVTO in Art. 11 jedoch vor, dass die Bestätigung nur im Rahmen der Vollstreckbarkeit der Entscheidung ihre Wirkung entfaltet; der Schuldner kann diesen Rahmen anhand von Art. 6 Abs. 2 EuVTO geltend machen und so die Vollstreckung auf Sicherungsmaßnahmen beschränken lassen.[145]

Tut er dies, so führt er selbst eine Wirkung des Europäischen Vollstreckungstitels herbei wie sie Art. 47 Abs. 3 EuGVO entspricht: Die Vollstreckung wird auf Maßnahmen zur Sicherung beschränkt. Diese Beschränkung ändert jedoch nichts an der grundsätzlichen Geltung des Art. 20 Abs. 1 EuVTO; welche Maßnahmen nunmehr also konkret in Betracht kommen, richtet sich noch immer nach dem Recht des Vollstreckungsmitgliedstaats. Nach der hier vertretenen Auffassung handelt es sich bei diesen Maßnahmen um diejenigen, auf die der Gläubiger im Rahmen des Art. 47 Abs. 2 EuGVO verwiesen wird.[146]

Das Bedrohungspotential des Dritten und dessen Möglichkeiten des Rechtsschutzes sind folglich wiederum auf der Grundlage des autonomen Rechts des Vollstreckungsstaats zu bestimmen.[147]

Zusammenfassend lässt sich erkennen, dass durch die EuVTO einerseits zwar die beabsichtigte Einführung eines „Europäischen Vollstreckungstitels für Sicherungsmaßnahmen“ nicht verwirklicht wurde, anhand von Art. 11, 6 Abs. 2 EuVTO aber eine ähnliche Regelung in die Verordnung Einzug gefunden hat.

---

143 Vgl. o. S. 154 ff.

144 S.o. S. 202 f.

145 Vgl. o. S. 183.

146 Vgl. o. S. 156 ff., 185 f.

147 Dazu s.o. S. 145 f., 164 f.

Daraus ergeben sich allerdings für das Gefährdungspotential für Rechte unbeteiligter Dritter durch Maßnahmen zur vorläufigen Sicherung und für das Schutzniveau dieses Dritten gegen solche Beeinträchtigungen keine Veränderungen.

C. Zwischenergebnis

Mit der Einführung eines Europäischen Vollstreckungstitels für unbestrittene Forderungen und der gleichzeitigen Abschaffung des Exequaturverfahrens werden die gesteckten Ziele auf der ersten Stufe des Maßnahmenprogramms zur Umsetzung des Grundsatzes der gegenseitigen Anerkennung erfüllt, teilweise sogar übertroffen. Die Interessen der Gläubiger an einer raschen und unkomplizierten Erstreckung der Vollstreckbarkeitswirkung auf den gesamteuropäischen Raum werden sektoriell befriedigt, auf Kosten jedoch der Schuldner, die ein gewisses Maß an Schutz einbüßen und mehr als unter der Geltung des Exequaturverfahrens nach Maßgabe der EuGVO selbst zur Erlangung diesen Schutzes in die Pflicht genommen werden.

Für unbeteiligte, aber durch Maßnahmen aufgrund des Europäischen Vollstreckungstitels dennoch betroffene Dritte, bedeutet die Abschaffung der Vollstreckbarerklärung im Ergebnis keine Veränderung: Die konkreten Vollstreckungsmaßnahmen wie auch die damit zusammenhängenden Rechtsbehelfe richten sich noch immer nach der *lex fori* des Vollstreckungsstaats.

Im Hinblick auf die Betroffenheit durch die Inanspruchnahme einstweiliger Sicherungsmaßnahmen führt der Rat zwar eine von der EuGVO abweichende Regelung ein, die aber ebenfalls keine Auswirkungen auf die Situation des Dritten zeitigt, sondern nur für den Schuldner einen Abbau von Rechtsschutz bedeutet.

Die Begrenzung des Anwendungsbereichs auf unbestrittene Forderungen wirkt sich – wie sich gezeigt hat – in keinerlei Weise auf die Belange des angesprochenen Dritten aus. Einer Ausdehnung des Anwendungsbereichs und sogar einer grundsätzlichen Abschaffung des Exequaturverfahrens stehen die Belange des Dritten mithin nicht entgegen; er erweist sich grundsätzlich durch das jeweilige autonome Recht des Vollstreckungsmitgliedstaats hinreichend geschützt.

Viertes Kapitel

Zusammenfassung und Stellungnahme zur Notwendigkeit einer europaweiten Regelung des Drittschutzes in der Zwangsvollstreckung

A. Einzelergebnisse

Die Ergebnisse der vorliegenden Arbeit lassen sich wie folgt zusammenfassen.

I. Rechtsvergleich der drittbezogenen Rechtsbehelfe

1. Sowohl das deutsche, das italienische, das österreichische als auch das englische Recht bieten verfahrensrechtliche Rechtsinstitute, die auf die Situation eines durch Zwangsvollstreckungsmaßnahmen betroffenen Dritten zugeschnitten sind. Dabei zeigt sich jedoch eine entgegengesetzte Schutzrichtung zwischen der englischen Rechtsordnung, in der der Schutz des Vollstreckungsorgans im Vordergrund steht, und den kontinentalen Rechtsordnungen, die ausschließlich auf den Dritten zugeschnitten sind.

Ausschlaggebend für diesen Unterschied ist die abweichende Organisations- und Haftungsstruktur der Vollstreckungsorgane im englischen Recht. Der für Fehler bei der Vollstreckung persönlich haftende *Sheriff* muss im Gegensatz zu den in hoheitliche Strukturen integrierten kontinentalen Gerichtsvollziehern und *District Judge*s selbst für seine Entlastung sorgen, so dass es in seinem Ermessen – und nicht wie in allen anderen Fällen im Ermessen des Dritten – liegt, das Verfahren zu eröffnen.

Während das für den Rechtsbehelf zuständige Gericht grundsätzlich sowohl im deutschsprachigen Raum als auch in England von vornherein feststeht und mit dem letztlich entscheidenden Gericht übereinstimmt, sieht das italienische Recht hier einen zusätzlichen Zwischenschritt vor dem Friedensrichter vor mit dem Ziel, zunächst einen Einigungsversuch durchzuführen.

Der Entscheidungsumfang der kontinentalen Gerichte ist grundsätzlich auf die Erklärung der Unzulässigkeit der Zwangsvollstreckung beschränkt und kann nur auf Antrag auf die Feststellung des zugrunde liegenden materiellen Rechts ausgeweitet werden. In England dagegen hat das Gericht bloß eine gerechte und angemessene Entscheidung zu treffen und ist nicht in seinen Möglichkeiten beschränkt. Dies resultiert aus unterschiedlich geprägten juristischen Denkweisen, die auf der einen Seite beherrscht ist vom Gedanken der Dispositionsfreiheit der Parteien und dem Erhalt der kategorialen Institutionen, auf der anderen Seite induktiv und problemorientiert vorgeht und so den Rechtsstreit umfassend löst.

Übereinstimmend sind die drittbezogenen Rechtbehelfe zulässig ab dem Zeitpunkt, ab dem das Vollstreckungsobjekt konkretisiert ist, und bis zur vollständigen Beendigung der Vollstreckungsmaßnahme. Die Verwertung allein hindert die Zulässigkeit nicht, sondern der Rechtsbehelf richtet sich dann auf den Verwertungserlös. Nach Beendigung der Maßnahmen bestehen jeweils unterschiedlich ausgeprägte Ausgleichsmöglichkeiten, die durch die zivilrechtlichen und die Wirkungen der Erlösauskehr bedingt sind.

2. Der Dritte ist in allen Rechtsordnungen berechtigt, den Rechtsbehelf zu erheben, wenn sein Recht die Zugehörigkeit der gepfändeten Sache zum Schuldnervermögen ausschließt oder aufhebt. Das Eigentum ist dabei als Grundfall in allen Rechtsordnungen anerkannt. Ebenso ist auch der Vorbehaltsverkäufer als Eigentümer berechtigt; der Vorbehaltskäufer kann seine Position nur auf dem Kontinent geltend machen, in England hingegen nicht.

Die kontinentalen Rechtsordnungen sehen in unterschiedlichen Ausprägungen das ergänzende Institut der bevorzugten Befriedigung von Pfandrechtsinhabern vor, während ein solches in England nicht existiert. Hier ist mithin auch der Pfandrechtsinhaber immer hinsichtlich des drittbezogenen Rechtsbehelfs berechtigt, während er dies in Italien nie, in Österreich und Deutschland nur dann ist, wenn er auch im Besitz der Pfandsache ist.

Diejenigen Rechtsordnungen, die eine sicherungsweise Übertragung von Eigentum – sei es auch ohne eine Möglichkeit der besitzlosen Übertragung – anerkennen, gehen davon aus, dass der Sicherungsnehmer der Zwangsvollstreckung mit Hilfe des drittbezogenen Rechtsbehelfs widersprechen kann. Das österreichische Recht differenziert hier jedoch entsprechend den Pfandrechtsbestimmungen nach dem Besitz der Sache und lässt den Widerspruch nur zu, wenn der Sicherungsnehmer im Besitz der Sache ist; anderenfalls ist er auf die Pfandvorrechtsklage verwiesen. Der Sicherungsgeber ist dagegen immer berechtigt, da die Sache aus wirtschaftlichen, haftungsrechtlichen oder Billigkeitsgesichtspunkten zu seinem Vermögen gehört.

Somit zeigen sich insbesondere für den Bereich der dinglichen Kreditsicherheiten teilweise erhebliche Unterschiede hinsichtlich der Berechtigung des Dritten. Diese resultieren allerdings nur in geringem Maße aus einer unterschiedlichen Konstruktion der Rechtsbehelfe selbst. Denn einzig die Tatsache, dass der englische Rechtsbehelf zusätzlich die Funktion der bevorzugten Befriedigung des Pfandrechtsinhabers übernimmt, erweist sich als strukturelle Differenz. Im Übrigen resultieren die Abweichungen aus verschiedenen Konzeptionen der jeweiligen materiellen Rechte und deren Wertigkeiten.

3. Auch durch den Vollzug einstweiliger Maßnahmen können Dritte in allen Rechtsordnungen beeinträchtigt werden. Unabhängig von der Verweisungstechnik geschieht der Vollzug einstweiliger Maßnahmen auf dem Kontinent nämlich mit Mitteln der Pfändung; auch in England bedient sich der Richter, der den Verstoß gegen die einstweilige Maßnahme, die selbst nur als Verfügungsverbot wirkt, ahndet, des Vollstreckungsrechts. Aufgrund der Mittelgleichheit besteht für den Dritten mithin auch im Bereich des vorläufigen Rechtsschutzes eine pa-

rallele Gefährdungslage, der alle Rechtsordnungen mit der Zulassung der drittbezogenen Rechtsbehelfe in diesen Fällen begegnen.
4. Gemeinsamkeiten und Unterschiede in der Ausgestaltung der jeweiligen Rechtsbehelfe lassen sich auf zwei übergreifende Erklärungsansätze zurückführen: Zunächst prägen die verschiedenartigen juristischen Denkweisen die vorgefundenen Modelle. Ungleich bedeutender ist allerdings der Zusammenhang bzw. vielmehr die Abhängigkeit der prozessualen Rechtsbehelfe von den materiellrechtlichen Besonderheiten der untersuchten Rechtsordnungen.

5. Trotz aller Unterschiede bietet jede der untersuchten Rechtsordnungen einen Rechtsbehelf, der dem Dritten umfassenden Rechtsschutz gegen beeinträchtigende Zwangsvollstreckungsmaßnahmen gewährleistet. Zunächst zeigt sich nämlich hinsichtlich des Anwendungsbereichs der Rechtsbehelfe – sofern man von den Eigenarten des jeweiligen materiellen Rechts abstrahiert – ein kongruentes Bild. Diese Einschätzung hindert auch nicht der Aspekt der entgegengesetzten Schutzrichtungen der Rechtsbehelfe, denn die Ausrichtung auf den *Sheriff* im englischen Recht führt nicht dazu, dass der Dritte Rechtsschutz einbüßt. Ihm stehen vielmehr zeitliche Begrenzungen und vor allem die Möglichkeit zur Seite, den *Sheriff* auf Freigabe der Sache oder Schadensersatz zu verklagen, wenn dieser den Rechtsbehelf nicht oder nicht zügig genug einsetzt.

Bedenklich erscheint jedoch die unterschiedliche tatsächliche Effizienz der Verfahren, die ihre Ausprägung vor allem in der extrem divergierenden Verfahrensdauer findet. Hier sticht das italienische Recht negativ hervor. Neben dem allgemein bekannten Problem der Langsamkeit der italienischen Justiz ergibt die Analyse der Verfahrensvorschriften des italienischen Rechts im Vergleich zu den Regelungen der anderen Rechtsordnungen jedoch zumindest eine Möglichkeit der Reduzierung der Zeitintensität. Das Ziel eines vorgeschalteten Einigungsversuchs der Parteien ließe sich nämlich auch zeitsparender in das Verfahren integrieren, wie das deutsche Recht einerseits und das englische andererseits zeigen, als im Extremfall zwei verschiedene Gerichte mit der Sache zu beschäftigen und so eine Doppelbelastung der Gerichte und der Parteien herbeizuführen. Zumindest aber sollte daher eine einheitliche und dauerhafte Zuständigkeitsregelung Eingang finden.

II. Drittschutz in europäischen Vollstreckungsverfahren

1. Das Rechtsbehelfssystem der EuGVO hinsichtlich der Vollstreckbarerklärung sieht keinerlei Rechtsbehelfe für einen nicht am Verfahren beteiligten Dritten vor, sondern nur für die Beteiligten, den Antragsteller und den Schuldner. Nationale Rechtsbehelfe, die dieses eigenständige und geschlossene System umgehen, sind ausgeschlossen.

Da das Exequaturverfahren aber keinerlei tatsächliche Vollstreckungsmaßnahmen beinhaltet und nicht zu einer Konkretisierung des Vollstreckungsobjekts führt, sondern lediglich die Zwangsvollstreckung an sich ermöglicht, können Dritte durch das Exequaturverfahren allein noch nicht beeinträchtigt werden, so dass gar kein Rechtsschutzbedürfnis besteht und dem Dritten zu Recht kein Rechtsbehelf zusteht.

2. Während des Vollstreckbarerklärungsverfahrens kann es aber durch die Sicherungsvollstreckung nach Art. 47 Abs. 1 EuGVO zu einer Beeinträchtigung des Dritten kommen. Durch Art. 47 Abs. 1 EuGVO wurde noch kein Europäischer Sicherungstitel eingeführt. Denn in keiner der untersuchten Rechtsordnungen kann aufgrund einer ausländischen Entscheidung ohne vorherige Entscheidung des für den Erlass von Sicherungsmaßnahmen zuständigen Gerichts direkt das Vollstreckungsorgan angegangen werden. Zwar ersetzt das ausländische Urteil in allen Rechtsordnungen das jeweilige Tatbestandsmerkmal des *fumus boni iuris*. Das Vorliegen der übrigen Voraussetzungen für den Erlass der Maßnahmen hat das jeweilige Gericht jedoch auch weiterhin vor seiner Entscheidung zu überprüfen.

Die Durchführung der Sicherungsmaßnahmen liegt ausschließlich in Händen des Vollstreckungsstaates und geschieht unter Zuhilfenahme der jeweiligen Pfändungsvorschriften, so dass dasselbe Bedrohungspotential für Drittrechte besteht wie im ordentlichen Vollstreckungsverfahren. Dem Dritten stehen in allen Rechtsordnungen daher auch die drittbezogenen Rechtsbehelfe zur Verfügung. International zuständig ist gemäß Art. 22 Nr. 5 EuGVO das Gericht des Vollstreckungsstaates.

3. Nach dem Exequatur kann sich eine Drittbeeinträchtigung ebenfalls zunächst aus Sicherungsmaßnahmen ergeben. Das Exequatur gibt nämlich gemäß Art. 47 Abs. 2 EuGVO *ipso iure* die Befugnis für Sicherungsmaßnahmen; die nationalen Sicherungsmaßnahmen werden hier unter der Voraussetzung angewendet, dass die dem Art. 47 Abs. 2 EuGVO entgegenstehenden Verfahrens- und sonstigen Voraussetzungen nicht erfüllt werden müssen. Im Ergebnis führt dies zu einer Inanspruchnahme der Pfändungsvorschriften für die Durchsetzung der Maßnahmen, die wiederum das angesprochene Fehlerpotential mit sich bringt. Dem Dritten stehen in allen Rechtsordnungen daher auch die drittbezogenen Rechtsbehelfe zur Verfügung. International zuständig ist gemäß Art. 22 Nr. 5 EuGVO auch hier das Gericht des Vollstreckungsstaates.

4. Aufgrund des Exequaturs kann aber vor allem die ordentliche Zwangsvollstreckung angegangen werden, für die ausschließlich *lex fori* anzuwenden ist. Aus der Anwendung der üblichen Zwangsvollstreckungsvorgänge ergeben sich somit dieselben Folgen und Fehlerquellen. Auch für damit zusammenhängende Rechtsstreitigkeiten gilt die *lex fori*, so dass dem beeinträchtigten Dritten deren drittbezogenen Rechtsbehelfe zustehen.

III. Drittschutz nach Einführung des Europäischen Vollstreckungstitels

1. Die Einführung des Europäischen Vollstreckungstitels für unbestrittene Forderungen bzw. in begrenztem Bereich sogar schon für effektiv bestrittene Forderungen bedeutet einen deutlichen Fortschritt auf dem Weg zur gänzlichen Freizügigkeit von Urteilen im europäischen Binnenmarkt. Diese stärkere Durchsetzung der Gläubigerinteressen geht aber auf Kosten des Schuldnerschutzes: Der Schuldner muss insbesondere schon vor Rechtskraft der Entscheidung damit rechnen, dass gegen ihn ungehindert vollstreckt wird. Eine Beschränkung auf bloße Sicherungsmaßnahmen vor Rechtskraft der Entscheidung muss er selbst erwirken. Im Gegensatz zur Systematik des Art. 47 EuGVO bedeutet dies eine erhebliche Benachteiligung des Schuldners und damit einen Rückschritt für den Schuldnerschutz.

2. Der Europäische Vollstreckungstitel umfasst keinerlei eigentliche Zwangsvollstreckungsmaßnahmen, sondern erweitert lediglich die Vollstreckungswirkung der bestätigten Entscheidung auf die übrigen Mitgliedstaaten der EU. Es entsteht daher allein durch die Bestätigung keinerlei zusätzliches Bedrohungspotential für Dritte. Ebenso ergeben sich auch durch die Abschaffung des Exequaturverfahrens, durch das der Dritte ja ebenfalls unbehelligt blieb, keine Veränderungen für Dritte.

3. Die als Europäischer Vollstreckungstitel bestätigte Entscheidung wird nach dem Recht des Vollstreckungsstaates vollstreckt. Der Verweis auf die *lex fori* umfasst auch die Streitigkeiten, die bei dieser Vollstreckung entstehen und folglich auch die jeweiligen drittbezogenen Rechtsbehelfe. Führt die Vollstreckung aus einem Europäischen Vollstreckungstitel zur Beeinträchtigung eines Dritten, steht diesem somit der jeweilige Rechtsbehelf zur Verfügung.

4. Dasselbe gilt für den Fall, dass die Vollstreckung aus einer lediglich vollstreckbaren Entscheidung, die als Europäischer Vollstreckungstitel bestätigt wurde, durchgeführt wird, und sogar auch dann, wenn der Schuldner die Vollstreckbarkeit im Zweitstaat hat auf Sicherungsmaßnahmen beschränken lassen, da in diesem Fall bei der Beeinträchtigung durch die Sicherungsmaßnahmen ebenfalls die drittbezogenen Rechtsbehelfe der *lex fori* Anwendung finden.

5. Die Verordnung (EG) Nr. 805/2004 beeinflusst das System der drittbezogenen Rechtsbehelfe und insbesondere die Position des Dritten somit insgesamt nicht.

B. Gesamtergebnis und Ausblick

Wird ein am Vollstreckungsverfahren Unbeteiligter durch Zwangsvollstreckungsmaßnahmen beeinträchtigt, ist dieser Dritte sowohl in den untersuchten rein nationalen als auch in grenzüberschreitenden europäischen Vollstreckungsverfahren prozessual grundsätzlich gleichwertig geschützt.

Unmittelbarer Handlungsbedarf ergibt sich aus der vorangegangenen Analyse einzig für das italienische Rechtsbehelfsmodell, um auch im Hinblick auf die faktische Durchsetzbarkeit des Drittschutzes äquivalente Verhältnisse zu schaffen.

1. Aufgrund dieser Ergebnisse ist es nunmehr auch möglich, die ausgangs gestellte Frage nach der rechtlichen Notwendigkeit einer Harmonisierung im Bereich des vollstreckungsrechtlichen Drittschutzes zu beantworten.

Versteht man den Terminus der Harmonisierung im weitestgehenden Sinne als buchstäbliche Vereinheitlichung, kann die Frage der Notwendigkeit dahingestellt bleiben, da sich eine Vereinheitlichung der Regelungen unter den gegebenen Bedingungen jedenfalls als unerreichbares Ideal erweist.[1]

Denn es hat sich gezeigt, dass die drittbezogenen Rechtsbehelfe in höchstem Maße auf die Gegebenheiten des dinglichen Rechts, auf die Organisationsstrukturen sowie auf weitere Besonderheiten im nationalen Verständnis des Vollstreckungsrechts Rücksicht nehmen müssen. Eine tatsächliche völlige Angleichung des prozessualen Rahmens müsste aufgrund der unterschiedlichen Ausgangssituationen zwangsläufig hinter dem Anspruch an eine gleichwertige und gleich wirksame Regelung zurückbleiben; sie würde im Ergebnis insbesondere nichts an der Tatsache ändern, dass ein Dritter in einer Rechtsordnung eine bestimmte Rechtsposition aufgrund ihrer national geprägten materiellen Wertigkeit der Zwangsvollstreckung entgegenhalten kann, während dies in einer anderen Rechtsordnung nicht der Fall ist.

Die bestehenden Ungleichbehandlungen vergleichbarer Sachverhalte resultieren somit nicht aus der verschiedenartigen Ausgestaltung des Verfahrensrechts, sondern sind vielmehr Ausfluss der Unterschiede im materiellen Recht. Eine Verbesserung des Schutzumfangs für den Dritten lässt sich demnach nicht in erster Linie durch eine Vereinheitlichung der prozessualen Vorschriften erreichen, sondern muss im materiellen, vor allem – im Hinblick auf den wohl bedeutendsten Bereich der Rechtsbehelfsberechtigung des Dritten – im jeweiligen dinglichen Recht ansetzen.[2]

---

1 *Yessiou-Faltsi*, 226. Ähnlich *Schilken*, ZZP 109 (1996), 315 (330).

2 Auf dieses Widerstreiten der Harmonisierung vollstreckungsrechtlicher Regelungen mit der interdisziplinären Natur des Vollstreckungsrechts wies bereits die Kommission hin, Mitteilung der Kommission (o. 2. Kap., Fn. 23), ABl. EG 1998, Nr. C 33/3 (14, Nr. 45); *Yessiou-Faltsi*, 225. Vgl. auch *Kennett*, in: *Storme*, 94 ff.

Geht man hingegen von einem ergebnisorientierten funktionellen Harmonisierungsbegriff aus, der vor allem anderen Wert darauf legt, dass die schutzwürdige Person unter den gegebenen nationalen Besonderheiten adäquaten und in allen Rechtsordnungen gleichwertigen Schutz erhält, ergibt sich nach dem oben gefundenen Ergebnis für den Drittschutz in der Zwangsvollstreckung kein konkreter Anlass zur Harmonisierung des prozessualen Regelungsgefüges.

Für den zur Untersuchung stehenden Bereich kann daher die These *Stormes*, „fundamental verschiedene Prozessregeln (könnten) zu einer unakzeptablen Diskriminierung gegenüber dem nationalen Prozessrecht führen“,[3] nicht geteilt werden.[4]

2. Die Einführung des Europäischen Vollstreckungstitels für unbestrittene Forderungen wirkt sich direkt nicht auf die Position des unbeteiligten Dritten aus, so dass sich auch hieraus direkt keinerlei Angleichungsbedarf der nationalen prozessualen Regelungen ergibt. Zu kritisieren am Regelungskonzept der Verordnung ist allerdings, dass die Vision der Freizügigkeit von Urteilen im Binnenmarkt zwar stringent verfolgt und einen erheblichen Schritt voran getragen, aber doch letztlich auf dem Rücken des Schuldners ausgetragen wird, obwohl dafür keinerlei Notwendigkeit besteht.

Da dem Inhaber des Europäischen Vollstreckungstitels nun sogleich die unterschiedlichen Vollstreckungsordnungen eröffnet werden, ist allerdings mittelbare Folge der Einführung, dass die verschiedenen Lösungen im Bereich des vollstreckungsrechtlichen Drittschutzes mit ihren oben dargestellten Gleichheiten und vor allem Unterschiedlichkeiten gleichzeitig zur Anwendung gelangen können. Die verschiedenen Rechtsbehelfsmodelle stehen sich mithin nunmehr direkter gegenüber, so dass ihre unterschiedlichen Wirkungen stärker ans Licht treten.

Anschaulich wird dies, wenn man ein konkretes Beispiel in Augenschein nimmt: Ein in Deutschland erwirktes vorläufig vollstreckbares Urteil wird auf Antrag des Gläubigers als Europäischer Vollstreckungstitel bestätigt. Mit diesem Titel kann nun der Gläubiger sowohl in Österreich, Italien und England als auch in allen weiteren Mitgliedstaaten[5] zur Vollstreckung übergehen. Aufgrund *desselben* Titels ist es nunmehr ohne Weiteres möglich, dass der Gläubiger in England und in Österreich vollstrecken lässt und dabei jeweils nicht zum Vermögen des Schuldners gehörende Sachen gepfändet werden. Die dadurch beeinträchtigten Dritten können sich nun aber nicht mit einem einheitlichen Instrument wehren, sondern sind auf den jeweiligen nationalen Rechtsbehelf angewiesen und – wie gesehen – prozessual grundsätzlich gleichwertig geschützt.

---

3 *Storme*, 587.
4 Ähnlich *Stürner*, in: *Grunsky* u.a., 16.
5 Im Sinne des Art. 2 Abs. 3 EuVTO.

Nimmt man nun aber beispielsweise an, dass es sich bei dem Dritten sowohl in Österreich als auch in England um einen Vorbehaltskäufer handelt, wird sich der österreichische Dritte mit seiner Klage mit Erfolg gegen die Vollstreckung wehren können, während dem englischen Dritten keine schutzwürdige Position zuerkannt wird und ihm keinerlei Abwehrmöglichkeiten zur Verfügung stehen. Die Begünstigung einer solchen offensichtlichen Ungleichbehandlung erscheint vor dem Hintergrund der vollen Wirkungsentfaltung des europäischen Binnenmarktes bedenklich.

Auch ein weiteres Beispiel verdeutlicht die Auswirkungen des Europäischen Titels. Verständigen sich nämlich Gläubiger und Schuldner kollusiv darauf, dass die Vollstreckung in demjenigen Staat anzugehen sei, in dem der Schuldner Dinge eines Dritten in seinem Gewahrsam hat, dessen schutzwürdige Position nach dortigem Recht allerdings nicht anerkannt wird, und wird tatsächlich in diese Sachen vollstreckt, ist der Dritte wiederum in seinem Rechtsschutz beschnitten. Zwar bestand diese Gefahr des Missbrauchs unterschiedlicher rechtlicher Betrachtungsweisen im materiellen Recht auch bereits vor Einführung des Europäischen Titels, doch begünstigt die Abschaffung des Exequaturverfahrens und die bloß formelle Prüfung im Urteilsstaat dieses Risiko, ohne dass Gegenmaßnahmen getroffen werden.[6]

Die Einführung des Europäischen Vollstreckungstitels bedingt somit zwar keinen Handlungsbedarf für den nationalen Gesetzgeber im vollstreckungsrechtlichen Bereich, macht aber deutlich, dass zur Verwirklichung eines Raumes der Freiheit, der Sicherheit und des Rechts eine weitere Harmonisierung insbesondere des europäischen Kreditsicherungsrechts unverzichtbar ist,[7] um offenkundige Ungleichbehandlungen zu verhindern und kollusivem Missbrauch vorzubeugen.

---

6 Damit zeigt sich, dass sich die ursprüngliche Zielsetzung, ein vollstreckungsrechtliches *forum shopping* zu unterbinden, vgl. o. S. 173, durch die Einführung eines Europäischen Vollstreckungstitels nicht vollständig erreichen lässt.

7 Ebenso *Dangel*, 208 f.; *Wagner*, IPRax 2005, 189 (200).

Literaturverzeichnis

Adams, John, Courts, in: *Lord Mackay of Clashfern* (Hrsg.), Halsbury's Laws of England, Vol. 10, §§ 301 ff., 4. Aufl., London 2002 (zit.: *Adams*, in: *Halsbury's*, Vol. 10)

Albrecht, Christian, Das EuGVÜ und der einstweilige Rechtsschutz in England und in der Bundesrepublik Deutschland, Heidelberg 1991 (Zugl.: Heidelberg, Univ., Diss., 1989)

Andrews, Neil H., A New Civil Procedural Code for England: Part-Control „Going, Going, Gone", in: ZZPInt 4 (1999), S. 3 ff.

Andrioli, Virgilio, Commento al codice di procedura civile, 3. Aufl., Neapel 1954

Anelli, Franco, L'alienazione in funzione di garanzia, Milano, 1996

Angst, Peter/ *Jakusch*, Werner/ *Pimmer*, Herbert, Exekutionsordnung, 13. Aufl., Wien 2002 (zit.: *Bearbeiter*, in: *Angst/Jakusch/Pimmer*)

Arens, Peter/ *Lüke*, Wolfgang, Einwand der Vermögensübernahme gegen Drittwiderspruchsklage – BGHZ 80, 296, in: JuS 1984, S. 263 ff.

dies., Die Rechtsbehelfe im Zwangsvollstreckungsverfahren, in: Jura 1982, S. 455 ff.

von Bar, Christian/ *Mankowski*, Peter, Internationales Privatrecht, Band I – Allgemeine Lehren, 2. Aufl., München 2003

Basedow, Jürgen, Die Vergemeinschaftung des Kollisionsrechts nach dem Vertrag von Amsterdam, in: *Baur*, Jürgen F./ *Mansel*, Heinz-Peter (Hrsg.), Systemwechsel im europäischen Kollisionsrecht, S. 19 ff., München 2002

Bauer, Max W. u.a., Italienische Zivilprozeßordnung – Codice di Procedura Civile, Zweisprachige Ausgabe, Bozen 1982

Baumbach, Adolf/ *Lauterbach*, Wolfgang/ *Albers*, Jan/ *Hartmann*, Peter, Zivilprozessordnung, 62. Aufl., München 2004 (zit.: *Bearbeiter*, in: *Baumbach/Lauterbach/Albers/Hartmann*)

Baumgarte, Angelika, Eigentumsvorbehalt in Großbritannien, in: RIW 1981, S. 733 ff.

Baur, Fritz/ *Stürner*, Rolf, Zwangsvollstreckungs-, Konkurs- und Vergleichsrecht, Band I Einzelvollstreckungsrecht, 12. Aufl., Heidelberg 1995 (zit.: *Baur/Stürner*, Zwangsvollstreckung)

dies., Sachenrecht, 17. Aufl., München 1999 (zit.: *Baur/Stürner*, Sachenrecht)

Baur, Jürgen E./ *Mansel*, Heinz-Peter (Hrsg.), Systemwechsel im europäischen Kollisionsrecht, München 2002

Beatson, Jack, Independent Review of Bailiff Law – Report, http://www.dca.gov.uk/enforcement/beatson.pdf, Cambridge 2000 (zit.: *Beatson*-Report)

Becher, Herbert J. (Hrsg.), Italienisches Zivilgesetzbuch (1942), 2. Aufl., Berlin 1968

Becker, Ulrich, Grundrechtsschutz bei der Anerkennung und Vollstreckbarerklärung im europäischen Zivilverfahrensrecht – Bestimmung der Grenzen für die Einführung eines europäischen Vollstreckungstitels (Zugl.: Köln, Univ., Diss., 2004), Frankfurt a.M. 2004

Beckhuis, Jacob H., Civil Law, in: *Lawson*, Frederick H. (Hrsg.), International Encyclopedia of Comparative Law, Volume VI – Property and Trust, Chapter 2, S. 3 ff., Tübingen 1972

von Bernstorff, Christoph Graf, Einführung in das englische Recht, 2. Aufl., München 2000

Besse, Dirk, Die justitielle Zusammenarbeit in Zivilsachen nach dem Vertrag von Amsterdam und das EuGVÜ, in: ZEuP 1999, S. 107 ff.

Bettermann, Karl August, Die Interventionsklage als zivile Negatoria, in: *Bokelmann*, Erhard/ *Henckel*, Wolfram/ *Jahr*, Günther (Hrsg.), Festschrift für Friedrich Weber zum 70. Geburtstag, S. 87 ff., Berlin New York 1975

Bianca, Cesare Massimo, Diritto civile, Bd. 3 – Il contratto, Milano 2000

Birks, Peter, English Private Law, Volume II, Oxford 2000 (zit.: *Bearbeiter*, in: *Birks*)

Black, Duncan/ *Sandbrook*, Claire, Enforcement of a Judgement, 9. Aufl., London 1997

Black, Alastair/ *Sandbrook*, Claire, Sheriffs, in: *Lord Mackay of Clashfern* (Hrsg.), Halsbury's Laws of England, Vol. 42, §§ 1101 ff., 4. Aufl., London 1999 (zit.: *Black/Sandbrook*, in: *Halsbury's*)

Blomeyer, Arwed, Zivilprozessordnung – Vollstreckungsverfahren, Berlin 1975

ders., Rechtskraft- und Gestaltungswirkung der Urteile im Prozess auf Vollstreckungsgegenklage und Drittwiderspruchsklage, in: AcP 165 (1965), S. 481 ff.

Bocchino, Fernando, La vendita di cose mobili, Mailand 1994

Bonomi, Andrea, Der Eigentumsvorbehalt in Österreich und Italien unter Berücksichtigung anderer europäischer Rechtssysteme – eine rechtsvergleichende und kollisionsrechtliche Untersuchung, Berlin 1993 (Zugl.: Innsbruck, Univ., Diss., 1990)

Bourne, Charles u.a., Interpleader, in: *Lord Hailsham of St. Marylebone* (Hrsg.), Halsbury's Laws of England, Vol. 25, §§ 1001 ff., 4. Aufl., London 1994 (zit.: *Bourne* u.a., in: *Halsbury's*, Vol. 25)

dies., Practice and Procedure, in: *Lord Mackay of Clashfern* (Hrsg.), Halsbury's Law of England, Vol. 37, §§ 1417 ff., 4. Aufl., London 2001 (zit.: *Bourne* u.a., in: *Halsbury's*, Vol. 37)

Briggs, Adrian/ *Rees*, Peter, Civil Jurisdiction and Judgments, 3. Aufl., London 2002

Brink, Ulrich/ *Habel*, Wolfgang, Recht der Kreditsicherheiten in europäischen Ländern – Teil IV: England, Berlin, 1980

Brinkhaus, Bert, Deutsche Sicherungsrechte vor englischen Gerichten: Eigentumsvorbehalte, Sicherungsübereignung und Sicherungszession im grenzüberschreitenden Warenverkehr mit England, Münster 1998 (Zugl.: Münster (Westf.), Univ., Diss., 1998)

Brox, Hans/ *Walker*, Wolf-Dietrich, Die Drittwiderspruchsklage, in: JA 1986, S. 113 ff.

dies., Zwangsvollstreckungsrecht, 7. Aufl., Köln 2003

Bruns, Alexander, Der anerkennungsrechtliche ordre public in Europa und den USA, in: JZ 1999, S. 278 ff.

Bucolo, Francesco, Variazioni minime sulla strumentalità ed incidentalità degli accertamenti effettuati nelle opposizioni esecutive e sulla loro efficacia sostanziale – Anmerkung zum Urteil des Corte di Cassazione vom 01.06.1974, Nr. 1571, in: Giur. it. 1975, I, 1, Sp. 692 ff.

Bülow, Arthur/ *Böckstiegel*, Karl-Heinz/ *Geimer*, Reinhold/ *Schütze*, Rolf Arno, Internationaler Rechtsverkehr in Zivil- und Handelssachen, München, Loseblattsammlung, Stand Februar 2004 (zit.: *Bearbeiter*, in: *Bülow/Böckstiegel/ Geimer/Schütze*)

Bunge, Jürgen, Zivilprozeß und Zwangsvollstreckung in England, Berlin 1995,
Burghardt, Jürgen, Zwangsvollstreckungsorgane in europäischen Ländern im Vergleich zum deutschen Gerichtsvollzieher, Bochum 1976 (Zugl.: Bochum, Univ., Diss., 1976)

Burgstaller, Alfred, Das Pfandrecht in der Exekution, Wien 1988

ders./ *Anzinger*, Beate, Internationales Zivilverfahrensrecht, Wien 2000

Burnton, Stanley, Enforcement, in: *Lord Mackay of Clashfern* (Hrsg.), Halsbury's Laws of England, Vol. 17 (1), §§ 1 ff., 4. Aufl., London 2002 (zit.: *Burnton*, in: *Halsbury's*, Vol. 17 (1))

Campbell, Dennis, Enforcement of foreign judgments, London u.a. 1997

Campeis, Giuseppe/ *De Pauli*, Arrigo, Esecuzione di sentenze straniere e provvedimenti conservativi ai sensi della Convenzione di Bruxelles del 27 settembre 1968: compatibilitá con il sistema processuale italiano, in: Giust. civ., 1987, II, S. 419 ff.

dies., La procedura civile internazionale, 2. Aufl., Mailand 1996

Capponi, Bruno, Una prospettiva di armonizzazione: il titolo esecutivo europeo, in: Doc. Giust. 1993, Sp. 1389 ff.

Carpi, Federico/ *Taruffo*, Michele, Commentario breve al Codice di Procedura Civile, 4. Aufl., Padua 2002 (zit.: *Bearbeiter*, in: *Carpi/Taruffo*)

Castoro, Pasquale, Il processo di esecuzione nel suo aspetto pratico, 6. Aufl., Mailand 1985

Cattaneo, Giovanni, Riserva della proprietà e aspettativa reale, in: Riv. trim. dir. proc. civ. 1965, 3, S. 945 ff.

Cian, Giorgio/ *Trabucchi*, Alberto, Commentario breve al Codice Civile, 5. Aufl., Padua 1997 (zit.: *Bearbeiter*, in: *Cian/Trabucchi*)

Clements, H.W., Interpleader, in: *Pitman*, John (Hrsg.), The Digest, Vol. 29 (2), 2. Aufl., London 1996 (zit.: *The Digest*)

Coester-Waltjen, Dagmar, Einige Überlegungen zu einem künftigen europäischen Vollstreckungstitel, in: *Nakamura*, Hideo/ *Fasching*, Hans W./ *Gaul*, Hans Friedhelm/ *Georigiades*, Apostolos, Festschrift für *Kostas E. Beys* – Dem Rechtsdenker in attischer Dialektik, S. 183 ff., Athen 2003 (zit.: *Coester-Waltjen*, in: FS *Beys*)

dies., Der neue europäische Vollstreckungstitel, in: Jura 2005, S. 394 ff.

dies., Der Europäische Vollstreckungstitel: Bestandsaufnahme und kritische Bewertung, in: *Arkan*, Sabih (Hrsg.), Festschrift für Tugrul Ansay zum 75. Geburtstag, S. 47 ff., Alphen aan de Rijn 2006 (zit.: *Coester-Waltjen*, in: FS: *Ansay*)

Comporti, Marco, Contributo allo studio del diritto reale, Mailand 1977

Consolo, Claudio/ *Luiso*, Francesco P., Codice di procedura civile commentato, Vicenza 2000

Corsaro, Vincenzo/ *Bozzi*, Silvio, Manuale dell'esecuzione forzata, 3. Aufl., Mailand 1996

Counsell, Lynne/ *Ashe*, T. Michael, Injunctions, in: *Lord Hailsham of St. Marylebone* (Hrsg.), Halsbury's Laws of England, Vol. 24, §§ 801 ff., 4. Aufl., London 1991 (zit.: *Counsell/Ashe*, in: *Halsbury's*, Vol. 24)

Curti, Arthur, Englands Zivilprozess, Berlin 1928

Czernich, Dietmar/ *Tiefenthaler*, Stefan/ *Kodek*, Georg E., Kurzkommentar Europäisches Gerichtsstand- und Vollstreckungsrecht, 2. Aufl., Wien 2003 (zit.: *Bearbeiter*, in: *Czernich/Tiefenthaler/Kodek*)

Dahm, Georg/ *Delbrück*, Jost/ *Wolfrum*, Rüdiger, Völkerrecht, Band I, Teilband 3, 2. Aufl., Berlin 2002 (zit.: *Bearbeiter*, in: *Dahm/Delbrück/Wolfrum*)

Dangel, Stefan, Geldkreditsicherheiten an Mobilien im italienischen Recht, Frankfurt am Main 2003 (Zugl.: Heidelberg, Univ., Diss., 2001)

De Cristofaro, Marco, *Exequatur* di sentenze comunitarie e straniere e tutela interinale dell'istante, in: Giur. it. 1998, S. 712 ff.

Deixler-Hübner, Astrid/ *Klicka*, Thomas, Zivilverfahren – Erkenntnisverfahren und Grundzüge des Exekutions- und Insolvenzrechts, 2. Aufl., Wien 2002

Dohmann, Barbara/ *Briggs*, Adrian, „Worlwide Mareva" Injunction and the enforcement of Foreign judgments in England, in: *Schlosser*, Peter (Hrsg), Materielles Recht und Prozessrecht und die Auswirkungen der Unterscheidung im Recht der Internationalen Zwangsvollstreckung, S. 157 ff., Bielefeld 1992

Drappatz, Thomas, Die Überführung des internationalen Zivilverfahrensrechts in eine Gemeinschaftskompetenz nach Art. 65 EGV, Tübingen 2002 (Zugl.: Köln, Univ., Diss., 2000)

Droz, Georges A.L./ *Gaudemet-Tallon*, Hélène, La transformation de la Convention de Bruxelles du 27 septembre 1968 en Règlement du Conseil concernant la compétence judiciaire, la reconnaissance et l'exécution des décisions en matière civile et commerciale, in: Rev. crit. 90 (2001), S. 601 ff.

Dujardin, Roger, L'effet de titre, in: *Isnard*, Jacque/ *Normand*, Jacque, Nouveaux droits dans un nouvel espace européen de justice: Le droit processuel et le droit de l'exécution, S. 407 ff., Paris 2002

Eilers, Anke, Maßnahmen des einstweiligen Rechtsschutzes im europäischen Zivilrechtsverkehr, Bielefeld 1991 (Zugl.: Bonn, Univ., Diss., 1989/90)

Endo, Ko, Die Drittwiderspruchsklage im deutschen und japanischen Recht, Freiburg 1988 (Zugl.: Freiburg, Univ., Diss., 1988)

Eyre, Patrick, Interpleader, in: *Turner*, Robert (Hrsg.), Atkin's Encyclopaedia of court Forms in Civil Proceedings, Vol. 22 (1), S. 295 ff., 2. Aufl., London 2001 (zit.: *Eyre*, in: *Atkin's*)

Fahl, Christoph, Die Stellung des Gläubigers und des Schuldners bei der Vollstreckung ausländischer Entscheidungen nach dem EuGVÜ, Baden-Baden 1993 (Zugl.: Freiburg/Breisgau, Univ., Diss., 1992)

Fasching, Hans W., Kommentar zu den Zivilprozessgesetzen – Band 1, 2. Aufl., Wien 2000 (zit.: *Bearbeiter*, in: *Fasching*)

Feil, Erich, Exszindierungsklage, Eisenstadt 1985

Fontana, Cristina, La circolazione delle decisioni in materia civile e commerciale: dalla convenzione di Bruxelles al regolamento comunitario, in: Riv. trim. dir. proc. civ. 2003, S. 263 ff.

Frommhold, Georg, Die Widerspruchsklage in der Zwangsvollstreckung in ihrer geschichtlichen Entwicklung, Breslau 1891

Frotz, Gerhard, Aktuelle Probleme des Kreditsicherungsrechts, in: Verhandlungen des Vierten Österreichischen Juristentages Wien 1970, Band I, 3. Teil, Wien 1970

Galgano, Francesco, Diritto privato, 8. Aufl., Padua 1994

Garbagnati, Edoardo, Opposizione all'esecuzione – Diritto processuale civile, in: Novissimo digesto italiano, XI, Torino, 1965

Gatti, Serafino, Le situazioni soggetive attive del compratore nella vendita con riserva della proprietà, in: Riv. dir. comm. 1965, I, S. 467

Gaudemet-Tallon, Hélène, Anmerkung zu EuGH, 2.7.1985, Rs. 148/84, in: Rev. crit. 75 (1986), S. 345 ff.

dies., Anmerkung zu EuGH, 21.4.1993, Rs. C-172/91, in: Rev. crit. 83 (1994), S. 104 ff.

Gaul, Hans Friedhelm, Das Rechtsbehelfssystem der Zwangsvollstreckung – Möglichkeiten und Grenzen einer Vereinfachung, in: ZZP 85 (1972), S. 251 ff.

ders., Ungerechtfertigte Zwangsvollstreckung und materielle Ausgleichsansprüche, in: AcP 173 (1973), S. 323 ff.

ders., Die „Bindung" an die Tatbestandswirkung des Urteils, in: *Bettermann*, Karl-August/ *Löwisch*, Manfred/ *Otto*, Hansjörg/ *Schmidt*, Karsten (Hrsg.), Festschrift für Albrecht Zeuner zum 70. Geburtstag, Tübingen 1994

ders., Dogmatische Grundlagen und praktische Bedeutung der Drittwiderspruchsklage, in: *Schmidt*, Karsten (Hrsg.), 50 Jahre Bundesgerichtshof – Festgabe aus der Wissenschaft, Bd. 3, S. 521 ff., München 2000

Geimer, Reinhold, Grundfragen der Anerkennung und Vollstreckung ausländischer Urteile, in: JuS 1965, S. 475 ff.

ders., Die Vollstreckbarerklärung ausländischer Urteile, in: NJW 1965, S. 1413 ff.

ders., Anerkennung ausländischer Entscheidungen in Deutschland, München 1995

ders., Internationales Zivilprozessrecht, 4. Aufl., Köln 2001

ders., Salut für die Verordnung (EG) Nr. 44/2001 (Brüssel I-VO) : einige Betrachtungen zur "Vergemeinschaftung" des EuGVÜ, in: IPRax 2002, S. 69 ff.

ders., Das Brüssel I-System und seine Fortentwicklung im Lichte der Beschlüsse von Tampere, in: *Kiss*, Daisy/ *Varga*, István (Hrsg.), Magister artis boni et aequi – Studia in honorem Németh János, Budapest 2003

ders./ *Schütze*, Rolf Arno, Internationale Urteilsanerkennung, Band I, 1. Halbband, München 1983 (zit.: *Geimer*/*Schütze*, Urteilsanerkennung I/1)
Band I, 2. Halbband, München 1984 (zit.: *Geimer*/*Schütze*, Urteilsanerkennung I/2)

dies., Europäisches Zivilverfahrensrecht – Kommentar zum EuGVÜ und zum Lugano-Übereinkommen, München 1997 (zit.: *Geimer*/*Schütze*, EZVR)

dies., Europäisches Zivilverfahrensrecht – Kommentar zur EuGVO, EuEheVO, EuZustellungsVO, Lugano-Übereinkommen und zum nationalen Kompetenz- und Anerkennungsrecht der Mitgliedstaaten, 2. Aufl., München 2004, (zit.: *Geimer*/*Schütze*, EZVR^2)

Geißler, Markus, Die Vollstreckungsklagen im Rechtsbehelfssystem der Zwangsvollstreckung, in: NJW 1985, S. 1865 ff.

Goode, Royston M., Legal Problems of Credit and Security, 3. Aufl., London 2003

Gottwald, Peter, Grundfragen der Anerkennung und Vollstreckung ausländischer Entscheidungen in Zivilsachen, in: ZZP 103 (1990), S. 257 ff.

ders., Die internationale Zwangsvollstreckung, in: IPRax 1991, S. 285 ff.

ders., Auf dem Weg zur weiteren Vereinfachung der Anerkennung und Vollstreckung von Entscheidungen in Europa, in: 17 (2000) Ritsumeikan LR, S. 49 ff.

Grabitz, Eberhard/ *Hilf*, Meinhard (Hrsg.), Das Recht der Europäischen Union, Bd. I – EUV/EGV, München, Loseblattsammlung, Stand Januar 2004 (zit.: *Bearbeiter*, in: *Grabitz/Hilf*)

Gravenhorst, Wulf, Mobiliarsicherheiten für Darlehens- und Warenkredite in den sechs Ländern der Europäischen Gemeinschaften, Frankfurt am Main 1972

Grigolli, Stephan, Die übermäßige Dauer der Zivilprozesse in Italien und entsprechende Gegenmaßnahmen, in: BRAK-Mitteilungen 2003, S. 8 f.

Grunert, Jens, Die "world-wide" Mareva-Injunction: eine Zwischenbilanz, Baden-Baden 1998

Grunsky, Wolfgang, Sicherungsübereignung, Sicherungsabtretung und Eigentumsvorbehalt in der Zwangsvollstreckung und im Konkurs des Schuldners, in: JuS 1984, S. 497 ff.

Gundel, Jörg, Der einheitliche Grundrechtsraum Europa und seine Grenzen: Zur EMRK-konformen Interpretation des Ordre-public-Vorbehalts des EuGVÜ durch den EuGH, in: EWS 2000, S. 442 ff.

Haas, Ulrich, Beginn der Sicherungs(zwangs)vollstreckung nach Art. 39 Abs. 1 EuGVÜ, in: IPRax 1995, S. 223 ff.

Habel, Wolfgang, Recht der Kreditsicherheiten in europäischen Ländern – Teil VI: Österreich, Berlin 1986

Hartwieg, Oskar/ *Grunert*, Jens, Bedarf und Möglichkeit provisorischer Eilverfügungen im E-Commerce, in: ZIP 2000, S. 721 ff.

Hau, Wolfgang, Zum Rechtsschutz gegen die Vollstreckbarerklärung gemäß Art. 36 bis 38 EuGVÜ, (zu EuGH, 11.8.1995 – Rs. C-432/93 – SISRO/Ampersand), in: IPRax 1996, S. 322 ff.

Heller, Ludwig Viktor/ *Berger*, Franz/ *Stix*, Leopold, Kommentar zur Exekutionsordnung, 4. Aufl., Wien 1969 (zit.: *Heller/Berger/Stix*, Kommentar)

dies., Die Exekutionsordnung, 11. Aufl., Wien 1979 (zit.: *Heller/Berger/Stix*, EO)

Hellwig, Konrad/ *Oertmann*, Paul, System des Deutschen Zivilprozeßrechts, 2. Teil, Leipzig 1919

Henckel, Wolfram, Buchbesprechung von: *Fritz Baur*, Zwangsvollstreckungs-, Konkurs- und Vergleichsrecht, Karlsruhe 1969, in: ZZP 84 (1971), S. 447 ff.

ders., Grenzen der Vermögenshaftung, in: JuS 1985, S. 836 ff.

Henrich, Dieter/ *Huber*, Peter, Einführung in das englische Privatrecht, 2. Aufl., Heidelberg 2003

Heiss, Bernhard-Rudolf, Einstweiliger Rechtsschutz im europäischen Zivilrechtsverkehr (Art. 24 EuGVÜ), Berlin 1987

Hess, Burkhard, Amtshaftung als "Zivilsache" im Sinne von Art.1 Abs.1 EuGVÜ, in: IPRax 1994, S. 10 ff.

ders., Die Europäisierung des Internationalen Zivilprozessrechts durch den Amsterdamer Vertrag, in: NJW 2000, S. 23 ff.

ders., Der Verordnungsvorschlag der französischen Ratspräsidentschaft vom 26.6.2000 über einen "Europäischen Besuchstitel", in: IPRax 2000, S. 361 ff.

ders., Die begrenzte Freizügigkeit einstweiliger Maßnahmen im Binnenmarkt II – weitere Klarstellungen des Europäischen Gerichtshofs, in: IPRax 2000, S. 370 ff.

ders., Die Zustellung von Schriftstücken im europäischen Justizraum, in: NJW 2001, S. 15 ff.

ders., Urteilsfreizügigkeit und ordre public – Vorbehalt bei Verstößen gegen Verfahrensgrundrechte und Marktfreiheiten, in: IPRax 2001, S. 301 ff.

ders., Die Integrationsfunktion des Europäischen Zivilverfahrensrechts, in: IPRax 2001, S. 389 ff.

ders., Aktuelle Perspektiven der europäischen Prozessrechtsangleichung, in: JZ 2001, S. 573 ff.

ders., Neues deutsches und europäisches Zustellungsrecht, in: NJW 2002, 2417 ff.

ders., Study No. JAI/A3/2002/02 on making more efficient the enforcement of judicial decisions within the European Union: Transparency of a Debtor's Assets – Attachment of Bank Accounts – Provisional Enforcement and Protective Measures, http://europa.eu.int/comm/justice_home/doc_centre/civil/studies/doc/enforcement_judicial_decisions_180204_en.pdf, Heidelberg 2004 (zit.: *Heß*-Studie)

ders., Europäischer Vollstreckungstitel und nationale Vollstreckungsgegenklage, in: IPRax 2004, S. 493 ff.

ders., Comparative Analysis of National Reports, in: *Adenas*, Mads/ *Hess*, Burkhard/ *Oberhammer*, Paul (Hrsg.), Enforcement Agency Practice in Europe, S. 25 ff., London 2005

ders./ Vollkommer, Gregor, Die begrenzte Freizügigkeit einstweiliger Maßnahmen nach Art. 24 EuGVÜ, in: IPRax 1999, S. 220 ff.

ders./ Hub, Thorsten, Die vorläufige Vollstreckbarkeit ausländischer Urteile im Binnenmarktprozess, in: IPRax 2003, S. 93 ff.

Hicks, Andrew, Retention of Title – Latest Developments, in: JBL 1992, S. 398 ff.

von Hoffmann, Bernd, Internationales Privatrecht, 7. Aufl., München 2002

Holzhammer, Richard, Österreichisches Zwangsvollstreckungsrecht, 4. Aufl., Wien 1993

Hub, Torsten, Die Neuregelung der Anerkennung und Vollstreckung in Zivil- und Handelssachen und das familienrechtliche Anerkennungs- und Vollstreckungsverfahren, in: NJW 2001, S. 3145 ff.

Hüßtege, Rainer, Der europäische Vollstreckungstitel, in: *Gottwald*, Peter (Hrsg.), Perspektiven der justiziellen Zusammenarbeit in Zivilsachen in der Europäischen Union, S. 113 ff., Bielefeld 2004

ders., Braucht die Verordnung über den europäischen Vollstreckungstitel eine ordre-public-Klausel?, in: *Mansel*, Heinz-Peter/ *Pfeiffer*, Thomas/ *Kronke*, Herbert/ *Kohler*, Christian/ *Hausmann*, Rainer (Hrsg.), Festschrift für Eric Jayme zum 70. Geburtstag, Band I, S. 371 ff., München 2004

Iro, Gert, Bürgerliches Recht Band IV – Sachenrecht, Wien 2000

Jacob, Jack Isaac Hai, The fabric of English civil Justice, London, 1987

Jahr, Günther, Internationales Zwangsvollstreckungsrecht, in: *Lüke*, Gerhard/ *Prütting*, Hanns (Hrsg.), Lexikon des Rechts, Zivilverfahrensrecht, S. 157 ff., 2. Aufl., Neuwied u.a. 1995

Jauernig, Othmar, Zivilprozessrecht, 28. Aufl., München 2003

Jayme, Eric, Konsensualprinzip und obligatorischer Kaufvertrag im italienischen Zivilrecht, in: *Damrau*, Jürgen/ *Kraft*, Alfons/ *Fürst*, Walther (Hrsg.), Festschrift für Otto Mühl zum 70. Geburtstag, S. 339 ff., Stuttgart u.a. 1981

ders./ Kohler, Christian, Europäisches Kollisionsrecht 1996 – Anpassung und Transformation der nationalen Rechte, in: IPRax 1996, S. 377 ff.

dies., Europäisches Kollisionsrecht 2001: Anerkennungsprinzip statt IPR?, in: IPRax 2001, S. 501 ff.

dies., Europäisches Kollisionsrecht 2002: Zur Wiederkehr des Internationalen Privatrechts, in: IPRax 2002, S. 461 ff.

dies., Europäisches Kollisionsrecht 2004: Territoriale Erweiterung und methodische Rückgriffe, in: IPRax 2004, S. 481 ff.

Jefferies, Thomas/ *Lamont*, Camilla, Mortgage, in: *Lord Mackay of Clashfern* (Hrsg.), Halsbury's Law of England, Vol. 32, §§ 301 ff., 4. Aufl., London 1999 (zit.: *Jefferies/Lamont*, in: *Halsbury's*, Vol. 32)

Kannowski, Bernd, Arrest und einstweilige Verfügung (§ 916 f. ZPO) neben einem bereits vorliegenden Titel, in: JuS 2001, 482 ff.

Kanzler, Hans-Joachim, Der einstweilige Rechtsschutz durch die *Interlocutory Injunction* im englischen Zivilprozess, Diss. Mainz 1979

Kegel, Gerhard, Der Griff in die Zukunft – BGHZ 45, 95, in: JuS 1968, S. 162 ff.

Kennett, Wendy A., Enforcement of Judgments in Europe, Oxford 2000

dies., The Enforcement Review: A Progress Report, in: CJQ 20 (2001), S. 36 ff.

dies., The Brussels I Regulation, in: ICLQ 50 (2001), S. 725 ff.

dies., Enforcement: General report, in: *Storme*, Marcel (Hrsg.), Procedural Laws in Europe – Towards harmonisation, S. 81 ff., Antwerpen 2003

Kerameus, Konstantinos D., Enforcement in the international context, in: RdC 264 (1997), S. 179 ff.

ders., Enforcement Proceedings, in: *Cappelletti*, Mauro (Hrsg.), International Encyclopedia of Comparative Law, Volume XVI – Civil Procedure, Chapter 10, Tübingen 2002 (zit: *Kerameus*, in: IECL)

ders., Actual Problems of Enforcement Law in the European Law, in: *Bachmann*, Birgit/ *Breidenbach*, Stephan/ *Coester-Waltjen*, Dagmar/ *Hess*, Burkhard/ *Nelle*, Andreas/ *Wolf*, Christian (Hrsg.), Grenzüberschreitungen – Beiträge zum Internationalen Verfahrensrecht und zur Schiedsgerichtsbarkeit – Festschrift für Peter Schlosser zum 70. Geburtstag, S. 355 ff., Tübingen 2005 (zit.: *Kerameus*, in: Grenzüberschreitungen)

Kershaw, Michael, Injunctions, in: *Turner*, Robert (Hrsg.), Atkin's Encyclopaedia of court Forms in Civil Proceedings, Vol. 22 (1), S. 1 ff., 2. Aufl., London 2001 (zit.: *Kershaw*, in: *Atkin's*)

Kessel, Christian, Eigentumsvorbehalt und Rezession in Großbritannien, in: RIW 1991, S. 812 ff.

ders., Grundsätze des vorläufigen Rechtsschutzes in England und Wales, in: RIW 1993, S. 988 ff.

Kieninger, Eva-Maria, Mobiliarsicherheiten im Europäischen Binnenmarkt, Baden-Baden 1996

dies., Der Eigentumsvorbehalt in der Verzugsrichtlinie – Chronik einer verpassten Chance, in: *Basedow*, Jürgen u.a. (Hrsg.), Aufbruch nach Europa – 75 Jahre Max-Planck-Institut für Privatrecht, S.151 ff., Tübingen 2001

Kindler, Peter, Umsetzung der EG-Zahlungsverzugsrichtlinie in Italien, in: RIW 2003, S. 241 ff.

Klang, Heinrich/ *Gschnitzer*, Franz (Hrsg.), Kommentar zum Allgemeinen bürgerlichen Gesetzbuch, Band 4 Halbband 2, 2. Aufl., Wien 1978 (zit.: *Bearbeiter*, in: *Klang*)

Klauser, Alexander, Europäisches Zivilprozessrecht, Wien 2002

König, Bernhard, Redaktionsversehen in Art. 47 EuGVVO?, in: ecolex 2001, S. 737

Kohler, Christian, Fortbildung des Brüsseler Gerichtsstands- und Vollstreckungsübereinkommens durch den europäischen Gerichtshof: Freizügigkeit oder effektiver Rechtsschutz?, in: *Schwind*, Fritz (Hrsg.), Europarecht – Internationales Privatrecht – Rechtsvergleichung, S. 125 ff., Wien 1988 *ders.*, Einheit, Vielheit und Relativität im Kollisionsrecht der EG-Mitgliedstaaten, in: IPRax 1992, S. 277 ff.

ders., Interrogations sur les sources du droit international privé européen après le traité d'Amsterdam, in: Rev. crit. 88 (1999), S. 1 ff.

ders., Systemwechsel im europäischen Anerkennungsrecht: Von der EuGVVO zur Abschaffung des Exequaturs, in: *Baur*, Jürgen E./ *Mansel*, Heinz-Peter (Hrsg.), Systemwechsel im europäischen Kollisionsrecht, S. 147 ff., München 2002

ders., Vom EuGVÜ zur EuGVO: Grenzen und Konsequenzen der Vergemeinschaftung, in: *Schütze*, Rolf Arno (Hrsg.), Einheit und Vielfalt des Rechts, Festschrift für Reinhold Geimer zum 65. Geburtstag, S. 461 ff., München 2002

ders., Quantensprung im europäischen Justizraum, in: RIW 2003, Heft 10, Die erste Seite

ders., Der europäische Justizraum für Zivilsachen und das Gemeinschaftskollisionsrecht, in: IPRax 2003, S. 401 ff.

ders., Von der EuGVVO zum Europäischen Vollstreckungstitel – Entwicklungen und Tendenzen im Recht der Anerkennung und Vollstreckung ausländischer Entscheidungen, in: *Reichelt*, Gerte/ *Rechberger*, Walter Hans (Hrsg.), Europäisches Kollisionsrecht – Anwendbares Recht, gerichtliche Zuständigkeit und Vollstreckung gerichtlicher Entscheidungen im Binnenmarkt, S. 63 ff., Wien 2004

Koziol, Helmut/ *Welser*, Rudolf, Grundriss des bürgerlichen Rechts, Band I Allgemeiner Teil, Sachenrecht, Familienrecht, 11. Aufl., Wien 2000

Kropholler, Jan, Internationales Privatrecht, 5. Aufl., Tübingen 2004 (zit.: *Kropholler*, IPR)

ders., Europäisches Zivilprozessrecht, 6. Aufl., Heidelberg 1998, 8. Aufl., Frankfurt am Main 2005 (zit.: *Kropholler*, EZPR^{x})

ders., Die Auslegung von EG-Verordnungen zum Internationalen Privat- und Verfahrensrecht – Eine Skizze, in: *Basedow*, Jürgen u.a. (Hrsg.), Aufbruch nach Europa, 75 Jahre Max-Planck-Institut für Privatrecht, S. 583 ff., Tübingen, 2001

Krumscheid, Herbert, Anmerkung zu LG Bonn v. 4.3.2003 – 4 T 33/03, RIW 2003, S. 388 f., in: RIW 2003, S. 389 f.

Laborde, Jacques, Pfändung als Sicherungsmaßregel aus ausländischem Titel vor Zustellung der Vollstreckungsklausel – Anmerkung zu LG Stuttgart, RIW 1988, S. 563 f., in: RIW 1988, S. 564 f.

Leipold, Dieter, Neuere Erkenntnisse des EuGH und des BGH zum anerkennungsrechtlichen ordre public, in: *Hohloch*, Gerhard/ *Frank*, Rainer/ *Schlechtriem*, Peter, Festschrift für Hans Stoll zum 75. Geburtstag, S. 625 ff., Tübingen 2001

Lipari, Marco, Vendita con riserva di proprietà, in: *Mortati*, Costantino/ *Santoro-Passarelli*, Francesco, Enciclopedia del diritto, Volume XLVI: Validità – Zucchero, S. 526 ff., Varese 1993

Lipari, Nicolò, Il negozio fiduciario, Milano 1964

Lopes Pegna, Olivia, Il nuovo procedimento per l'esecuzione delle decisioni in materia civile e commerciale degli Stati membri della Comunità Europea, in: Riv. dir. int. 2001, S. 621 ff.

The Lord Chancellor's Department, Report of the First Phase of the Enforcement Review, http://www.dca.gov.uk/enforcement/firstphasefr.htm, London 2000 (zit.: *First Phase*-Report)

dass., Toward Effective Enforcement – A single piece of bailiff law and a regulatory structure for enforcement, http://www.dca.gov.uk/enforcement/ enfrev01.pdf, London 2001 (zit.: *Green Paper* des LCD)

dass., Effective Enforcement – Improved methods of recovery for civil court debt and commercial rent and a single regulatory regime for warrant enforcement agents, http://www.dca.gov.uk/enforcement/wp/enfwp.pdf, London 2003 (zit.: *White Paper* des LCD)

Luckey, Jan, Gerichtsvollzieher ohne Grenzen, in: ProzRB 2005, S. 242 ff.

Lüke, Gerhard/ *Wax*, Peter (Hrsg.), Münchener Kommentar zur Zivilprozessordnung, Band 2, §§ 355 – 802, 2. Aufl., München 2000, Band 3, §§ 803 – 1066, EGZPO, GVG, EGGVG, internationales Zivilprozessrecht, 2. Aufl., München 2001, Aktualisierungsband ZPO-Reform 2002, 2. Aufl., München 2002 (zit.: *Bearbeiter*, in: Münchener Kommentar)

Lyall, Francis, An Introduction to British Law, Baden-Baden 1994

Mancini, Tommaso, In tema di negozio giuridico, in: F.it. 1960, I, 1838 ff.

Mandrioli, Crisanto, Opposizione (diritto processuale civile), in: *Mortati*, Costantino/ *Santoro-Passarelli*, Francesco, Enciclopedia del diritto, Volume XXX: Omissione – Ordine, S. 431 ff., Varese 1980

Mankowski, Peter, Inlandskompetenz und Vollstreckbarerklärungsverfahren, in: ZIP 1994, S. 1577 ff.

ders., Entwicklungen im Internationalen Privat- und Prozessrecht 2003/2004 (Teil 2), in: RIW 2004, S. 587 ff.

Mansel, Heinz-Peter, Zum Systemwechsel im europäischen Kollisionsrecht nach Amsterdam und Nizza , in: *Baur*, Jürgen F./ *Mansel*, Heinz-Peter (Hrsg.), Systemwechsel im europäischen Kollisionsrecht, S. 1 ff., München 2002

Mansi, Francesco Paolo, Il giudice italiano e le controversie europee: dalla Convenzione di Bruxelles del 1968 alla Convenzione di Lugano del 1988 ed al regolamento (CE) n. 44/2001 – competenza giurisdizionale, riconoscimento ed esecuzione delle decisioni, Mailand 2004

Mari, Luigi, Il diritto processuale civile della Convenzione di Bruxelles, Volume I – Il sistema della competenza, Padua 1999

Mauch, Christian, Die Sicherungsvollstreckung gem. Art. 47 EuGVVO, Art. 39 EuGVÜ und Art. 39 Lugano Übereinkommen – unter besonderer Berücksichtigung der nationalen Umsetzungen in Frankreich, Italien, England und Deutschland, Bielefeld 2003

May, Anthony (Hrsg.), Civil Procedure, London 2003 (zit.: Bearbeiter, in: *Whitebook*)

Mayr, Peter G., EuGVÜ und LugÜ, Wien 2001

ders./ Czernich, Dietmar, Das neue europäische Zivilprozessrecht, Wien 2002

McClean, David/ *Briggs*, Adrian, Conflict of Laws, in: *Lord Hailsham of St. Marylebone* (Hrsg.), Halsbury's Laws of England, Vol. 8 (1), §§ 996 ff., 4. Aufl., London 1996 (zit.: *McClean/Briggs*, in: *Halsbury's*, Vol. 8 (1))

Medicus, Dieter, Bürgerliches Recht, 19. Aufl., Köln u.a. 2002

Merlin, Elena, Riconoscimento ed esecutività della decisione straniera nel regolamento "Bruxelles I", in: Riv. dir. proc. 2001, S. 433 ff.

Micklitz, Hans-W./ *Rott*, Peter, Vergemeinschaftung des EuGVÜ in der Verordnung (EG) Nr. 44/2001, in: EuZW 2001, S. 325 ff. und EuZW 2002, S. 15 ff.

Mignoli, Ariberto, La vendita con riserva di proprietà nel fallimento, in: Riv. dir. civ. 1962, S. 328 ff.

Mühl, Dorothee, Sicherungsübereignung, Sicherungsabtretung und Eigentumsvorbehalt im italienischen Recht, Berlin 1980

Müller, Birgitta, Die worldwide Mareva injunction – Entwicklung, internationale Zuständigkeit und Vollstreckung in Deutschland, Frankfurt am Main 2002 (Zugl.: Münster (Westfalen), Univ., Diss., 2001)

Nagel, Heinrich, Die Begrenzung des internationalen Zivilprozessrechts durch das Völkerrecht, in: ZZP 75 (1962), S. 408 ff.

ders./ Gottwald, Peter, Internationales Zivilprozessrecht, 5. Aufl., Münster 2002

Nelle, Andreas, Anspruch, Titel und Vollstreckung im internationalen Rechtsverkehr, Tübingen 2000

Neumann, Klaus, Der Eigentumsvorbehalt im deutsch-italienischen Rechtsverkehr, Frankfurt am Main 2001 (Zugl.: Saarland, Univ., Diss., 2000)

North, Peter/ *Fawcett*, J.J., Chesire and North's Private International Law, 13. Aufl., London 1999

O'Malley, Stephen/ *Layton*, Alexander, European Civil Practice, London 1989

Osborne, Craig, Civil Litigation, 10. Aufl., Oxford 2002

Palandt, Otto, Bürgerliches Gesetzbuch, 63. Aufl., München 2004 (zit.: *Bearbeiter*, in: *Palandt*)

Petschek, Georg, Das österreichische Zwangsvollstreckungsrecht, Wien 1968

Pettit, Philip H., Equity and the Law of Trusts, 5. Aufl., London 1984

ders., Trusts, in: *Lord Mackay of Clashfern* (Hrsg.), Halsbury's Laws of England, Vol. 48, §§ 501 ff., 4. Aufl., London 2000 (zit.: *Pettit*, in: *Halsbury's*, Vol. 48) *ders.*, Choses in Action, in: *Lord Mackay of Clashfern* (Hrsg.), Halsbury's Laws of England, Vol. 6, §§ 1 ff., 4. Aufl., London 2003 (zit.: *Pettit*, in: *Halsbury's*, Vol. 6)

Picardi, Nicola, L'ufficiale giudiziario: Una figura ambigua, in: Giust. civ. 1993, II, S. 537 ff.

ders., Codice di procedura civile, 2. Aufl., Mailand 2000 (zit.: *Bearbeiter*, in: *Picardi*)

Picker, Eduard, Die Drittwiderspruchsklage in ihrer geschichtlichen Entwicklung als Beispiel für das Zusammenwirken von materiellem Recht und Prozessrecht, Köln u.a. 1981

Pirrung, Jörg, Vom Überraschungseffekt – Voraussetzungen der Sicherungsvollstreckung nach Art. 39 GVÜ, in: IPRax 1989, S. 18 ff.

Plant, Charles/ *Rose*, William, Blackstone's guide to the Civil Procedure Rules 2. Aufl., London 1999

Prütting, Hanns/ *Weth*, Stephan, Die Drittwiderspruchsklage gemäß § 771 ZPO, in: JuS 1988, S. 505 ff.

Punzi, Carmine, La tutela del terzo nel processo esecutivo, Mailand 1971

Raum, Rolf/ *Lindner*, Nicola, Rechtsangleichung im Delikts- und Vollstreckungsrecht im Blick auf die EU-Osterweiterung, in: NJW 1999, S. 465 ff.

Rauscher, Thomas, Europäisches Zivilprozessrecht – Kommentar, München 2004 (zit.: *Bearbeiter*, in: *Rauscher*)

ders., Europäischer Vollstreckungstitel für unbestrittene Forderungen, in: RIW 2004, Heft 11, Die erste Seite

ders., Der Europäische Vollstreckungstitel für unbestrittene Forderungen, in: GPR 2004, S. 286 ff.

ders., Der Europäische Vollstreckungstitel für unbestrittene Forderungen, München/Heidelberg 2004 (zit.: *Rauscher*, EuVT)

Rechberger, Walter Hans/ *Oberhammer*, Paul, Exekutionsrecht, 3. Aufl., Wien 2002

Rechberger, Walter H./ *Frauenberger-Pfeiler*, Ulrike, Der Europäische Vollstreckungstitel – Eine Annäherung, in: *Köck*, Heribert Franz (Hrsg.), Europarecht im Zeitalter der Globalisierung, S. 399 ff., Wien 2004

Redenti, Enrico/ *Vellani*, Mario, Diritto processuale civile, 3. Aufl., Mailand 1999

Reinicke, Dietrich/ *Tiedtke*, Klaus, Sonderfälle des Sicherungseigentums, Zwangsvollstreckung und Verwertung, in: DB 1994, S. 2601ff.

Renkl, Günter, Rechtsbehelfe und Klagen in der Zwangsvollstreckung, in: JuS 1981, S. 666 ff.

Rescigno, Pietro, Manuale del diritto privato italiano, 9. Aufl., Neapel 1990

ders., Codice Civile, 3. Aufl., Mailand 1997

Rosenberg, Leo/ *Gaul*, Hans Friedhelm/ *Schilken*, Eberhard, Zwangsvollstreckungsrecht, 11. Aufl., München 1997

Riedel, Ernst, Europäischer Vollstreckungstitel für unbestrittene Forderungen, Köln 2005

Rosenberg, Leo/ *Schwab*, Karl Heinz/ *Gottwald*, Peter, Zivilprozessrecht, 16. Aufl., München 2004

Roth, Herbert, Herausbildung von Prinzipien im europäischen Vollstreckungsrecht, in: IPRax 1989, S. 14 ff.

ders., Art. 16 Nr. 5 EuGVÜ, Drittwiderspruchsklage nach § 771 ZPO und Klage auf Auskehrung des unberechtigt Erlangten nach durchgeführter Zwangsversteigerung, in: IPRax 2001, S. 323 f.

Rubino, Domenico, La compravendita, 2. Aufl., Mailand 1971

Rummel, Peter (Hrsg.), Kommentar zum Allgemeinen bürgerlichen Gesetzbuch, 1. Band, 2. Aufl., Wien 1990 (zit.: *Bearbeiter*, in: *Rummel*)

du Rusquec, Emmanuel, Mesures Conservatoires, in: Juris-Classeur, Fascicule 2420, Procédure Civile, Paris 1993

Salerno, Francesco, Giurisdizione ed efficacia delle decisioni straniere nel regolamento (CE) n. 44/2001 (La revisione della Convenzione di Bruxelles del 1968), 2. Aufl., Padua 2003

Satta, Salvatore, L'esecuzione forzata, 2. Aufl., Turin 1952

ders., Commentario al codice di procedura civile, Band III, 2. Aufl., Mailand 1966

ders./ *Punzi*, Carmine, Diritto processuale civile, 13. Aufl., Padua 2000

Saunders, John B., Words and Phrases legally defined, Vol. 3: K – Q, 3. Aufl., London 1989

Schack, Haimo, Internationales Zivilverfahrensrecht, 3. Aufl., München 2002

ders., Die EG-Kommission auf dem Holzweg von Amsterdam, in: ZEuP 1999, S. 805 ff.

Schilken, Eberhard, Die Vorschläge der Kommission für ein europäisches Zivilprozessgesetzbuch – einstweiliger und summarischer Rechtsschutz und Vollstreckung, in: ZZP 109 (1996), S. 315 ff.

Schlosser, Peter, EuGVÜ, München 1996

ders., Jurisdiction and international judicial and administrative co-operation, in: RdC 284 (2000), S. 9 ff.

ders., Der Überraschungseffekt der Zwangsvollstreckung – national und international, in: RIW 2002, S. 809 ff.

ders., EU-Zivilprozessrecht, 2. Aufl., München 2003

ders., Die transnationale Bedeutung von Vollstreckbarkeitsnuancierungen, in: *Nakamura*, Hideo/ *Fasching*, Hans W./ *Gaul*, Hans Friedhelm/ *Georigiades*, Apostolos, Festschrift für Kostas E. Beys – Dem Rechtsdenker in attischer Dialektik, S. 1471 ff., Athen 2003

Schoibl, Norbert A., Vom Brüsseler Übereinkommen zur Brüssel-I-Verordnung: Neuerungen im europäischen Zivilprozessrecht, in: JBl 2003, S. 149 ff.

Schollmeyer, Eberhard, Europäisches Mahnverfahren, in: IPRax 2002, S. 478 ff.

Schütze, Rolf Arno, Rechtsverfolgung im Ausland – Probleme des ausländischen und internationalen Zivilprozessrechts, 3. Aufl., Heidelberg 2002

Schuschke, Winfried/ *Walker*, Wolf-Dietrich, Vollstreckung und Vorläufiger Rechtsschutz, Kommentar zum Achten Buch der Zivilprozessordnung, Band I

– Zwangsvollstreckung, 3. Aufl., Köln 2002, Band II – Arrest, Einstweilige Verfügung, 2. Aufl., Köln 1999 (zit.: *Bearbeiter*, in: *Schuschke/Walker*)

Schwimann, Michael (Hrsg.), Praxiskommentar zum Allgemeinen Bürgerlichen Gesetzbuch samt Nebengesetzen, Band 2, 2. Aufl., Wien 1998, Band 5, 2. Aufl., Wien 1997 (zit.: *Bearbeiter*, in: *Schwimann*)

Seiser, Hannes, Exekutionsrecht, 3. Aufl., Wien 2002

Serick, Rolf, Eigentumsvorbehalt und Sicherungsübereignung, Band 3 – Die einfache Sicherungsübertragung – Zweiter Teil, Heidelberg 1970

Siehr, Kurt, Der Eigentumsvorbehalt an beweglichen Sachen im Internationalen Privatrecht, insbesondere im deutsch-italienischen Rechtsverkehr, in: AWD 1971, S. 10 ff.

Sobich, Philip, Die Civil Procedure Rules 1999 – Zivilprozessrecht in England, in: JZ 1999, S. 775 ff.

Spielbüchler, Karl, Zur dingliche Rechtsstellung des Vorbehaltskäufers, in: JBl 1981, S. 505 ff.

Stadler, Astrid, Erlass und Freizügigkeit einstweiliger Maßnahmen im Anwendungsbereich des EuGVÜ, in: JZ 1999, S. 1089 ff.

dies., Die Revision des Brüsseler und des Lugano-Übereinkommens über die gerichtliche Zuständigkeit und die Vollstreckung gerichtlicher Entscheidungen in Zivil- und Handelssachen – Vollstreckbarerklärung und internationale Vollstreckung, in: *Gottwald*, Peter (Hrsg.), Revision des EuGVÜ – Neues Schiedsverfahrensrecht, Bielefeld 2000 (zit.: *Stadler*, in: *Gottwald*)

dies., Das Europäische Zivilprozessrecht – Wie viel Beschleunigung verträgt Europa?, in: IPRax 2004, S. 2 ff.

dies., Kritische Anmerkungen zum Europäischen Vollstreckungstitel, in: RIW 2004, S. 801 ff.

Stein, Andreas, Neuere Entwicklungen bei der gegenseitigen Anerkennung und Vollstreckung von zivilrechtlichen Urteilen in Europa, in: WiRO 2003, S. 289 ff.

ders., Der Europäische Vollstreckungstitel für unbestrittene Forderungen tritt in Kraft – Aufruf zu einer nüchternen Betrachtung, in: IRPax 2004, S. 181 ff.

ders., Der Europäische Vollstreckungstitel für unbestrittene Forderungen – Einstieg in den Ausstieg aus dem Exequaturverfahren bei Auslandsvollstreckung, in: EuZW 2004, S. 679 ff.

Stein, Friedrich/ *Jonas*, Martin, Kommentar zur Zivilprozessordnung, Band 7, §§ 704 – 827, 22. Aufl., Tübingen 2002, Band 9, §§ 916 – 1066, 22. Aufl., Tübingen 2002 (zit.: *Bearbeiter*, in: *Stein/Jonas*)

Stoppenbrink, Katja, Systemwechsel im internationalen Anerkennungsrecht: Von der EuGVVO zur geplanten Abschaffung des Exequatur, in: European Review of Private Law 2002, S. 641 ff.

Storme, Marcel, Ein einheitlicher Europäischer Vollstreckungstitel als Vorbote eines weltweiten Titels, in: *Heldrich*, Andreas/ *Uchida*, Takeyoshi (Hrsg.), Festschrift für Hideo Nakamura zum 70. Geburtstag, S. 581 ff., Tokyo 1996

Streinz, Rudolf, EUV/EGV, München 2003 (zit.: *Bearbeiter*, in: *Streinz*)

Stumpf, Herbert, Eigentumsvorbehalt und Sicherungsübertragung im Ausland, 4. Aufl., Heidelberg 1980 (zit.: *Bearbeiter*, in: *Stumpf*)

Stürner, Michael, ‚...What so exhausts finance, patience, courage, hope...' – Zur Reform des englischen Zivilprozessrechts, in: ZVglRWiss 99 (2000), S. 310 ff.

Stürner, Rolf, Das Europäische Zivilprozessrecht – Einheit oder Vielfalt?, in: *Grunsky*, Wolfgang/ *Stürner*, Rolf/ *Walter*, Gerhard/ *Wolf*, Manfred (Hrsg.), Wege zu einem europäischen Zivilprozessrecht, S. 35 ff., Tübingen 1992

ders., Das französische und englische Zwangsvollstreckungsrecht, in: *Heldrich*, Andreas/ *Uchida*, Takeyoshi (Hrsg.), Festschrift für Hideo Nakamura zum 70. Geburtstag, Tokyo 1996

ders., Einstweiliger Rechtsschutz: Generalbericht, in: *Storme*, Marcel (Hrsg.), Procedural Laws in Europe – Towards harmonisation, S. 143 ff., Antwerpen 2003

Taruffo, Michele, Legal Cultures and Models of Civil Justice, in: *Heldrich*, Andreas/ *Uchida*, Takeyoshi (Hrsg.), Festschrift für Hideo Nakamura zum 70. Geburtstag, S. 621 ff., Tokyo 1996

Tarzia, Giuseppe, Sul litisconsorzio necessario nell'opposizione di terzo all'esecuzione, in: Giur. it. 1965, I, 1 Sp. 529 ff.

ders., Prospettive di armonizzazione delle norme sull'esecuzione forzata nella Comunitá economica europea, in: Riv. dir. proc. 1994, S. 205 ff.

ders., Aussichten für eine Harmonisierung des Zwangsvollstreckungsrechts in der Europäischen Union, in: ZEuP 1996, S. 231 ff.

ders., Il Titolo esecutivo Europeo per i titoli non contestati, in: *Bachmann*, Birgit/ *Breidenbach*, Stephan/ *Coester-Waltjen*, Dagmar/ *Hess*, Burkhard/ *Nelle*, Andreas/ *Wolf*, Christian (Hrsg.), Grenzüberschreitungen – Beiträge zum Internationalen Verfahrensrecht und zur Schiedsgerichtsbarkeit – Festschrift für Peter Schlosser zum 70. Geburtstag, S. 985 ff., Tübingen 2005 (zit.: *Tarzia*, in: Grenzüberschreitungen)

Thomas, Heinz/ *Putzo*, Hans/ *Reichold*, Klaus/ *Hüßtege*, Rainer, Zivilprozessordnung, 24. Aufl., München 2002 (zit.: *Bearbeiter*, in: *Thomas/Putzo*)

Triebel, Volker/ *Hodgson*, Stephen/ *Kellenter*, Wolfgang/ *Müller*, Georg, Englisches Handels- und Wirtschaftsrecht, 2. Aufl., Heidelberg 1995

Trocker, Nicolò, Gegenwartsprobleme der italienischen Zivilrechtspflege, in: ZZP 91 (1978), S. 237 ff.

Tusch, Marcus, Injunctions – Ein Rechtsinstitut der Equity als Wegbereiter des einstweiligen Rechtsschutzes im modernen englischen Zivilprozess, Regensburg 1993 (Zugl.: Regensburg, Univ., Diss., 1993)

Vaccarella, Romano, Titolo esecutivo, precetto, opposizioni, Turin 1984

Wagner, Rolf, Vom Brüsseler Übereinkommen über die Brüssel I - Verordnung zum Europäischen Vollstreckungstitel, in: IPRax 2002, S. 75 ff.

ders., Zur Vereinheitlichung des internationalen Zivilverfahrensrechts vier Jahre nach In-Kraft-Treten des Amsterdamer Vertrags, in: NJW 2003, S. 2344 ff.

ders., Zum Stand der Vereinheitlichung des internationalen Zivilverfahrensrechts, in: *Gottwald*, Peter (Hrsg.), Perspektiven der justiziellen Zusammenarbeit in Zivilsachen in der Europäischen Union, S. 249 ff., Bielefeld 2004

ders., Der Europäische Vollstreckungstitel, in: NJW 2005, S. 1157 ff.

ders., Die neue EG-Verordnung zum Europäischen Vollstreckungstitel, in: IPRax 2005, S. 189 ff.

ders., Das Gesetz zur Durchführung der Verordnung (EG) Nr. 805/2004 zum Europäischen Vollstreckungstitel – unter besonderer Berücksichtigung der Vollstreckungsabwehrklage, in: IPRax 2005, S. 401 ff.

Walther, Dorothee, Die Mareva-Injunction – Zu einer neuen Entwicklung des einstweiligen Rechtsschutzes im englischen Zivilprozess, Frankfurt 1986 (Zugl.: Bonn, Univ., Diss, 1986)

Wastl, Ulrich, Die Vollstreckung deutscher Titel auf der Grundlage des EuGVÜ in Italien, München 1991 (Zugl.: München, Univ., Diss., 1990)

Weißmann, Heinz/ *Riedel*, Ernst/ *Wastl*, Ulrich, Handbuch der internationalen Zwangsvollstreckung, Augsburg, Loseblattsammlung, Stand März 2004 (zit.: *Bearbeiter*, in: HdbIZ)

Wieczorek, Bernhard/ *Schütze*, Rolf Arno, Zivilprozessordnung und Nebengesetze, Vierter Band, 1. Teilband, 3. Aufl., Berlin New York 1999 (zit.: *Bearbeiter*, in: *Wieczorek*)

Wolf, Christian, Konturen eines europäischen Systems des einstweiligen Rechtsschutzes, in: EWS 2000, S. 11 ff.

Wolf, Manfred, Sachenrecht, 20. Aufl., München 2004

Yessiou-Faltsi, Pelayia, Die Folgen des Europäischen Vollstreckungstitels für das Vollstreckungsrecht in Europa, in: *Gottwald*, Peter (Hrsg.), Perspektiven der justiziellen Zusammenarbeit in Zivilsachen in der Europäischen Union, S. 213 ff., Bielefeld 2004

Zanzucchi, Marco Tullio, Diritto processuale civile, Band 3, 4. Aufl., Mailand 1946

Zöller, Richard, Zivilprozessordnung, 24. Aufl., Köln 2004 (zit.: *Bearbeiter*, in: *Zöller*)

Zweigert, Konrad/ *Kötz*, Hein, Einführung in die Rechtsvergleichung, 3. Aufl., Tübingen 1996

STUDIEN ZUM VERGLEICHENDEN UND INTERNATIONALEN RECHT

Herausgeber: Bernd von Hoffmann, Erik Jayme und Heinz-Peter Mansel

Band 1 Ferdinand Henke: Die Datenschutzkonvention des Europarates. 1986.

Band 2 Peter Czermak: Der express trust im internationalen Privatrecht. 1986.

Band 3 Peter Kindler: Der Ausgleichsanspruch des Handelsvertreters im deutsch-italienischen Warenverkehr. Eine rechtsvergleichende und kollisionsrechtliche Untersuchung. 1987.

Band 4 Wilhelm Denzer: Stellung und Bedeutung des Engineers in den FIDIC-Bauvertragsbedingungen. 1988.

Band 5 Marijan-Maximilian Lederer: Die internationale Enteignung von Mitgliedschaftsrechten unter besonderer Berücksichtigung der französischen Enteignungen 1982. 1989.

Band 6 Rainer Esser: Klagen gegen ausländische Staaten. 1990.

Band 7 Chang Jae-Ok: Auf dem Weg zu einer Materialisierung des Immateriellen? Personen-, Persönlichkeitsschutz und Geldersatz des immateriellen Schadens in rechtsvergleichender Hinsicht am Beispiel des koreanischen und japanischen Zivilrechts unter besonderer Berücksichtigung des deutschen Rechts. 1990.

Band 8 Paul-Frank Weise: Lex mercatoria. Materielles Recht vor der internationalen Handelsschiedsgerichtbarkeit.1990.

Band 9 Werner Born: Der Auftrittsvertrag für Musikgruppen im Bereich der Rock- und Popmusik. 1990.

Band 10 Ralf Erich Jürgens: IPR und Verfassung in Italien und in der Bundesrepublik Deutschland. 1990.

Band 11 Rainer Gildeggen: Internationale Schieds- und Schiedsverfahrensvereinbarungen in Allgemeinen Geschäftsbedingungen vor deutschen Gerichten. 1991.

Band 12 Klaus Grabinski: Die kollisionsrechtliche Behandlung des Durchgriffs bei rechtlich verselbständigten Unternehmen in privater oder öffentlicher Hand. 1991.

Band 13 Dieter Stummel: Konkurs und Integration. Konventionsrechtliche Wege zur Bewältigung grenzüberschreitender Insolvenzverfahren. 1991.

Band 14 Joachim Güntzer: Die Rechtsstellung des Geschäftsführers im spanischen Aktienrecht. Die Neuregelung des spanischen Aktienrechts nach dem Beitritt Spaniens zur EG. 1991.

Band 15 Sabine Isenburg-Epple: Die Berücksichtigung ausländischer Rechtshängigkeit nach dem Europäischen Gerichtsstands- und Vollstreckungsübereinkommen vom 27.9.1968. Untersuchungen zum Anwendungsbereich von Art. 21 EuGVÜ unter schwerpunktmäßiger Behandlung der Frage nach der Bestimmung eines europäischen Streitgegenstandsbegriffs. 1992.

Band 16 Ulrich Nickl: Die Qualifikation der culpa in contrahendo im Internationalen Privatrecht. 1992.

Band 17 Theo Rauh: Leistungserschwerungen im Schuldvertrag. Eine rechtsvergleichende Untersuchung des englischen, US-amerikanischen, französischen und deutschen Rechts unter besonderer Berücksichtigung der gerichtlichen Praxis. 1992.

Band 18 Bernadette Chaussade-Klein: Vorvertragliche "obligation de renseignements" im französichen Recht. 1992.

Band 19 Josef Sievers: Verbraucherschutz gegen unlautere Vertragsbedingungen im französischen Recht. Vom Code civil zum "Code de la consommation" – die Entstehung eines Sonderprivatrechts für Verbraucher. 1993.

Band 20 Achim Schäfer: Grenzüberschreitende Kreditsicherung an Grundstücken, unter besonderer Berücksichtigung des deutschen und italienischen Rechts. 1993.

Band 21 Eugenio Hernández-Breton: Internationale Gerichtsstandsklauseln in Allgemeinen Geschäftsbedingungen. Unter besonderer Berücksichtigung des deutsch-südamerikanischen Rechtsverkehrs (dargestellt am Beispiel Argentinien, Brasilien und Venezuela). 1993.

Band 22 Ingo Reng: Unterhaltsansprüche aufgrund nichtehelicher Lebensgemeinschaft – Internationales Privatrecht und ausländisches materielles Recht. 1994.

Band 23 Stefanie Roloff: Die Geltendmachung ausländischer öffentlicher Ansprüche im Inland. 1994.

Band 24 Katharina Ludwig: Der Vertragsschluß nach UN-Kaufrecht im Spannungsverhältnis von Common Law und Civil Law. Dargestellt auf der Grundlage der Rechtsordnungen Englands und Deutschlands. 1994.

Band 25 Malte Diesselhorst: Mehrparteienschiedsverfahren. Internationale Schiedsverfahren unter Beteiligung von mehr als zwei Parteien. 1994.

Band 26 Manfred Kost: Konsensprobleme im internationalen Schuldvertragsrecht. 1995.

Band 27 Wolff-Heinrich Fleischer: Das italienische Wettbewerbsrecht und die Probleme des selektiven Parfümvertriebs unter Berücksichtigung der Rechtslage in Frankreich und Deutschland. 1995.

Band 28 Angelika Fuchs: Lateinamerikanische Devisenkontrollen in der internationalen Schuldenkrise und Art. VIII Abschn. 2 b) IWF-Abkommen. 1995.

Band 29 Jacques Matthias Aull: Der Geltungsanspruch des EuGVÜ: "Binnensachverhalte" und Internationales Zivilverfahrensrecht in der Europäischen Union. Zur Auslegung von Art. 17 Abs. 1 S. 1 EuGVÜ. 1996.

Band 30 Hartmut Ost: EVÜ und fact doctrine. Konflikte zwischen europäischer IPR-Vereinheitlichung und der Stellung ausländischen Rechts im angelsächsischen Zivilprozeß. 1996.

Band 31 Stefan Wagner: Die Testierfähigkeit im Internationalen Privatrecht. 1996.

Band 32 Wolfgang Jakob Hau: Positive Kompetenzkonflikte im Internationalen Zivilprozeßrecht. Überlegungen zur Bewältigung von *multi-fora disputes*. 1996.

Band 33 Markus Schütz: UN-Kaufrecht und *Culpa in contrahendo*. 1996.

Band 34 Volker Geyrhalter: Das Lösungsrecht des gutgläubigen Erwerbers. Ein "vergessener" Kompromiß und die Auswirkungen auf das heutige deutsche Recht unter besonderer Berücksichtigung des internationalen Sachenrechts. 1996.

Band 35 Andreas Kramer: Abwicklungsstörungen bei Kaufverträgen. Die Lieferung vertragswidriger Sachen im deutschen und italienischen Recht. 1996.

Band 36 Petra Krings: Erfüllungsmodalitäten im internationalen Schuldvertragsrecht. 1997.

Band 37 Tonja Gaibler: Der rechtsgeschäftliche Irrtum im französischen Recht. 1997.

Band 38 Dirk Otto: Rechtsspaltung im indischen Erbrecht. Bedeutung und Auswirkungen auf deutsch-indische Nachlaßfälle. 1997.

Band 39 Gregor W. Decku: Zwischen Vertrag und Delikt. Grenzfälle vertraglicher und deliktischer Haftung dargestellt am Beispiel der Berufs- und Expertenhaftung zum Schutze des Vermögens Dritter im deutschen und englischen Recht. 1997.

Band 40 Ulrike Höpping: Auswirkungen der Warenverkehrsfreiheit auf das IPR unter besonderer Berücksichtigung des Internationalen Produkthaftungsrechts und des Internationalen Vertragsrechts. 1997.

Band 41 Andreas Bartosch: Die vermögensrechtlichen Beziehungen der Ehegatten bei bestehender Ehe im englischen Recht – Eigentum, Besitz, Schuldvertrag. 1997.

Band 42 Helene Boriths Müller: Die Umsetzung der europäischen Übereinkommen von Rom und Brüssel in das Recht der Mitgliedstaaten. Dargestellt am Beispiel Deutschlands und Dänemarks. 1997.

Band 43 Bernd von Hoffmann / Myong-Chang Hwang (eds.): The Public Concept of Land Ownership. Reports and Discussions of a German-Korean Symposium held in Seoul on October 7-9, 1996. 1997.

Band 44 Oliver Heeder: Fraus legis. Eine rechtsvergleichende Untersuchung über den Vorbehalt der Gesetzesumgehung in Deutschland, Österreich, der Schweiz, Frankreich und Belgien unter besonderer Berücksichtigung des Internationalen Privatrechts. 1998.

Band 45 Heinrich Schütt: Deliktstyp und Internationales Privatrecht. Dargestellt an grenzüberschreitenden Problemen der Arzthaftung. 1998.

Band 46 Axel Steiner: Die stillschweigende Rechtswahl im Prozeß im System der subjektiven Anknüpfungen im deutschen Internationalen Privatrecht. 1998.

Band 47 Martina Schulz: Der Eigentumsvorbehalt in europäischen Rechtsordnungen. Rechtsvergleichende Untersuchung des deutschen, englischen und französischen Rechts unter besonderer Berücksichtigung von Erweiterungen und Verlängerungen. 1998.

Band 48 Karin Dreher: Die Rechtswahl im internationalen Erbrecht. Unter besonderer Berücksichtigung des italienischen IPR-Reformgesetzes N. 218 vom 31. Mai 1995. 1999.

Band 49 Giuliano Gabrielli: Das Verhältnis zwischen der Anfechtung wegen Eigenschaftsirrtums und den Gewährleistungsansprüchen im deutschen, österreichischen und italienischen Recht. 1999.

Band 50 Bernd von Hoffmann / Myong-Chan Hwang (eds.): Developments in Land Law. Reports and Discussions of a German-Korean Symposium held in Berlin and Trier on July 21-24, 1997. 1999.

Band 51 Volker Heidbüchel: Das UNCITRAL-Übereinkommen über unabhängige Garantien und Standby Letters of Credit. Vergleiche mit den Richtlinien der Internationalen Handelskammer, dem deutschen, englischen und US-amerikanischen Recht. 1999.

Band 52 Jan Christoph Nordmeyer: Pflichtteilsansprüche und Wiedervereinigung. Eine systematische Analyse der Ausgleichsansprüche nach BGB-Pflichtteilsrecht unter besonderer Berücksichtigung der durch den Wiedervereinigungsprozeß eingetretenen Wertveränderungen. 1999.

Band 53 Bettina Linder: Vertragsabschluß beim grenzüberschreitenden Verbraucherleasing. 1999.

Band 54 Almontasser Fetih: Die zivilrechtliche Haftung bei Vertragsverhandlungen. Eine rechtsvergleichende Studie zum deutschen, französischen, ägyptischen und islamischen Recht. 2000.

Band 55 Sona Rajani: Die Geltung und Anwendung des Gemeinschaftsrechts im Vereinigten Königreich von Großbritannien und Nordirland. Der Grundsatz der Parlamentssouveränität im Wandel. 2000.

Band 56 Joachim Kayser: Gegenmaßnahmen im Außenwirtschaftsrecht und das System des europäischen Kollisionsrechts. Eine Analyse der EU-Abwehrverordnung gegen die Auswirkungen extraterritorialer Rechtserstreckung eines Drittlandes. 2001.

Band 57 Albrecht Conrad: Qualifikationsfragen des Trust im Europäischen Zivilprozeßrecht. 2001.

Band 58 Bernd Borgmann: Die Entsendung von Arbeitnehmern in der Europäischen Gemeinschaft. Wechselwirkungen zwischen Kollisionsrecht, Grundfreiheiten und Spezialgesetzen. 2001.

Band 59 Aleksandar Jaksic: Arbitration and Human Rights. 2002.

Band 60 Islamisches und arabisches Recht als Problem der Rechtsanwendung. Symposium zu Ehren von Professor Emeritus Dr. iur. Omaia Elwan. Veranstaltet vom Institut für ausländisches und internationales Privat- und Wirtschaftsrecht der Universität Heidelberg und der Gesellschaft für Arabisches und Islamisches Recht e.V. Herausgegeben von Herbert Kronke, Gert Reinhart und Nika Witteborg. 2001.

Band 61 Patrick Fiedler: Stabilisierungsklauseln und materielle Verweisung im internationalen Vertragsrecht. 2001.

Band 62 Werner Mangold: Die Abtretung im Europäischen Kollisionsrecht. Unter besonderer Berücksichtigung des spanischen Rechts. 2001.

Band 63 Eike Dirk Eschenfelder: Beweiserhebung im Ausland und ihre Verwertung im inländischen Zivilprozess. Zur Bedeutung des US-amerikanischen discovery-Verfahrens für das deutsche Erkenntnisverfahren. 2002.

Band 64 Bernd Ehle: Wege zu einer Kohärenz der Rechtsquellen im Europäischen Kollisionsrecht der Verbraucherverträge. 2002.

Band 65 Heiko Lehmkuhl: Das Nacherfüllungsrecht des Verkäufers im UN-Kaufrecht. 2002.

Band 66 Jochen Nikolaus Schlotter: Erbrechtliche Probleme in der Société Privée Européenne. IPR-Harmonisierung im einheitlichen Europäischen Rechtsraum. 2002.

Band 67 Konrad Ost: Doppelrelevante Tatsachen im Internationalen Zivilverfahrensrecht. Zur Prüfung der internationalen Zuständigkeit bei den Gerichtsständen des Erfüllungsortes und der unerlaubten Handlung. 2002.

Band 68 Tobias Bosch: Die Durchbrechungen des Gesamtstatuts im internationalen Ehegüterrecht. Unter besonderer Berücksichtigung deutsch-französischer Rechtsfälle. 2002.

Band 69 Ursula Philipp: Form im amerikanischen Erbrecht. Zwischen Formalismus und harmless error. 2002.

Band 70 Christian Stefan Wolf: Der Begriff der wesentlich engeren Verbindung im Internationalen Sachenrecht. 2002.

Band 71 André Fomferek: Der Schutz des Vermögens Minderjähriger. Ein Vergleich des deutschen und des englischen Rechts unter Berücksichtigung des schottischen und irischen Rechts. 2002.

Band 72 nicht erschienen

Band 73 Markus Dreißigacker: Sprachenfreiheit im Verbrauchervertragsrecht. Der Verbraucher im Spannungsfeld zwischen kultureller Identität und Privatautonomie. 2002.

Band 74 Vassiliki Myller-Igknay: Auskunftsansprüche im griechischen Zivilrecht. Auswirkungen im deutsch-griechischen Rechtsverkehr sowie im deutschen internationalen Privat- und Verfahrensrecht. 2003

Band 75 Stefan Bruinier: Der Einfluss der Grundfreiheiten auf das Internationale Privatrecht. 2003.

Band 76 Nika Witteborg: Das gemeinsame Sorgerecht nichtverheirateter Eltern. Eine Untersuchung im soziologischen, rechtsgeschichtlichen, verfassungsrechtlichen, rechtsvergleichenden und internationalen Kontext. 2003.

Band 77 Peter Stankewitsch: Entscheidungsnormen im IPR als Wirksamkeitsvoraussetzungen der Rechtswahl. 2003.

Band 78 Jan Wilhelm Ritter: Euro-Einführung und IPR unter besonderer Berücksichtigung nachehelicher Unterhaltsverträge. Eine Untersuchung mit Blick auf das deutsche, französische und schweizerische Recht. 2003.

Band 79 Wolf Richard Herkner: Die Grenzen der Rechtswahl im internationalen Deliktsrecht. 2003.

Band 80 Ira Ditandy: Internationale Zuständigkeit. Neuregelung durch die LOPJ 1985. Vergleich mit dem europäischen Vorbild und Auswirkungen auf das spanische internationale Zivilverfahrensrecht. 2003.

Band 81 Andrea Verena Schefold: Werbung im Internet und das deutsche Internationale Privatrecht. 2004.

Band 82 Klaus Herkenrath: Die Umsetzung der Richtlinie 93/13/EWG über missbräuliche Klauseln in Verbraucherverträgen in Deutschland, dem Vereinigten Königreich, Frankreich und Italien. Auswirkungen nationaler Umsetzungstechniken auf dem Harmonisierungserfolg. 2003.

Band 83 Alexander Thünken: Das kollisionsrechtliche Herkunftslandprinzip. 2003.

Band 84 Barbara v. Daumiller: Die Rechtswahl im italienischen internationalen Erbrecht: und ihre Auswirkungen im deutsch-italienischen Rechtsverkehr. 2003.

Band 85 Robert Mödl: Macht, Verantwortlichkeit und Zurechnung im Konzern. Eine rechtsvergleichende Untersuchung auf der Grundlage des deutschen, spanischen und US-amerikanischen Rechts. 2003.

Band 86 Ursula Kerpen: Das Internationale Privatrecht der Persönlichkeitsrechtsverletzungen. Eine Untersuchung auf rechtsvergleichender Grundlage. 2003.

Band 87 Barbara Ploeckl: Umgangsrechtsstreitigkeiten im deutsch-französischen Rechtsverkehr. Bestehende internationale und nationale Regelungen und der geplante *europäische Besuchstitel*. 2003.

Band 88 Katrin Wannemacher: Die Außenkompetenzen der EG im Bereich des Internationalen Zivilverfahrensrechts. Der räumliche Anwendungsbereich des Art. 65 EGV am Beispiel der EuGVO und der EheVO. 2003.

Band 89 Maren B. Eilinghoff: Das Kollisionsrecht der ungerechtfertigten Bereicherung nach dem IPR-Reformgesetz von 1999. 2004.

Band 90 Patrick Niehr: Die zivilprozessuale Dokumentenvorlegung im deutsch-englischen Rechtshilfeverkehr nach der deutschen und der englischen Prozessrechtsreform. 2004.

Band 91 Anna Christina Gördes: Internationale Zuständigkeit, Anerkennung und Vollstreckung von Entscheidungen über die elterliche Verantwortung. Die VO(EG) Nr. 1347/2000, ihre geplanten Änderungen und das Verhältnis beider zum Minderjährigen- und Kinderschutzabkommen. 2004.

Band 92 Martin Rädler: Rechtsbehelfe des Käufers eines Unternehmens oder einer unternehmerischen Beteiligung gegen den Verkäufer im deutschen und französischen Recht. 2004.

Band 93 Marc-Yngve Dietrich: Rechtsstellung und Beteiligung der Gläubiger im französischen Insolvenzverfahren. 2004.

Band 94 Katia Niemann: Die rechtsgeschäftliche und organschaftliche Stellvertretung und deren kollisionsrechtliche Einordnung. Deutschland und England im Vergleich. 2004.

Band 95 Daniel Ludwig: Neuregelungen des deutschen Internationalen Insolvenzverfahrensrechts. Eine Untersuchung unter vergleichender Heranziehung der Europäischen Insolvenzverordnung. 2004.

Band 96 Cordelia Faulenbach: Der gemeinschaftsrechtliche Vorbehalt im europäischen Wettbewerbsrecht. Die Herkunftslandanknüpfung der E-Commerce-Richtlinie unter dem Einfluss der Grundfreiheiten. 2004.

Band 97 Ulf Dörner: Der Vertragsgerichtsstand nach dem Protokoll von Buenos Aires. 2004.

Band 98 Martin Schmidhuber: Verhaltenskodizes im nationalen und grenzüberschreitenden elektronischen Geschäftsverkehr. Zur Frage der Integration der Selbstregulierung durch Private in die staatliche Rechtsordnung. 2004.

Band 99 Florian Kienle: Die fehlerhafte Banküberweisung im internationalen Rechtsverkehr. Unter besonderer Berücksichtigung des Artikels 4A US Uniform Commercial Code. 2004.

Band 100 Thomas Alexander Brandt: Die Adoption durch eingetragene Lebenspartner im internationalen Privat- und Verfahrensrecht. 2004.

Band 101 Florian Pulkowski: Subunternehmer und Internationales Privatrecht. Der Subunternehmer als Quasi-Verbraucher im Europäischen Kollisionsrecht. 2004.

Band 102 Ulrich Becker: Grundrechtsschutz bei der Anerkennung und Vollstreckbarerklärung im europäischen Zivilverfahrensrecht. Bestimmung der Grenzen für die Einführung eines europäischen Vollstreckungstitels. 2004.

Band 103 Thomas Badelt: Aufrechnung und internationale Zuständigkeit unter besonderer Berücksichtigung des deutsch-spanischen Rechtsverkehrs. 2005.

Band 104 Florian D. Wagner: Vorvertragliche Aufklärungspflichten im internationalen Franchising. Zur Harmonisierung von Delikts- und Vertragsstatut im internationalen Privatrecht unter besonderer Berücksichtigung der Franchise-Gesetzgebung des US-Bundesstaates Kalifornien. 2005.

Band 105 Vera Heine: Die Umsetzung der *EG-Richtlinie über missbräuchliche Klauseln in Verbraucherverträgen* im englischen und deutschen Recht. 2005.

Band 106 Alexander Franz: Überregionale Effektentransaktionen und anwendbares Recht. Eine kollisionsrechtliche Untersuchung unter besonderer Berücksichtigung der Vorschrift des § 17 a DepotG. 2005.

Band 107 Hanna-Maria Uhlenbrock: Gesetzliche Regelungen für nichteheliche Lebensgemeinschaften in Deutschland und Frankreich. Ein Vergleich des Unterhaltsrechts bei der eingetragenen Lebenspartnerschaft und beim Pacte civil de Solidarité. 2005.

Band 108 Katrin Stieß: Anknüpfungen im internationalen Urheberrecht unter Berücksichtigung der neuen Informationstechnologien. 2005.

Band 109 Hendrik Otto: Der gesetzliche Abschlussprüfer im italienischen Recht. Eine rechtsvergleichende Untersuchung unter besonderer Berücksichtigung der zivilrechtlichen Haftung. 2005.

Band 110 Frauke Stuphorn: Bankhaftung für Kreditauskünfte im deutschen und französischen Recht. 2005.

Band 111 Nina Fürer: Die zivilrechtliche Haftung für Raucherschäden. 2005.

Band 112 Giovanni B. Barillà: *Contratto autonomo di garanzia* e *Garantievertrag*. Categorie civilistiche e prassi del commercio. 2005.

Band 113 Timo Torz: Gerichtsstände im Internationalen Insolvenzrecht zur Eröffnung von Partikularinsolvenzverfahren. 2005.

Band 114 Martina Schmid: Die Grenzen der Auslegungskompetenz des EuGH im Vorabentscheidungsverfahren nach Art. 234 EG. Dargestellt am Beispiel der überschießenden Richtlinienumsetzung. 2005.

Band 115 Stephan Lesage-Mathieu: Dispositives Kollisionsrecht im prozessualen Kontext. 2005.

Band 116 Jürgen Görtz: Die subjektiven Grenzen der Rechtskraft US-amerikanischer Urteile. 2005.

Band 117 Vera Hoppe: Die Einbeziehung ausländischer Beteiligter in US-amerikanische class actions. Unter Berücksichtigung des Class Action Fairness Act 2005. 2005.

Band 118 Silke Pütz: Parteiautonomie im internationalen Urhebervertragsrecht – Eine rechtsdogmatische und rechtspolitische Betrachtung der Grenzen freier Rechtswahl im internationalen Urhebervertragsrecht unter besonderer Berücksichtigung des neuen deutschen Urhebervertragsrechts. 2005.

Band 119 Alice Nieroba: Die europäische Rechtshängigkeit nach der EuGVVO (Verordnung (EG) Nr. 44/2001) an der Schnittstelle zum nationalen Zivilprozessrecht. 2006.

Band 120 Jan Kayser: Alternative Formen gerichtlicher und außergerichtlicher Streitbeilegung im deutschen und französischen Zivilprozess. Les modes alternatifs judiciaires et extrajudiciaires de résolution des conflits en procédure civile allemande et française. 2006

Band 121 Mirko Ehrich: Der internationale Anwendungsbereich des deutschen und französischen Rechts gegen irreführende Werbung. Freie Wahl von Form und Mittel, Rom II und Herkunftslandprinzip. 2006.

Band 122 Daniel Thelen: Die Haftung des Sekundärschädigers für Gewalttaten anderer im US-amerikanischen Deliktsrecht ausgehend von dem Problem rechtsextremistisch motivierter Gewalttaten. 2006.

Band 123 Anne Winterling: Die Entscheidungszuständigkeit in Arbeitssachen im europäischen Zivilverfahrensrecht. 2006.

Band 124 Sarah Gerling: Die Gleichstellung ausländischer mit inländischen Vollstreckungstiteln durch die Verordnung zur Einführung eines Europäischen Vollstreckungstitels für unbestrittene Forderungen. Im Vergleich zum bisherigen Recht und zur Rechtslage in den USA. 2006.

Band 125 Christian Bank: Präventivmaßnahmen börsennotierter Gesellschaften zur Abwehr feindlicher Übernahmeversuche in Deutschland und Großbritannien. Eine rechtsvergleichende Untersuchung des deutschen und britischen Rechts unter Berücksichtigung der Europäischen Übernahmerichtlinie. 2006.

Band 126 Christian Weis: Kaufrechtliche Gewährleistung und Garantievergabe in Deutschland und Spanien. Unter besonderer Berücksichtigung des Unternehmenskaufs. 2006.

Band 127 Emilio Maus Ratz: Der Nacherfüllungsanspruch nach UN-Kaufrecht. Im Lichte der deutschen, spanisch-mexikanischen und US-amerikanischen Rechtswissenschaft. 2006.

Band 128 Constanze Jacobs: Die Sachmängelgewähr im deutschen und belgischen Kaufrecht nach Umsetzung der Verbrauchsgüterkauf-Richtlinie. 2006.

Band 129 Ulrike Teichert: Lückenfüllung im CISG mittels UNIDROIT-Prinzipien – Zugleich ein Beitrag zur Wählbarkeit nichtstaatlichen Rechts. 2007.

Band 130 Sascha Reichardt: Internationale Zuständigkeit im Gerichtsstand der unerlaubten Handlung bei Verletzung europäischer Patente. 2006.

Band 131 Bilgehan Cetiner: Die Sachmängelhaftung des Verkäufers im UN-Kaufrecht und im neuen deutschen Schuldrecht. Eine rechtsvergleichende Studie. 2006.

Band 132 Jan Streer: Die Umsetzung der Verbrauchsgüterkaufrichtlinie im englischen Recht durch die Sale and Supply of Goods to Consumer Regulations 2002. 2007.

Band 133 Kathrin Wannenmacher: Einstweilige Maßnahmen im Anwendungsbereich von Art. 31 EuGVVO in Frankreich und Deutschland: Eine Betrachtung ausgesuchter Verfahren des einstweiligen Rechtsschutzes im internationalen Zivilverfahrensrecht – gerichtliche Zuständigkeit, Anerkennung und Vollstreckung. 2007.

Band 134 Wim Kreytenberg: Die individuelle Schwerpunktbestimmung internationaler Schuldverträge nach der Ausweichklausel des Artikel 4 Absatz 5 Satz 2 EVÜ. Ein Beitrag zur Förderung von Rechtssicherheit und Einzelfallgerechtigkeit im europäischen Kollisionsrecht der Schuldverträge. 2007.

Band 135 Nikolaus Geiben: Der Vorvertrag im Internationalen Privatrecht. Unter besonderer Berücksichtigung des Immobilienerwerbs im portugiesischen und brasilianischen Recht. 2007.

Band 136 Predrag Maksimovic: Der Kapitalschutz im europäischen, serbischen und deutschen Recht der Gesellschaft mit beschränkter Haftung. 2007.

Band 137 Alexander Rathenau: Die Anwendung des EuGVÜ durch portugiesische Gerichte unter Berücksichtigung des autonomen internationalen Zivilverfahrensrechts. 2007.

Band 138 Matthias Creydt: Die Besicherung von Weltraumvermögenswerten. Ein neues einheitliches internationales Sicherungsrecht und dessen Vergleich zum US-amerikanischen Mobiliarsicherungsrecht. 2007.

Band 139 Oliver Borkhardt: Registerpublizität und Kollisionrecht besitzloser Mobiliarsicherheiten nach dem neuen Art. 9 UCC. 2007.

Band 140 Jens Engelmann-Pilger: Deliktische Haftung für das Fehlverhalten Dritter im Common Law. 2007.

Band 141 Bastian Rotmann: Der Schutz des Dritten in der europäischen Mobiliarzwangsvollstreckung. Eine rechtsvergleichende Untersuchung vor dem Hintergrund der Verordnung (EG) Nr. 805/2004 zur Einführung eines Europäischen Vollstreckungstitels für unbestrittene Forderungen. 2007.

FSC
www.fsc.org
MIX
Papier | Fördert
gute Waldnutzung
FSC® C083411

Kolibri 360 GmbH
Ferdinand-Jühlke-Straße 7
99095 Erfurt, Deutschland
produktsicherheit@kolibri360.de

Druck:
CPI Druckdienstleistungen GmbH
im Auftrag der
Kolibri 360 GmbH
Ferdinand-Jühlke-Str. 7
99095 Erfurt